Hans Vilmar Geppert

Literatur im Mediendialog

Semiotik, Rhetorik, Narrativik:
Roman, Film, Hörspiel, Lyrik und Werbung

Schriften der Philosophischen Fakultäten der Universität Augsburg

Herausgegeben von
Gunther Gottlieb, Henning Krauß und Werner Wiater

Redaktion: Volker Dotterweich

Nr. 75

Sprach- und literaturwissenschaftliche Reihe

Philosophisch-Sozialwissenschaftliche Fakultät
Philologisch-Historische Fakultät

Hans Vilmar Geppert

Literatur im Mediendialog

Semiotik, Rhetorik, Narrativik:
Roman, Film, Hörspiel,
Lyrik und Werbung

VERLAG ERNST VÖGEL · 81827 MÜNCHEN
2006

Der Autor

Hans Vilmar Geppert ist seit 1984 Inhaber des Lehrstuhls für Neuere Deutsche Literaturwissenschaft/Vergleichende Literaturwissenschaft an der Universität Augsburg. Forschungsschwerpunkte: Deutsche Literatur im Kontext der Englischen und Französischen Literatur, insbesondere Roman und Lyrik des 19. und 20. Jahrhunderts, Literaturtheorie, Literatursemiotik, Literatur und Medien.

Gedruckt mit Unterstützung
der Gesellschaft der Freunde der Universität Augsburg

Bibliografische Information der Deutschen Bibliothek
Die Deutsche Bibliothek verzeichnet diese Publikation in der Deutschen Nationalbibliografie; detaillierte bibliografische Daten sind im Internet über http://dnb.ddb.de abrufbar.

ISBN 3-89650-222-0
ISBN 978-3-89650-222-3
ISSN 0933-7121

© 2006 by Ernst Vögel, München

Alle Rechte vorbehalten, insbesondere die des Nachdrucks und der Übersetzung. Ohne schriftliche Genehmigung des Verlages ist es auch nicht gestattet, dieses urheberrechtlich geschützte Werk oder Teile daraus in einem photomechanischen oder sonstigen Reproduktionsverfahren zu vervielfältigen und zu verbreiten.

Herstellung: Druck + Verlag Ernst Vögel GmbH, 93491 Stamsried

Inhaltsverzeichnis

Vorwort 7

„Welchen der Steine du hebst."
Charles S. Peirces Semiotik und ihre literatur- und medienwissenschaftlichen
Perspektiven 9

„Ist die Nacht von der E-Klasse erhellt."
Rhetorik in Literatur, Design und Werbung 37

„Von einem einfachen Mann wird hier erzählt."
Dreistellige Erzählsemiotik in *Berlin Alexanderplatz* – Roman, Hörspiel, Film
und Fernsehserie 75

„Nicht so wild Effi!"
Verfilmung eines literarischen Felds 107

„Wer hat das gemacht?"
Von Heinrich Mann *Professor Unrat* zu Josef von Sternberg *Der Blaue Engel*
und zurück 129

„Wenn ich mit dir rede kalt und allgemein."
Bert Brechts *Lesebuch für Städtebewohner* im Kontext von Rundfunk, Film
und Roman der 20er Jahre 151

„Perfect Perfect."
Das kodierte Kind in Werbung und Kurzgeschichte (Katherine Mansfield,
Marie-Luise Kaschnitz, Gabriele Wohmann, Christa Wolf u. a.) 177

„Und raucht Ernte 23/Und alles war wieder gut."
Zur Poesie der Werbung 209

Literaturverzeichnis 243

Vorwort

Die in diesem Buch gesammelten Aufsätze sind alle aus der Lehre hervorgegangen, aus der akademischen Lehre im weitesten Sinn: Pflichtvorlesungen, v. a. zur Einführung in die Literaturwissenschaft, öffentliche Ringvorlesungen, Vorträge im Studium generale, Doktorandenkollegs, im Rahmen bayerischer Begabtenförderung, Lehrerfortbildung, in Jubiläumssymposien, bei Vorstellungs- und Werbetagen der Universität Augsburg im Umland und so fort. Fast alle wurden mehrfach verwendet und immer wieder verändert, auch gegenüber früheren Publikationen. Von daher liegt ihr erster Schwerpunkt deutlich in der Einführung in sprach- und zeichenfundierte Literaturtheorie, ja geradezu auf der Werbung für Dinge wie Semiotik, Rhetorik, Narrativik, nicht zuletzt im Interesse an ästhetischen Sprach- und Zeichenfunktionen. Wichtige Begriffe aus diesen allgemeinen Disziplinen nicht nur vorzustellen und zu erklären, sondern sie so anschaulich wie möglich zu gebrauchen, sie interpretatorisch anzuwenden, mit dem Ziel eines erkennbaren Gewinns an Erkenntnis im weiten faszinierenden Feld der Literatur, das war der Zweck dieser Vorträge. Das ist auch ein Hauptzweck dieser Sammlung. Ich verstehe sie als exemplarisches, anschauliches, analytisches Lehrbuch für alle, die sich für Literatur interessieren. Und so schien es sinnvoll, die Form der Rede weitest möglich auch für die Veröffentlichung im Druck beizubehalten.

Der Dialog von Literatur und Medien, zunächst lediglich der anschaulichen Verbindung von Literaturtheorie und Alltag wegen angesprochen – dass sie so vielfältig anwendbar sind, macht Semiotik, Rhetorik und so fort ja eben spannend –, gewann dabei immer mehr eigenes Interesse. Inwiefern ist der Medienvergleich theoriewertig, klärt er auf alle Fälle die Begriffe und Kategorien, beispielsweise bei der Frage nach den Grenzen der Ästhetik? Wie wirken mediale Umsetzungen von Literatur, vor allem Verfilmungen oder etwa die Verarbeitung als Hörspiel nachhaltig auf das Bedeutungspotential der Ausgangstexte selbst zurück? Wie exemplarisch ist es, dass Autoren bereits produktiv den Dialog mit den Medien ihrer Zeit suchen? Aber auch wo das nicht der Fall ist, z. B. in der Regel beim Thema: Literatur und Werbung, kann man nicht auch in solchen Fällen Literatur durchaus fruchtbar als vorweg genommene Antwort auf solche Kommunikationsformen verstehen, z. B. problematische oder gar gefährliche, die erkennbar weite Bereiche des medialen Alltags prägen – und dies nicht allgemein thesenhaft, sondern eben möglichst anschaulich und analytisch nachprüfbar? Solche Fragen stellten sich von Anfang an – die Vorträge sind im Wesentlichen in der Reihenfolge: „Und raucht Ernte 23/Und alles war wieder gut", „Perfect Perfect", „Wer hat das gemacht", „Wenn ich mit dir rede kalt und allgemein", „Von einem einfachen Mann wird hier erzählt", „Welchen der Steine du hebst", „Nicht so wild Effi" und „Ist die Nacht von der E-Klasse erhellt" entstanden, aber wie gesagt immer wieder umgearbeitet worden – und werden in der jetzigen Anordnung immer wichtiger. So ist dann auch der Titel der Sammlung gerechtfertigt.

Mein Dank gilt all denen, die über Jahre hinweg diese Arbeiten begleitet und gefördert haben, aktuell Alexa Eberle und Sonja Deck für die Gestaltung des Manuskripts. Insbesondere bedanke ich mich aber – und dies ist jetzt keine bloße Floskel, bei solchen Themen lernt der Lehrende ständig von der Mitarbeit der Adressaten – bei meinen Kolleginnen und Kollegen, Mitarbeitern, Hörern, Doktoranden, Seminarteilnehmern, überhaupt allen Gesprächspartnern, deren Kritik, Anregungen und eigene Arbeiten wesentlich zu diesem Projekt beigetragen haben.

Augsburg, im Januar 2006   Vilmar Geppert

Welchen der Steine du hebst.
Charles S. Peirces Semiotik und ihre literatur- und medienwissenschaftlichen Perspektiven

Ein Stein, meine Damen und Herren, liegt im Innenhof unserer Universität. Ein Zwölfjähriger prüft, ob man ihn als Wurfgeschoss gebrauchen könnte. Eine Studentin stolpert darüber und stößt einen schweren Allgäuer Fluch aus. Der Hausmeister würde ihn wohl wegräumen. Gelehrte verschiedener Fakultäten kommen herbei. Ein Professor für Geographie staunt, denn er ist sich der Herkunft aus den Karpaten sicher. Der Germanist denkt: Schon Goethe merkte an, dass der Granit sich durch alles durchhält. Oder stellen Sie sich vor: Der Stein wurde geworfen, hat jemand verletzt – jetzt kommen die Juristen zum Zuge – und wird vor Gericht als Tatwaffe vorgelegt. Ist das noch derselbe Stein? Das Beispiel wurde so ähnlich bei einem Semiotik-Kongress verwendet.[1] In der Tat: Ist der Stein nicht das, als was wir ihn jeweils bezeichnen und interpretieren?

> Welchen der Steine du hebst
> du entblößt,
> die des Schutzes der Steine bedürfen
> nackt,
> erneuern sie nun die Verflechtung
> [...]
> Welches der Worte du sprichst –
> du dankst
> dem Verderben
>   [Paul Celan]

> Nun müssen wir weitergehen
> Zu den schwarzen Steinen
> der gestrigen Nacht
> [...]
>   [Erich Fried]

> Gedichtet ist
> der Stein. Ich berg
> ihn in der Hand
> und weiß zugleich:

---

[1] Vgl. *Thure von Uexküll*, Zeichen und Realität als anthroposemiotisches Problem, in: *Klaus Oehler* (Hg.), Zeichen und Realität. Akten des 3. Semiotischen Kolloquiums der Deutschen Gesellschaft für Semiotik e.V., Hamburg 1981, Tübingen 1984, S. 61–72.

> ich steh
> in seines Falles Bahn.
>
> [Ernst Meister][2]

Diese Texte wurden einmal im bayerischen Staatsexamen zur Analyse gestellt. Würde sich die Aufgabe verändern, wenn wir Abbildungen von Steinen daneben legten oder Steinchen statt der Wörter in den Text klebten? Ich werde auf diese Texte immer wieder zurückkommen. Was haben diese Beispiele gemeinsam? Es geht um Probleme des Bedeutens und Bezeichnens, um Semiotik.

Semiotik ist heute in aller Munde. Das hat viel mit unserer Repräsentations-, Kommunikations- und Multimedia-Kultur zu tun. Nicht zuletzt die Literatur der so genannten Postmoderne erzählt immer wieder Zeichen-Spiele, beispielsweise in diesem Roman von Michel Tournier:

> Tout est dans les symboles (...). Les signes sont forts, Tiffauges, ce sont eux qui vous ont amené ici. Les signes sont irritables. Le *symbole* bafoué devient *diabole*./In den Symbolen liegt alles (...). Die Zeichen, Tiffauges, sind stark. Die Zeichen haben Sie hierhergeführt. Die Zeichen sind reizbar. Das *Symbolische*, verunehrt, wird *diabolisch*.
>
> [*Michel Tournier*, Le roi des aulnes, 1970][3]

Auch auf dieses Beispiel werde ich später noch zurückkommen.

Semiotik ist in aller Munde – aber welche Semiotik? Wer ein Handbuch aufschlägt, etwa das zweibändige von Roland Posner und anderen herausgegebene[4] oder das 2000 neu überarbeitet erschienene von Winfried Nöth,[5] wird viele konkurrierende Ansätze finden. Um solche umfassende Orientierungen geht es hier natürlich nicht. Ich will heute vielmehr eine klassische Theorie in Grundzügen vorstellen und zumindest stichwortartig ein paar literaturwissenschaftliche Perspektiven aufzeigen.

---

[2] *Paul Celan*, Gesammelte Werke in fünf Bänden, hrsg. v. *Beda Allemann* u. *Stefan Reichert*, Frankfurt 1986, Bd. 1, S. 129; *Erich Fried*, Reich der Steine. Zyklische Gedichte, Frankfurt 1986, S. 151; *Ernst Meister*, Ausgewählte Gedichte 1932–1976, Nachwort v. *Beda Allemann*, Darmstadt 1977, S. 64.

[3] *Michel Tournier*, Le roi des Aulnes, Nachwort v. *Philippe de Monès*, Paris 1975, S. 472 f.; Der Erlkönig, dt. v. *Hellmut Waller*, Frankfurt 1984, S. 306 f.

[4] *Roland Posner* (Hg.), Semiotik. Ein Handbuch zu den zeichentheoretischen Grundlagen von Natur und Kultur, 2 Bde., Berlin 1997.

[5] *Winfried Nöth*, Handbuch der Semiotik, 2. vollst. neu bearb. u. erw. Aufl. Stuttgart u. Weimar 2000. Hier finden sich zu allen im Folgenden angesprochenen Fragen fundierte Erläuterungen, weiterführende Hinweise und Literaturangaben. An kürzeren Einführungen zu empfehlen wären immer noch *Umberto Eco*, Einführung in die Semiotik, München 1972; *ders.*, Zeichen. Einführung in einen Begriff und seine Geschichte, Frankfurt 1977; *Jürgen Trabant*, Elemente der Semiotik, Tübingen u. Basel 1996; vor allem für Studienanfänger in den Literatur- und Kulturwissenschaften geeignet ist *Daniel Chandler*, Semiotics. The Basics, London 2002.

1. Signs/Zeichen

Charles Sanders Peirce lebte von 1839–1914. Er kann nicht zuletzt dadurch als Begründer der heutigen allgemeinen Semiotik gelten,[6] als er deren lange Tradition (Aristoteles, die Scholastik, John Locke und viele andere) mit einem an Mathematik, Logik und Naturwissenschaften (neben der Philosophie seine Studien- und Interessenfelder) geschulten Bedürfnis nach Klarheit neu und der Verallgemeinerung fähig zu formulieren suchte.

> SIGN: Anything which determines something else (its *interpretant*) to refer to an object to which itself refers (its *object*) in the same way, the interpretant becoming in turn a sign, and so on *ad infinitum*.
>
> [Charles S. Peirce, 1902, 2.303][7]

Bei aller Vielfalt und schieren Unübersichtlichkeit seines Œuvres – nur wenig, wie dieser Beitrag zum *Dictionary of Philosophy and Psychology*, wurde zu Lebzeiten veröffentlicht, der Nachlass umfasst etwa 80.000 handschriftliche Seiten – bei aller Vielfalt halten sich doch zentrale Grundgedanken durch die Entwicklung dieses Werks hindurch.[8] Und diese Zeichendefinition gehört sicher dazu. Peirce sieht das Zeichen immer

- dreistellig: dies in einer sehr alten Tradition, die er als Lehre von drei Universalkategorien für alles Seiende ihrerseits neu formuliert hat
- relational und funktional („determines", „refer" usw.)
- prozessual („becoming in turn", „and so on *ad infinitum*")
- universal („anything").

Dass die Bedeutung eines Zeichens ein anderes Zeichen ist, scheint mir der wichtigste Kernsatz zu sein. Man kann, lässt man sich auf diese Theorie ein, nicht nur nicht sagen: Dies ist ein Zeichen, dies ist keines usw. Hier trennen sich bereits viele Auffassungen von Zeichentheorie. Man kann auch streng genommen nicht sagen: Dies ist ein Zeichen, dies ist ein Objekt usw., sondern *was was wofür bezeichnet*,

---

[6] Einführungen in die Semiotik von Peirce, die wie dieser Beitrag den Zusammenhang von Erkenntnistheorie und Semiotik betonen, geben beispielhaft: Klaus Oehler, Idee und Grundriß der Peirceschen Semiotik, in: Zeitschrift für Semiotik 1 (1979), S. 9–22; sowie *Helmut Pape*, Einleitungen zu: *Charles S. Peirce*, Semiotische Schriften, hrsg. u. übers. v. *Christian J. W. Kloesel* u. *Helmut Pape*, 3 Bde., Frankfurt 2000, Bd. 1, S. 7–83, Bd. 2, S. 7–79, Bd. 3, S. 7–72.

[7] Im Text zitiert wird in der für diese Ausgabe üblichen Weise (Bandnummer. Paragraph): *Charles S. Peirce*, Collected Papers, Bd. 1–6, hrsg. v. *Charles Hartshorne* u. *Paul Weiss*, Bd. 7 f., hrsg. v. *Arthur W. Burks*, Cambridge/Mass., 1931–1960. Natürlich wurden von Fall zu Fall auch andere, im Folgenden jeweils genannte Ausgaben herangezogen, so vor allem: *Peirce*, Semiotische Schriften, vgl. etwa Bd. 1, S. 375: „Zeichen (:) Alles, was etwas anderes (seinen *Interpretanten*) bestimmt, sich auf ein Objekt zu beziehen, auf das es sich selbst (als sein *Objekt*) auf die gleiche Weise bezieht, wodurch der Interpretant seinerseits zu einem Zeichen wird, und so weiter ad infinitum."

[8] Vgl. etwa die „Peirceschen Prinzipien" in *Pape*, Einleitung, Bd. 1, S. 11–14.

lässt sich immer nur in spezifischen *prozessualen Zusammenhängen* aussagen. Die ganze Zeichendefinition ist so gesehen dann nicht mehr als ein, allerdings nach Peirce kohärent begründbares, hypothetisches Konstrukt. Der Grundbegriff ist nicht „das Zeichen", sondern der *Zeichenprozess*, die „Semiose". Anders gesagt: Auszugehen ist immer von dem lebendigen, je aktualen Zeichengebrauch, in dem empirische Individuen auf je spezifische Weise zeichenhaft mit realen Dingen und Situationen umgehen, beispielsweise mit einem Stein im Innenhof unserer Universität. Peirces Zeichentheorie ist eine Erkenntnistheorie bzw. eine Theorie zeichenhafter Welterschließung, ja Weltherstellung. Es geht darum, „die semiotisch unentbehrlichen Komponenten von Erkenntnisprozessen zu finden".[9] Anders gesagt: „Da der Mensch es nie nur mit Realität allein zu tun hat, sondern immer auch damit, wie sie ihm gegeben ist, spielen die Vermittlungsformen, das heißt die Zeichen, beim Zugang zur Wirklichkeit die entscheidende Rolle."[10] Und schließlich fasst diese Theorie den unendlichen Prozess, in dem Zeichen Zeichen interpretieren, nicht beliebig auf, sondern im Hinblick auf seine Formen und im Interesse von deren Verbesserung. (Darauf, auf diesen „pragmatischen", zweckmäßigen Aspekt, werde ich vor allem im dritten Teil meines Vortrags eingehen, möchte aber schon jetzt darauf hinweisen.) Dreistellige Semiotik heißt dann – dies ist zumindest die Voraussetzung meiner literaturwissenschaftlich und medienanalytisch interessierten Rezeption: Lasst uns die Welt als zeichenvermittelt, zeichenhaft hergestellt auffassen, und zwar so, dass unsere Zeichenprozesse in ihrem Wirklichkeitsbezug, ihrem „Objekt", falsifizierbar und in ihrer Bedeutung für uns und andere, ihren Wirkungen bzw. ihrem „Interpretans", verbesserbar sind. Falsifizierbar und verbesserbar „in the same way", in welchem Sinne?

2. Signs, Objects, Interpretants

Wer die Vorträge über Hermeneutik und über Nietzsche gehört hat, wird merken, dass Peirce, teilweise ja in derselben philosophischen Tradition stehend,[11] bei allem Empirismus und Pragmatismus die Voraussetzung einer vorgängig sprachlich-zeichenhaft erschlossenen Wirklichkeit mit diesen und vielen anderen Traditionen des vergangenen Jahrhunderts teilt: Realien sind, ohne dass wir wissen können, was sie an sich oder ihrem Wesen nach sind („there are real things whose characters are entirely independent of our opinion about them", 5.384). Wir reagieren auf sie und wirken auf sie ein, aber immer nur nach Maßgabe medialer, zeichenhafter, man kann auch sagen sprachlicher Vermittlung und in jeweils begrenzten, doch unend-

---

[9] *Pape*, Einleitung, Bd. 1, S. 27.
[10] *Klaus Oehler*, Einführung in den semiotischen Pragmatismus, in: *Uwe Wirth* (Hg.), Die Welt als Zeichen und Hypothese. Perspektiven des semiotischen Pragmatismus von Charles S. Peirce, Frankfurt 2000, S. 13–30, hier S. 13.
[11] Vgl. etwa *Herbert Stachowiak* (Hg.), Pragmatik. Der Aufstieg pragmatischen Denkens im 19. und 20. Jahrhundert, Hamburg 1987.

lich fortsetzbaren Interpretationen. So ist die Bedeutung eines Zeichens immer ein anderes Zeichen, denn alles („anything") kann ein Zeichen sein.

Wenn ich frage: „Was ist ein Stein?", dann kann ich die Bedeutung des Wortes „Stein", sein „Interpretans", dadurch interpretieren, dass ich einen Stein herzeige, oder auf ihn hindeute, ich kann Fotografien oder Bilder heranziehen, ich kann Übersetzungen vorschlagen wie „pierre" oder „stone", ich kann mich an Definitionen versuchen („kristalline, natürliche oder künstlich hergestellte Materie" usw.), ich kann zu Abhandlungen geographischer oder mineralogischer Art greifen und so fort, aber auch zu solchen der Wirtschafts- und Kulturgeschichte (das Abbauen von und Bauen mit Stein, die Bedeutung der Diamantenbörse oder anderes); hier hätte auch die Literaturwissenschaft etwas beizutragen, von den Lapidarien des Mittelalters bis zu den Stein-Chiffren unserer Gedichte. All das wäre das Interpretans von „Stein", nach Peirce das „dynamical" Interpretans.[12]

Die Voraussetzungen solcher „dynamical Interpretants", anderswo heißen sie auch „actual" („the effect actually produced on the mind by the sign", 8.343), also etwas anders gesagt, der tatsächlichen Zeichenhandlungen, in denen wir mit „dynamical Objects" umgehen, mit einer „really efficient" (8.343), real auf uns einwirkenden Realität,[13] auch wenn wir nie wissen werden, was diese „an sich" oder ihrem Wesen nach ist, Voraussetzungen also unserer je konkreten Zeichen-Wirklichkeit-Interpretationen sind immer mediale, sprachliche, zeichenhafte, auch sinnliche oder emotionale Kompetenzen (die ihrerseits relational variieren und prozessual erworben und veränderbar sind). Peirce unterscheidet – wohlgemerkt: er „trennt" nicht, sondern verbindet ja gerade, indem er differenziert – im Sinne seines dreistelligen Zugriffs „immediate Objects" und „Interpretants", also ganz und gar nicht „unmittelbare" (wie es die Übersetzung in die deutsche Sprache suggeriert), sondern *immittelbare*, mit der jeweiligen medialen oder sonst sinnlichen Präsenz eines Zeichens gegebene Kompetenzen, also je und allein dadurch, wie sie „im Zeichen und durch das Zeichen präsentiert"[14] werden, bereits bestimmte Wirklichkeitsbezüge und Interpretationsbezüge.

---

[12] Vgl. zum Folgenden vor allem die Briefe an Henry James (8.314 f.) und Victoria Lady Welby von 1904 (8.327 ff.). Die Collected Papers bringen Peirces Briefentwurf, die teilweise abweichende Endfassung veröffentlicht *Charles S. Hardwick* (Hg.), Semiotics and Significs. The correspondence between Charles S. Peirce and Victoria Lady Welby, Bloomington and London 1977, zu den Abweichungen vgl. ebd. XIV ff.

[13] Es geht um die „Relation der gegenständlichen Interpretierbarkeit" eines Zeichens gegenüber einem „unabhängig gegebenen Objekt" (*Pape*, Einleitung, Bd. 1, S. 14).

[14] *Elisabeth Walther*, Allgemeine Zeichenlehre, 2. Aufl. Stuttgart 1979, S. 93, vgl. ebd. ff.

The Ten Main Trichotomies of Signs
(1908 December 24, 8.346–374)[15]

1	Signs in themselves	Tone	Token	Type
2	Immediate Objects	Descriptive	Denominative	Distributive
3	Nature of Dynamical Objects	Abstractives (Possibles)	Concretives	Collectives
4	Relations of Signs to Dynamical Objects	Icon	Index	Symbol
5	Immediate Interpretants	Hypothetic	Categorica	Relative
6	Nature of Dynamical Interpretants	Sympathetic or Congruentive	Shocking or Percussive	Usual
7	Manner of Appeal to the Dynamic Interpretant	Suggestive	Imperative	Indicative
8	Purpose of the Eventual Interpretant	Gratific	To produce action (practical)	To produce self control (pragmatistic)
9	As to the Nature of the Influence of the Sign	Seme (like a simple sign)	Pheme (with antecedent and consequent)	Delome (with antecedent, consequent and principle of sequence)
		(Rhema/ problematisch)	(Dicent/ assertorisch)	(Argument/ apodiktisch)
10	As to the Nature of the Assurance of the Utterance	Assurance of Instinct	Assurance of Experience	Assurance of Form

---

[15] Vgl. *Hardwick, Semiotics and Significs*, S. 73 ff. v. a. S. 83 ff.; frühere Entwürfe aus den Handschriften von 1906 (vgl. *Peirce, Semiotische Schriften*, Bd. 3, S. 214–228) zeigen eine bemerkenswerte Beständigkeit dieser Kategorien.

Ich beispielsweise habe entscheidende Jahre meiner Kindheit auf der Schwäbischen Alb verlebt und stelle mir beim Wort „Stein" am ehesten einen Kalkstein vor; so ein bräunlich-weißes, stumpfes, nicht zu hartes Etwas wäre mein „descriptive immediate object"; wir alle können wohl in einem Korb vermischte Hölzer, Steine, Gummienten usw. „denominativ" bzw. „designativ" erkennen und sortieren. Und unsere Sprach-, aber auch Kulturkompetenz ist wesentlich Zeichen-„Distributionskompetenz": Wir erwarten, dass schwere Steine auf bestimmten Lebewesen lasten, sie aber auch abdecken und „schützen", „geworfene" Steine in einer bestimmten „Bahn" auch treffen können, „schwarze Steine" seltener sind als braune oder graue.

Wie kommt es zu solchen Objektbezügen? Diese Distributionskompetenz etwa würde nicht funktionieren, wenn wir nicht die „proper significate outcomes" (5.474) oder auch „proper significate effects" (5.475), die etwa für das Wort „Stein" mit dem Medium „Deutsch" direkt verbunden sind, also einige „immediate interpretants" von „Stein" beherrschten, z. B. die Anweisung: Unterscheide „Stein" von „Schein" oder „Steig", übersetze als „stone", „pierre", verbinde Stein eher mit „liegt" als mit „fließt", eher mit „ist hart" als mit „schmeckt süß"! Das sind sprachliche (doppelt: phonologisch und semantisch gegliederte) „relative immediate interpretants". So hätten in meinem Eingangsbeispiel die Angehörigen verschiedener Fakultäten den Stein „relativ", Relationen herstellend, angesprochen bzw. „gelesen". Der Zwölfjährige, die Studentin aus dem Allgäu und der Hausmeister hätten ihn dagegen eher „hypothetisch", im Hinblick auf „werfen", „wehtun" oder „stören" interpretiert. Und als Beweismittel vor Gericht gälte im Rahmen des Prozesses das „kategorische" Interesse: „Hat den Zeugen körperlich verletzt".

Ich will jetzt natürlich nicht alle *Main Trichotomies of Signs* besprechen. Es ging lediglich darum, ansatzweise zu zeigen, wie Peirce sich die einzelnen Zeichen-Stellen gedacht hat. Und auch hier, wie auch sonst immer bei diesen Kategorisierungen, gilt: In den dreistellig relationalen Aufbau seines Zeichenbegriffs hat Peirce sein semiotisches, logisches und erkenntnistheoretisches Wissen und so weiter eingetragen (zu verschiedenen Zeiten, in verschiedenen Abhandlungen, manchmal im Entwurf und in der Reinschrift durchaus Verschiedenes; so spricht er auch von einer „logic of vagueness",[16] die gleichwohl relational geordnet, aber eben auch weit anwendbar ist). In die fünfte Trichotomie etwa ging seine umfangreiche Auseinandersetzung mit der Scholastik ein (er folgt vor allem Ockham und Duns Scotus).[17] Grundsätzlich geht es beim „dynamischen Objekt" um den Widerstand der Wirklichkeit, dem wir in

---

[16] „A sign is objectively vague in so far as leaving its interpretation more or less indeterminate, it reserves for some other possible sign or experience the function of completing the determination" (5.505). *Pape*, Einleitung, Bd. 1, S. 59, sieht hier eine „Vorform dessen [...], was man heute spieltheoretische Semantik oder dialogische Logik nennt" (vgl. ebd. ff.).

[17] Vgl. etwa *Stachowiak*, Pragmatik, S. XXXIII; die bekannteste Illustration dieser Überzeugung „veritas et realitas convertuntur" findet sich inzwischen wohl in *Umberto Ecos* Roman Der Name der Rose (1980).

der Erfahrung „begegnen", das „fundamentum in re" unserer Bezeichnungen,[18] also das semiotische Erkenntnisobjekt, das nur über Zeichen (bzw. „immediate objects") zugänglich ist, aber niemals in ihnen aufgeht, „really efficient, but not immediately present" (8.343). Jede Bezeichnung verweist – „the Dynamical Object, which, from the nature of things, the Sign *cannot* express, which it can only *indicate*" (8.314)/das Zeichen kann das dynamische Objekt nicht ausdrücken, es kann nur auf es hinweisen –, jede Bezeichnung bezieht sich auf mehr und anderes, als was wir qua Zeichenkompetenz an Wirklichkeitsbezügen jeweils voraussetzen können. Und dies gilt dann auch für Possibilia (z. B. Farben) oder Abstraktiva (z. B. so etwas wie „Härte"), und es gilt ganz sicher für Fiktionen (die Peirce ausdrücklich zu den „Concretiva" zählt, 8.314; deshalb spricht er nicht von „realen", sondern von „dynamischen Objekten"). Entfalten nicht auch selbstgedachte Fiktionen, sofern überhaupt bezeichnet (und gäbe es sie anders?), sogleich ihr Eigenleben, etwa die „Allgäuer Flüche ausstoßende Studentin" in meinem Eingangsbeispiel? Oder denken Sie an die Überraschungen, die etwa die Augen von Flauberts *Madame Bovary*, die im Laufe des Romans ihre Farbe verändern, für uns bereithalten, oder Harry Potters Welt oder die der Tolkienschen Hobbits, Elben und Zwerge! Auf Perspektiven dieser Semiotik für die Literaturwissenschaft (aber auch auf ihre Grenzen) werde ich in den letzten Teilen meines Vortrags eingehen.

3. Semiotik und Pragmatismus: Das „wahre Zeichen" als regulative Idee

Auf die unendliche Prozessualität der Semiosen können sich viele berufen (zum Beispiel wiederholt ausdrücklich Derrida).[19] Aber, so viel ist sicher klar geworden, sie ist auf alles andere als Beliebigkeit oder gar Negativität angelegt. Das aufklärerische und in gewissem Sinne durchaus idealistische Interesse dieser Theorie prägt den Begriff des „final Interpretant", die universale Zweck-Voraussetzung einer „Wahrheit" von Zeichen. Nichts, von einer einfachen Schmerzempfindung, wenn mein Fuß an einen Stein stößt (Zeichen wäre der Schmerz, Objekt die Verletzung, Interpretant die „instinktiv" empfundene Gefahr, die das für mich bedeutet), nichts, vom Kleinsten, Alltäglichen bis etwa zu Paul Celans utopischen oder eschatologischen Zeilen:

> Die hellen
> Steine gehn durch die Luft,

---

[18] Klaus Oehler, Über Grenzen der Interpretation aus der Sicht des semiotischen Pragmatismus, in: *Josef Simon* (Hg.), Zeichen und Interpretation, Frankfurt 1994, S. 57–72, hier S. 69.
[19] So etwa in *Jacques Derrida*, Grammatologie, übers. v. *Hans-Jörg Rheinberger* u. *Hanns Zischler*, Frankfurt 1983, S. 83 ff., von einem „Indefiniten des Verweisens" als „entscheidendem Kriterium" der Semiotik, und als Vorform dazu, „das Spiel in seiner Radikalität" zu denken (ebd. S. 85 u. 87), kann bei Peirce freilich keine Rede sein. Wenn bei Peirce ein „Moment des Spieles" in der Tat fundierend ist, dann gilt: „Diesem Spiel liegt eine Finalität zugrunde, die approximativ die Rationalität in der Welt befördert" (*Oehler*, in: *Simon*, Zeichen und Interpretation, S. 69, vgl. ebd. ff.).

> die hell-
> weißen, die Licht-
> bringer [...]²⁰

–, nichts also könnte Zeichen sein, wenn nicht seine Wahrheit im Universum der Zeichen zumindest möglich wäre. Das heißt nicht, dass jedes Zeichen einfach wahr ist:

> The final interpretant does not consist in the way in which any mind does act but in the way in which every mind would act. [8.315]

Anders gesagt: Die wahre Interpretation ist

> that which *would finally* be decided to be the true interpretation if (...) an ultimate opinion were reached. [8.184]

Im Sinne von Kant, an dem Peirce sich hier orientiert,²¹ ist diese mögliche Wahrheit eine „pragmatische Idee", ein Zweck, der allgemein vorausgesetzt werden kann, auch dann, wenn ihm kein tatsächlich eingetretenes Ergebnis entspricht.

> That is, it (the final interpretant) consists in a truth which might be expressed in a conditional proposition of this type: „if so and so were to happen to any mind this sign would determine that mind to such and such *conduct*". By „conduct" I mean action under an intention of self-control. [8.315]

Auf mehrere spezifisch „pragmatische" Gedanken²² dabei möchte ich hinweisen: Nur die Interpretationen können Anspruch auf Geltung erheben, nach denen jemand überzeugterweise zu handeln bereit ist. Nur zwangfreie Überzeugungen einerseits (daher „self-control"), andererseits nur, so weit möglich, empirisch und in Kommunikation mit anderen („collateral experience", 8.314) überprüfte und schließlich nur der Verallgemeinerung fähige Interpretationen, kurz, der freie Konsens der Bestinformierten (eine „community of knowledge", ein „logical communism"),²³ kann bzw. könnte („could be": eine Lieblingsformel von Peirce) wahr sein. Konditional aber nehmen wir diese allenfalls mögliche Wahrheit, eine Wahrheitsidee als Zweck (daher auch „conditional idealism", 5.494), in jedem Zeichengebrauch schon vorweg.

---

[20] *Celan*, Gesammelte Werke, Bd. 1, S. 255.
[21] Allerdings nicht im Sinne einer transzendentalen Letztbegründung aller Erkenntnis. Vgl. etwa gegen Karl-Otto Apels „Transzendental-Pragmatismus" pointiert *Pape*, Einleitung, Bd. 1, S. 17 ff., 33, 64 ff.; „there is so much German influence" und „their subjectivism is detestable" schreibt Peirce an Lady Welby (*Hardwick*, Semiotics and Significs, S. 12).
[22] Der unlösbare Zusammenhang von Semiotik und Pragmatismus wird von *Pape*, Einleitungen, Bd. 1 ff. sowie immer wieder von *Klaus Oehler* herausgearbeitet. Vgl. die bereits zitierten Aufsätze von 1979, 1994 und 2000, sowie *ders.*, Sachen und Zeichen. Zur Philosophie des Pragmatismus, Frankfurt a. M. 1995.
[23] „The real, then, is that which, sooner or later, information and reasoning would finally result in, and which is therefore independent of the vagaries of me and you. Thus, the very origin of the conception of reality shows that this conception essentially involves the notion of a COMMUNITY, without definite limits, and capable of a definite increase of knowledge" (5.311).

Wie dürften wir sagen, der Stein ist hart?" hatte Nietzsche gefragt. Wir haben – ich erinnere an den Vortrag von Herrn Kollegen Müller[24] – nur ein „Überspringen" von Nervenreizen in Bilder und Laute, sprachliche Interpretationen, die durch und durch entworfen sind. Was wir für wahr halten, sind Illusionen, von denen wir vergessen haben, dass sie welche sind. Es ist interessant, dass Peirce in seinen Aufklärungsschriften *The Fixation of Belief* und *How to Make Our Ideas Clear* (1877 und 1878, also etwa vier Jahre nach Nietzsches sprachkritischer Schrift *Über Wahrheit und Lüge im außermoralischen Sinn* von 1873 entstanden) als erstes Beispiel für seine *Pragmatische Maxime* eine sehr ähnliche Frage stellt: „Let us ask what we mean by calling a thing *hard*." Seine Antwort ist die des Naturwissenschaftlers: „Evidently that it will not be scratched by many other substances. The whole conception of this quality, as of every other, lies in its conceived effects."

The *Pragmatic Maxim* (1878) verallgemeinert diese Sicht:

> Consider what effects, that might conceiveably have practical bearings, we conceive the object of our conception to have. Then, our conception of these effects is the whole of our conception of the object. [5.402][25]

Nicht unsere Erfahrungen, von der Alltagserfahrung, dem „Nervenreiz" – sofern eben „nichts Vorsemiotisches antisemiotisch ist" –,[26] dass unsere Zehe oder unsere Hirnschale weicher waren als ein Stein, bis zu den genauesten Experimenten etwa mit Diamanten, genauso wenig unsere bisherigen sprachlichen oder physikalisch formelhaften Aufzeichnungen („Laute", „Bilder", „Schrift") sind genau genommen entscheidend, sondern die Erwartung ihrer weiteren, allgemeineren und zukünftigen Bestätigung. (Dann bleibt auch der Diamant „hart", der seit seinem Abbau aus der Erde oder seit seiner Synthese immer in Watte eingepackt war und mit der Watte verbrennt, dessen Härte also nie irgendwie erfahren wurde. Die Aussage: „Alle harten Dinge sind so lange völlig weich [„perfectly soft"] bis sie unter Berührung und Druck gegenüber anderen Substanzen getestet werden" ist lediglich eine Erweiterung und ändert nichts an der Bedeutung von „hart"). Anders gesagt: Wir können in der *Pragmatic Maxim* „conceive" mit „Zeichen", „effects" mit „Interpretant" ersetzen; und the „whole conception" als Interpretation der unendlich fortgedachten, geprüften und im Konsens (im „Wir") bestätigten Interpretationen wäre wahr bzw. wäre der finale Interpretant von „hart". Und dann können wir sehr wohl sagen, „ein Stein sei hart".

---

[24] *Severin Müller*, Friedrich Nietzsche. Sprache und erfundene Wirklichkeit, in: *Verf.* u. *Hubert Zapf* (Hg.), Theorien der Literatur I. Grundlagen und Perspektiven, Tübingen u. Basel 2003, S. 89–104.

[25] Vgl. auch: The Essential Peirce. Selected Philosophical Writings, hrsg. v. *Nathan Houser* u. *Christian Kloesel*, 2 Bde., Bloomington u. Indianapolis 1992 u. 1998, Bd. 1, S. 109–123 u. 124–141, hier S. 132; ders., Schriften zum Pragmatismus und Pragmatizismus, hrsg. v. *Karl-Otto Apel*, Frankfurt 1976, S. 149–214, hier S. 195: „Überlege, welche Wirkungen, die denkbarerweise praktische Relevanz haben könnten, wir dem Gegenstand unseres Begriffs in unserer Vorstellung zuschreiben. Dann ist unser Begriff dieser Wirkungen das Ganze unseres Begriffes des Gegenstandes" (dt. v. *Gert Wartenberg*).

[26] *Pape*, Einleitung, Bd. 1, S. 12, denn „alle […] Erfahrung (ist) in einer universalen Darstellung interpretierbar" (ebd.).

Natürlich gibt es hier noch viele, viele Probleme. Auf die wichtigste Trichotomie des finalen Interpretanten, seine Modalität, werde ich gleich eingehen. Festzuhalten bleibt die erkenntnistheoretische Konzeption dieser dreistelligen Semiotik. Es geht um die Falsifizierbarkeit und Verbesserbarkeit jedes Zeichengebrauchs. Der Fallibilismus des direkten, „immittelbaren" Objektentwurfs gegenüber dem je dynamischen Erkenntnisobjekt, die Modifikation, Korrektur, Negation usw. des direkten Interpretants durch dynamische bzw. aktuale, im Gebrauch von Zeichen realisierte Bedeutungen und so fort *ad infinitum* und die in diesem Prozess futurisch als möglich vorausgesetzte Konsens-Wahrheit,[27] der finale Interpretant, all dies bedingt und bestätigt sich wechselseitig. Das schließt sehr wohl Missverständnisse und das Scheitern von Erkenntnis ein. Aber:

> Ignorance and error can only be conceived as correlative to a real knowledge and truth, which latter are of the nature of cognitions. Over against any cognition, there is an unknown but knowable reality. [5.257]

Es ist klar: Diese Semiotik bekennt sich zum „Projekt Aufklärung". Wer daran nicht interessiert ist, lediglich das Funktionieren von Zeichen erkunden will, für den lohnt sich wahrscheinlich dieser Aufwand hier nicht. Viele aber sind daran interessiert, beispielsweise diese zwei:

»Wenn man den Weg nicht weiß«, sagte der kleine
Bär, »braucht man zuerst einen Wegweiser.«
Deshalb baute er aus der Kiste einen Wegweiser.

---

[27] „Konsenstheorie" und „Korrespondenztheorie" wahrer Erkenntnis gehen bei Peirce immer zusammen. „Wahrheit" ist „der Grenzbegriff im Prozess der Interpretation, der mit den unabhängig gegebenen Objekten identisch ist oder sein wird" (*Pape*, Einleitung, Bd. 1, S. 15 f.) – oder doch zumindest sein könnte.

Die Tierfabel ist eine aufklärerische Gattung. Sind nicht in Janoschs *Ach wie schön ist Panama* (1983) Bär und Tiger kluge kleine Philosophen? Zeigen sie uns nicht die Situation des *homo significans*, der Zeichen herstellt, um ihnen in einer „unknown but knowable reality" zu folgen? Wenn er nicht zumindest von der Möglichkeit ihrer Wahrheit überzeugt wäre, wie könnten sie dann Zeichen sein?

4. Ten Classes of Signs: Ein heuristisches Modell

Das Zeichenmodell von 1904[28] verkürzt einerseits diese Semiotik auf ihre drei klarsten und produktivsten Unterscheidungen bzw. Trichotomien (1. Zeichen als solche, 2. Bezug von Zeichen auf dynamische Objekte, 3. „As to the Nature of the Influence of the Sign", also: Modalität der Gesamtsemiose bzw. Bezug des Zeichens auf den finalen Interpretanten); andererseits spielt es diese Triade von Triaden mathematisch durch, so dass ein zugleich faszinierendes wie gefährliches Modell entsteht. Faszinierend durch seine relational begründete Trennschärfe und durch seinen in seiner Abstraktheit begründeten Reichtum von Anwendungsmöglichkeiten, seine „logic of vagueness", gefährlich durch eben seine Einfachheit und Geschlossenheit. Beispielsweise suggeriert es formale Widerspruchsfreiheit als höchste Semiotizität („argument" bzw. 3.3), aber diese ist, wie eben die pragmatischen Reflexionen zeigen, nicht Erkenntnis-Ziel dieser Theorie. Vergleichbares gilt für die hier entworfene (aber wohlgemerkt nur systemintern relational entworfene) Fähigkeit, *allen* Zeichengebrauch zu klassifizieren. Es handelt sich, das ist zumindest die Prämisse meiner Rezeption, um eine metasemiotische Heuristik, die einerseits auf je spezifische einzelsemiotische Differenzierungen angewiesen ist (z. B. der Linguistik, der Erzähltheorie, der Filmsemiotik usw.), andererseits auf je durchgehaltene Einzel-Interpretationen spezifischer Zeichenprozesse (beispielsweise von Texten in ihren kulturellen Kontexten).

---

[28] Vgl. Collected Papers 2.233 ff., v. a. 243–272 (Nomenclature and Divisions of Triadic Relations, as far as they are determined, 1903), 8.327 ff., v. a. 8.342–379 (Entwurf eines Briefes an Lady Welby vom 12. 10. 1904), *Hardwick* Semiotics and Significs, S. 23 ff. (Die Endfassung dieses Briefes.), ferner *Charles S. Peirce*, Phänomen und Logik der Zeichen, hrsg. u. übers. v. *Helmut Pape*, Frankfurt 1983 (Syllabus of Certain Topics of Logic), v. a. S. 64–98, sowie *Peirce*, Semiotische Schriften, S. 275–288 (MS 339, 1905). Die einzelnen Kategorien werden inzwischen in jeder Peirce berücksichtigenden Einführung in die Semiotik erläutert, am umfassendsten wohl immer noch in *Eco*, Zeichen, v. a. S. 57 ff., *Walther*, Allgemeine Zeichenlehre, S. 46 ff. (Dieser Semiotik der „Stuttgarter Schule" verdanke ich entscheidende Anregungen.), sowie ausführlich mit anderen Ansätzen vermittelt und zusammen gesehen in *Nöth*, Handbuch der Semiotik, S. 56–67 u. 139–229. Da freilich dieser Teil der Semiotik umstritten ist, teilweise vehement abgelehnt wird, verzichte ich auf das Zitieren von Autoritäten. Die Beispiele sollen für sich sprechen.

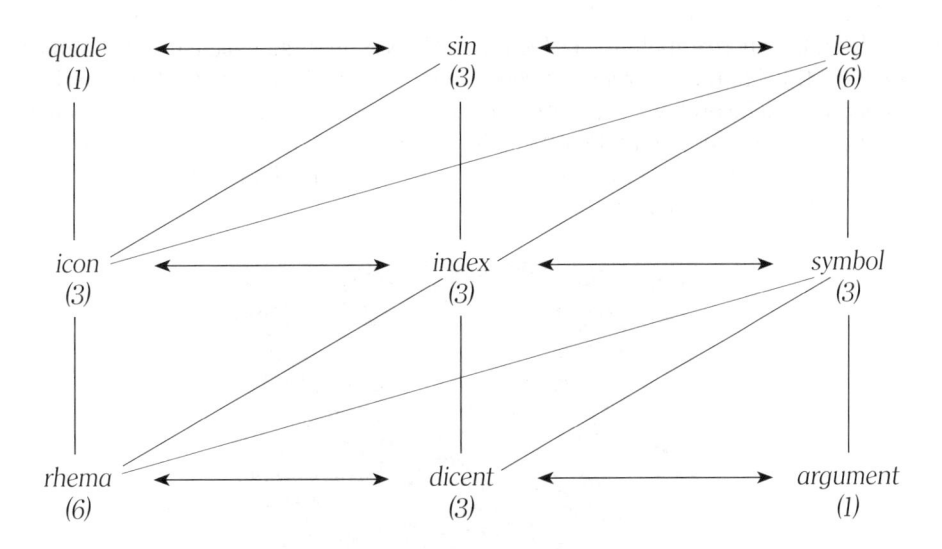

```
quale  ←——→  sin    ←——→  leg
 (1)          (3)          (6)
  │            │            │
  │            │            │
  │            │            │
 icon  ←——→  index  ←——→  symbol
 (3)          (3)          (3)
  │            │            │
  │            │            │
  │            │            │
 rhema ←——→  dicent ←——→  argument
 (6)          (3)          (1)
```

Auch jetzt ist traditionelles Wissen in ein relationales System eingetragen worden. Das System ergibt sich aus der triadisch geordneten Kombination dreier geordneter, in ihren Kombinationsmöglichkeiten gleitender Triaden (sog. Cartesianische Potenz), so dass 1.1 eine Kombinationsmöglichkeit zulässt, 1.2 drei (3.1, 2.1, 1.2; 3.1, 2.2, 1.2; 3.2, 2.2, 1.2) usw. und insgesamt zehn „Classes of Signs", Zeichenklassen entstehen (sechs rhematische, drei dicentische, eine argumentische). Sehr kurz seien die einzelnen Trichotomien vorgestellt:

Die Unterscheidung legi (von „lex") und sin („singularis") entspricht recht genau der Unterscheidung von „code" und „message", „langue" und „parole", „Sprache" und „Rede" usw., also von abstraktem, konventionell vereinbartem, zumindest so funktionierendem Zeichentyp („type" ist ein anderer Begriff von Peirce dafür) und je einzelnem Zeichen-Exemplar: „token". Die Einführung des „quale"-Zeichens betont den erkenntnistheoretischen Empirismus dieser Semiotik: die sinnliche, als Gefühlsqualität in der Wahrnehmung gegebene Materialität aller Zeichen (und umgekehrt: die Zeichenqualität bereits aller Wahrnehmung), z. B. als prae-singulare und prae-codierte Wahrnehmung von Farbe oder Schmerz oder Druck etc. durch unsere Sinne (daher auch die inzwischen geläufige Unterscheidung von tone, token und type).

Die zweite Triade ist die bekannteste der Peirce'schen Semiotik. Icons sind Entwürfe möglicher Objekte (Bilder, Schemata usw.), Indices hinweisende Aufmerksamkeits-Vektoren (Verkehrszeichen, Demonstrativpronomen), Symbole (im Gegensatz zum Begriff bei de Saussure) konventionell funktionierende Objekt-Bezeichnungen, beispielsweise und vor allem Sprachzeichen.

Eine Fotografie beispielsweise können wir zunächst als icon-sin-Zeichen auffassen. Zeichen-intern können wir die Farb- und Hell-Dunkel-Notate bzw. Werte zueinander in Beziehung setzen (index-sin) und – was entscheidend ist – (ein weiteres index-sin) als Resultat einer Aufnahme der Licht-Verhältnisse auffassen, die ein unbekanntes oder auch bekanntes „Objekt" umgeben (alles indexikalische sin-Zeichen verschiedener Reichweite und Komplexität). In jedem Fall aber sind diese Aufnahmen einmal codiert worden: früher (qua Film-Negativ) auf chemischem Weg (index-leg-Zeichen), heute, bei digitalen Kameras über symbolische Verschlüsselungen. So involviert der Zeichenprozess einer Fotografie die gesamte Triade.

Die Werbebotschaft[29] kann zeigen, wie diese Zeichen prozessual und Bedeutungen generierend zusammenwirken. Zwischen Flasche und Gläsern, aber auch zwischen der dreimal wiederholten Glasform und den Einzelexemplaren besteht eine type-token-Beziehung; das Glas auf dem Klavier wirkt wie die singuläre Realisierung eines rätselhaften Gesetzes. Zugleich entsteht durch die Wiederholung ein Index, der zumindest in die Nähe der auffallend schönen Pianistin weist. Die Ausleuchtung stiftet zwischen beiden weitere Gemeinsamkeiten (die indexikalische Richtung des Lichtes stiftet ein icon: „hell"), der gemeinsame bernsteinhaft-warme Farbton, im Kontrast zum kalt blauen oder auch „cool" blauen Kontext vertieft diese Ge-

---

[29] Diese Anwendung dreistelliger Semiotik ist gut eingeführt, vgl. etwa *Marcel Danesi*, Interpreting advertisements. A semiotic guide, New York 1995; *Arthur Asa Berger*, The Sign in the Window. A Semiotic Analysis of Advertising, in: *Roberta Kevelson* (Hg.), HI-Fives. A Trip to Semiotics, New York 1998, S. 13–27.

meinsamkeiten. Haut und Haar der Schönen, ja diese selbst, scheinen mehr mit dem Pernod gemeinsam zu haben, als dass sie ihn nur trinkt: Ein iconisches Super-Zeichen (das die ganze Botschaft dominiert) suggeriert Wärme, Leben und Leidenschaft. Das Stichwort gibt der (symbolisch funktionierende) Text. Aber, und spätestens hier zeigt sich die Fruchtbarkeit semiotischer Analyse, dieser Text trennt auch auf abstrahierende Weise, und dies gleich mehrfach. Nicht nur ist alles ein Wunschbild, ausdrücklich suggestiv, wie ein Tagtraum. Die Schrift wirkt wie eine Barriere (Index für Trennung und Ferne). Die Blickrichtungen ebenso wie die ganze Beleuchtung (lauter Indices) führen am Betrachter vorbei. Dasselbe gilt für die abwehrenden Handrücken, die vorgeschobene Schulter und die Geschlossenheit der kleinen Gruppe. Nein, Betrachter/Betrachterin, sagen diese Indices, du gehörst hier nicht dazu. Du stehst draußen in der blauen Kälte (eine häufige Strategie der Werbung für hochprozentige Alkoholika). Die Flasche steht dir aber am nächsten, sie ist anschaulich das Tor zu dieser Welt. Und sie ist ein „type", über den du verfügen kannst. Genauso sprechen dich ja auch die Sprachzeichen, indem sie dich von dem Wunschbild trennen, direkt an. Die Werbebotschaft führt durchaus zurück auf eine gewisse Form von Rationalität. Sie sagt ja nicht: „Es wird Zeit, dass du wieder mehr Klavier übst!" Auch nicht: „Geh aus und amüsier dich!" Nicht einmal: „Trink Pernod!" Es geht um eine Kaufentscheidung. Darauf leiten die ausschließende Deixis, die letztgültigen Sprachzeichen und die typisierte Warenform hin: Finaler Interpretant ist hier das universale symbolische System des Geldes. Also: Falls du heute noch nicht „gelebt" hast, dann ist die folgerichtige Form dies zu tun, dass du dir einen Pernod kaufst oder bestellst. Das kannst du; und die Flasche im Regal oder hinter der Bar, in die du dein Geld übersetzen kannst, ist der Schlüssel zu diesem Bild, sie übersetzt es in Realität. Denn alles ist käuflich.

Zurück zum Zeichenmodell: Die dritte Triade gibt den erwarteten Wahrheitsmodus im Zeichengebrauch an, am klarsten in der Anwendung der Kantischen Kategorie der Modalität: Ein Seme oder Rhema ist nur „problematisch" interpretierbar, ob wahr oder falsch, lässt sich nicht aussagen, beispielsweise bei Einzelzeichen oder ungeordneten oder nicht leeren Zeichen-Mengen, so auch – sehr wichtig – in ästhetischen Zeichenfunktionen (darauf gehe ich gleich ein). Ein Pheme oder Dicent entspricht dem „assertorischen" Satz oder Urteil, der Kontext entscheidet über wahr oder falsch, beispielsweise ein „geordnetes Paar" der Aussagenlogik (das in anderer Ordnung falsch wäre). „Delome" oder Argumente sind dann wie logische Funktionen, mathematische Aussagen, aber auch alle festgelegten Schemata, z. B. die Form eines Sonetts oder die eines Schachbretts, aufgrund ihrer Form und nur im Sinne formaler Widerspruchsfreiheit wahr. Schon der Name „Argument" (aus der Rhetorik) betont den Aspekt der Plausibilitätsschlüsse; „Deloma" (von griechisch δηλόω: „offenbaren", „kundtun") zeigt an, dass diese Zeichen *per se* aufgrund ihrer Form wahr sind, aber eben nicht mehr als das. Dass dieser Interpretantenbezug bei jedem Zeichengebrauch mit in Betracht gezogen werden soll, hält das Erkenntnisziel dieser dreistelligen Semiotik aufrecht. Es geht darum, den möglichen finalen Wahrheitshorizont eines Zeichens vorgreifend zu bedenken. Wie „offen", verifizierbar/falsifizierbar oder widerspruchsfrei ist dieses Zeichen allenfalls zu interpretieren? Dieser Modus ändert sich immer im Verlauf der Semiose: „Signs grow" (2.302).

Wenn man also durchaus auch „Struktur" oder „System" zu diesen Zeichen sagen kann, dann wird hier doch das Funktionieren solcher Zeichen immer zusammen mit ihrer Kritik und Veränderbarkeit gesehen. Gerade Strukturen und Systeme müssen sich pragmatisch bewähren: also hier allgemein – man kann auch sagen humanzweckrational – überzeugen, und das heißt im Sinne der *Pragmatischen Maxime*, sie müssen ihre „practical bearings" mit dem Ziel eines praktizierten, frei vernünftigen Konsens, ihre Wahrheit erweisen „können". Indem der Wahrheitsmodus von Systemen und Strukturen zwar grundsätzlich durchdacht, aber je faktisch auch eingegrenzt wird, und indem so viele andere Semiosen in ihren Funktionen mit untersucht werden, kann man genauso gut auch von einem systemkritischen Interesse der dreistelligen Semiotik sprechen. „A sign is something by knowing which we know something more" (8.332).

Ein heuristisch-hypothetisches Modell für komplexe Zeichenprozesse: Das ist dieser erweiterte triadische Zeichenbegriff auf alle Fälle. In einem Spiel wie *Schach* beispielsweise müssen die konventionell systemwertigen (argumentisch-symbolischen) Regeln in konkrete Spielzüge umgesetzt werden. Nicht nur hat jede Situation dabei ihre genuine Eigenbedeutung (dicent-sin), sie muss sowohl im Überblick (iconisch) als auch sozusagen aus der Perspektive jeder Figur heraus auf ihre Möglichkeiten hin analysiert werden (rhem-icon- und index-sin). Der „Wert" eines Bauern z. B. kann verändert werden (eine Veränderung im System: dicent generiert argument; die bis jetzt vollständig geordnete Werte-Relation aller Figuren wird anders). Alles läuft darauf hinaus, eine ja/nein-Entscheidung über den König herbeizuführen und so fort.

Ein weiteres komplexes heuristisches Spiel wäre etwa das legendäre *Times-Crossword*, „The most famous Crossword in the World"[30] (durch Robert Harris' Roman *Enigma*, 1995, inzwischen auch verfilmt, wurde dieses Rätsel-Spiel ja geradezu zu nationaler Bedeutung stilisiert). Sprach- und Sachkompetenz müssen in allen möglichen Kombinationen aufgeboten werden, auch formale und materiale Suppositionen sind ständig zu verändern (die bei Sprachzeichen systematisch und normativ so feste leg-symbol-Verbindung), iconische Muster für mögliche vorstellbare Situationen, sprachinterne (etwa Abkürzungen) oder externe realitätsbezogene Indices (z. B. Namen) müssen durchgespielt, Sätze (dicent) entwickelt, verändert, verkürzt und erweitert werden, und so fort. Zwei Beispiele daraus, von denen das erste vor allem sprachinterne Zeichen-Spiele verlangt:

---

[30] So sehen es zumindest die Verfasser selbst, vgl. The Times Crossword. The most famous Crossword in the World, Book 4, London 2002, S. 4–7; die Lösungen der folgenden Beispiele verdanke ich Carol-Mary Geppert.

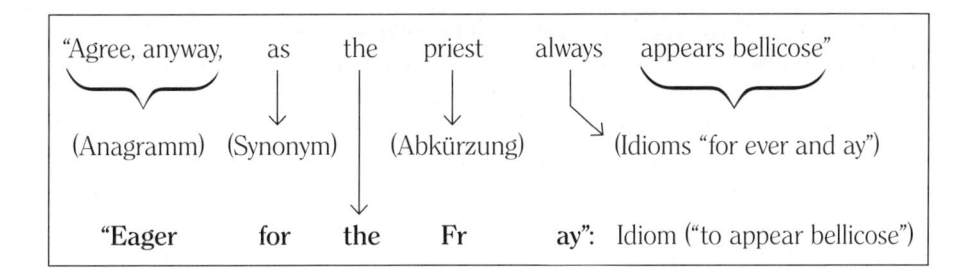

```
"Agree, anyway,    as      the     priest    always   appears bellicose"
    ⌣              ↓        ↓                  ↘         ⌣
(Anagramm)    (Synonym)  │  (Abkürzung)              (Idioms "for ever and ay")
                         ↓
   "Eager        for     the      Fr       ay":  Idiom ("to appear bellicose")
```

Das zweite Beispiel verlangt Vorstellungsvermögen und literarische Bildung:

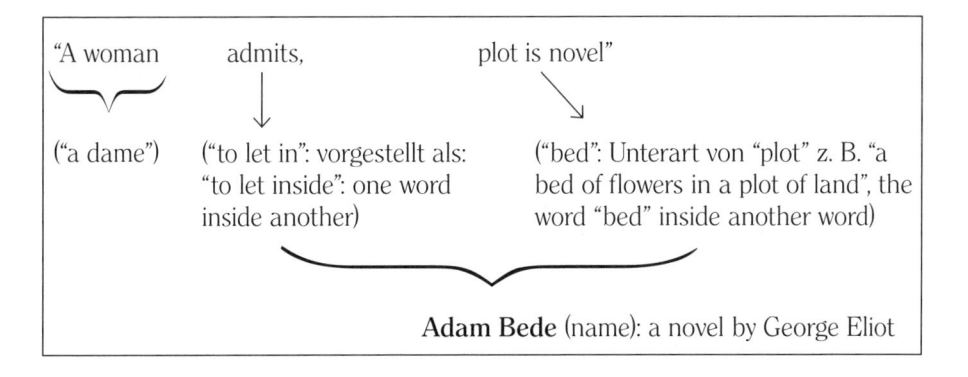

```
"A woman         admits,              plot is novel"
   ⌣               ↓                      ↘
("a dame")   ("to let in": vorgestellt als:   ("bed": Unterart von "plot" z. B. "a
             "to let inside": one word         bed of flowers in a plot of land", the
             inside another)                   word "bed" inside another word)
                              ⌣
                 Adam Bede (name): a novel by George Eliot
```

5. Semiotik und Ästhetik

Eine interessante Frage, die ich wie alles hier nur ansprechen, nicht ausdiskutieren kann, ist die nach dem ästhetischen Zeichen, genauer, nach ästhetischer Zeichenfunktion. (So wie ich das Folgende vortrage, geht es nicht auf Peirce zurück, sondern auf Max Bense,[31] der es aus Peirces Vorgaben entwickelt hat. Natürlich ist dies auch umstritten, andererseits aber gibt es doch beträchtlichen Konsens.) Es finden sich in Peirces Modell von 1904 drei Haupt-Zeichenklassen, denen Peirce „Instinkt", „Erfahrung" und „Form" zugeordnet hat. Es war wohl zunächst die schiere Eleganz der Lösung, dann aber mehrere Peirce durchaus weiterdenkende Folgerungen, die dazu führten, der einzigen noch übrigen „geraden" Zeichenverbindung, der Diagonale, herausgehobene Bedeutung zukommen zu lassen. Ist das im Zentrum des ganzen Systems als Balance aller Zeichenfunktionen ansprechbare, rhematisch – indexikalische – legi – Zeichen im generativ-degenerativen Zusammenhang mit allen Zeichenmöglichkeiten die ästhetische Zeichenfunktion im Modell dieser dreistelligen

---

[31] *Max Bense*, Zeichen und Design. Semiotische Ästhetik, Baden-Baden 1971, S. 56 ff.; *ders.*, Semiotische Prozesse und Systeme in Wissenschaftstheorie und Design, Ästhetik und Mathematik, Baden-Baden 1975, S. 85 u. 135 ff.; vgl. zu möglichen Folgerungen und Zusammenhängen *Nöth*, Handbuch der Semiotik, S. 425–466.

Semiotik? Hier wären viele Überlegungen nötig und möglich. Ich jedenfalls bin von dieser These überzeugt. Nur Stichworte möchte ich nennen. Kant (Peirce „had learned philosophy out of Kant", 5.412) nennt das Ästhetische „eine Gesetzmäßigkeit ohne Gesetz", „Zweckmäßigkeit ohne Zweck", ein „freies Spiel", das als solches, nach der Architektur der Gemütsvermögen, eben nicht nur die Einbildungskraft, sondern auch Verstand und Vernunft involviert, als „inexponible Idee" aber weder auf wahr/falsch-Urteile (nach Peirce dicents) noch auf „gegenständliche Anschauung" (icon-sin-Zeichen) zurückführbar ist:[32] eine Gemüts- (bzw. Zeichen-)interne generative Vernetzung aller Vermögen. Schiller – seine *Briefe über ästhetische Erziehung* hat Peirce interessanterweise einmal als seine erste philosophische Lektüre bezeichnet[33] – nimmt den „Spieltrieb" als die humane Balance zwischen Sinnlichkeit und Vernunft, als Ursprung des Ästhetischen an. Coleridge, E. A. Poe, Baudelaire, für die die „imagination" als zentrale Möglichkeit („reine des facultés") ein „Trennen und Verbinden" ist usw., wären zu nennen. Heranziehen möchte ich auch die Auslegung, die mein Lehrer Eugenio Coseriu der Jakobsonschen Formulierung für die „poetic function of language" gegeben hat: „The set (Einstellung) toward the message as such"[34]. Sieht man diese „Einstellung" im Funktionszusammenhang der Kommunikation im Ganzen, dann wird die „message" qua „Entautomatisierung Autoreflexion" ihr eigener „code", und alle Sprachfunktionen werden involviert:

> So nämlich erscheint die dichterische Sprache nicht als ein Sprachgebrauch unter anderen, sondern als Sprache schlechthin, als Verwirklichung aller sprachlichen Möglichkeiten (bzw. als) Ort der Entfaltung, der funktionellen Vollkommenheit der Sprache.[35]

Dasselbe könnte man von den Zeichenfunktionen nach Peirce sagen. Schließlich hat etwa Umberto Eco, wie Jakobson ein erklärter Peirce-Schüler, wiederholt die ästhetische Zeichenfunktion als „laboratory model of all the sign functions" bezeichnet, insbesondere als „offene Logik der Signifikanten" (eine weit verbreitete Formulierung: rhem-leg), „Autoreflexividität" (index-leg), offene „Mehrdeutigkeit" (index-rhem) und so fort.[36]

---

[32] *Immanuel Kant*, Kritik der Urteilskraft (1790), hrsg. v. *Karl Vosländer*, Hamburg 1974, S. 83 f. (§ 22).
[33] *Max H. Fisch*, Peirce as Scientist, Mathematician, Historian, Logician and Philosopher, in: *Charles S. Peirce* (Hg.), Studies in Logic by Members of the John Hopkins University (1883), with an Introduction by *Max H. Fisch* and a Preface by *Achim Eschbach*, Amsterdam 1983, S. VII–XXXII, hier S. XII; der Einfluss Kants und Schillers scheint mir z. B. erkennbar in der Aussage, dass „pragmatism [...] allows any flight of imagination, provided this imagination ultimately aleights upon a possible practical effect" (5.196); viele anregende Beispiele hierzu versammelt der Band: *Helmut Pape* (Hg.), Kreativität und Logik. Charles S. Peirce und das philosophische Problem des Neuen, Frankfurt 1994; vgl. auch *Christel Frick*, Zeichenprozess und ästhetische Erfahrung, München 2002.
[34] *Roman Jakobson*, Linguistic and Poetics, in: *Thomas A. Sebeok* (Hg.), Style in Language, Cambridge/Mass., 1960, S. 350–377; vgl. *ders.*, Poetik. Ausgewählte Aufsätze 1921–1971, hrsg. v. *Edgar Holenstein* u. *Thomas Schelbert*, Frankfurt 1979.
[35] *Eugenio Coseriu*, Thesen zum Thema ‚Sprache und Dichtung', in: *Wolf-Dieter Stempel* (Hg.), Beiträge zur Textlinguistik, München 1971, S. 184–188, hier S. 184 f.
[36] *Umberto Eco*, A Theory of Semiotics, Bloomington und London 1976, S. 261; *ders.*, Semiotik. Entwurf einer Theorie der Zeichen, München 1987, S. 347, vgl. ebd. ff.

Auf alle Fälle ist die ästhetische Zeichenfunktion – kein „Sonderzeichen", sondern eine universale Möglichkeit – durch ihre Balance sozusagen zentral für die „generative Signatur" (Iser),[37] die zum Begriff dreistelliger (prozessualer) Semiose ohnehin gehört. Und genauso ist in dieser Theorie fundamental mitgedacht, dass Ästhetik immer nur in „Emergenz" und „in Kontexten", semiotisch gesprochen: im unvorhersehbaren Wirkungszusammenhang anderer sprachlich-zeichenhafter Funktionen begriffen werden kann.[38] Dabei weist nun diese Heuristik – daran bitte ich festzuhalten – auf interessante differenzierende Folge- und Voraussetzungs-Semiosen ästhetischer Zeichenfunktion hin. Was liegt im generativ-degenerativen, konstruktiv-dekonstruktiven Zusammenhang dieses ästhetischen Modells am nächsten zur Semiose: 3.1 2.2 1.3, also zu offenen autoreflexiven Logiken von Zeichen?

Am nächsten liegen wohl die Kombinationen: 3.1 2.1 1.3, also das rhematisch – iconische – legi-Zeichen, anders gesagt, das Imaginieren, das Entwerfen möglicher Welten, 3.1 2.1 1.2, das rhematisch – indexikalische – sin-Zeichen: das Finden genuiner Singularität, aber auch 3.1 2.3 1.3, das rhematisch – symbolische – legi-Zeichen, das Verfügen über Repertoires konventionalisierter Zeichenmöglichkeiten, die Möglichkeitsform aller Zeichenkompetenz (von der Palette bis zum Lexikon oder zur Grammatik oder zu einem Orchester oder einem harmonischen System oder den Mitteln der Architektur oder auch denen des Computers). All dies sind nicht etwa sekundäre oder tertiäre oder irgendwie „gemischte" Zugänge; und dann, meiner Überzeugung nach sehr wichtig: 3.2 2.2 1.3, das dicentisch – indexikalische – legi-Zeichen, kurz, die Semiosen des Erzählens. Es handelt sich so gesehen beim Erzählen um eine reihende Zuordnung von vorgeprägten Elementen, die ihrerseits etwa imaginativ erzeugt und/oder aus einem Repertoire genommen, ästhetisch offen verändert und kombiniert werden können: Man kann auch mit Sachen oder Strichen oder gezeichneten Figuren usw. „erzählen". Im weitesten Sinne begriffen ist dann jedes Formulieren, Montieren, Zusammenstellen von bereits Festgestelltem ein Erzählen. Nur so entsteht meiner Überzeugung nach aus der ästhetischen Spiel-Funktion, die ja nur eine bloße Möglichkeit ist, wenn auch eine universale, es entsteht nur, indem *Ästhetik erzählt*, etwas irgendwie Realisiertes, zumindest vorübergehend Dauerhaftes wie Kunst.

Erlauben Sie ein Beispiel zur Semiotik des Erzählens: Ein Film[39] wie *Lola rennt* von Tom Tykwer (1998) reflektiert seine Zeichen-Genese, indem er deren Resultat

---

[37] Vgl. *Wolfgang Iser*, Von der Gegenwärtigkeit des Ästhetischen, in *Verf.* u. *Zapf* (Hg.), Theorien der Literatur I., S. 9-28.

[38] Vgl. *Helmut Pape*, Zur Einführung. Logische und metaphysische Aspekte einer Philosophie der Kreativität. Charles S. Peirce als Beispiel, in: *Ders.*, Kreativität und Logik, S. 9–59, hier S. 10: die „Emergenz unreduzierbarer Neuheit"; *Jay J. Zeman*, Das kreative Objekt in Peirce' Semiotik, ebd., S. 63–76, hier S. 69, dass dies immer „nur in Beziehung zum Zeichenprozess sinnvoll sein" kann. Zur Diskussion *Pape*, Kreativität und Logik, v. a. die Beiträge von Pape, Zeman, Strub und Heidelberger.

[39] In der Filmsemiotik ist der dreistellige Ansatz, bei diesem ‚realistischen' Medium unentbehrlich, wohl am weitesten vorgedrungen, vgl. z. B. *Teresa de Lauretis*, Technologies of Gender. Essays on Theory, Film, and Fiction, Bloomington u. Indianapolis 1987.

mehrmals de-formuliert bzw. eben umerzählt. Nicht nur so durchquert er immer von neuem ästhetische Zeichenfunktionen: Personen verwandeln sich in die Buchstaben des Titels, vorher schon „findet" die Kamera in ihnen Einzelne, deren Schicksale nachher in mehrfacher Variation erzählt werden. Die Handlung selbst läuft im Vorspann zunächst als imaginativ generierter, aufgezeichneter Comic:

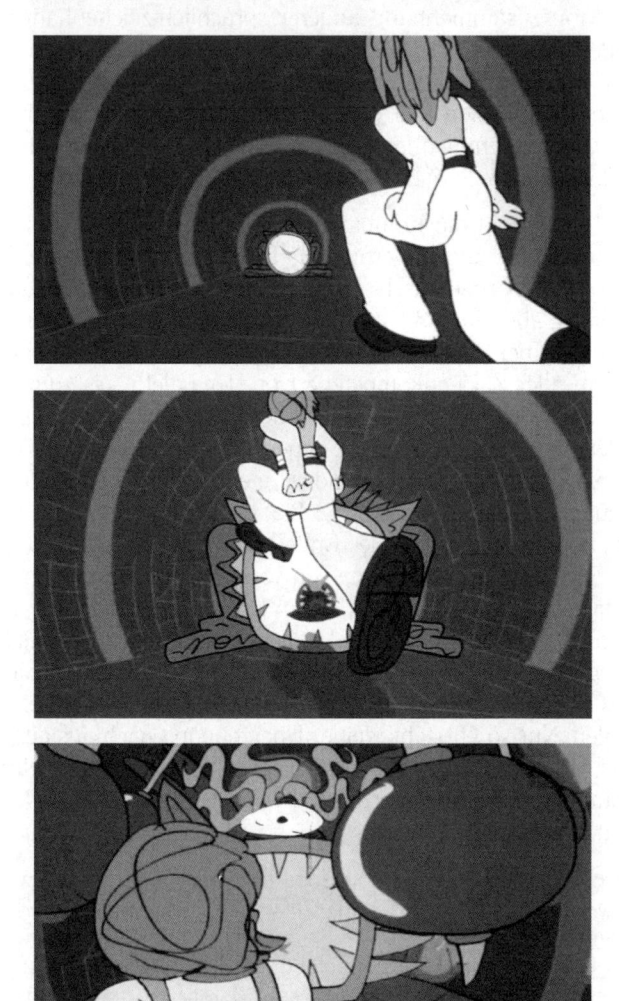

Wenn die Tunnelwände, zwischen denen die Comic-Lola auf eine Uhr zuläuft, sich spiralig zu drehen beginnen und die Uhr sich in ein großes Maul verwandelt, das Lola verschlingt, dann geht es nicht nur um Analogien zur Handlung, also iconische Semiosen. Von Anfang an wird deren (indexikalische) Konfiguration auf ein recht abstraktes, nur begrifflich (symbolisch) fassbares Prinzip der unumkehrbar immer fortlaufenden Zeit gebracht – nur so lässt sich das letzte Bild mit den vorhergehenden verbinden –, das dann seinerseits retrosemiotisch als Schema, das Bild wird als Zeit-Moloch veranschaulicht, interpretiert wird.

Entscheidend dabei sind – für den Film freilich naheliegend – indexikalische Semiosen: etwa die ganze Deixis der Kamera-Einstellungen und -Bewegungen, die Trennungs- und Zuordnungsfunktionen des Schnitts, die Bewegungen von Personen und Dingen im Raum (sog. Proxemik) und so fort. Man achte beispielsweise auf die übernahe, verlangsamte Präsentation eines glänzend hellen Etwas, das sich zu Beginn horizontal in wechselnder Richtung durchs Bild bewegt. Indem die Kamera hinauffährt, erkennt man das Pendel einer Uhr; das Pendel war verlangsamt geschwungen, die Uhrzeiger laufen beschleunigt: Indexikalische, raum-zeitliche Veränderungen werden in das Bild projiziert. Und das Bild selbst kommt aus dem Film-Repertoire bzw. Film-Gedächtnis: der Moloch „Zeit" aus Fritz Langs *Metropolis*, noch genauer, das „Unbekannte" aus einer Tusche-Zeichnung Alfred Kubins[40]:

---

[40] Bildnachweis: Alfred Kubin, Ins Unbekannte, in: *Rainer Stamm* u. *Daniel Schreiber* (Hg.), Bau einer neuen Welt. Architektonische Visionen des Expressionismus, Köln 2003, S. 70.

30 „Welchen der Steine du hebst."

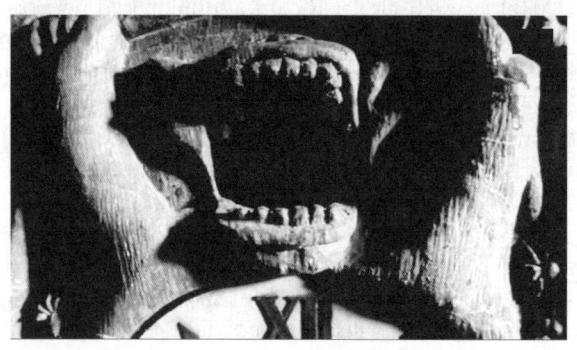

Diese kulturelle Bild-Tradition (ihre iconische Kodierung ermöglicht es, dass sie hier mehrfach variiert auftritt) wird indexikalisch gewissermaßen heran-gezoomt, sie „verfremdet" (erneut indexikalisch: kontra-determiniert) den erwarteten aktuellen Kontext. So entsteht eine Metapher, ein iconisches Zeichen, das aber indexikalisch generiert wurde, eine Metapher, deren Bedeutung am besten durch das Unbekannte von „Zeit" wiedergegeben werden kann, oder durch eine offene Menge von Aussagen, auf alle Fälle rhematisch. So fährt die Kamera dann ja auch in dieses Zeit-Bild, in das Maul des „Molochs Zeit" als in das schlechthin Unbekannte hinein. Auch der Lach-Effekt der Fußballsprüche als Antwort auf die Frage nach „dem Menschen" wirkt ästhetisierend. Dies ist nun in der Tat eine „Deformulierung" – zum Lachen wäre semiotisch viel zu sagen –, eine „Verwandlung einer gespannten Aufmerksamkeit in Nichts", die die autoreflexive Spielform der Genese filmischer Zeichen hervorholt. Der im Anschluss an diese Filmausschnitte zu sehende überschnelle Zoom, der eine Hypertotale von Berlin wie eine Lenkrakete mit einer Nahaufnahme des Telefons, dann von Lola verbindet, ist, um ein vorläufig (leider) letztes Beispiel zur sehr interessanten Zeichensprache dieses Films zu nennen, fast überdeutlich ein Multi-Index. Er verortet mehrfach in Räumen, er überführt die experimentelle, reihende Konzentration vieler möglicher Kontexte in eine hypothetische Verallgemeinerung, mit der die eigentliche Filmerzählung beginnt: Lola wird aus Liebe anrennen gegen Raum und Zeit und Tod. So viel, so wenig zur Semiotik ästhetischer Zeichenfunktion.

6. Folgerungen für die Literaturwissenschaft

Erneut gäbe es viel zu diskutieren und zu klären. Ich möchte mich aber abschließend und unvermeidlich stichwortartig auf zwei Aspekte konzentrieren. Was könnte diese Heuristik für die eingangs vorgestellten Beispiele leisten? Welche Möglichkeiten eröffnet dreistellige Semiotik für die Literaturwissenschaft? Um mit dem zweiten zu beginnen: Offenkundig, was schon der Begriff Interpretant und die prozessuale Zirkularität zwischen immediate, actual und final Interpretant nahe legt, ebenso der Erkenntnis-, Sach- und Wahrheitsbezug aller Zeichenfunktionen und vieles andere, offenkundig ist die Nähe und Korrespondenz dieser Theorie zur Hermeneutik.[41] Der Realismus dieser Semiotik,[42] auch ihre Universalität, könnten einen fruchtbaren Weg weisen, Literaturwissenschaft und Kulturwissenschaften zu verbinden. Literatur in kulturellen Kontexten untersuchen heißt: literarische Zeichen interpretieren im Kontext anderer (kultureller) Zeichen. Der „linguistic turn„ ist durch einen „semiotic turn" zu ersetzen. Denn wenn alles ein Text ist, sicher alle Kultur, dann genauso sicher nicht im Modus der Sprache, sondern viel eher im Modus von Zeichen. Den müssen wir formulieren. Ein wichtiges Arbeitsfeld, in dem sich die Semiotik bereits durchgesetzt hat und ja auch sachlich unerlässlich ist, wäre die Wechselwirkung von Literatur und Medien. Als Metasemiotik und „logic of vagueness" ist diese Theorie, davon bin ich überzeugt, geeignet, verschiedene poetische Modelle zu verbinden und ineinander zu übersetzen; vor allem, denn der dreistellige Zeichenprozess hat etwas Episches, ist das Erzählen die wichtigste Folgefunktion der ästhetischen Semiose; Erzähltheorie ist die fruchtbarste und nächstliegende Literatursemiotik. (Zu Recht sieht Matthias Bauer hier das „semiotische Paradigma" als das bis jetzt innovativste.)[43] Umgekehrt freilich wird diese Theorie vor allem dann fruchtbar, wenn sie eben in spezifische Fach-Terminologie und bereits bewährte Analysemodelle übersetzt wird, diese ergänzt, belebt, verbindet, aber auch sich in ihnen differenziert. Nicht zuletzt scheint mir eine „degenerative Semiose" in ihren komplexen Möglichkeiten (Anwendung, Ableitung, bis hin zur Negation

---

[41] Vgl. z. B. *John K. Sheriff*, The Fall of Meaning Charles Peirce. Structuralism and Literature, Princeton 1989 oder mehrere Beiträge in *Simon*, Zeichen und Interpretation oder die entsprechenden Kapitel bei *Nöth*, Handbuch der Semiotik.

[42] Eine der ausführlichsten literaturwissenschaftlichen Anwendungen der Semiotik von Peirce ist wohl meine eigene Untersuchung zum Europäischen Realismus, *Verf.*, Der realistische Weg. Formen pragmatischen Erzählens bei Balzac, Dickens, Hardy, Keller, Raabe und anderen Autoren des 19. Jahrhunderts, Tübingen 1994, v. a. S. 21–75 (Realismus als „Gedankenexperiment". Grundzüge eines pragmatischen Wirklichkeitsbegriffs am Beispiel von Charles S. Peirce.) u. S. 77–230 (Zur Zeichensprache des literarischen Realismus. Versuch einer semiotischen Retrospektive.).

[43] *Matthias Bauer*, Romantheorie, Stuttgart u. Weimar 1997, S. 215 ff.

von Codierungen, Konventionen, Systemen, Sätzen, Diskursen usw.) die Aufnahme eigentlich aller Anregungen der Dekonstruktion zu ermöglichen, ohne deren doch wohl unleugbare, wenn auch kritische Systemfixierung und Negations-Obsession teilen zu müssen. Semiotik eröffnet die Möglichkeit eines pragmatischen Umgangs mit Dekonstruktion. Und natürlich hat pragmatisches Philosophieren seinerseits heute einen weiten Wirkungshorizont, beispielsweise in Jürgen Habermas' Konsens-Theorie und vielem anderem.

Nun zu den eingangs angeführten Beispielen: Semiotisch gesehen ist „Chiffre" ein unglücklicher Begriff; denn es gibt nie einen Code, im konventionell entsprechenden Sinne, etwas wie ein Lexikon Formulierbares, eine Geheimsprache sozusagen. Nur der Aspekt eines rätselhaften Bedeutungs-Impulses bleibt im Begriff einer dichterischen „Chiffre" fruchtbar. Eigentümlicherweise erweist sich aber auch das Ausgehen von einer verkürzten (absoluten) Metapher als zu eng. Die Grundfigur wäre eher die (rhetorisch schwer oder gar nicht fungible) „kühne Metonymie": Eine die Norm durchbrechende (Index negativ zum Symbol) Zuordnung entfernter, aber vorformulierter Text- bzw. Wirklichkeitsfragmente (symbol-leg-Zeichen). Am konsequentesten, da von allen ideellen Vorgaben befreit, ist das in der surrealistischen Tradition zu beobachten („si j'ai du goût, ce n'est guère, que pour la terre et les pierres", Rimbaud, „dormir, dormir dans les pierres", Péret, „pour les cailloux du bruit", Eluard usw.).[44] Gewiss werden diese Zuordnungen immer auch metaphorisch interpretiert, aber nur als genuine Indizes stellen sie jede dieser Metaphern auch in Frage und halten den jeden Deutungsentwurf übersteigenden und durchbrechenden Bezug auf einen realen, einen traumatischen beispielsweise, Kontext aufrecht.

Im Falle von Celan ist das „dem Verderben Danken" mehr als jede nur mögliche Metapher der schweren, belastenden („Mitsamt meinen Steinen, den groß geweinten"),[45] befreienden und zugleich zerstörenden, harten Stein-Worte, obwohl all dies, immer neue Metaphern, zu ihrem Diskurs (ihrem Interpretans) beiträgt. Die Ästhetik der Stein-Chiffre muss jedes Stein-Bild durchbrechen. Wir werden uns zu dem Gedicht von Erich Fried unvermeidlich schwarze Steine vorstellen (heilige Steine?, Grabsteine?) – aber die Zukunft des Gestern ist hier immer die weitergehende Interpretation: bildlos, ein vor allem auch historischer Index, ein Richtungssinn. Vergleichbar und doch ganz anders, eben nur theoretisch-semiotisch vergleichbar, gilt es bei Ernst Meister die Fremdheit zwischen Dichtung und „Stein" immer mitzulesen. Nur so (eine indexikalische Semiose) erschließen wir die meines Erachtens weiter als die Metapher einer Produktionsästhetik reichende Bedeutung, dass das dichterische

---

[44] (Wenn ich auf etwas Appetit habe, dann kaum noch auf etwas anderes als Erde und Steine; Schlafen, Schlafen in den Steinen; die Kiesel des Lärms), *Arthur Rimbaud,* Une saison en enfer, in: *Alain Borer* (Hg.), Œuvre-Vie, Paris 1991, S. 399–453, hier S. 433; *Benjamin Péret,* Dormir, dormir dans les pierres, in: *Jean-Louis Bedouin* (Hg.), La poésie surréaliste, Paris 1964, S. 191; *Paul Eluard,* Je te l'ai dit pour les nuages, in: *Ders.,* Capitale de la douleur, Paris 1966, S. 150.
[45] *Celan,* Schibboleth, in: Gesammelte Werke, Bd. 1, S. 131.

Wort nicht vom Dichter, sondern „anderen", ganz anderen zurück-„geworfen" werden muss, wenn es existentiell „treffen" soll.

Viele „postmoderne" Romane erzählen Geschichten von Zeichen, Zeichenspiele, Zeichenwelten. Semiotik ist auch hier „in". Das betrifft nicht nur ihre Reflexion auf der Handlungsebene. Wichtiger scheint mir, dass die Romanform die Zeichen-Geschichten weiter- oder auch uminterpretiert, die die Personen erleben und reflektieren. Und um beides kohärent zusammen zu lesen, scheint mir semiotische Theorie hilfreich, ja geradezu erforderlich. Die Personen in Michel Tourniers *Le roi des aulnes* erfahren Zeichen als Schicksal. Aber ihre Zeichen-Diskurse führen alle in den Untergang und in die Hölle (Das Symbol wird Diabol): Nazi-Deutschland, Vernichtungs- und Selbstvernichtungskrieg, zuletzt der Holocaust. (Französischen Lesern den Sog und die Gefahr der Verführbarkeit durch Mythen zu erzählen, deren volles Risiko durchzuspielen, scheint mir das Interesse dieses Romans gewesen zu sein.) Es sind binäre Differenzierungen: „Erlkönig/Vater" (bzw. Christopheros), „tragend/getragen", „gut/böse", „Euphorie" und „Dysphorie", die der Romanheld zu durchleben meint und die in immer blutigeren Variationen ihn und alles, was er anfasst, vernichten. Alle solche Mythen werden böse; die Personen spielen die Differenzen durch, um sich dem stärksten Willen zur Macht zu unterwerfen und mit ihm unterzugehen. Dass es sich dabei um verkürzte Zeichen (iconisch degenerative, binäre Argumente: „symbole" im Sinne de Saussures, nicht Peirces) handelt, machen der zweite und der dritte Diskurs (semiotisch: eine spezifische Interpretanten-Folge) in diesem Roman sichtbar: der musikalische, den der Romanheld nicht begreift, und der historische, der ihn überfordert. Der letzte Teil des Romans ist in wesentlichen Zügen wie ein Roman von Walter Scott erzählt. Der Romanheld trifft z. B. kurz Hermann Göring (bei der Jagd) und gerät in die Kämpfe in Ostpreußen hinein. Und Tournier selbst hat *Die Kunst der Fuge* von Johann Sebastian Bach als Kompositionsprinzip seines Romans angegeben.[46] Wie immer und wie genau man das begreift, auf alle Fälle werden die Zeichenmöglichkeiten damit erweitert und realistisch gewendet. Der historische Diskurs ist wesentlich eine Semiose von (indexikalischer) Dokumentation durch Quellen und des Austauschs von Erzählungen als (kollateraler) Erfahrung. Das Netz der Verweise funktioniert indexikalisch. Und eine Fuge kommt erst dann zustande, wenn nicht nur Tonfolgen variiert, übereinander gelegt, verschoben, gespiegelt, erweitert, verkürzt, umgekehrt werden und so weiter, sondern indem jeder Ton auf das Gesamte harmonischer Möglichkeiten verweist (sonst wäre sie relativ einfach zu bewerkstelligen): eine Syntax bzw. eben eine indexikalisch offene Interpretation des harmonischen Systems. Anders gesagt: Es geht um Realität und es geht mit vollem Risiko ums Ganze. Die Leser sind aufgefordert, die Zeichen-Diskurse gegeneinander auszuspielen, beispielsweise – nach dem Vorbild der Musik – Werte-Systeme ins Spiel zu bringen, die der Romanheld nicht begreift (das fehlende weibliche Korrelat etwa zur Vater – Erlkönig – Differenz, Singularität gegenüber den unverbindlich sich reproduzierenden Bild-Variationen, Alternativen statt Mythen), kurz: Die Leser

---

[46] Michel Tournier, Le vent Paraclet, Paris 1977, S. 128 ff.

sollen eine humane Uminterpretation der Zeichen-Welten suchen. Der Romanheld nimmt diese erst ganz am Ende vor, und eher zufällig. Er versucht, einen kleinen Juden-Jungen zu retten. Der Roman selbst legt das von Anfang an nahe, spätestens bei der Zweitlektüre. So steht am Ende von *Le roi des aulnes* (1970) ein hier ganz neues heilgeschichtliches Zeichen (der Davidsstern), so wie in *Les Météores* (1975) die binäre Zwillings-Fixierung schmerzlich aufgebrochen wird, um neuer Realitäts-Fülle Raum zu geben, und so wie schon am Ende von *Vendredi ou les limbes du Pacifique* (1969, ein umgekehrter Robinson-Roman) aufklärerische Gesten gestanden hatten: Freitag, durch seine Phantasie- und Bildwelten verführt, begibt sich auf ein amerikanisches Segelschiff und damit in die reale historische Alternative von Freiheit oder Sklaverei; Robinson bleibt zurück, nimmt den Schiffsjungen an der Hand und zeigt ihm die Insel.

Wie relevant ist das? Muss sich die Postmoderne, provozierend gefragt, zwischen Indifferenz, „Projekt Aufklärung" oder Neo-Faschismus entscheiden? Sind Semiotik und Pragmatismus, was oft behauptet wird, Theorien für das 21. Jahrhundert?

Ist die Nacht von der E-Klasse erhellt.
Rhetorik in Literatur, Design und Werbung

Rhetorik ist eine sehr alte Kunstlehre.[1] In Antike, Mittelalter und früher Neuzeit wurde sie sehr hoch geschätzt, dann lange vernachlässigt, ja verachtet. Der „linguistic turn" in Philosophie, Geistes- und Kulturwissenschaften, dem auch die meisten heute vertretenen Literaturtheorien sich verdanken, ihre Begründung in logischen, sprachlichen, zeichenhaften[2] Funktionen, brachte die Wiederentdeckung der Rhetorik mit sich. Und die „Neue Rhetorik" hat ihr Interesse weit über sprachliche Botschaften hinaus ausgedehnt. Mit dieser Universalität der Rhetorik möchte ich meinen Vortrag beginnen.

Zwei periphere Zentralbegriffe

Was haben die folgenden „persuasiven Botschaften"[3] gemeinsam:

1) Ein Foto aus einem Werbeprospekt von Mercedes-Benz, das den legendären, 1968 eingeführten „Typ-8" zeigt (auch „Strich-Achter" genannt); achten Sie bitte auf die Strukturen in Geländer und Dach der Brücke:

---

[1] In der griechischen „rhetorike techne" waren sowohl der Aspekt des lernbaren Handwerks als auch der kreativer Kunst verbunden. Zur Geschichte und allen Begriffen der Rhetorik vgl. grundlegend *Gert Ueding* (Hg.), Historisches Wörterbuch der Rhetorik, Bd. 1 ff., Tübingen 1992 ff.; zur Einführung *Gert Ueding* u. *Bernd Steinbrink*, Grundriß der Rhetorik. Geschichte, Technik, Methode, 2. Aufl. Stuttgart 1986; *Heinrich Lausberg*, Elemente der literarischen Rhetorik. Eine Einführung für Studierende der klassischen, romanischen, englischen und deutschen Philologie, München 1949, 2. Aufl. 1963; *Karl-Heinz Göttert*, Einführung in die Rhetorik. Grundbegriffe – Geschichte – Rezeption, 2. Aufl. München 1994; *Clemens Ottmers*, Rhetorik, Stuttgart 1996; *Heinrich F. Plett*, Systematische Rhetorik. Konzepte und Analysen, München 2000.
[2] Insbesondere die Semiotik hat die Tradition der Rhetorik integriert, vgl. z. B. *Daniel Chandler*, Semiotics. The Basics, London 2002, S. 123 ff.
[3] *Umberto Eco*, Einführung in die Semiotik, dt. v. *Jürgen Trabant*, München 1972, S. 179 ff.

2) Ein Design-Objekt, ein modischer Pullover von Yamamoto:

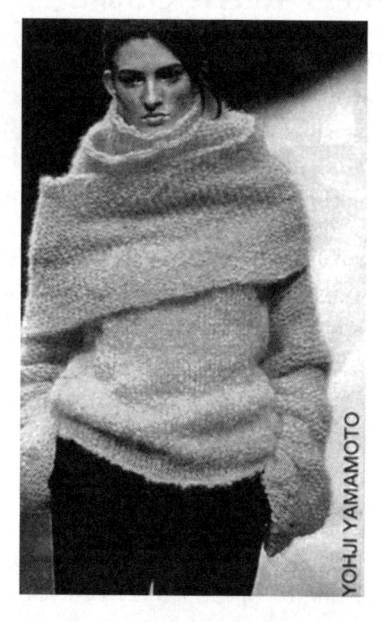

3) Ein Foto aus einem Kochbuch, das zwei „Aromatische Pilzgerichte" vorstellt:

4) Ein Satz, eine unvergessene stehende Redewendung eines deutschen Staatsmannes: „In diesem unserem Lande [...] wird es blühende Landschaften geben."

5) Ein Gedicht aus der anglo-amerikanischen Gruppe der „Imagists":

> Old houses were scaffolding once and workmen whistling.
>
> [T. E. Hulme][4]

---

[4] *Peter Jones* (Hg.), Imagist Poetry, Harmondsworth 1972, S. 49.

Was haben diese Wort- und Bild-Aussagen gemeinsam?
Für die, die die Antwort noch nicht gefunden haben, ein weiteres Modefoto:

6) Pelzmantel am Badestrand,[5] sowie ein Satz eines anderen großen Deutschen:

o tivioli carlo tivioli carlo tivioli

7) „Vom Feeling her habe ich ein gutes Gefühl."

[Boris Becker]

Redundanz – das war das gesuchte Stichwort – gilt nicht eigentlich als rhetorische Kategorie. In der Linguistik bezeichnet man damit ein direkt funktional nicht erforderliches Übermaß im Einsatz sprachlicher Mittel. Die Sprache sagt vieles mehrfach, um ihre Verständlichkeit zu erhöhen oder Verständnisfehler sofort zu korrigieren. Deutsch „Gefühl" und Englisch (Denglisch) „feeling" sind so gut wie gleichbedeutend. Personalpronomina wie „unser" enthalten demonstrative Funktionen wie „dieses" bereits in sich; sie verweisen immer sowohl auf den Sprecher als auch auf das Bezeichnete. Braucht frau zu dem übergroßen Pulloverkragen auch noch einen Schal? Wozu die rohen neben den zubereiteten Pilzen? Was sagt der Pelzmantel am Badestrand?

---

[5] Bildnachweise: Mercedes-Benz, Die Limousinen der Neuen E-Klasse, Stuttgart 2002, S. 5; The Times Supplement, 23. 08. 2002; *Christian Teubner* u. *Annette Wolter*, Kochvergnügen wie noch nie, München 1998, S. 140; Vogue Italia, Sett. 2003, Nr. 637, S. 251.

Während traditionell orientierte Einführungen und Handbücher zur Rhetorik, etwa Lausberg, Ueding-Steinbrück, Göttert, Ottmers, „Redundanz" nicht erwähnen,[6] wird in einem Klassiker der Neuen Rhetorik, der Rhétorique générale der Brüsseler Gruppe µ (1970), Dubois und andere – leider wurde sie sehr schlecht ins Deutsche übersetzt – die ganze Rhetorik gerade darin begründet, dass ihre Figuren

> den normalen Redundanzgrad der Sprache dadurch modifizieren, daß sie sich über vorhandene Regeln hinwegsetzen oder neue erfinden.[7]

Um gleich Beispiele sprechen zu lassen: Die Hyperbel etwa, ein Cola-Getränk sei „extraklassespitzenmäßighyperturbogeil", erzeugt zweifellos Redundanz und korrigiert sie zugleich: „Das solltest Du mal probieren!" Das Zeugma: „Die Stadt Göttingen, berühmt durch ihre Würste und Universität",[8] erklärt konventionelle Werte-Hierarchien zwischen dem Erwerb akademischen Wissens, wenn nicht gar der Suche nach Wahrheit, und dem Verzehr einer Wurst – allerdings ironisch – für redundant. Und dabei kannte Heine den niedersächsischen Ministerpräsidenten Wulff noch gar nicht. Auch unsere anfangs vorgestellten Beispiele zeigen, dass Rhetorik Redundanz modifiziert, ohne funktionale Normen zu durchbrechen. Der dicke Schal zusätzlich zum ohnehin mächtigen Rollkragen ist sicher redundant, aber das Teil bleibt nicht nur tragbar, sondern wird gerade so auch noch besonders chic. Die ungekochten Pilze kann man nicht essen, aber diese „Regelverletzung" nimmt einem durchaus nicht den Appetit, im Gegenteil. Rein statisch gesehen sind die vielen Streben, deren Muster sich in Decke und Brüstung der Brücke rhythmisch wiederholt, vielleicht nicht nötig, aber so wie sie den „Strich-Achter-Mercedes" einrahmen, wächst der Eindruck der Gediegenheit des Ganzen. Erst recht wirkt die mehrfache Alliteration der w-Phoneme in dem Gedicht von T. E. Hulme, so redundant sie sein mag, gefällig und emphatisch – sie zieht unsere Aufmerksamkeit an –, und lebendig.

Die Beispiele zeigen freilich auch: Fragen nach Voraussetzungen und Zustandekommen rhetorischer Verfahren und Figuren reichen nicht weit genug. Man muss immer nach deren Leistungen und Zwecken fragen. Gegenstand der Rhetorik ist die zweckmäßige Rede. Das ist seit je eine gute Definition gewesen. Das *aptum* ist die

---

[6] *Heinrich Lausberg*, Elemente der literarischen Rhetorik. Eine Einführung für Studierende der klassischen, romanischen, englischen und deutschen Philologie, München 1949, 2. Aufl. 1963; *Ueding* u. *Steinbrink*, Grundriß der Rhetorik; *Karl-Heinz Göttert*, Einführung in die Rhetorik. Grundbegriffe – Geschichte – Rezeption, 2. Aufl. München 1994; *Clemens Ottmers*, Rhetorik, Stuttgart 1996; auch *Heinrich F. Plett*, Systematische Rhetorik. Konzepte und Analysen, München 2000 erwähnt Redundanz lediglich im Übergang zu anderen Funktionen. Dies sind allerdings nur die bei mir zurzeit griffbereit stehenden Einführungen, die grundsätzlich alle empfohlen werden können. Überhaupt bewegt sich die wissenschaftliche Rhetorik heute, auch was allgemeine Nachschlagewerke, Handbücher etc. betrifft, auf durchweg sicherem Niveau.

[7] *Jacques Dubois, Francis Edeline, Jean-Marie Klinkenberg, Philippe Minguet, François Pire* u. *Hadelin Trinon*, Rhétorique générale, Paris 1970; dt.: Allgemeine Rhetorik, übers. u. hrsg. v. *Armin Schütz*, München 1974, S. 73.

[8] *Heinrich Heine*, Sämtliche Schriften in zwölf Bänden, hrsg. v. *Klaus Briegleb*, München 1976, Bd. 3, S. 103.

„zentrale *virtus*" der ganzen Rede, schreibt Lausberg, prägend ist ein „System der Wirkziele", beginnt Plett[9] und so fort. Dazu gehört freilich auch, dass diese Zwecke und Ziele durchaus nicht immer gut und edel sein müssen. Ich werde darauf zurückkommen.

Das erlaubt zunächst, einen weiteren peripheren Zentralbegriff der Rhetorik einzuführen. Der Linguist Dubois geht davon aus, dass die Rhetorik die Redundanzen, die sie nutzt oder erzeugt, zweckmäßig korrigiert. Aus der Sicht der Literaturtheorie würde ich eher „interpretiert" sagen. Die nächstliegende „Korrektur" oder besser „Interpretation" von Redundanz liegt dann wohl darin, dass ihre Elemente einer „umschließenden Menge" von Merkmalen, einem Oberbegriff, einer typischen Vorstellung, einem allgemeinen Gesetz usw. zugeordnet werden. Das Kochbuch-Foto sagt: „Hm Pilze!", das einzelne Gericht steht für „pilzigen Wohlgeschmack" allgemein oder die Regel „Pilze sind was Gutes". „Formschöne Gediegenheit" ist ein Wert, der Auto und Brücke, Tradition, Gegenwart und zukünftige Verlässlichkeit verbindet und so fort. Auch die Aussage „dieses unser Land" verwandelt die derart doppelt bezeichnete geographische und nationale Ausdehnung in einen Wert, mit dem vor allem auch der Sprecher identifiziert werden will. „Land" und Sprecher ziehen die demonstrativen Funktionen der Pronomina auf sich, wachsen mit ihnen, steigen auf im System sprachlicher und ideologischer Werte und verschmelzen schließlich: „Ich stehe für alles was in diesem unserem Lande gut und wertvoll ist, und wer mir widerspricht gehört hier nicht her." Die Rhetorik nennt die Ersetzung eines Besonderen durch ein Allgemeines, insbesondere eines Concretivums durch einen Allgemeinbegriff *amplificatio*: Erweiterung, Steigerung, Verallgemeinerung. Angenommen auf dem Augsburger Stadtmarkt wurde ein Spanferkelbraten gestohlen – die Gerichtsrede ist das klassische Modell der Rhetorik –, dann sagt der Ankläger: „Der Diebstahl geht frech durch unsere Straßen", und der Verteidiger erwidert: „Hunger ist auch heute noch eine viel zu alltägliche, quälende Erfahrung." Uns allen klingen noch die Sätze in den Ohren: „We are at war", oder harmloser: „Wer seine Haare färbt, der fälscht auch jede Bilanz."[10] So ist es durchaus plausibel, wenn man liest: Der „Nutzen" der Rhetorik „liegt gerade in der Möglichkeit, im Konkreten Allgemeines zu entdecken",[11] oder: „Im Weitesten muss die *amplificatio* als das elementare Verfahren der Redekunst […] aufgefasst werden", das allen Redeteilen zugeordnet werden kann,[12] oder: Die *amplificatio* „dürfte" geradezu „den Ausgangspunkt für eine Theorie der rhetorischen Textproduktionen" bilden.[13]

---

[9] *Lausberg*, Elemente der literarischen Rhetorik, S. 44; *Plett*, Systematische Rhetorik, S. 14.
[10] Das erste Zitat war der Kommentar des Präsidenten der Vereinigten Staaten von Amerika, George W. Bush, auf die Terror-Anschläge vom 11. September 2001, das zweite wurde geäußert im Zusammenhang der lange in den Medien diskutierten Frage, ob der deutsche Bundeskanzler Gerhard Schröder seine Haare färbt.
[11] *Alfons Weische*, Rhetorik. Redekunst, in: Historisches Wörterbuch der Philosophie, hrsg. v. *Joachim Ritter* u. *Karlfried Gründer*, Bd. 8, Darmstadt 1992, Sp. 1014–1025, hier Sp. 1015.
[12] *Ueding* u. *Steinbrink*, Grundriß der Rhetorik, S. 253.
[13] *Plett*, Systematische Rhetorik, S. 25.

Freilich, in den von mir eingesehenen Handbüchern werden solche Sätze eher beiläufig eingeführt; und traditionell ist die *amplificatio* nur eine von vielen Figuren. Wenn wir aber von ihr als einem zentralen Prinzip ausgehen, dann ergeben sich ein paar Folgerungen, von denen ich drei nennen möchte:

1) Der Begriff der *amplificatio* müsste über die traditionelle Auffassung einer „parteilichen Steigerung des Sprachgebrauchs" hinaus (traditionell ein Teil der *elocutio*)[14] erweitert werden und alle Formen der Verallgemeinerung einschließen, also auch wichtige Elemente der Argumentation, nämlich das Einbringen von Allgemeinbegriffen, Regeln, Gesetzen usw., vor allem dann in den so genannten *Enthymemen*, den rhetorischen Schlussfolgerungen. Mehr dazu im vierten Teil dieses Vortrags. So gesehen wird dann freilich die Trennung von *dispositio* und *elocutio* noch durchlässiger als sie ohnehin ist. Es gilt: Alles ist Sprache bzw. Zeichen; und es gilt auch: Man kann nicht nicht argumentieren.

2) Rhetorik muss mit ihren komplementären Disziplinen verbunden werden. Hermeneutik, Soziologie, Politikwissenschaft und so fort, so auch, trotz der alten Feindschaft zwischen beiden – aber „Ethos" war immer eine rhetorische Kategorie – mit der Philosophie. Das ist heute selbstverständlich.[15] Der nächste Gedanke ist es nicht. Es müssen dann auch Literaturwissenschaft und Literaturtheorie das Feld rhetorischer Möglichkeiten nicht nur im Überblick oder gar *in toto* rezipieren – dass es so viel zu lernen gibt, ist ein großes Verständnishindernis –, sie müssen es selektiv und mit entschiedenen Schwerpunkten für ihre Fragestellungen strukturieren. So ist auch dieser Vortrag angelegt.

3) Der Zusammenhang der peripheren Zentralbegriffe „Redundanz" und „Amplificatio" führt auch an die Grenze von Rhetorik und Ästhetik. Ein Design-Objekt wie der modische Pullover spielt bereits mit der nächstliegenden Verallgemeinerung der redundant verwendeten Wolle. Sagt das Kleidungsstück zu seiner Trägerin und über sie: Du kleines, schutzbedürftiges Wesen brauchst viel kuschelige Wärme? Kaum! Sagt es nicht eher: Du bist schlank und agil – wer sonst könnte so ein Teil tragen? –, du kannst überall hingehen, du bist stark und frei? Könnte man vielleicht von einer vestimentären *Litotes* sprechen? (‚Das ist nicht gerade für jemand bzw. „jefrau" gedacht, die sich verstecken will', oder so ähnlich.) Auf alle Fälle bliebe auch so die *amplificatio* design-rhetorisch wirksam, der Pullover würde das Selbstbewusstsein seiner Trägerin steigern. Wie steht es dann mit der

---

[14] Und im Teil der Lehre von den sprachlichen Formulierungen gehörte die *amplificatio* dann zum *ornatus*, dem „Wortschmuck", wo sie meist am Anfang steht. So beginnt etwa der Verfasser des wichtigsten antiken Lehrbuchs der Rhetorik, *Marcus Fabius Quintilianus* (35-96), Institutionis Oratoriae Libri XII/Ausbildung des Redners Zwölf Bücher, hrsg. u. übers. v. *Helmut Rahn*, Darmstadt 1988, im Achten Buch den Teil über den *ornatus* mit der Behandlung dessen „quid elocutio allottat aut deprimat", „was den Ausdruck zu heben oder herabzumindern vermag" (VIII 3, 90), S. 188 f.

[15] Vgl. z. B. *Josef Kopperschmidt* (Hg.), Rhetorik, 2 Bde., Darmstadt 1990; *John Lucaites* (Hg.), Contemporal Rhetorical Theory. A Reader, New York 1999; *Annette Mönnich* (Hg.), Rhetorik zwischen Tradition und Innovation, München 1999.

„w"-Alliteration in dem Gedicht von T. E. Hulme? Sie erzeugt den Eindruck des Fließenden, durch den minimalen Daktylus in „scaffolding" noch unterstützt, den Eindruck des Lebendigen, Gegenwärtigen, Unabgeschlossenen (durch die Gerundivform im Englischen noch stärker als im deutschen Partizip-Präteritum- „Gerüst"); und dann entsteht eine unaufhebbare kreative Spannung zur Vorstellung des Alten und Fertigen in „old houses". Vergangenheit und Gegenwart, Alter und Jugend, Erfahrung und Erinnerung, Lebendigkeit und Starre, rückblickende Freude und vielleicht jetzige Melancholie und vieles mehr steigern sich wechselseitig. „An emotional and intellectual complex in an instant of time":[16] Die berühmte Definition des *image* von Ezra Pound wird genau erfüllt. Aber durchbricht das nicht präzise jede lediglich rhetorische *amplificatio*? Wir können „Steigerung" erkennen, aber keine „parteiische", zweckmäßig ausgerichtete, wir haben viele Allgemeine, aber nicht *ein* Allgemeines. Man kann, so scheint mir, die Grenze von Rhetorik und Ästhetik, Design und Kunst recht genau erkennen. Denn es wird eben jenes „freie Spiel der Einbildungskraft" ins Werk gesetzt, modern gesagt, die „autoreferentielle offene Logik" der Zeichen, kurz, es wird jene autonome Ästhetik weitergeführt, die sich im 18. Jahrhundert ausdrücklich gegen die Dominanz der Rhetorik durchsetzte.[17]

Inventio, Dispositio und so weiter?

Wenn „Redundanz" und *amplificatio* periphere Zentralbegriffe der Rhetorik sind – *amplificatio* lediglich als Teil des *ornatus* aufgefasst, würde sicher zu eng begriffen – wie steht es dann umgekehrt mit den jahrhundertealten Hauptgliederungen des rhetorischen Systems?[18] Die Rhetorik hat sich aus der Praxis der Reden, vor allem der Reden vor Gericht und in der Volksversammlung entwickelt. Sie orientierte sich an deren Situationen und Problemstellungen (*status*), Aufgaben (*questiones*) und prinzipiellen Möglichkeiten (*officia oratoris*, darunter das berühmte „*docere, delectare, movere*", also Verstand, Vorstellung und Gefühl ansprechen) und vor allem an den Stationen, den Arbeitsschritten beim Verfertigen einer Rede (*tractatio*). Die *inventio* lehrte dann das Auffinden und Auswählen geeigneter Strategien, Beispiele und Formulierungen (aus der *copia rerum et verborum*: einem Repertoire von Wissen, das man sich wie eine Bibliothek oder Sammlung von Dateien vorstellen kann), die *dispositio* behandelte die Kombination und Anordnung des solcherart Ausgewählten zur Rede. Es folgten Kapitel über die *elocutio*, die sprachliche Darstellung, sodann Hinweise zum Lernen und Üben der Rede (*memoria*: noch immer sehr

---

[16] *Jones*, Imagist Poetry, S. 130.
[17] Vgl. zu diesen Begriffen z. B. *Wolfgang Iser*, Von der Gegenwärtigkeit des Ästhetischen, in: *Verf.* u. *Hubert Zapf* (Hg.), Theorien der Literatur. Grundlagen und Perspektiven, Bd. I, Tübingen u. Basel 2003, S. 9–28, v. a. S. 11 f. u. 24 ff.; *Verf.*, Bedeutung als unendlicher Prozess. C. S. Peirces Semiotik und ihre literatur- und medienwissenschaftlichen Perspektiven, ebd. S. 141–164, v. a. S. 156 ff.
[18] Vgl. etwa das Schema von *Göttert*, Einführung in die Rhetorik, S. 230. Wegen der Vergleichbarkeit verwende ich die lateinischen Grundbegriffe.

fruchtbar und empfehlenswert), schließlich zum Vortrag, zu Haltung und Gestik und so fort. Man sieht die Praxisrelevanz, die die traditionelle Rhetorik immer ausgezeichnet hat und um die sich auch die „Neue Rhetorik" wieder bemüht. Sie gehört, besser: Sie gehörte eigentlich als ständig vertretenes, allen zugängliches Lehrfach an jede Universität.

Aber um solch allgemeine Fragen geht es mir jetzt nicht. Natürlich kann ich auch nicht *das* traditionelle System *der* Rhetorik auch nur in Umrissen vorstellen, das es als einfach feste Tradition nie gab. Ich will vielmehr jetzt versuchen von zwei anerkannten Zentralbegriffen aus Perspektiven zu eröffnen, die Studierenden der Literaturwissenschaften bei der Einarbeitung in Begriffe und Modelle der Rhetorik hilfreich sein können, Orientierungen und Perspektiven, die eben den Zusammenhang von Rhetorik und Literaturtheorie im Blick behalten. *Inventio* bedeutet also Auffinden (nicht Erfinden) sowie Auswahl aus einem Paradigma, einer aufgrund von Gemeinsamkeiten und Differenzen vorgeordneten Sammlung von Elementen (man könnte auch eine Grammatik oder ein Lexikon als Beispiele anführen, genauso aber auch einen Kleiderschrank oder ein Gewürzregal); *dispositio* heißt die Kombination des Ausgewählten zu einem Syntagma, einer aufgrund von Folgerungen und Ergänzungen geordneten Botschaft (etwa einem Buch, einem Satz darin, oder einem Anzug oder einem zubereiteten Gericht). Grundbegriffe der heutigen Linguistik und der linguistisch angeregten Literaturtheorie, z. B. des Strukturalismus und seiner Nachfolger, sind der Tradition der Rhetorik verpflichtet, und umgekehrt haben gerade diese Richtungen die Rhetorik wiederentdeckt. So sieht, um nur auf einen Zusammenhang hinzuweisen, bereits die Rhetorik nicht nur die Dichotomie vor, sondern auch die Dialektik bis hin zur Austauschbarkeit von Sprache und Rede, *langue* und *parole*, *code* und *message* usw. Quintilian bereits definierte das Verhältnis von *res* und *verba* in der *inventio* als „quae significantur", also als Signifikat, *signifié*, Bezeichnetes, zu „quae significant", *signifiant*, Bezeichnendes.[19] Die Relation war schon für ihn unauflösbar, „wie zwei Seiten eines Blattes", so später de Saussure dazu.[20]

Roland Barthes entwickelt dann das folgende Diagramm:

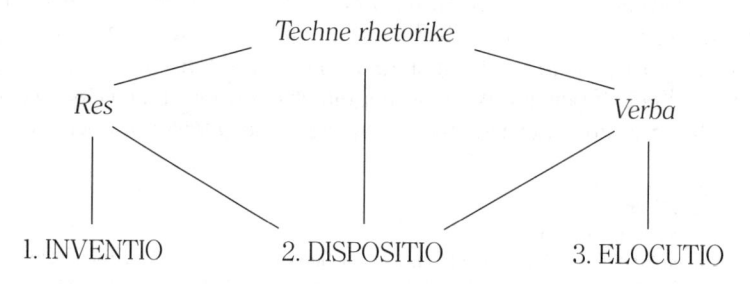

Techne rhetorike

Res　　　　　　　　　　　　　　　*Verba*

1. INVENTIO　　　2. DISPOSITIO　　　3. ELOCUTIO

---

[19] Zitiert nach *Roland Barthes*, Die alte Rhetorik, in: Ders., Das semiologische Abenteuer, dt. v. *Dieter Hornig*, Frankfurt 1988, S. 15–101, hier S. 54.
[20] *Chandler*, Semiotics, S. 21.

und fährt fort:

> *Dispositio* [bezieht sich also,] sowohl auf das Material (*res*) als auch auf die diskursiven Formen (*verba*). [...] Res ist das bereits sinnträchtige, das von Anfang an als Material der Bedeutung auftritt; *verbum* ist die Form, die bereits auf der Suche nach dem Sinn ist, um ihn zu vollziehen.[21]

Das Letztere bleibt richtig, muss sogar noch konsequenter ausgeführt werden, wodurch z. B. der *ornatus* besser begriffen wird. Ganz klar aber wählt die *inventio* auch aus den sprachlichen Paradigmen aus (ich erinnere an den Ansatz der „Redundanz"). Und wie oft gezeigt wurde (*dispositio interna*), kehren die formalen Prinzipien der *dispositio* in der *elocutio* wieder. Wird dann nicht beispielsweise Hjelmslevs Unterscheidung von „Inhalt" und „Ausdruck", „Substanz" und „Form"[22] dem System der Rhetorik eher gerecht?

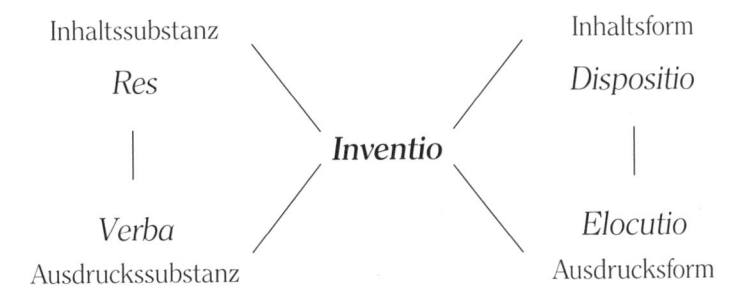

```
        Inhaltssubstanz              Inhaltsform
            Res                       Dispositio
                     \       /
                      Inventio
                     /       \
            Verba                     Elocutio
        Ausdruckssubstanz            Ausdrucksform
```

Also beispielsweise, angewandt auf den Yamamoto-Pullover:

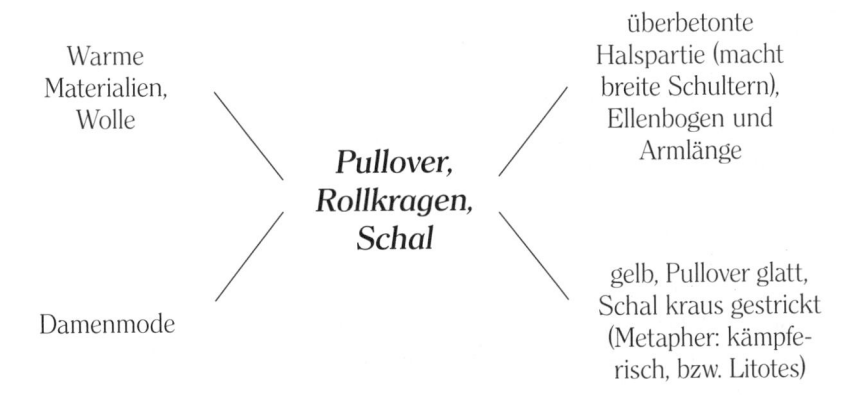

```
                                      überbetonte
          Warme                       Halspartie (macht
          Materialien,                breite Schultern),
          Wolle                       Ellenbogen und
                     \       /        Armlänge
                      Pullover,
                      Rollkragen,
                      Schal
                     /       \
                                      gelb, Pullover glatt,
                                      Schal kraus gestrickt
          Damenmode                   (Metapher: kämpfe-
                                      risch, bzw. Litotes)
```

---

[21] Barthes, in: Ders., Das semiologische Abenteuer, S. 54 f.
[22] Winfried Nöth, Handbuch der Semiotik, 2. Aufl. Stuttgart u. Weimar 2000, S. 80 f.; das Schema stammt von mir.

oder im Hinblick auf das imagistische Gedicht:

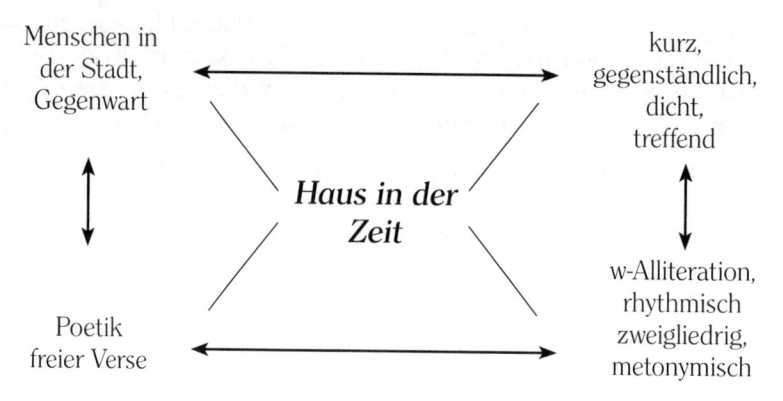

```
Menschen in                                    kurz,
  der Stadt,      ←——————————→          gegenständlich,
  Gegenwart                                    dicht,
                                              treffend
     ↕              Haus in der                  ↕
                       Zeit
                                          w-Alliteration,
                                            rhythmisch
   Poetik                                   zweigliedrig,
 freier Verse     ←——————————→             metonymisch
```

Auf alle Fälle müssen wir uns unter den Begriffen *inventio* und *dispositio*, genau wie ihre sprachliche Form besagt, Tätigkeiten vorstellen, die ineinander übergehen: *Inventio* führt von vorgegebenen zu neuen Reden bzw. Entwürfen, *dispositio* schreitet von semantischen (inhaltlichen, bedeutsamen) Großstrukturen zu immer kleineren Gliederungen fort, *elocutio* (die wohlgemerkt ihre eigene *inventio* voraussetzt, so wie umgekehrt die *inventio* die *dispositio* in der „Topik" bereits vorsieht) führt von Wörtern und Sätzen aus zu deren immer weiterreichenden semantischen Funktionen. Dann sah die Rhetorik durchaus die Dynamisierung und Prozessualisierung des Strukturalismus voraus (wie sie etwa die Semiotik schon immer oder die Dekonstruktion danach formulieren), denn diese geht folgerichtig hervor aus der bereits behaupteten Dialektik von *inventio* und *dispositio*, Paradigma und Syntagma usw., bis hin zu der von Ausdruck und Inhalt, Substanz und Form, einer Dialektik, die bis zur Austauschbarkeit reicht.

Dazu, zur Austauschbarkeit, die vielleicht zunächst etwas verwirren mag, ein anschauliches, einfaches, aber darum nicht falsches Beispiel, das hier im schönen Schwaben nahe liegt: Maultaschen gibt es in vielen Formen und mit nahezu unendlichen Füllungen. In diesem Paradigma, der Maultaschen-Inhalts-Substanz und Maultaschen-Form-Substanz findet die Schwäbin/der Schwabe in einer durchdachten *inventio*, und sicher nicht ohne eine gewisse Topik, eine ganzheitliche Vorentscheidung (der eine mag keinen Spinat, der andere keine Pilze), ihre/seine spezifische Strategie kulinarischer Selbstverwirklichung bzw. Einwirkung auf andere. So kommt es beispielsweise zur spezifischen *dispositio* bzw. wort-wörtlichen Inhaltsform „Maultaschen in der Brühe". Und, sofern die Variante „hausgemacht" gewählt wurde, bietet die *elocutio* der Gewürze, Konsistenz, Kochdauer etc. viele verfeinerte Möglichkeiten, einen reichen *ornatus* sozusagen. Guten Appetit! Aber damit nicht genug! Jeder weiß, wenn etwas übrig bleibt, gibt es das später „geschmälzt mit Zwiebeln und gemischtem Salat", und wenn auch davon etwas übrig bleibt, „geröstet mit etwas Ei". So verwandelt sich das Syntagma in ein neues Paradigma und so fort, theoretisch, hoffentlich nur theoretisch, unendlich fortsetzbar. Aber auch die Maultasche als solche, „das Maultaschen-Phänomen",[23] war bereits eine Auswahl-Kombination, ein Syntagma aus weltweiten Paradigmen von teigfüllenden Gerichten gewesen: Ravioli, Pitta, Frühlingsrollen usw. Auf die raffinierte Rhetorik, die die Maultasche generell zur Fastenspeise umdefiniert, wage ich gar nicht einzugehen.

Und genauso, nach demselben Prinzip – man könnte es auch mit Farbpalette und Bild, aus dem wieder Farben gelöst werden, durchspielen, oder mit Mode und Kleidung, ein kühner Gedanke! Man könnte den Designer-Pullover wortwörtlich in seine Substanz zurückführen, auftrennen und in einer neuen *dispositio* daraus zum Beispiel drei Paar Socken stricken – im Prinzip genauso ist die Rhetorik entstanden und entwickelte sie sich fort: Vorbildliche Reden wurden, zuerst wohl in Sizilien, gesammelt und dann, vor allem zunächst in Athen, zu Zwecken der Lehre analysiert, durchdacht, neu geordnet und in Variationen und Alternativen erprobt. So entstanden teils einfache, teils höchst differenzierte Systeme. Aber dabei blieb alles nicht nur bestreitbar und kündbar. Neue, besonders gelungene Reden, oder Teile davon, oder nur sprachliche Wendungen konnten ins System aufsteigen oder dieses verändern.

Erst recht gilt das für eine literarische Rhetorik. Nicht nur sind alle Konventionen kündbar und veränderbar; aber sie müssen dann eben auch als Konventionen wahrgenommen und angesprochen werden – wir nähern uns z. B. Fragen der Intertextualität, Texte aus Texten aus Texten ist ein altes rhetorisches Prinzip; auch Paul Ricœurs prozessuales Mimesis-Modell ist eine Folgerung aus diesem Prinzip – ein Text kann auch ein eigenes Paradigma, Äquivalenzen und Differenzen, Isotopien und deren Negation, sekundäre modellierende Systeme aufbauen, aus denen dann textinterne *inventiones* und *dispositiones* prozessual neue Bedeutungen erzeugen können. Mikrostrukturell geschieht das etwa in der Lyrik, wenn Metrum und Rhythmus eine Hörgewohnheit erzeugen, die bedeutsam variiert und mit einer bestimmten Semantik kombiniert wird. In J. W. von Goethes *Meeresstille* und *Glückliche Fahrt* (1796) setzt nicht nur der Daktylus im zweiten Gedicht den Trochäus im ersten, also in der Differenz beider Metren ein bestimmtes rhythmisches Paradigma, eine Ausdruckssubstanz voraus, die jetzt spezifische Form wird. Achten Sie auch auf den letzten Vers:

> Die Nebel zerreißen
> Der Himmel ist helle
> Und Äolus löset
> Das ängstliche Band.
> Es säuseln die Winde,
> Es rührt sich der Schiffer.
> Geschwinde! Geschwinde!

---

[23] Schlagzeile der Südwest-Presse am 12. Februar 2003 zu einem Artikel, in dem es um „Glokalisierung", „lokale" Antworten auf „globale" Trends ging.

>Es teilt sich die Welle,
>es naht sich die Ferne;
>Schon seh' ich das Land.[24]

In der „schwebenden", den Daktylus durchbrechenden Betonung: „Schón séh' ich das Lánd", hört man Ungeduld und Vorfreude geradezu heraus: Eine neu entstandene Semantik. Man erkennt die Verallgemeinerung; eine Redundanz der Rhythmen erzeugt eine *amplificatio* der Bedeutung, mit Goethes Worten, ein „Besonderes", das ein „Allgemeines lebendig fasst";[25] und diese Verallgemeinerung überwölbt dann viele ähnliche Situationen von Lähmung und neuem Leben, in der individuellen Psyche, im Gemeinwesen, in der künstlerischen Kreativität, für die die Seereise, seit langem eine Allegorie der Lebensreise, hier nun im Goetheschen Sinne symbolisch steht.

Großformatiger geschieht Vergleichbares, wenn z. B. im dritten Kapitel des achten und letzten Buchs von Goethes *Wilhelm Meisters Lehrjahre* (1796) Wilhelm ein Portrait der „schönen Seele" für ein Bildnis Nataliens hält. Der Fehler, die Verwechslung, muss paradigmatisch, durch Überprüfung der *inventio* berichtigt werden. Anders gesagt: Spätestens jetzt müssen die Leser anfangen, die Unterschiede zwischen Natalie und ihrer Tante auszuarbeiten, deren „Bekenntnisse" Wilhelm und die Leser ja bereits kennen, die jetzt, in der Verwechslung, beispielsweise für die Leser plötzlich altert, und an der Natalie ebenfalls genau jetzt erstmals durchaus Kritik übt: „Vielleicht zu viel Beschäftigung mit sich selbst, und dabei eine sittliche und religiöse Ängstlichkeit ließen sie das der Welt nicht sein, was sie unter anderen Umständen hätte werden können."[26] Und nicht nur das: Es gilt durchaus ein Ganzes der Differenzierungen weiblicher Gestalten in diesem Roman zu rekonstruieren, in dem etwa Mignon und Therese sich klar ausschließen, Philine und Aurelie ein Oppositionspaar bilden und so fort (ein System narrativer Aktanten, „Die Frau als Paradigma des Humanen"). Und dann kann man dessen Problematisierung und Transzendierung in den *Wanderjahren* (1821) analysieren oder in den beiden Fassungen des *Grünen Heinrich* (1854/55; 1879/80), man kann seine abstrahierende Verengung in Stifters *Nachsommer* (1857) beschreiben, oder seinen Zerfall, seine „Dekonstruktion" in unvereinbare Gegensätze in Flauberts *Éducation sentimentale/Lehrjahre des Herzens* (1870), die sich ja ausdrücklich auf Goethe zurückbeziehen.

Man erkennt dieselbe narrative Rhetorik aber z. B. auch, wenn im 26. Kapitel von Charles Dickens' *David Copperfield* (1850), und zwar in der Illustration von Phiz (H. K. Browne), mit dem Dickens eng zusammenarbeitete, über der ersten Begegnung von David und Dora, in die sich David sofort verliebt, ein warnendes Portrait

---

[24] *Johann Wolfgang von Goethe*, Werke. Hamburger Ausgabe in 14 Bänden, hrsg. v. *Erich Trunz*, Hamburg 1948–1960, Bd. 1, S. 242.
[25] Ebd., Bd. 12, S. 471: „[Dies] ist eigentlich die Natur der Poesie, sie spricht ein Besonderes aus, ohne ans Allgemeine zu denken oder darauf hinzuweisen. Wer nun dieses Besondere lebendig faßt, erhält zugleich das Allgemeine mit." Für Goethe entsteht so dichterische Symbolik.
[26] Ebd., Bd. 7, S. 517.

von Davids unglücklicher Mutter hängt, deren Aussehen die Leser aus früheren Teilen des Romans, vor allem aus Kapitel 8, kennen.[27]

I fall into captivity.   *Changes at Home.*

Man könnte von einer gemeinsamen Rhetorik des Bildungsromans sprechen. Die übersehene Ähnlichkeit hier muss genau wie die übersehene Differenz im *Wilhelm Meister* in der *inventio*, im Paradigma der Charaktere und Tugenden interpretiert werden; und in beiden Romanen sollen die Romanhelden und die Leser genau dies begreifen. Erzähltheorie, Intertextualitäts-Theorie, Gattungstheorie und -geschichte und so fort bleiben immer der alten Dialektik von *inventio* und *dispositio* verpflichtet.

Die Lehre von den Fundamentaltropen

Im 18. Jahrhundert begann der Niedergang der Rhetorik. Sowohl den sich endgültig etablierenden Naturwissenschaften als auch der selbstbewussten Philosophie der Aufklärung waren diese Lehre vom lediglich Wahrscheinlichen, die Kunst der Überredung, erst recht die a-logischen Sprachmanipulationen der Tropen und Figuren suspekt. In „seeking of truth, such speeches […] are not to be admitted" schreibt Thomas Hobbes, „all the art of rhetoric […] are perfect cheats" setzt David Hume noch eins drauf; für Immanuel Kant ist Rhetorik „als Kunst […] gar keiner Achtung würdig", und dies ausdrücklich auch dann, wenn ihre Zwecke „gut gemeint, oder auch wirklich gut" sind. Aber zeitlich benachbart, in einer anderen Strömung der Aufklärung von Giambattista Vico (1668–1744) wurde gerade der hier verworfenen

---

[27] Charles Dickens, David Copperfield, hrsg. v. *Nina Burgis*, Oxford 1981, S. 95 u. 332.

rhetorischen Bildlichkeit fast transzendentale Bedeutung zugesprochen.[28] Die Tropen wurden als durchaus nicht bloßer *ornatus*, Schmuck, sondern als Grundformen der Bedingung der Möglichkeit von Wirklichkeitsdarstellung begriffen. Wenn 150 Jahre später Friedrich Nietzsche schreibt: „Was also ist Wahrheit? Ein bewegliches Heer von Metaphern, Metonymien" und so fort,[29] dann kann man zumindest den philosophischen Paradigmenwechsel erkennen. Im zwanzigsten Jahrhundert wurde dieser Teil der „Neuen Rhetorik" zur vielleicht fruchtbarsten Theorie. Worum geht es? Erlauben Sie, dass ich zunächst kurz die Grundbegriffe rekapituliere! Orientieren wir uns beispielsweise an den klassischen Einteilungen bei Heinrich Lausberg (von mir vereinfacht):[30]

	Similarität	Kontiguität
Grenzverschiebung	(Periphrase)	SYNEKDOCHE
Sprung-Tropus	METAPHER	METONYMIE

Similarität ist die Kategorie aller Bedeutungsveränderungen (Metasememe), die auf Grund von Ähnlichkeiten bzw. Merkmalgemeinsamkeiten funktionieren, Kontiguitäts-Figuren, wörtlich: „Angrenzungen", liegen Kontext-Gemeinsamkeiten zugrunde. Die Synekdoche – wir brauchen diese Differenzierung später – verschiebt semantische Grenzen entweder vom Ganzen zum Teil oder vom Teil zum Ganzen und dies entweder im sprachlichen System oder in habitualisierten Vorstellungen:[31]

SYNEKDOCHE

	pars pro toto generalisierend	*totum pro parte* partikularisierend
nominal, konzeptionell	1. „Der Armut das Brot geben"	2. „Oh du glückselige Kreatur"
referentiell, Objekt-Vorstellung	3. „Eigener Herd ist Goldes wert"	4. „Das ganze Haus"

---

[28] Vgl. dazu mit genauen Stellenangaben *Weische*, in: Historisches Wörterbuch der Philosophie, Bd. 8, Sp. 1020 ff.
[29] *Friedrich Nietzsche*, Über Wahrheit und Lüge im außermoralischen Sinn (1873), in: Ders., Werke, hrsg. v. *Karl Schlechta*, Bd. 3, München 1966, S. 309–322, hier S. 314.
[30] *Lausberg*, Elemente der literarischen Rhetorik, S. 63. Das Schema stammt von mir.
[31] Im Folgenden wird die Theorie von *Dubois* u. a., Allgemeine Rhetorik, S. 152 ff. wiedergegeben; für ein sicheres Verständnis empfiehlt sich die Lektüre des allgemeinen Teils, S. 52 ff.; ergänzend zu empfehlen ist die sehr klare und v. a. anschauliche, beispielreiche Behandlung der Tropen in *Plett*, Systematische Rhetorik, S. 172 ff. Die Beispiele stammen, wo nicht anders vermerkt, von mir.

Zur Veranschaulichung z. B. Definitionsbäume:

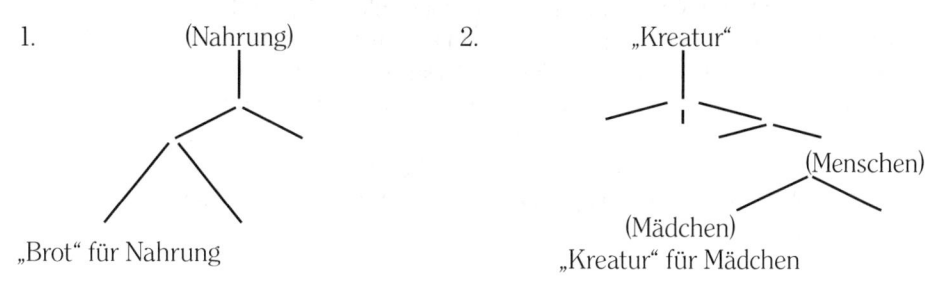

1. (Nahrung)

„Brot" für Nahrung

2. „Kreatur"

(Mädchen)   (Menschen)
„Kreatur" für Mädchen

Der andere Typ lässt sich so darstellen:

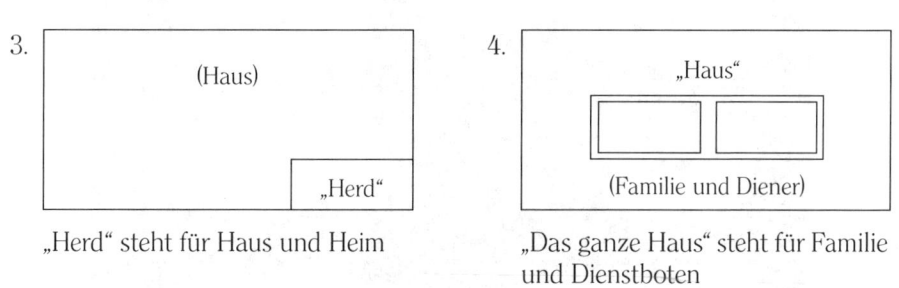

3. (Haus) / „Herd"

„Herd" steht für Haus und Heim

4. „Haus" / (Familie und Diener)

„Das ganze Haus" steht für Familie und Dienstboten

Dass hier habituelle Vorstellungen zugrunde liegen, kann man z. B. im Übersetzungsvergleich überprüfen: „Ein Glas trinken", im Deutschen, Französischen, Englischen selbstverständlich, das Gefäß steht für den Inhalt, ist wörtlich übersetzt im Italienischen unverständlich. Umgekehrt müsste es für ein „Glas Marmelade" im Englischen „jar" heißen. „A hand", eine „Hand" kann im Englischen auf See einen Matrosen, auf einem Bauernhof einen Landarbeiter bedeuten („Hand" *pars pro toto* für Mann); im Theater steht es für Beifall („give a big hand to Hans"), im Alltag für Hilfe („give granddad a hand"). Ins Deutsche ist das nicht einfach übersetzbar, kann aber dichterisch kreiert werden. „Leder" steht im Bergbau für die Schürze (die die Bergleute traditionell „vor dem A ..." tragen), im Fußball für den Ball: „Bobic versenkte endlich einmal wieder das Leder im schottischen Gehäuse."

Damit hätten wir gleich zwei Metaphern aus der Sportsprache: Zwischen „versenkte" und „ließ eine Flugbahn nehmen" besteht die Ähnlichkeit von Bewegungen nach der Schwerkraft, zwischen „Gehäuse" und „Tor" die einer kastenförmigen Form. (Und „der Kasten" für „das Tor" wäre dann? – eine nominale Synekdoche *totum pro parte*: Das Fußballtor ist nur eine von vielen möglichen Kastenformen.) Dies waren Metaphern *in absentia*, das Gemeinte ist abwesend. Eine Metapher *in praesentia* nennt dagegen beide Teile, wie z. B. „Heinrich der Löwe" oder häufig in der Dichtung „Schnee des Vergessens" (Paul Celan), „Lärmkiesel" (Paul Eluard: „les cailloux du bruit") usw. Da ich auf diese Tropen noch zurückkomme, nenne ich sie jetzt nur kurz.

Den Wechsel von der Synekdoche zur Metonymie kann man beobachten, wenn man vergleicht: „Ein Glas trinken", also ein Getränk, und: „Den Becher des Sokrates nehmen", also Gift und Tod. Jetzt muss man den Kontext kennen und in der Tat „sprunghaft" verkürzen. Die gängigsten Metonymien sind: „Einen Ford fahren", was einen Sprung bedeutet im Satz bzw. Syntagma: „Henry Ford hat eine Firma gegründet, deren Auto ich fahre", oder: „seinen Goethe gelesen haben" für „die Werke Goethes kennen". In der folgenden Eigenwerbung für die Tageszeitung *The Times* werden solche Tropen visuell durchgespielt.[32] Ich bin überzeugt, die Verfasser haben einmal einen Grundkurs Rhetorik (oder Semiotik) besucht, wie er an angelsächsischen Universitäten durchaus oft angeboten wird:

Wir erkennen nacheinander: 1. das *proprium*: Eine Banane ist eine Banane ist eine Banane – ist sie das je?, 2. eine Figur *totum pro parte* (eine Banane enthält Vitamine), 3. eine Synekdoche *pars pro toto* oder eine Metonymie, je nachdem, wie bedeutsam die Vorstellung ist: Jemand rutscht auf einer Bananenschale aus, 4. eine Metapher *in absentia*, anderes ließen die guten Sitten nicht zu, 5. eine klare Metonymie, die die Kontiguitäts-Kette von Bananen, deren Preis, Subventionen, Handelsbeschränkungen, Wirtschaftskriege verkürzt. 6. Das sechste Bild zeigt, dass die Theorie der Tropen weiter ausgreifen und argumentative Strukturen sowie Negationen einbeziehen muss. Denn hier liegt der übergeordnete allgemeine Satz zugrunde: „Es gibt

---

[32] The Times, September 2003.

keine interkulturelle Verständigung". Demnach ist ein „coconut" ein „Schwarzer", der innerlich „weiß" sein will, es aber nie wird, ein „apple" versucht als „native American" bzw. „Rothaut" dasselbe, und ein „banana" wäre dann wohl die asiatische, „gelbe" Entsprechung. Der Tropus schlägt eine Bedeutung vor, um sie zu verneinen. Wie funktionieren solche Figuren?

Sehr einflussreich wurde Roman Jakobsons Unterscheidung von zwei Fundamentaltropen: Metapher und Metonymie.[33] Man kann deren Dialektik im Anschluss an das oben in Kapitel zwei Gezeigte (Paradigma und Syntagma, Selektion und Kombination) so wiedergeben:

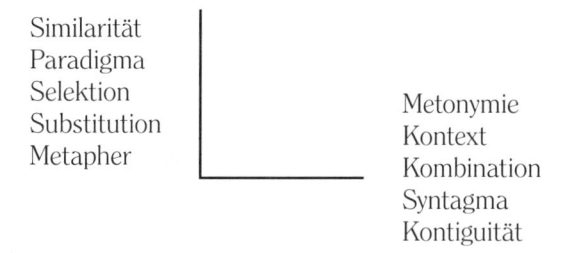

Similarität	
Paradigma	
Selektion	Metonymie
Substitution	Kontext
Metapher	Kombination
	Syntagma
	Kontiguität

Dieses Modell ist literaturtheoretisch – Jakobson sieht hier auch die Dialektik von „Romantisch" und „Realistisch" – sehr einflussreich geworden. Nicht zuletzt entspricht ihm auch bei Freud und dann z. B. Lacan die Unterscheidung von „Verschiebung" und „Verdichtung". Auch die semiotische Unterscheidung seit C. S. Peirce von Icon und Index kann man hier wiederfinden.[34] Aber so gesehen müsste man immer von einer Triade ausgehen, die ja genau besehen auch der Rhetorik zugrunde liegt. Und diese Erweiterung ist nicht beliebig. Wir erinnern uns: Ist nicht der „wahre" Ausdruck, das *verbum proprium*, auch nur eine rhetorische Figur, die so konventionell geworden ist, dass wir vergessen haben, dass sie es ist?

Triaden der Bezeichnung

Similarität	Kontiguität	Konvention
Metapher	Metonymie	verbum proprium
Icon	Index	Symbol
Verschiebung	Verdichtung	Trauminhalt

---

[33] *Roman Jakobson*, Metapher und Metonymie. Randbemerkungen zur Prosa des Dichters Pasternak (1935), in: *Ders.*, Poetik. Ausgewählte Aufsätze 1921–1971, hrsg. v. *Elmar Holenstein* u. *Tarcisius Schelbert*, Frankfurt 1979, S. 192–211; die schematische Darstellung folgt *Chandler*, Semiotics, S. 139.

[34] Vgl. z. B. ebd., S. 32 ff. u. 123 ff.; die Begriffe erklärt heute eigentlich jede Einführung in die Semiotik.

Dass die Synekdoche bei Jakobson nicht vorgesehen ist, ist vielleicht bezeichnend. Denn sie kann sowohl als Substitution im Paradigma („Kreatur" für „Mädchen") als auch als Kontextverkürzung im Syntagma („Herd" für „Haus", „Segel" für „Schiff" usw.) verstanden werden. Und gibt es nicht Metaphern, die weder paradigmatisch zu generieren noch so zu interpretieren sind, die eine „offene Logik" statt eines Paradigmas ansprechen?

Hinweisen möchte ich allerdings auf die diskursiven Möglichkeiten dieser Unterscheidung. Die Parabel, der „geworfene" offene Vergleich, wäre die Entsprechung zur Metapher auf der Ebene der Text- oder Gedankenfiguren, *figurae sententiae*, Metalogismen usw., insbesondere auch von Erzählfiguren einer „rhetoric of fiction". Dann lässt sich der Gegenbegriff einer narrativen Metonymie konstruieren – wie im „New Criticism" geschehen[35] –, so dass sich z. B. Typen von Kurzgeschichten ergeben. Die Haifische in Hemingways The Old Man and the Sea (1952), die den glücklichen Fang nach und nach fressen, sind Metapher für aggressive Schicksalsschläge. Die Erzählung hat die Struktur einer Parabel. Aber das Brot in der gleichnamigen nachgelassenen Erzählung von Wolfgang Borchert[36] – in der Hungerzeit verzehrt ein Mann heimlich ein Stück Brot; seine Frau errät es, tut aber, als bemerke sie nichts – das Brot ist hier Synekdoche für Nahrung, aber es wird dann auch zur textintern generierten Metonymie für Hunger (erneut mussten wir allerdings negative Funktionen berücksichtigen); und auf alle Fälle wird das Brot hier zur Metonymie für Liebe. Und wenn letztlich, wie Borchert das wohl meinte, auch das Brot des christlichen Abendmahls bzw. der Eucharistie hier gerade im Alltag und im Diebstahl und im „Nicht-Essen" anwesend ist, wäre das nicht ein interessantes theologisch-dogmatisches Problem?

Es ist klar, dass wir die Theorie der Fundamentaltropen dynamischer, prozessualer und zugleich abstrakter, d. h. vielfältig anwendbar fassen müssen. Zwei inzwischen auch schon klassische, raffiniert einfache Modelle der „Neuen Rhetorik" werden dem gerecht: Das Modell von Dubois und seiner Gruppe geht von Mengen-Relationen semantischer Merkmale aus und führt alle Tropen auf die Grundform der Synekdoche zurück. Metapher und Metonymie entstehen aus Synekdochenkoppelungen:

---

[35] *Kenneth Burke*, A Grammar of Motives, Berkeley 1969, S. 503 ff.; am weitreichendsten fortgeführt wurde dieser Ansatz in der historiographischen Erzähltheorie von *Hayden White*, z. B. *ders.*, Auch Klio dichtet oder die Fiktionen des Faktischen. Studien zur Tropologie des historischen Diskurses, dt. v. *Brigitte Brinkmann-Siepmann* u. *Thomas Siepmann*, Stuttgart 1986, S. 7 ff.

[36] *Wolfgang Borchert*, Das Gesamtwerk, hrsg. v. *Bernhard Meyer-Marwitz*, Hamburg 1949, S. 304 ff.

Mengen-Diagramme der Tropen nach Dubois

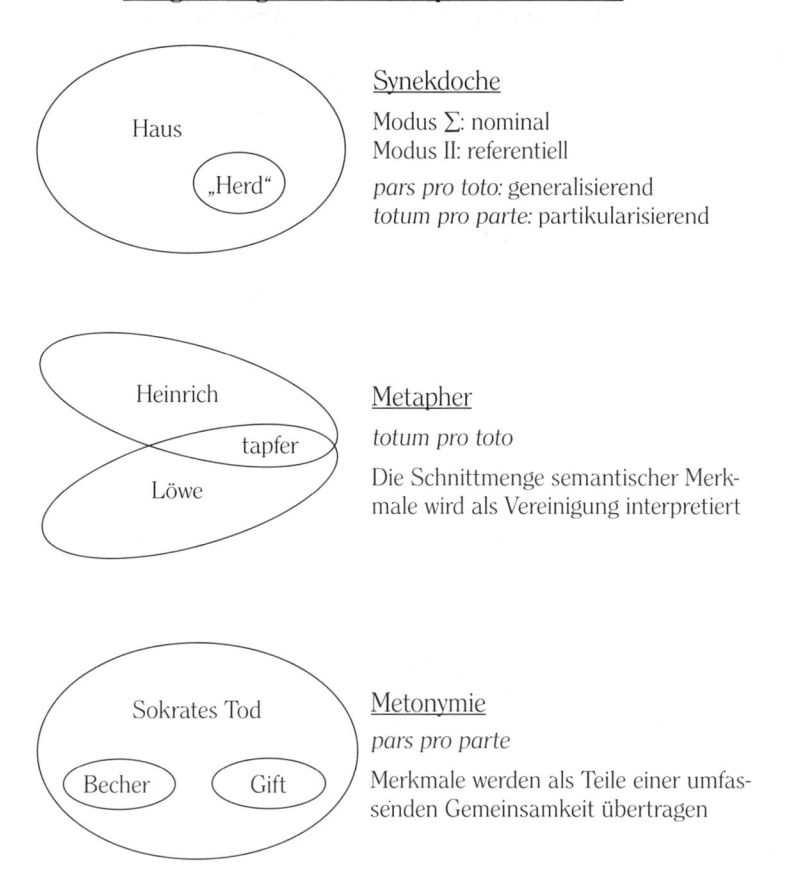

Synekdoche

Modus Σ: nominal
Modus II: referentiell

pars pro toto: generalisierend
totum pro parte: partikularisierend

(Haus – „Herd")

Metapher

totum pro toto

Die Schnittmenge semantischer Merkmale wird als Vereinigung interpretiert

(Heinrich – tapfer – Löwe)

Metonymie

pars pro parte

Merkmale werden als Teile einer umfassenden Gemeinsamkeit übertragen

(Sokrates Tod – Becher – Gift)

Die verschiedenen Formen der Synekdoche habe ich bereits vorgestellt. Eine nominale Metapher kommt nach Dubois so zustande, dass eine generalisierende mit einer partikularisierenden Synekdoche gekoppelt wird: *pars pro toto* und *totum pro parte*. Und die Schnittmenge gemeinsamer Merkmale wird als Vereinigung interpretiert: *totum pro toto*, das Ganze verschmilzt mit dem Ganzen zu etwas Neuem. Das „Schiff der Wüste" enthält, besser impliziert, die generalisierende Synekdoche „Transportmittel" für „Kamel", und die partikularisierende „Schiff" für „Transportmittel". Wenn wir aus der Kurzgeschichte von Wolfgang Borchert, den Text weiterdenkend, in dessen Hermeneutik sozusagen, die Metapher bilden: „Brot der Liebe", dann ist „Brot" Teil von „lebensnotwendig", das wiederum „Liebe" als Teil enthält, es entsteht ein neues Ganzes, das etwa auch die Merkmale „Alltag", „freiwillig gegeben", „alle Widerstände überwindend" usw. enthält.

„Ist die Nacht von der E-Klasse erhellt."

```
    ( lebensnotwendig )      ( lebensnotwendig )
        ( Brot )                  ( Liebe )


        ( Brot   ( Leben )   Liebe )


              ( Brot der
                 Liebe )
```

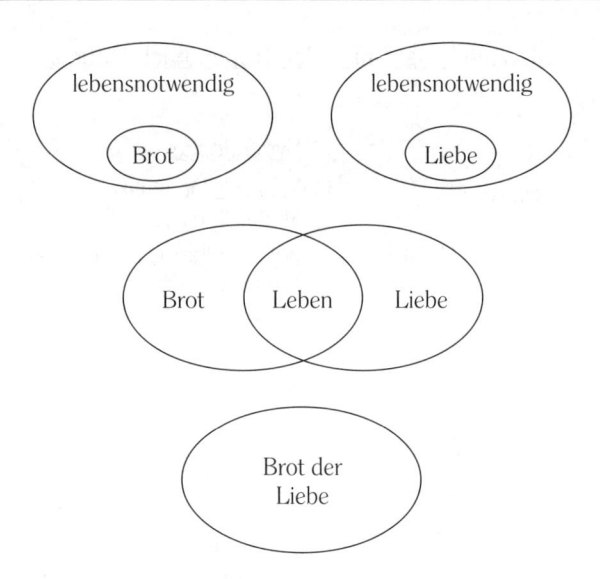

Schön ist vielleicht das Beispiel von Eduard Mörike: „besonnte Felsen, alte Wolkenstühle."[37] „Stühle" sind Teil der vielen Möglichkeiten des „Ausruhens" (Typ: „Brot" für „Nahrung"). „Wolken" senken sich herab und „ruhen" auf Felsen auf. Die sprachliche Evidenz (*puritas* hätten die alten Rhetoriker gesagt), und die Genauigkeit der Evokation von Wolken über den Korallenfelsen am Albtrauf bei Urach steigern sich wechselseitig. Das Mechanische in der Metapher scheint die Zeit in bewusster menschlicher Erinnerung zu beschleunigen. Aber wie klein steht diese menschliche Zeit in der seit der Jugend vertrauten Umgebung vor der im Ganzen zugleich angesprochenen Naturzeit, in der die Wolken ziehen und die Felsen wachsen und die Sonne auf- und untergeht! All das gehört zum Bedeutungspotential dieser Metapher, einem Bedeutungspotential, das seine Logik hat.

Referentielle Metaphern gehen nach Dubois genau umgekehrt vor: von der Partikularisierung zur Generalisierung. In Paul Celans Metapher „Wortmond"[38] wird dieser Vorgang exemplarisch vorgeführt und zugleich metapoetisch reflektiert. Man muss von der konkreten Vorstellung ausgehen: Das Neuwerden ist eine von mehreren Phasen des Mondes, eine generalisierende Synekdoche *pars pro toto*, und seine Bahn im Ganzen ist mehr als nur sein „vulkanischer Ursprung", auf den hier angespielt wird, *totum pro parte*. Die Metapher ist genau wie ihre Komplementärmetapher „Atemkristall" ganz direkt verständlich. Die Sprache („Atem" und „Wort") kann verschüttet, von Gerede zugedeckt werden und verstummen, aber nie ganz. *Pars*

---

[37] *Eduard Mörike*, Besuch in Urach, in: *Ders.*, Werke in einem Band, hrsg. v. *Herbert Georg Göpfert*, München u. Wien 1977, S. 32–35.
[38] *Paul Celan*, WORTAUFSCHÜTTUNG, vulkanisch, meerüberrauscht und WEGGEBEIZT, in: *Ders.*, Gesammelte Werke in fünf Bänden, hrsg. v. *Beda Allemann* u. *Stefan Reichert*, Frankfurt 1983, Bd. 2, S. 29 u. 31.

Zwei Komplementär-Metaphern Paul Celans

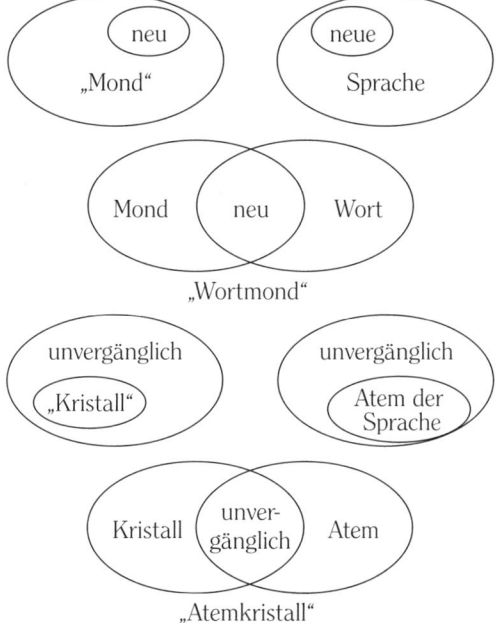

- „Mond" (neu) / neue Sprache
- Mond ∩ neu ∩ Wort → „Wortmond"
- „Kristall" (unvergänglich) / Atem der Sprache (unvergänglich)
- Kristall ∩ unvergänglich ∩ Atem → „Atemkristall"

pro toto kann der Dichter „das Wunder" des Neuanfangs der Sprache geschehen lassen.

Ich gehe hier aus zwei Gründen etwas ausführlicher vor: Einerseits bleiben gerade diese Partien der Theorie von Dubois in der deutschen Übersetzung völlig unanschaulich, ja missverständlich – die Übersetzer haben einfach, was nun mal hier nicht geht, die französischen Beispiele Wort für Wort übertragen, ich fürchte, sie haben sie selbst nicht verstanden –; zum anderen werden von dieser Theorie aus gerade die literarischen Beispiele in ihrer ästhetischen Kreativität hermeneutisch zugänglich. Wenn etwa Christian Hofmann von Hofmannswaldau vom „bleichen Tod" spricht,[39] dann ist das eine Metonymie *in praesentia* (für die die konventionelle sprachliche Rhetorik wenig Verwendung hat): „Der Tod macht die Menschen bleich." Die Kontiguität der semantisch umschließenden Menge entsteht im „menschlichen Sterben", das aus einem Teilaspekt „bleich (werden)" generalisiert, sodann im Auftreten des „(Knochenmannes) Tod" mit seiner „kalten Hand", die die Schöne liebkost, partikularisiert wird. Das ist genau der gegenläufige Vorgang zu einer referentiellen Metapher. Theoretisch gleich geht es zu, wenn Ingeborg Bachmann sagt „die vom

---

[39] Christian Hofmann von Hofmannswaldau, Vergänglichkeit der Schönheit, in: *Ulrich Maché u. Volker Meid* (Hg.), Gedichte des Barock, Stuttgart 1980, S. 274.

Dichterische Metonymien

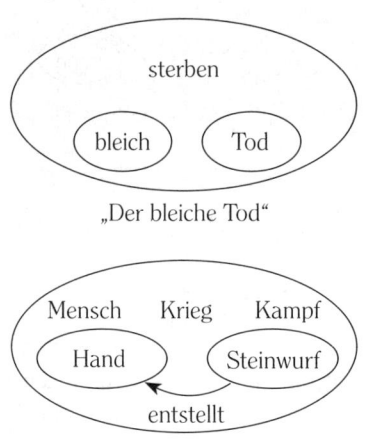

```
        sterben
   bleich    Tod
```
„Der bleiche Tod"

```
  Mensch  Krieg  Kampf
   Hand       Steinwurf
        entstellt
```
„Die vom Steinwurf entstellte Hand"

Steinwurf entstellte Hand";[40] Die „Hand" (*pars pro toto*: der Mensch) hat einen Stein geworfen, durch diesen aggressiven Akt ist er moralisch „entstellt".

Aber dies ist nur ein Teil gegenwärtiger *conditio humana*, menschlicher Existenz nach dem Krieg, auf den Ingeborg Bachmann hier anspielt. Die „gestundete Zeit" (selbst natürlich eine Metapher) enthält noch – wie lange noch? – viele andere, auch bessere Möglichkeiten. Allgemein gesagt: Metonymien, Figuren *pars pro parte*, sind nicht zu verallgemeinern; das gilt hier dann auch für die Metonymie der Situationen, die der Krieg hinterlassen hat. Auf alle Fälle kann man schon an diesen Beispielen sehen, wie denkfaul es ist, einfach von „bildhafter" Dichtung oder immer gleich von Metaphern zu reden. Ist es nicht vielmehr so, dass die kühnen Metaphern der Moderne zugleich kühne Metonymien sind, und gerade so ihre immer wieder sich erneuernde Bedeutungsfülle erhalten?

Das gilt etwa bereits für Hölderlins Verse:

> Die Mauern stehn, sprachlos und kalt
> Im Winde klirren die Fahnen.[41]

Man kann hier die Metonymie *in praesentia*, die eigentlich nur literarisch interessant ist, nicht übersehen: Mauern trennen Menschen und ihre Sprache. Aber das zu sehen genügt nicht. Die Sprachlosigkeit der Mauer belebt in der Negation auch die

---

[40] Ingeborg Bachmann, Früher Mittag (1952) aus dem Zyklus Die gestundete Zeit (1953), in: *Dies.*, Werke, Bd. 1, Zürich 1993, S. 44 f.
[41] Friedrich Hölderlin, Hälfte des Lebens, in: *Ders.*, Werke und Briefe, hrsg. v. *Friedrich Beißner* u. *Jochen Schmidt*, 3 Bde., Frankfurt 1969, Bd. 1, S. 134 u. 144.

alte, verblasste Metapher, dass „Steine reden, sich erbarmen" usw. So gehen auch die Statik und Kälte der Mauern, zusammen mit dem Trennenden in eine Figur *totum pro toto* ein. Alles: Schönheit und Reife, Natur und Mensch, Liebe und Poesie, Trunkenheit und Vernunft, deren utopische Einheit die erste Strophe des Gedichts entworfen hatte, erkaltet, zerfällt und versteinert, und mit ihm, wie ein plötzliches Verhängnis, vorausblickend auch die dichterische Sprache, die dies evoziert hatte.

Die französischen Surrealisten spielten ein Sprachspiel, bei dem auf gefaltetem Papier beliebige, von verschiedenen Spielern beigetragene Satzteile verbunden wurden: „Le cadavre/exquis/boira du vin nouveau/Die erlesene Leiche wird neuen Wein trinken". So entsteht nicht immer große Dichtung. Aber man erkennt den Übergang von kühnen Metonymien zu Metaphern. „La rosée à tête de chatte" ist so entstanden, der „katzenköpfige Tau".[42] Das Entfernteste zu verbinden, war surrealistisches Programm.[43] Auch hier erkennt man die Metonymie. Aber genauso wichtig ist die Verschmelzung und zugleich Ausdehnung der Semantik des „katzenhaft Unberechenbaren" mit dem „Lebensnotwendigen" beispielsweise. Wir lesen eine Metapher. So, mit Hilfe dieser Theorie prozessual sich wechselseitig interpretierender Fundamentaltropen, lassen sich übrigens auch ganz verschiedene Tendenzen beispielsweise moderner Lyrik zusammen sehen, etwa das oben angeführte „Image" von T. E. Hulme mit einem surrealistischen „cadavre exquis". Jetzt spricht natürlich der Komparatist. Und natürlich ist derlei für das Verständnis von auch nur etwas schwierigen Einzeltexten eigentlich schon fast unerlässlich.

> Wohin wir uns wenden im Gewitter der Rosen
> ist die Nacht von Dornen erhellt, und der Donner
> des Laubs, das so leise war in den Büschen
> folgt uns jetzt auf dem Fuß.
>
> [Ingeborg Bachmann][44]

Man hat ein Geflecht von konventionellen Metaphern (*in absentia*: „Rosen" für „Liebe", „Dornen" für „Leid" usw.) vor sich, von Synekdochen („keine Rose ohne Dornen"), aber auch kühnen Metaphern (*in praesentia*: „Donner des Laubs" – ist das überhaupt qua Negation noch eine Metapher?); und man liest natürlich auch Metonymien, die dem Gedicht etwas Erzählendes geben. Die umgreifende Situation einer Gewitterlandschaft an einem anschwellenden Fluss bleibt ja gewahrt. Genauso wie eine sich fast auf die Allegorie zu bewegende Großmetapher Präsenz gewinnt: „Gewitter der Rosen." Auf die Allegorie zu sich bewegend, aber nur fast. Durch das

---

[42] *André Breton*, „La rosée à tête de chatte", aus seinem Gedicht Au regard des divinités (aus dem Zyklus Clair de terre), in: *Ders.*, Œuvres complètes, hrsg. v. *Marguerite Bonnet*, Bd. I, o. O. 1988, Gallimard (= Bibliothèque de la Pléiade 346), S. 172.
[43] *André Breton*, Manifestes du Surréalisme, hrsg. v. *Jean-Jacques Pauvert* (idées gallimard), Paris 1973, S. 31.
[44] *Bachmann*, Aria I (1957), in: *Dies.*, Werke, Bd. 1, S. 160.

prozessuale Hin und Her der Tropik wird ein Oberbegriff, eine *praemissa major*, wie die Allegorie sie bräuchte, präzise vermieden. Es ist von leidenschaftlicher Liebe die Rede, aber diese bleibt sehr genau sprachlich nicht fassbar – nur literarisch immer zu evozieren: „Bezeichnend nicht, so auch nicht zeichenlos", wie es in einem benachbarten Gedicht heißt.[45] Insofern kippt diese poetische Rhetorik auch in ihre Metapoetik, Poesie der Poesie, und thematisiert gerade diese sprachliche Unfassbarkeit und zugleich Verbindlichkeit, ja die Unentrinnbarkeit des „dunklen Erdteils [...] Liebe" mit.[46]

Und nun ein postmoderner Gedanke, den freilich gerade Ingeborg Bachmann schon lange und nicht zuletzt in ihren letzten Gedichten voraus reflektiert hat:

---

[45] Ebd., Ihr Worte, S. 163.
[46] Ebd., Liebe: Dunkler Erdteil, S. 158 f.

An die Stelle des Unbekannten in der Kunst tritt in der Werbeästhetik und -rhetorik das immer schon in seiner Käuflichkeit vorwegbegriffene Produkt. In dem Mercedes-Benz-Prospekt[47] (der freilich auch die technischen Daten enthält; die Preise allerdings werden getrennt, in einem eigenen Heft und betont nüchtern mitgeteilt, Hobbes, Hume und Kant wären von diesem Verzicht auf Rhetorik sicher begeistert), wirken dieselben Tropen zusammen, wie in den Gedichten von Hölderlin oder Ingeborg Bachmann. Das erste Foto entwirft zunächst eine Metonymie: „Lichter in der Großstadt, darunter unser Auto", diese aber verwandelt sich, z. B. durch die fotografische Wiedergabe der Beschleunigung als intensiv farbige Lichtspur in eine Synekdoche: Die neue E-Klasse *ist* Licht, Dynamik, Faszination der großen Welt.

Das zweite Foto setzt diese Metonymien und Synekdochen *in absentia* voraus. Aber es leistet mehr und führt einen weiteren Tropus ein: Die Konturen des Autos bleiben erhalten, aber die Lichtphänomene treten so intensiv hervor, dass sie das Designobjekt neu füllen. Das technische Produkt verwandelt sich metaphorisch in etwas Schwebendes, Leuchtendes, Befreiendes, beinahe etwas Transzendentes. Anders gesagt:

> Wohin wir uns wenden in den Lichtern der Großstadt
> Ist die Nacht von der E-Klasse erhellt.
> Und das Wunder der Beschleunigung,
> Leise und schnell wie das Licht
> Macht uns frei.

Rhetorik bleibt eine sophistische, janusköpfige Kunst: durchaus ein Mittel der Erkenntnis, aber auch ein „perfect cheat", kreativ und käuflich zugleich. Die verwirklichte Wahrheit oder ein zwangfreier Konsens sind auf Rhetorik angewiesen. Aber Rhetorik lehrt auch effizient zu lügen. Sie lehrt dann jedoch auch, diese Lüge zu analysieren. Und sie lehrt überdies, dass man so der Wirkungsmöglichkeit der Lüge nicht immer entgeht.

Die Theorie der Fundamentaltropen nach Dubois ist sicher kohärent und anregend. Weil sie wenig anschaulich ins Deutsche übersetzt wurde, habe ich mich hier etwas eingehender mit ihr beschäftigt. Aber sie ist aus der Sicht der Literaturwissenschaft ergänzungsbedürftig. So müsste sie beispielsweise schlüssig mit einer Argumentationstheorie verbunden werden, was durchaus möglich ist. Und die angeführten Beispiele haben gezeigt, dass man vor allem auch die negativen Funktionen genauer einbeziehen muss. Das folgende Modell, das recht alt ist, es soll auf Petrus Ramus (1515–1572) zurückgehen, das im New Criticism wieder aufgenommen, in dieser Form dann nach einem Modell des Strukturalisten Greimas formuliert wurde,[48] das

---

[47] Mercedes Benz, Die Limousinen der neuen E-Klasse, S. 22 f. u. 25.
[48] *Algirdas Julien Greimas* u. *Joseph Courtés*, Sémiotique. Dictionnaire Raisonné de la Théorie du Langage, Paris 1979, S. 29–33 („carré sémiotique"); die rhetorische Anwendung wird zitiert nach *Chandler*, Semiotics, S. 137.

etwa in der *Metahistory* von Hayden White und der Diskursphilosophie von Foucault eine, meines Erachtens zu spekulative Karriere machte, räumt der Negation eine eigene Kategorie ein:

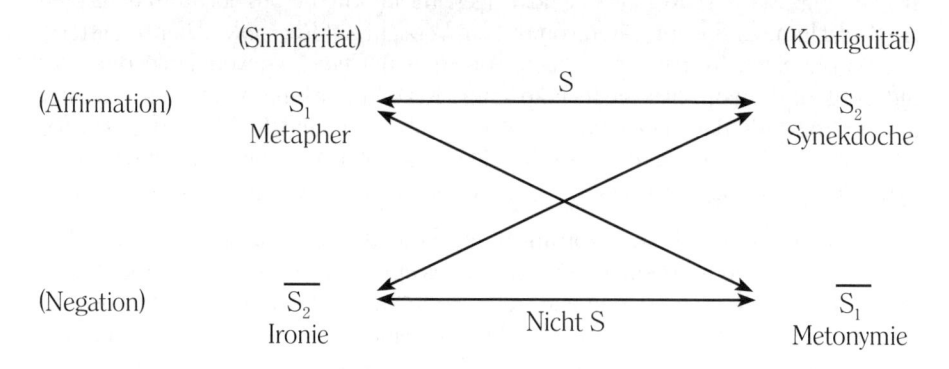

	(Similarität)		(Kontiguität)
(Affirmation)	S_1 Metapher	$\xleftarrow{\quad S \quad}\xrightarrow{\quad\quad}$	S_2 Synekdoche
(Negation)	$\overline{S_2}$ Ironie	$\xleftarrow{\text{Nicht S}}\xrightarrow{\quad\quad}$	$\overline{S_1}$ Metonymie

Hier gäbe es viel zu ergänzen und zu kritisieren, aber vieles daran ist anregend und plausibel. Jean Piaget beispielsweise hat dieses Modell auf die Theorie des Spracherwerbs bei Kindern angewandt. Und nicht nur die Romantiker wussten, dass dort auch Poesie, Rhetorik und Logik entstehen. Erlauben Sie, dass ich diese Theorie der Fundamentaltropen an der Weisheit eines klassischen Kinderbuches anschaulich mache:

[...] Pooh and Piglet walked home thoughtfully together in the golden evening, and for a long time they were silent..
„When you wake up in the morning, Pooh" said Piglet at last,
„what's the first thing you say to yourself?"
„What's for breakfast?" said Pooh. „What do you say, Piglet?"
„I say, I wonder what's going to happen exciting today?" said Piglet.
Pooh nodded thoughtfully.
„It's the same thing", he said.[49]

---

[49] Alan Alexander Milne, Winnie-the-Pooh with Decorations by *Ernest Howard Shepard*, 1926, 66. Aufl. London 1965, S. 156 f.

Pooh dem Bären ist es ähnlich wie Eichendorffs Taugenichts „wie ein ewiges Frühstück im Gemüte" – mit viel Honig, um den es in seinen Abenteuern oft geht. Er versteht die rhetorische Gleichsetzung sehr klar und sofort als Synekdoche *pars pro toto*: Frühstück ist alles. Piglet, ständig überrascht, geängstigt, von seinen Gefühlen, und nicht nur von ihnen, hin- und hergeworfen, verfügt nicht über ein derart geschlossenes Weltbild. Ihm bleibt nur die Metonymie: Einzelne Abenteuer gehören mit anderen zu einem übergreifenden Rätsel.

Kinder, die über diese Geschichten, wie oft beobachtet wurde, nicht lachen – „Und was geschah dann am nächsten Morgen?" fragt Christopher Robin am Ende dieses Kapitels – Kinder können die Gleichsetzung offen lassen; sie können die Gemeinsamkeiten zwischen einzelnen Abenteuern, die oft schon am Morgen beginnen, und andern, bei denen es ums Essen geht, wahrnehmen, ohne dass die Unterschiede dem widersprechen. Sie lesen, *totum pro toto*, Ketten von Metaphern. Für uns Erwachsene, wie traurig, steht all dies bereits im Zeichen der Ironie.

Alltägliche, rhetorische und literarische Argumente: ein paar Perspektiven

Ein Boxer wird im Ring furchtbar verprügelt. Beim Gong hält es den Promoter nicht länger. Er geht zum Ring:
– Beim nächsten Niederschlag bleibst du liegen und lässt dich auszählen!
– Ah, nee!
– Oder es fliegt das Handtuch.
– Ich mach weiter. Sagst doch immer ich bin gut versichert.
– Ja, aber ich will, dass du noch was davon hast.

(Abspann:)
                    Aachener Münchener Lebensversicherung
                           Mit Sicherheit ein guter Partner

Kein Zweifel, Promoter und Boxer versuchen einander zu überreden. Jeder will dem anderen seinen Standpunkt „beweisen". Sie betreiben Rhetorik des Alltags, bzw. wie Manfred Kienpointner es sehr schön genannt hat: „Alltagslogik"[50]. Derlei, freilich auch komplexere, gewichtigere und weiter reichende Ketten von rhetorischen Folgerungen, beschreibt und optimiert die Argumentationstheorie.

Was heißt das zunächst einmal ganz allgemein? Argumentation, so kann man sagen, ist im weitesten Sinne das rhetorische Verfahren, mit dem einem „situationsmächtigen" Publikum, z. B. den Geschworenen, der Volksversammlung, dem potentiellen Käufer, so auch unserem Boxer, eine vom Redner gewollte Folgerung so plausibel wie möglich gemacht, am Besten „bewiesen" wird. Seit alters gilt die *argumentatio*

---

[50] *Manfred Kienpointner*, Alltagslogik. Struktur und Funktion von Argumentationsmustern, Stuttgart 1992.

als das „Herzstück" der Rhetorik: „Alles andere, das in dem zusammenhängenden Strom der Rede so ungehindert abläuft, [dient] nur als Hilfe und Schmuck für die Beweise (in auxilium atque ornamentum argumentorum)", sagt Quintilian.[51]

Entsprechend hat sich sowohl in der klassischen wie in der neuen Rhetorik die Argumentationstheorie und -lehre zu einem umfangreichen und oft sehr anspruchsvollen Gebiet entwickelt. Da dieser Beitrag sich in erster Linie als perspektivierende Einführung in, ja als Werbung für literarische Rhetorik versteht, sollen im Folgenden nur wenige, vielleicht aus literaturwissenschaftlicher Sicht interessante Punkte angesprochen werden: Zunächst, wie in den vorhergehenden Kapiteln, ein klassisches Modell, dann ein neuerer Ansatz (der inzwischen auch bereits gut eingeführt ist), sowie ein paar Beispiele aus Medien und Literatur.

Man kann die Formen des „Beweises" in Aristoteles' Rhetorik etwa folgendermaßen systematisieren,[52] und dabei sogleich Anknüpfungspunkte für literarische Fragen entdecken:

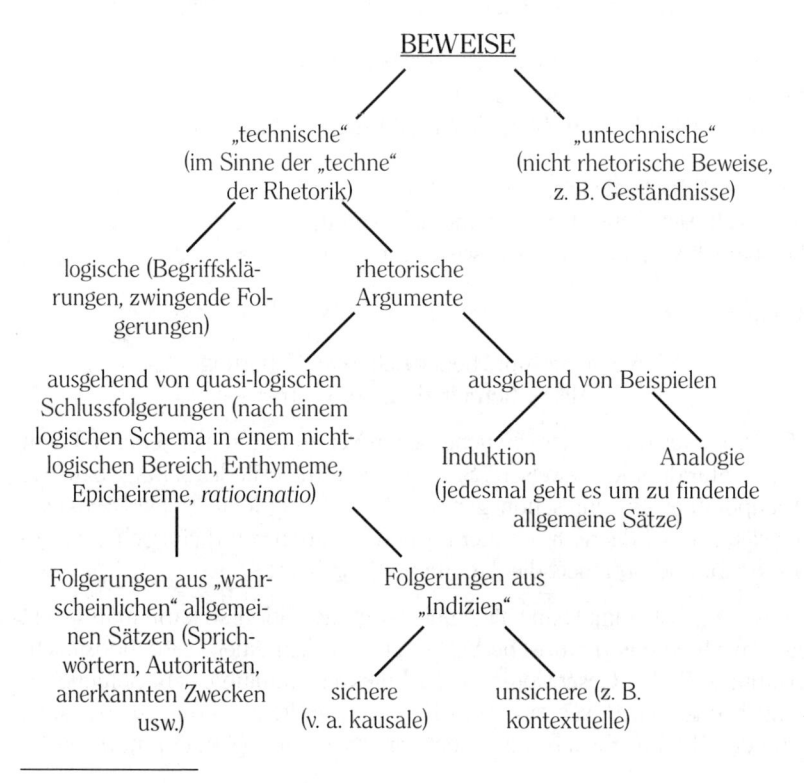

BEWEISE
/ \
„technische"   „untechnische"
(im Sinne der „techne"   (nicht rhetorische Beweise,
der Rhetorik)   z. B. Geständnisse)
/ \
logische (Begriffsklä-   rhetorische
rungen, zwingende Fol-   Argumente
gerungen)
| / \
ausgehend von quasi-logischen   ausgehend von Beispielen
Schlussfolgerungen (nach einem   / \
logischen Schema in einem nicht- Induktion   Analogie
logischen Bereich, Enthymeme,   (jedesmal geht es um zu findende
Epicheireme, *ratiocinatio*)   allgemeine Sätze)
|
Folgerungen aus „wahr-   Folgerungen aus
scheinlichen" allgemei-   „Indizien"
nen Sätzen (Sprich-   / \
wörtern, Autoritäten,
anerkannten Zwecken   sichere   unsichere (z. B.
usw.)   (v. a. kausale) kontextuelle)

---

[51] *Quintilian*, Institutio Oratoria, S. 538 f.
[52] *Artistoteles*, Rhetorik, übers. u. hrsg. v. *Gernot Krapinger*, Stuttgart 1999, S. 117 ff. (Buch II.18–26); für diese Übersicht maßgeblich war *Ekkehard Eggs*, Argumentation, in: Historisches Wörterbuch der Rhetorik, Bd. 1, Sp. 914–991, v. a. Sp. 916–927. Das Schema stammt von mir.

Natürlich kann, genauso wie das ganze Reich der Rhetorik, so auch auf alle Fälle das Feld der „rhetorisch-technischen Beweise" für die Literaturwissenschaft von Fall zu Fall interessant werden (z. B. für das barocke Drama oder für Kriminal-, Detektiv- oder Justiz-Geschichten).

Aber noch vielfältiger anwendbar ist, was in fiktionalen Texten und Diskursen naheliegt, der Bereich der eigentlich „rhetorischen Argumente". Man kann, ganz im Sinne einer ebenfalls lange bewährten Tradition erkennen, dass das System der Argumente sich derart differenziert, dass drei Elemente zueinander in wechselnder Beziehung stehen und – was sehr wichtig ist – implizit bleiben können. Aus der Antike[53] stammt z. B. das folgende dreistellige Schema:

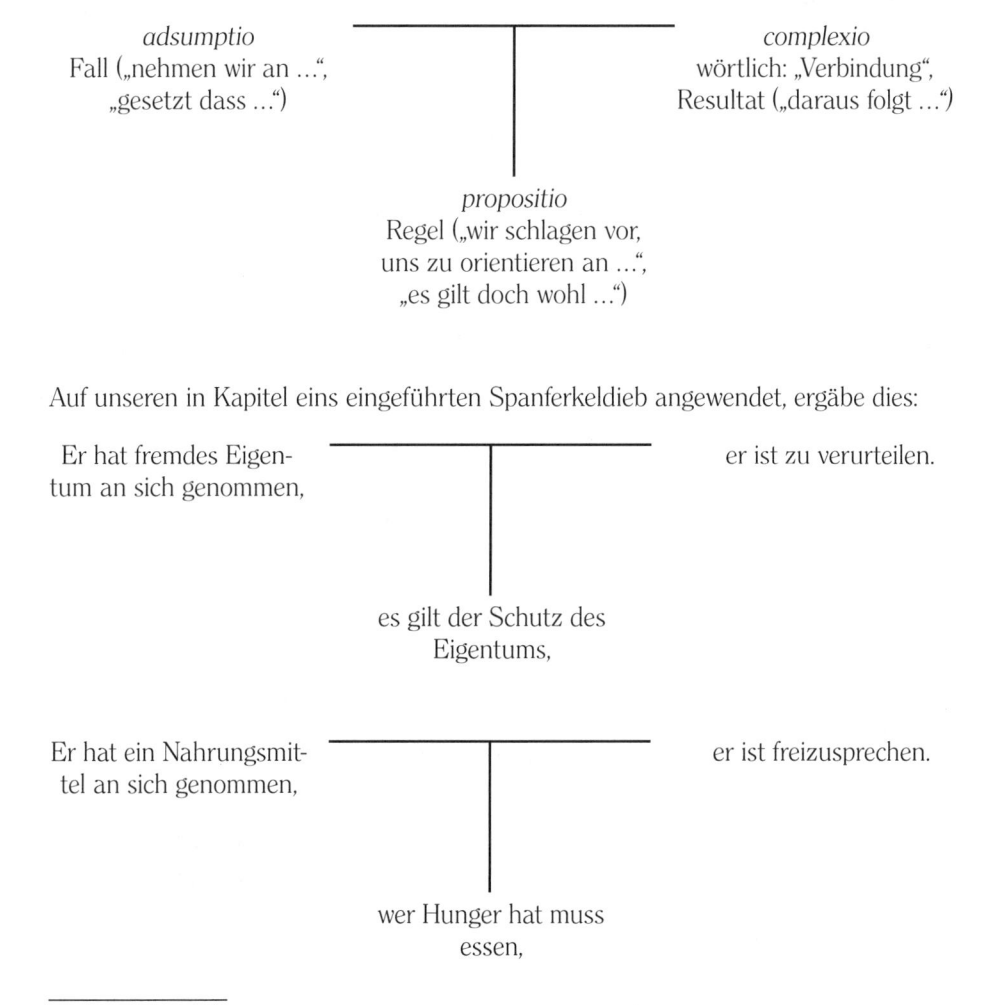

adsumptio | *complexio*
Fall („nehmen wir an …", | wörtlich: „Verbindung",
„gesetzt dass …") | Resultat („daraus folgt …")

propositio
Regel („wir schlagen vor,
uns zu orientieren an …",
„es gilt doch wohl …")

Auf unseren in Kapitel eins eingeführten Spanferkeldieb angewendet, ergäbe dies:

Er hat fremdes Eigen- | er ist zu verurteilen.
tum an sich genommen, |

es gilt der Schutz des
Eigentums,

Er hat ein Nahrungsmit- | er ist freizusprechen.
tel an sich genommen, |

wer Hunger hat muss
essen,

---

[53] Vgl. zum Folgenden *Manfred Kienpointner*, Argument, in: Historisches Wörterbuch der Rhetorik, Bd. 1, Sp. 889–904, v. a. Sp. 891 ff. u. 899 ff.

Man sieht, dass natürlich die *adsumptio* (daher „Annahme") bereits eine Art Vorentscheidung enthält (weshalb die Argumentation oft auch für sie einen Beweis braucht, die so genannte *approbatio*), und dass genauso die *propositio* (daher nur: „vorgeschlagene" Regel) ihrerseits begründet werden kann bzw. muss (so genannte *ratio propositionis*, z. B.: „körperliche Unversehrtheit steht über dem Schutz des Eigentums"), und es ist ganz wörtlich zu verstehen, dass dies überhaupt eine in der Tat „komplexe" Folge von Sätzen ist. Auf alle Fälle können wir auch die Alltagslogik unserer Boxszene so ansprechen:

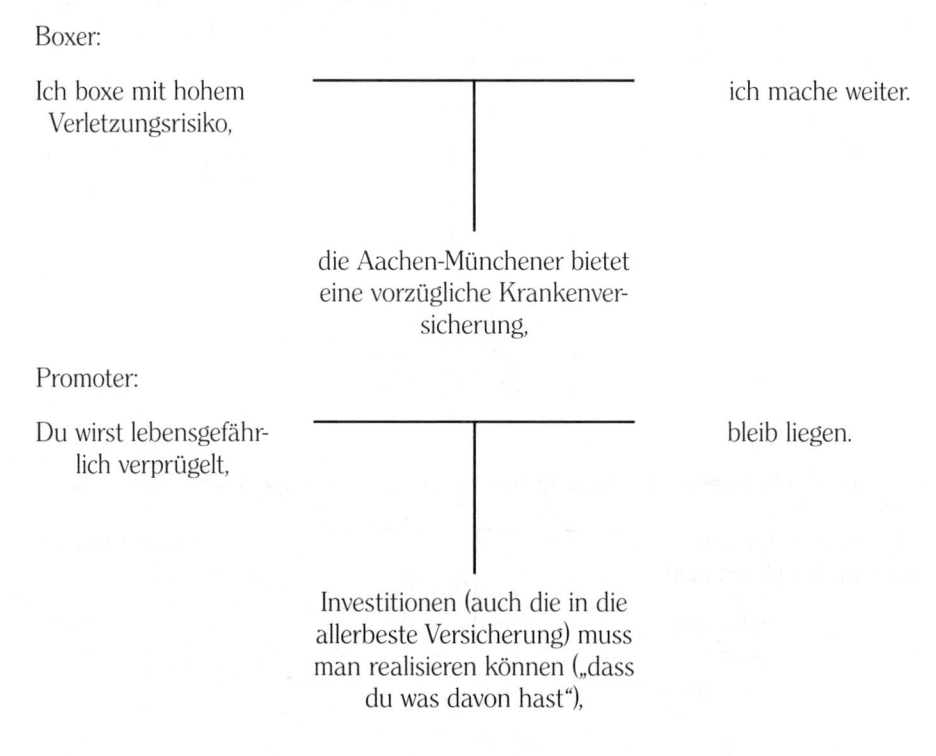

Boxer:

Ich boxe mit hohem Verletzungsrisiko, ⊢ ich mache weiter.

die Aachen-Münchener bietet eine vorzügliche Krankenversicherung,

Promoter:

Du wirst lebensgefährlich verprügelt, ⊢ bleib liegen.

Investitionen (auch die in die allerbeste Versicherung) muss man realisieren können („dass du was davon hast"),

Man kann auch beide Argumentationen übereinander legen (etwa im Sinne einer *argumentatio a maiore ad minorem*, aus einer übergeordneten Wahrheit heraus, nach dem Modell: „Gesundheit steht über Eigentum"), also:

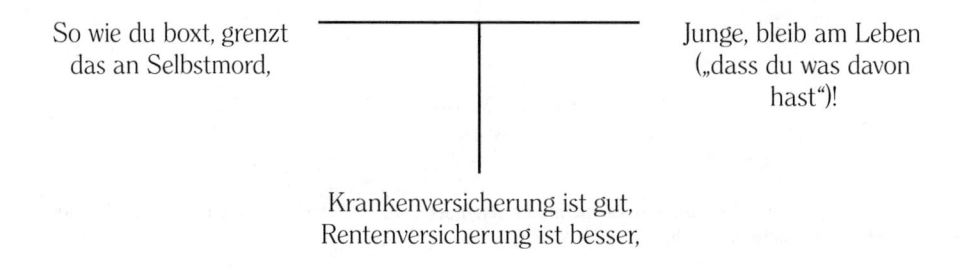

So wie du boxt, grenzt das an Selbstmord, ⊢ Junge, bleib am Leben („dass du was davon hast")!

Krankenversicherung ist gut, Rentenversicherung ist besser,

Die Beispiele zeigen mehr als sie lediglich illustrieren: Dieselben Aussagen („dass du was davon hast") können die Stelle wechseln (hier zum Beispiel einmal Regel, dann Resultat), Teile des Arguments können implizit bleiben, also sicher gefolgert werden (etwa im dritten Beispiel die Regel-*propositio* des Promoters). Man kann weiterhin erkennen, warum es richtig war, die *amplificatio* als eine vage, suggestiv-hypothetische Form der *propositio* zu einem „peripheren Zentralbegriff" zu erheben. Darüber hinaus zeigt sich jetzt auch der theoretisch schlüssige Zusammenhang zwischen den *pars pro toto*- und *totum pro parte*-Schritten (bzw. semantischen „Grenzverschiebungen" und „Sprüngen") im Aufbau der Tropen. Alle rhetorischen Figuren argumentieren, und man kann überhaupt „nicht nicht argumentieren" (auch wenn man schweigt). Und man kann schließlich überhaupt die Systemstellen nach Aristoteles, wie bereits in den Beispielen getan, so ordnen, dass bestimmte Argumente von vorausgesetzten „Regeln" ausgehen, andere (aus „Indizien", aus „Beispielen") offensichtlich von „Fällen", aber Regeln implizieren oder auch geradezu suchen, dass offensichtlich die Relationen (Schlussfolgerungen, Induktionen, Analogien) verschiedene Grade von „Beweiskraft" haben, die Regeln entsprechend schwächer oder stärker sind und auch hier (Argumentation etwa aus Beispielen) bestimmte Stellen des dreistelligen Schemas unausgesprochen bleiben können (wenn sie freilich impliziert sind, sind sie nicht leer). Das dreistellige Schema aber, die „Elementarstruktur (der) drei Variablen"[54] bleibt bei alledem erhalten, bzw. Argumentationen lassen sich immer dreistellig auflösen. Auch „mehrgliedrige" Argumente sind „zerlegbar in dreigliedrige".[55]

Auch die Neue Rhetorik hat die nahezu unendlich vielen und verschiedenen überlieferten Systeme der Argumentationen immer wieder ergänzt, umformuliert und neu gegliedert. Klassisch geworden ist inzwischen die folgende, von Chaim Perelman vorgeschlagene Übersicht,[56] mit der die „Neue Rhetorik" geradezu begann:

---

[54] *Josef Kopperschmidt*, Methodik der Argumentationsanalyse, Stuttgart 1989, S. 91.
[55] *Kienpointner*, Alltagslogik, S. 29.
[56] *Chaim Perelman* u. *Lucie Olbrechts-Tyteca*, The New Rhetoric. A Treatise on Argumentation, engl. v. *John Wilkinson* u. *Purcell Weaver*, Notre Dame 1969, S. 185 ff. Die schematische Übersicht des Systems von Perelman folgt *Kienpointner*, Alltagslogik, S. 187 ff. Die Beispiele sind teils aus Perelman übernommen (Mit (P.) gekennzeichnet), teils von mir. Alle Übersetzungen in dieser schematischen Übersicht stammen von mir.

I. Quasilogische Argumente	II. Argumente, die auf Strukturen der Realität beruhen	III. Argumente, die Strukturen der Realität begründen
	A. Zusammenhang als Folge	A. Begründungen durch den Einzelfall
1. Gegensatz und Unvereinbarkeit *Wer Ankläger ist, darf nicht auch Verteidiger oder Richter sein.* 2. Identität und Definition *Wer anklagt, muss parteiisch sein.* 3. Tautologie *Recht muss Recht bleiben.* 4. Gerechtigkeitsregel (Gleichbehandlung für Elemente derselben Kategorie) *Ungünstige Vertragsklauseln sind ebenso zu erfüllen wie günstige. (P.)* *Mitgegangen, mitgefangen, mitgehangen.* 5. Wechselseitige Entsprechung *Was ehrenvoll zu lernen ist, ist auch ehrenvoll zu lehren. (P.)* *Der Hehler ist so mind wie der Stehler.* 6. Transitivität *Die Freunde meiner Freunde sind auch meine Freunde.*	1. Kausal *Jedes Kind hat einen Vater.* (Das klassische Beispiel ist heute biotechnologisch vielleicht fragwürdig, also rhetorisch, sofern rhetorische Argumentation lediglich Wahrscheinliches formuliert.) 2. Pragmatisch *Was nicht zur Tat wird, hat keinen Wert.* 3. Mittel zum Zweck *„Wer Beethoven spielen will, muss Fingerübungen machen, wer Goethe verstehen will, muss Gotisch lernen."* (aus einer Einführung für Germanistik-Erstsemester) 4. Das Argument der Verschwendung *Wer braucht heute noch Kenntnisse in Latein?* 5. Das Argument der Richtung *Wo führt das hin, wenn wir kein Latein mehr verlangen?*	1. Beispiel (Induktionen) *Caesars militärische und politische Leistungen begründen eine neue Herrschaftsstruktur für Rom.* 2. Illustration *Die von mir hier für die Argumentationsformen vorgestellten Beispiele sollen diese lediglich anschaulich machen.* 3. Modell/Antimodell *Der Aufbau einer guten Rede gleicht einem antiken Wagenrennen: Man beginne mit dem Besonderen, komme zum Allgemeinen, wie der Wagenlenker zur Säule, und kehre wieder zum Besonderen zurück. Nein, der Aufbau einer guten Rede gleicht einer umgekehrten Parabel: Man beginne mit einem starken Argument, lasse in einer fallenden Kurve schwächere folgen und verwende anschließend wieder ansteigend stärkere Argumente.*

7. Einschluss des Teils in das Ganze

   Was Unrecht ist für die Kirche, kann für den einzelnen Priester nicht gerechtfertigt sein. (P.)
   Zum Studium der Germanistik gehört eine Einführung ins Mittelhochdeutsche.

8. Trennung des Ganzen in Teile

   Sollen wir den Feind in seinem Land angreifen oder von ihm zuhause angegriffen werden? (P.)
   Das Studium der Germanistik als Magister-Nebenfach kann sich auf ein Teilfach beschränken.

9. Vergleich

   Der Staat ist wie ein Körper, alle Teile sind aufeinander angewiesen.

10. Erbrachte Opfer

    Wir haben so viel in den Transrapid investiert, jetzt wird er fertig gebaut.

11. Wahrscheinlichkeit

    (z. B. quasistatische) *Wenn ein Jackpot viele Lottospieler anlockt, bleibt für den einzelnen Gewinner wenig übrig.*

6. Das Argument der Weiterentwicklung

   Wer Latein lernt, tut sich nicht nur beim Französischen, Italienischen, Spanischen usw. viel leichter, er oder sie versteht auch die deutsche Grammatik besser.

B. **Zusammenhang als Koexistenz**

1. Die Person und ihre Handlungen

   „*Unser Sohn lernt nur, was ihn interessiert, das aber lernt er schnell, wenn er etwas ungern lernt, ist es nicht interessant genug.*"

2. Das Argument der Autorität

   „*Wenn dein Vater etwas sagt, sollst du nicht immer widersprechen.*"

3. Die Rede als Handlung des Redners

   Da ich, Brutus, ihn jetzt vor Euch verteidige, muss es gute, ehrenhafte Gründe für die Ermordung Caesars geben.

4. Die Gruppe und ihre Mitglieder

   So wie Brutus sind sie alle, alle ehrenwerte Leute.

B. **Analogieargumentation**

1. Analogie

   Vielleicht gleicht eine Rede einfach einem Boxkampf: Man muss möglichst viele Treffer landen, also Behauptungen plausibel machen.

2. Metapher

   Damit das Schifflein der Rede nicht zu schwerfällig wird, sollte man es nicht mit zu viel Wissen beladen.

	5. Die Handlung und ihr Kern *Erst die Unterschrift macht den Vertrag gültig.* 6. Symbolische Zusammenhänge *Wer die Krone trägt, ist König.* **C. Argumente doppelter Hierarchie – auf alle Argumente nach A und B anwendbar:** a forteriori, a minore/ a maiore *Wer den Althochdeutsch-Schein geschafft hat, schafft auch den in Mittelhochdeutsch; Krankenversicherung ist gut, Rentenversicherung ist besser.* **D. Argumente, die A und B nach Grad und Ordnung differenzieren** *Erst schaffen wir das Latein ab, dann die Fremdsprachen, dann das richtige Deutsch; „Angemeldet? Das Ding ist noch nicht mal gekauft, Mann!" s. u.*	

All dies lässt sich natürlich vielfältig für das literarische Verständnis nutzen, z. B. bei der Dramenanalyse. Klassisch etwa laufen ganz gegensätzliche Argumentationsfolgen ab, wenn Brutus im III. Akt, 2. Szene von William Shakespeares *Julius Caesar* (um 1599)[57] zunächst (nach II.B.3.) sich auf sein Ethos als Redner beruft: „Hear me for my cause and [...] believe me for mine honour", und dann ebenso schulgerecht Gradationsargumente nach III.B.1. mit quasilogischen Gerechtigkeits- und Entsprechungsargumenten (I.4. und 5.) sowie empirischen Zweckargumenten (II.1.2.) verbindet: „As Caesar loved me, I weep for him; as he was fortunate, I rejoice at it; as he was valiant, I honour him; but, as he was ambitious, I slew him." Er setzt immer anerkannte Wahrheiten voraus. Mark Anton dagegen appelliert nicht nur an Emotionen und ironisiert Brutus' Autoritäts-Argumentation (Wiederholung als ironische *amplificatio*): Er ironisiert ganz gezielt auch die *adsumptio* des Brutus, indem er sie ständig wiederholt („Caesar was ambitious"), und überführt sie so in ihre latente Negation. Die konditionale Erweiterung („if it were so") wird quasilogisch implizit transitiviert („wer ehrgeizig ist, ist auch hartherzig") und in eine Frage überführt: „War er ehrgeizig", und „was heißt schon Ehrgeiz?" Die entscheidende rhetorische Strategie Mark Antons aber besteht darin, diese Frage dann eben gerade nicht zu beantworten. Er redet gezielt daran vorbei. Inwiefern gezielt? So wie er z. B. „realitätsstrukturelle" Symbole bemüht, die völlig überholt sind in ihrer Bedeutung (Caesar, Diktator auf Lebenszeit, hat die Königskrone zurückgewiesen, vgl. oben II.B.6.), so bringt er Beispiele für Caesars Taten, die gar nichts über seine Alleinherrschaft bzw. Tyrannis sagen. Aber sie bereiten induktiv ein ganz neues Argument vor (vgl. III.A.1.): Caesar war ein Kriegsheld, er machte Rom reich und mächtig, er liebte das Volk von Rom. Was folgt daraus? Implizit, aber den Bedürfnissen des Volkes genau entsprechend, gibt es eigentlich nur einen Schluss: Solch großer Männer Macht und Fürsorge (es wird ja sogleich auch Caesars Testament verlesen) sind wichtiger als alle Fragen nach Alleinherrschaft (ein Argument mehrfacher Hierarchie). Daraus folgt dann, ebenfalls implizit, aber offensichtlich erfolgreich (nach II.A.2. und 6.): Es kommt auf einen würdigen Nachfolger an. Und das Volk antwortet ganz folgerichtig: „Hear the noble Antony, we'll hear him, we'll follow him, we'll die with him."

Man sieht – ich habe versucht, ganz „schulmäßig" vorzugehen –, wie Argumente Ketten bilden, auf schon Gesagtes in neuem Zusammenhang mit verändertem Ziel zurückgreifen und vor allem auch die implizit gebliebenen Teile neu und verschieden füllen können. Dabei kann es durchaus auch zu unfreiwilligen Umkehrungen kommen, wie etwa in dem folgenden Werbespot der GEZ (Gebühreneinzugszentrale der öffentlich-rechtlichen Rundfunkanstalten in der Bundesrepublik Deutschland):

> Ein paar Jugendliche tanzen zu fetziger Musik um einen Radiorekorder. Ein weiterer junger Mann kommt hinzu:
> – Coole Kiste! Ist die auch angemeldet?

---

[57] *William Shakespeare*, Julius Caesar, hrsg. v. *Marvin Spevack*, Cambridge 1988, Univ. Press (= The New Cambridge Shakespeare), S. 107 u. 109.

> Der Haupttänzer geht ganz nah an ihn heran.
> – Angemeldet? Das Ding ist noch nicht mal gekauft, Mann!
> Da zieht der andere den Reißverschluss seiner Jacke auf; darunter trägt er eine Halskette mit einem Blechschild: GEZ.

Man kann wohl davon ausgehen, dass ein deduktiv aus einer allgemeinen Wahrheit ableitendes, quasilogisches „Gerechtigkeits"-Argument gewollt war (I.4.): „Wer sein Radio nicht anmeldet, der stiehlt." Aber die Produzenten und Schauspieler waren vielleicht mit zu viel Freude bei der Sache. Die visuelle Präsenz des Hauptakteurs, der sich „ganz cool" bewegt und spricht, dem die Kamera bestätigend folgt, die Musik (die nicht fiktiv ist und die Zuschauer direkt zur Identifikation auffordert) und überhaupt die Dynamik der Gruppe gegenüber dem fragend hinzukommenden Einzelnen, der ein anonymes Ordnungssystem vertritt, all das verbündet sich sozusagen zu einem induktiven, exemplarischen Gegenargument: Die tanzen zu cooler Musik (Fall), die sind gut drauf (Resultat), man muss immer das machen, was man selber will (Regel). Und dann folgt auch ein dem gewollten geradezu überlegenes Argument doppelter Hierarchie: Spaß haben ist wichtiger als Medienrecht.

Dieser Werbespot dürfte unfreiwillig in sein Gegenteil umschlagen. Aber gilt diese Unfreiwilligkeit auch für die folgende Anti-Raucher-Werbung?

> Zwei Mädchen kommen lachend aus einem Tätowier-Studio. Sie sind prächtig tätowiert. Eingeblendet wird die Schrift: Sie rauchen nicht. Aber dann wischen die Mädchen, noch mehr lachend, die nur aufgemalten Tattoos weg.

Wird hier letztlich für das Nicht-Rauchen geworben? Zunächst schon: „Coole Kids müssen nicht rauchen", „man kann auch ohne zu rauchen Spaß haben" usw. (induktive Beispielargumentation). Aber wer identifiziert sich schon mit solchen Feiglingen? Wird nicht sehr konsequent ein in den Strukturen der Realität gegründetes Argument der Koexistenz der Person mit ihren Handlungen aufgerufen, das dann in seinem Kern, seiner „Regel", transitiviert wird (freilich: je weniger man es analysiert, umso besser wirkt es)? Dann ergibt sich die Folgerung: Junge Leute entscheiden heute selbst, wie sie ihren Körper präsentieren. Die beiden trauen sich das nicht. Sie gehören nicht zu denen, die wirklich jung sind. Sie rauchen auch nicht. Wer heute richtig lebt, der oder die macht, was sie will, und so jemand raucht auch: „Lasst euch nicht einreden, man sollte nicht rauchen!" (Und versucht erst recht nicht zu verstehen, wie ihr manipuliert werdet!) Eine eigentlich doch wohl böse Form von Medien-Rhetorik, oder?

Die Literatur kann zeigen, was die „Alltagslogik", beispielsweise die der Werbung, zu verdecken sucht, dessen sie sich aber gezielt (und oft leider gekonnt) bedient. Literatur nutzt, kurz gesagt, die Implikationsstellen des Enthymens kreativ. So macht beispielsweise das folgende Gedicht von Bert Brecht einen notwendigen Argumentwechsel völlig deutlich. Aber was hier wohin sich verändert, müssen die Leser entwerfen – als sollten sie in umgekehrter *dispositio* den Autor überzeugen:

BÖSER MORGEN

Die Silberpappel, eine ortsbekannte Schönheit
Heut eine alte Vettel. Der See
eine Lache Abwaschwasser, nicht rühren!
Die Fuchsien unter dem Löwenmaul billig und eitel.
Warum?

Heut nacht im Traum sah ich Finger, auf mich deutend
Wie auf einen Aussätzigen. Sie waren zerarbeitet und
Sie waren gebrochen.
Unwissende! schrie ich
Schuldbewußt.   [1953][58]

Die Analogie – für Brecht hat seit langem die Einheit von Natur und Ich zwar erfreuliche, aber auch wach selbstkritische und lediglich utopische Funktion – zeigt ein Defizit auf. Kontrapunktisch etwa zu Gedichten wie DER BLUMENGARTEN,[59] wodurch diese dann umgekehrt bestätigt werden, schwindet mit der politischen Misere (nach dem 17. Juni 1953) auch die Freude an der Natur. Umso wichtiger wird der hier ganz intellektuelle Schluss, die „Strukturen der Realität" zu verändern. Dasselbe gilt für die erneut negative, quasilogische Deduktion aus „klassischem" Wissen, dass nur die kommunistische Partei das Volk zum Sieg über die Geschichte führen kann: „Unwissende", sind die, die anders handeln. Aber als „schuldbewusst" muss sich der sehen, der bisher so gedacht hatte. Die negative Argumentationskette ist völlig klar und unentrinnbar: Die alte „Regel" gilt nicht mehr, und noch konsequenter ist auch die Art, sie anzuwenden, außer Kraft. Die Situation stellt ein unerträgliches „Resultat" dar, nicht – und das scheint mir ein äußerst wichtiges, eben argumentationstheoretisch klärbares Zwischenergebnis – ein induktiv erweiterbares „Exempel". Denn die Radikalität des Neuansatzes, den Brecht fordert, geht über die Argumentationsformen hinaus, die das Gedicht voraussetzt. Im Modell der traditionellen Gerichtsrede wäre dies nur schwer vorstellbar. C. S. Peirce hat, nicht zuletzt in Auseinandersetzung mit Artistoteles,[60] einen Schluss aus einem „rätselhaften Resultat" und einer „erfundenen, hypothetischen Regel" auf neue „mögliche Fälle" einen „Abduktionsschluss" genannt, den eigentlich kreativen Teil der Erkenntnis, der beispielsweise auch jeden „Flug der Einbildungskraft" zulässt.[61] Genau darum scheint es Brecht offenkundig zu gehen. Analogien enden im Defizit, Deduktionen haben

---

[58] *Bertolt Brecht*, Werke. Große kommentierte Berliner und Frankfurter Ausgabe, hrsg. v. *Werner Hecht, Jan Knopf, Werner Mittenzwei* u. *Klaus-Dieter Müller*, Bd. 12, Gedichte 2. Sammlungen 1938–1956, bearb. v. *Jan Knopf,* Frankfurt 1988, S. 310 f.

[59] Ebd., S. 307.

[60] *Charles S. Peirce,* Phänomen und Logik der Zeichen, hrsg. u. übers. v. *Helmut Pape,* Frankfurt 1983, S. 89 ff., v. a. S. 94 ff.: eine Neubestimmung der aristotelischen „Apagogé".

[61] „It allows any flight of imagination, provided this imagination ultimately alights upon a possible practical effect." *Charles S. Peirce,* Collected papers, Bd. 1–6, hrsg. v. *Charles Hartshorne* u. *Paul Weiss,* Cambridge/Mass. 1931–1935, 5.196.

versagt, sie liefern ein Dilemma von „Unwissen" und „Schuld", und für eine Induktion fehlt die Erfahrungsbasis. Auch und gerade die „Weisheit des Volkes" ist, was mir sehr wichtig scheint, lediglich als Offenheit des Lernens, nicht als schlechthin und einfach gegeben zu interpretieren. Auf das radikal Neue, neue Erfahrungen, neues Denken, neue Möglichkeiten, kommt es dieser lyrischen Rhetorik an.

Geht es nicht – erneut eröffnet die Analogie lediglich ein Rätsel – gerade auch in dem Schlüsselgedicht zu Brechts später Lyrik DER RADWECHSEL[62] genau um diese Bereitschaft zur Innovation des Denkens, die sich weder induktiv auf Vorgaben (Fälle, „wo ich herkomme") noch deduktiv auf nach Regeln bzw. Erwartungen zu folgende Resultate („wo ich hinfahre"), sondern auf sich selbst beruft, auf ihren Erfindungs- und Möglichkeitssinn?

> DER RADWECHSEL
>
> Ich sitze am Straßenhang.
> Der Fahrer wechselt das Rad.
> Ich bin nicht gern, wo ich herkomme,
> Ich bin nicht gern, wo ich hinfahre.
> Warum sehe ich den Radwechsel
> Mit Ungeduld?

---

[62] Brecht, Werke, Bd. 12, S. 310.

Von einem einfachen Mann wird hier erzählt.
Dreistellige Erzählsemiotik in *Berlin Alexanderplatz* – Roman, Hörspiel, Film und Fernsehserie

Alfred Döblin gehört, genauso wie Bert Brecht,[1] sicher zu den Schriftstellern der zwanziger Jahre, die den neuen Medien, also Rundfunk und Film, aufgeschlossen und neugierig begegneten. Seine Großstadt- und Gegenwartsthemen legten einen fruchtbaren Dialog ebenso nahe wie seine Erzählweisen mit Stimmen- und Perspektivenwechsel, Montage, Schnitt-Techniken und so fort. Aber diese offenkundige Nähe sagt *per se* noch nicht viel. Einerseits wurden alle diese neuen Medien auch von narrativen Traditionen vorbereitet, die weit in das 19. Jahrhundert zurückreichen, andererseits ist gerade die Geschichte der Medienbearbeitungen von Döblins Erfolgsroman *Berlin Alexanderplatz* (1929) eine Geschichte erheblicher Verluste, Vereinfachungen und Umdeutungen. Wir werden sehen, wie Döblin selbst dies zu korrigieren suchte (in einer Sequenz des Films von 1931 wird weniger der Roman als der Beginn des Hörspiels neu inszeniert). Auf alle Fälle sind diese Umsetzungen erzähltheoretisch und mediensemiotisch interessant, ja, sie sind oft auf theoretische Ergänzungen geradezu angewiesen. Nicht zuletzt erlaubt ein solcher Dialog von Literatur, Theorie und Medien auch die Literatur bzw. eben diesen Roman neu zu lesen. So wird dieser Beitrag auch einen komparatistischen Ausblick enthalten – Dos Passos' *Manhattan Transfer* (1925) steht dem Film *Berlin Alexanderplatz* (1929), Joyces *Ulysses* (1922) dem Hörspiel und der Fernsehfassung in vielem näher als Döblins Roman; auch hier, wie im Falle der *Effi Briest*-Verfilmungen[2] haben die Medienbearbeitungen über das einzelne Werk hinaus ein ‚literarisches Feld' zum Gegenstand – und er wird vor allem zu einer entschiedenen Deutungs-These des Romans zurückkehren.

1. Das Hörspiel: verlorene und wiedergefundene Transzendenz?

Das Hörspiel *Die Geschichte vom Franz Biberkopf* hat eine sehr wirre Rezeption erfahren.[3] Döblin hatte das Drehbuch selbst geschrieben und an der Produktion mitgewirkt. Am 30. September 1930, so die Handbücher und Anmerkungen in den Textausgaben, wurde das Hörspiel in der „Berliner Funkstunde" gesendet (Regie: Max Bing, Biberkopf: Heinrich George, ein Jahr später ja auch in der Verfilmung durch Phil Jutzi zu sehen). Seitdem galt das Hörspiel als verschollen. 1962 fand sich beim Norddeutschen Rundfunk ein Satz Platten, der nicht mehr für eine Sendung

---

[1] Vgl. dazu „Wenn ich mit dir rede kalt und allgemein" (S. 151–176), in dem auch Bezüge zu Döblin hergestellt werden.
[2] Vgl. „Nicht so wild, Effi", S. 107–127.
[3] Vgl. zum Folgenden Andrea Melcher, Vom Schriftsteller zum Sprachsteller. Alfred Döblins Auseinandersetzung mit Film und Rundfunk (1909–1932), Frankfurt 1996, S. 141 ff., v. a. S. 189–195.

taugte, aber aus dem Wolfgang Weyrauch den Text rekonstruieren konnte.[4] Unter der Regie von Hans Lietzau wurde eine vielbeachtete Neuinszenierung erarbeitet, von der mir der NDR dankenswerteweise eine Kopie zur Verfügung gestellt hat. In den siebziger Jahren fand sich ein kaum beschädigter Plattensatz der Inszenierung von 1930, die dann wiederholt gesendet wurde, auch als Tonkassette auf dem Markt ist; es fand sich weiterhin im Frankfurter Rundfunkarchiv ein Textexemplar der Erstsendung, das dem Döblinschen Manuskript wohl sehr nahe kommt.[5] 1980 schließlich wurden von Christian Hörburger und anderen auch die Dokumentationen der damaligen Rundfunksendungen ausgewertet, und es ergab sich, dass nicht nur die produzierte Hörspielfassung gegenüber Döblins Manuskript um ein Drittel zusammengestrichen war, sondern dass sie – eine „hörspielgeschichtliche Sensation" (Hörburger)[6] – überhaupt nicht gesendet wurde. Die Produktion war fertig, ist ja auch erhalten, aber wurde im letzten Augenblick abgesetzt. Döblin selbst trat vier Stunden vor der geplanten Sendung vor das Mikrophon und gab künstlerische Gründe für die Absetzung an – für ihn glaubhaft. Aber im Ganzen waren sicher politische Überlegungen maßgeblich. Schon in der produzierten Fassung waren fast alle politischen Anspielungen des Drehbuchs gestrichen worden – die Sendung war ja vorgesehen vierzehn Tage nach den Reichstagswahlen vom 14. September 1930; und der gewaltige Erfolg der Nationalsozialisten, diese waren zweitstärkste Partei geworden, sprach sicher bei der völligen Streichung, also Absetzung, mit.

Und gestrichen wurden auch jene drei einmontierten Dialoge zwischen Gott und Hiob (Heinz Schwitzke spricht von einer „rondoartigen" Struktur),[7] die das Stück durchziehen. Hier möchte ich einsetzen. Diese Dialoge finden sich am Anfang, bevor Franz als Kleingewerbebetreiber auftritt, der Schlipshalter ausruft und anständig sein will; dann etwa in der Mitte: Hiob verlacht die Rettung, die Gott ihm anbietet, und, so Döblins Regieanweisung, „Franz lacht im Tone des Hiob weiter" (33),[8] danach trifft er Mieze, wird Zuhälter und Einbrecher, fühlt sich erst recht stark und lässt sich erst recht mit Reinhold ein; und der letzte Dialog findet sich vor Franzens Amoklauf und seiner Begegnung mit dem Tod, die ihn völlig verändert, aber auch aus dem Deutungsinteresse entlässt. Wurde hier also die explizite, fast metaphysische Sinnfrage ein großes Stück zurückgenommen, so wurde auf der anderen Seite auch die metaphorische Mimesis der Gewalt verkleinert, der gegenüber das Auseinandernehmen und „Zerschlagen" des Franz am Schluss und sein „Opfer" für

---

[4] Abgedruckt in *Matthias Prangel* (Hg.), Materialien zu Alfred Döblin „Berlin Alexanderplatz", Frankfurt 1975, S. 199–236; durch einen Vergleich mit der Reclam-Ausgabe (wie Anm. 5) lassen sich die folgenden Vergleiche zwischen Drehbuch und gesendeter Fassung gut verfolgen.
[5] *Alfred Döblin*, Die Geschichte vom Franz Biberkopf. Hörspiel nach dem Roman „Berlin Alexanderplatz", hrsg. v. *Heinz Schwitzke*, Stuttgart 1984; zur Würdigung des Textes vgl. das Nachwort des Herausgebers, ebd., S. 61–68.
[6] *Melcher*, Vom Schriftsteller zum Sprachsteller, S. 149.
[7] *Schwitzke* (Hg.), Die Geschichte vom Franz Biberkopf, S. 62.
[8] *Alfred Döblin*, Die Geschichte vom Franz Biberkopf, Hörspiel nach dem Roman „Berlin Alexanderplatz", hrsg. v. *Heinz Schwitzke*, Stuttgart 1976 (Reclam UB, Bd. 9810). Auf diese Ausgabe beziehen sich alle Zitate im Text dieses Kapitels.

den Tod, aber eben auch ein neues Leben, eine neue Freiheit, ein neues „großes Du",[9] wie allgemein immer das gefasst ist, wodurch also Gottes letzte Worte an Hiob: „Ich – werde dich zerschlagen" (56) erst ihre Perspektive erhalten. Denn auch die großen Gewaltmetaphern wurden gestrichen: etwa das immer wieder in Döblins Manuskript präsentierte Thema des Schlachthofs – wenn Franz von Lüders Verrat erfährt, ist das mit „Gebrüll vom Schlachthof" unterlegt (12), auf dem Höhepunkt der ersten Einbruchsszene, bevor Reinhold Franz unter das Verfolgerauto wirft, hört man „Tiergeräusche vom Schlachthof" (26) usw. –; und gestrichen wurde auch jene im Manuskript kurze, in einer Inszenierung aber, wie leicht vorstellbar ist, chorartig gewichtige Passage am Schluss: „Ein Einzelner, dann mehrere Stimmen: Marschieren, marschieren, wir ziehen in den Krieg. Franz; Wach sein, aufgepasst, Tausende gehören zusammen" usw. (60). Kurz, das von Döblin entworfene Hörspiel war in seinem transzendierenden Sinnanspruch – das schließt auch die politische Perspektive radikaler humanistisch-pazifistischer Erneuerung ein –, anders gesagt, es war in seiner verallgemeinernden Mimesis näher am Roman orientiert als die Inszenierung von 1930, die ähnlich wie dann der ein Jahr später entstandene Film auf moralische Erziehung, das Freilegen des guten Kerns im einfachen Menschen abzielte, während die Fassung von 1962 die existentielle Bedeutung der Todesbegegnung betont – näher an Döblin, aber immer noch weitgehend auf das Individuum konzentriert. Der Schlusschor klingt dementsprechend bei Bing zuerst ironisch, beginnend mit einer schrillen Frauenstimme: „Es geht in die Freiheit, die Freiheit hinein", und endet in melancholischem Verstummen: „Der eine rennt weiter, der andere liegt stumm, widebum, widebum"; bei Lietzau fehlt der Schlusschor ganz,[10] man hört monotones, fernes Trommeln und Franzens leise, nachdenkliche Stimme: „Viel Unglück kommt davon, wenn man allein geht und sich nicht umsieht". Man kann also deutlich verfolgen, wie im Nacheinander der Fassungen, von Döblins Drehbuch zu Bings Inszenierung und von deren allerdings nur teilweise lesbarer Plattenaufnahme wiederum zu Lietzaus Inszenierung, die Chöre immer weiter reduziert wurden. Jeder Bearbeiter hat weiter gestrichen, so dass das verallgemeinernde, neu beginnende, agitatorische, der Zukunft zugewandte Moment des Hörspielschlusses, das schon Bing ironisierte, nach und nach schwindet. Gott will, so die Rezeptionsgeschichte, von Hiob immer weniger wissen.

Und doch, hört man genauer (und mit dem Verlust im Kopf) hin, bleibt auch in den Hörspielfassungen das transzendierende, virtuell verallgemeinernde Deutungsinteresse Döblins auf eigentümliche Weise erhalten. Und zwar nicht direkt durch Rückgriff auf den Roman, der natürlich diese ‚große Geschichte' immer anbot, sondern aus den Möglichkeiten des Mediums heraus. Der Nullpunkt der Freisetzung medialer Möglichkeiten scheint – ganz im Sinne einer Ästhetik der Moderne und ganz im Sinne dreistelliger Semiotik[11] – das finale Interpretans, die weitestgehende

---

[9] „Was ist das für ein Gesicht? Das Du, das große Du. Herankommenlassen, herankommenlassen, es kommt langsam näher an ihn heran." So stand es in einer „ursprünglichen Schlussversion", vgl. *Prangel*, Materialien, S. 40.
[10] So dass die Inszenierung auch vom damals vorliegenden Drehbuch abweicht, vgl. ebd., S. 235 f.
[11] Vgl. „Welchen der Steine du hebst", v. a. S. 25 ff.

Verallgemeinerung der Deutungswege bereits zu involvieren. Da in der Druckfassung eines Vortrags keine Hörspielkassette ablaufen kann, sei hier der Beginn des neuedierten Originalhörspiels zitiert, mit den in den bisherigen Inszenierungen gestrichenen Stellen in Klammern:

(*Musik*
Stimme (*flüsternd*). Hiob.
Hiob. Wer ruft?
Stimme. Hiob.
Hiob. Wer ist es?
Stimme. Hiob, du liegst im Kohlgarten an der Hundehütte. Da ist der Palast, den du einmal besessen hast. Was quält dich am meisten, Hiob? Daß du deine Söhne und Töcher verloren hast, daß du nichts besitzt, daß du krank bist?
Hiob. Wer fragt?
Stimme. Ich bin nur eine Stimme.
Hiob. Eine Stimme kommt aus einem Hals.
Stimme. Hiob, du kannst die Augen nicht aufmachen, willst du keine Rettung?
Hiob. Ach, heile mich.
Stimme. Wenn ich aber Satan oder der Böse bin?
Hiob. Heile mich.
Stimme. Ich bin Satan.
Hiob. Heile mich.
Musik
Hiob. Wo ist die Stimme?
Stimme. Ich komme schon.
Hiob. Du willst mir ja nicht helfen, keiner will mir helfen, nicht Gott, nicht Satan, kein Engel, kein Mensch.
Stimme. Und du dir selbst?
Hiob. Was ist mit mir.
Stimme. Du willst ja selbst nicht.
Hiob. Was?
Stimme. Wer kann dir helfen, wo du dir selbst nicht helfen willst.
Hiob. Nein, nein.
Stimme. Alle wollen dir helfen, nur du dir nicht.
Hiob. Ich kann nicht.
Stimme. Du – mußt!)

(*Szenenwechsel überall ohne Pause*)

Harmonika, Autotuten

Verschiedene Stimmen. B. Z. am Mittag, die Zwölfuhrmittagzeitung, die neuesten Schlager, Gigolo, mein kleiner Gigolo, meine Dame kaufen Sie Fische,

Fische sind preiswert, Fische enthalten viel Phosphor, so, wozu braucht man Phosphor, ist doch giftig, Sie meinen Streichhölzer, nee Streichhölzer brauchen Sie nicht zu lutschen, Fische sind nahrhaft, eßt Fisch, dann bleibt ihr schlank, gesund und frisch, Damenstrümpfe, echt Kunstseide, Sie haben hier einen Füllfederhalter mit prima Goldfeder, anlackiert, ick sage Gold, vielleicht lackiere ich Ihnen eine runter.

Franz Biberkopf. Herrschaften treten Sie näher, Fräulein Sie auch mit dem Herrn Gemahl, Jugendliche haben Zutritt, für Jugendliche kostets nicht mehr, warum trägt der feine Mann im Westen Schleifen und der Prolet trägt keine?

Stimme. Fabisch Konfektion, gediegene Verarbeitung und niedrige Preise sind die Merkmale unserer Erzeugnisse.

Franz. Warum trägt der Prolet keine Schleifen? Weil er sie nicht binden kann. Da muß er sich einen Schlipshalter zu kaufen, und wenn er den gekauft hat, ist er schlecht und er kann den Schlips noch immer nicht binden. Das ist Betrug, das verbittert das Volk, [das stößt Deutschland noch tiefer ins Elend, wo es schon drin ist.]

Sprecher. Der Mann, den Ihr hier sprechen hört –

Franz. Warum hat man früher diesen großen Schlipshalter nicht getragen? Weil man sich keine Müllschippe an den Hals binden will, das will weder Mann noch Frau, das will nicht mal der Säugling, wenn er reden könnte.

Sprecher. – ist Franz Biberkopf.

Franz. Man soll drüber nicht lachen, Herrschaften, lachen Sie nicht, wer weiß, wat in son klein Kinderkopf vorgeht, ach Jott, das liebe Köppchen und die lieben Härchen.

Sprecher. Er hat ein wildes Leben geführt, Zement- und Transportarbeiter ist er gewesen, dann hat er zu trinken angefangen.

Franz. Herrschaften, wer hat heutzutage Zeit sich morgens einen Schlips umzubinden und gönnt sich nicht lieber die Minute Schlaf? Wir brauchen alle Schlaf, weil wir viel arbeiten müssen und wenig verdienen. Ein solcher Schlipshalter erleichtert Ihnen den Schlaf.

Sprecher. Er ist ins Trinken gekommen, seiner Freundin hat er die Rippen zerschlagen, vier Jahre hat er wegen Totschlag in Tegel gesessen.

Franz. Jehn Sie weg vom Damm, junger Mann, sonst überfährt Sie ein Auto, und wer soll nachher den Müll wegfegen?

Sprecher. Aber in Tegel ist ihm ein Seifensieder aufgegangen und er hat gesagt: es soll jetzt aus sein mit dem Lumpen und Saufen, er hat geschworen anständig zu sein, darum hört Ihr ihn jetzt am Rosenthaler Platz ausrufen und schrein. [5–8]

Der ‚zweite' Anfang des Hörspiels wurde weitgehend treu realisiert. Wir kennen den Roman – das konnte man bei den Ersthörern, zumindest bedingt, auch voraussetzen –, wir kennen jetzt auch die Überlieferungsgeschichte, und wir wissen vor allem, dass der Eingangsdialog zwischen Gott und Hiob, also der ‚erste' Anfang, später gestrichen wurde. So aber, in retrospektiver Hermeneutik, treten Roman, Drehbuch und die beiden Hörspielfassungen in einen verblüffend fruchtbaren Dialog. Anders gesagt: Kommt es nicht auch in den beiden Inszenierungen zu einem Hören auf Transzendenz?

Bei Bing weist die Dialogregie des Anfangs über sich hinaus. Der „Sprecher", ein fiktiver Erzähler innerhalb der Geschichte, spricht hoch und theatralisch über die anderen Stimmen hinweg, wie ein Kommentator einer Bildfolge auf dem Markt oder als erläutere er einem unruhigen Publikum eine Stummfilmaufführung. Die Stimmen werden, einer fundamentalen Möglichkeit des Hörspiels entsprechend, imaginativ verräumlicht.[12] Im Vordergrund versucht Franz, den „Sprecher" zu unterbrechen, und er redet dann wie gegen ein übermächtiges Schicksal an. Aber auch der „Sprecher" wird in seiner Theatralik isoliert, ja relativiert: Er scheint einen fremden Text aufzusagen. Hinter ihm tut sich etwas Unbekanntes auf, ein nicht hörbarer, aber in der Relativierung der Stimmen vernehmbarer Deutungsraum voller Fragen. Genau so muss Weyrauch diese Stimme verstanden haben, wie wir gleich sehen werden. Dazu kommt noch ein weiterer Inszenierungsgedanke: Die Stimmen von Franz und dem Sprecher unterbrechen einander nicht wirklich, sondern sind durch kurze, aber hörbare Pausen voneinander getrennt. Haben da diese winzigen Bruchteile von Sekunden, Schnittstellen des Schweigens zwischen Vorder- und Hintergrundstimme, nicht etwas Transzendierendes, als müsste noch Hörraum offen bleiben für eine, nun ja, ganz andere Stimme? Schon im Alten Testament reden Gott und Hiob letztlich aneinander vorbei, und in Döblins Text meldet sich „nur eine Stimme", die von sich sagt, sie könne auch „Satan oder der Böse" sein. Zwar meldet sie eine Perspektive der Verallgemeinerung an, in der „Du", und „alle" verbunden werden, aber wesentlich doch im Modus einer großen Frage.

Bing hatte diesen Eingangsdialog gestrichen, Weyrauch und Lietzau wussten also nichts davon. Weyrauch – was sehr aufschlussreich ist – will „Der Tod *als Ausrufer*"[13] aus Bings Inszenierung herausgehört haben. Aber wie sollte das hörspielgerecht umgesetzt werden?[14] Lietzau weicht aber nicht nur hier signifikant von seinem Text

---

[12] Weyrauch, der nach dem Gehör das Drehbuch rekonstruieren musste, hat entsprechend die Stimmen wesentlich stärker differenziert, vgl. *Prangel*, Materialien, S. 200 f.

[13] Ebd.

[14] Wenn Fassbinder später die berichtenden und kommentierenden Zwischentexte Döblins selbst spricht (in der realisierten Serie noch öfter als im Drehbuch), dann spielt er Möglichkeiten des Hörspiels weiter. Er nimmt die vermittelnde Stimme der Lietzau-Inszenierung auf (vgl. z. B. *Rainer Werner Fassbinder* u. *Harry Baer* (Hg.), Der Film BERLIN Alexanderplatz. Ein Arbeitsjournal, Frankfurt 1980, S. 29: Folge 1, Einstellung 98 ff. – hier wird ja in der Tat die spätere Begegnung mit dem Tod vorweggenommen, vgl. die letzten Worte des „Erzählers": „Bereuen sollst du; erkennen, was geschehen ist; erkennen, was not tut", ebd. S. 30). Andererseits lässt er in Folge 4 Franz und die neu erfundene Baumann-Figur den Hiob-Dialog sprechen, während sie Karten spielen (vgl. ebd. S. 120 f.); den Text des Todes dagegen verteilt Fassbinder in der langen Traum-Sequenz auf mehrere Roman-Figuren (vgl. ebd. S. 316 ff., v. a. S. 339–345). Fassbinder nimmt also nicht nur Momente der Lietzau-Inszenierung auf, sondern spielt überhaupt Möglichkeiten des Hörspiels filmisch weiter. Das von Weyrauch gestellte Problem scheint erst Fassbinder gelöst zu haben.

ab. Es ist zunächst interessant, dass der „Sprecher" hier nicht hinter Franz und über ihn hinweg zu einem großen Publikum spricht, sondern dass er ihn erst seinen ganzen Anfangstext sagen lässt und dann in ruhigem, privatem Ton zwischen Franz und den Hörern vermittelt, fast wie eine innere Stimme, so gesprächshaft, dass er wie zu lauter Einzelnen spricht. Man hört: Es geht um die existentielle Dimension der *Geschichte vom Franz Biberkopf.* Interessant ist weiterhin, dass hier die an- und abschwellenden Stimmen auf ihre Weise ebenfalls die Dynamik eines offenen Hörraumes vermitteln. Und noch deutlicher scheinen die modulierenden Töne, die über den Tonumfang der Stimmen und Geräusche hinausreichen, die das Hörspiel vorbereiten und die den ersten Szenen unterlegt sind, nun in der Tat aus einem Raum zu kommen, der hörbar ist, ohne begriffen zu sein. Anders gesagt: Diese von sehr tief bis sehr hoch an- und abschwellenden Töne erzeugen gut hörbar die Vorstellung eines ‚Tonwindes', der zwischen diesen Menschen und um sie herum weht, oder auch ‚langer Wellen', die von weit her kommen. Wird nicht auch so der Raum der Stimmen transzendiert: ein kleiner Ausschnitt vor einem weiten, offenen Horizont?

2. Der „Nullpunkt" des Erzählens in Roman und Fernsehfassung

Dass der ‚Nullpunkt medialer Möglichkeiten' und die jeweils weitestmöglich vorangedachte Interpretation kontinuierlich zusammenhängen, ja einander bedingen, ist eine Grundannahme dreistelliger Semiotik.[15] Auch wenn die Beispiele, die ich vorgestellt habe, diese Annahme vielleicht noch nicht plausibel gemacht haben – der Zusammenhang von Polysemie und Mythos bei Joyce, Dos Passos und Döblin wird vielleicht mehr überzeugen –, so können sie sicher so viel zeigen: Wenn der Titel meines Vortrags lautet „Dreistellige Erzählsemiotik in *Berlin Alexanderplatz*: Roman, Hörspiel, Film und Fernsehserie", dann ist der zweite Teil des Titels nicht nur als Beispiel für den ersten gedacht. Es ist klar, dass wir bei einer Anwendung theoretischer Modelle diese auch von ihrem Gegenstand her interpretieren müssen. Aber die Literatur und die erzählenden Medien haben einen besonderen Erkenntnisstatus: Ihre erzählende Medialität, Prozessualität und ihre durch den Übersetzungs-Dialog erzeugte Metasprachlichkeit sind ‚theoriewertig'. Was heißt das?

Die dreistellige Semiotik von Charles S. Peirce ist in ihrem einen Extrem ‚medial-materialistisch', in ihrem anderen Extrem erkenntnistheoretisch, ja wahrheits- und konsenstheoretisch konzipiert. Und die erste Grundannahme kommt nicht nur gerade dem Interesse der Erzähltheorie und Erzählanalyse entgegen, sondern erleichtert in der Tat das produktive Gespräch zwischen Literatur und Medien. Wenn Peirce dem „type" nicht nur das „token", sondern auch den „tone" entgegensetzt, dann geht es ihm nicht nur um das konkrete, jeweilige singulare Zeichen („token", „sin"-Zeichen), das nie völlig in Systemen und Codierungen aufgeht – bei aller Dialektik zwischen

---

[15] Dieser „Nullpunkt" wäre die (nach Benses, Jakobsons, Ecos und Coserius Interpretation) fundierende ästhetische Zeichenfunktion; die „weitestmöglich vorangedachte Interpretation" wäre das regulative Zweck-Prinzip möglicher Wahrheit, bzw. nach Peirce das „finale Interpretans". Vgl. dazu und zum Folgenden „Welchen der Steine du hebst", S. 16 ff. u. 25 ff.

ihnen –, sondern es geht ihm bei dem, was er „tone"- oder „quale"-Zeichen nennt, um die jeweilige sinnliche Wahrnehmbarkeit bis in die diffusesten Gefühlsqualitäten beispielsweise von Geräuschen und Tönen hinein. Die Lietzau-Inszenierung hatte gezeigt, wie relevant das für uns ist. Aber auch Döblin selbst scheint wie für die Semiotiker geschrieben zu haben. (Das ist kein Kalauer, sondern ergibt sich aus seinem experimentellen Ansatz.)

Der nun wörtlich allererste Anfang des veröffentlichten Romans, der Schutzumschlag der Erstausgabe, ist ein Beispiel für das, was Peirce „immediate interpretants" nennt: „im Medium, Mittel" (also ganz und gar nicht „unmittelbar") angelegte Reaktions-Stimuli, Signale möglicher Wirkung für Zeichenbenutzer. Wenn wir lesen: „Von einem einfachen Mann wird hier erzählt", dann empfangen wir, sofern wir Deutsch verstehen, die Anweisung: Unterscheide „Mann" erstens von „Frau", zweitens von „Knabe" und „Greis", drittens von „Herr" usw., unterscheide „einfach" von „raffiniert", „komplex", „intellektuell", aber auch von sozial „hochstehend"! Und es ist eigentlich ganz folgerichtig, dass darin sogleich weitere Prozesse involviert sind, in denen wir „actual", wie Peirce sagt, überhaupt erst mit Zeichen umgehen können. Das Beispiel des Schutzumschlags zeigt übrigens – ich meine die Strichmännchen –, wie ‚semiotisch' Döblin arbeitete: Nicht nur ist hier die Bedeutung eines Zeichens anschaulich als ein anderes Zeichen durchgespielt, beide „interpretants" greifen auch aus auf „immediate" und „dynamic objects". Wir müssen Vorstellungen bilden können von einem „einfachen Mann", um die Strichmännchen erkennen zu können, und auf alle Fälle verweisen Orts- und Namensangaben auf etwas, das nicht nur Sprache und Gedanke ist: eben „Berlin" und „Alexanderplatz". Kurz, wir können den Nullpunkt einer Geschichte, den einer Kommunikation zwischen Autor und Leser („reagiere so und so") und den eines „Wertediskurses" rekonstruieren („Was heißt ‚einfach'?" „Was macht den Alexanderplatz, nicht gerade die beste Gegend, interessant in einem Titel, der von fern noch an den Bildungs- und Entwicklungsroman erinnert?"). „Diskurs" ist der Begriff, der in der Erzähltheorie den des „Interpretans" oder des „Interpretanten" aus der Semiotik weitestgehend ersetzen kann. Diskurs, so würde ich definieren, ist der kommunikative Prozess des Auf- und Abbaus von Geschichten unter Formen der Erkenntnis: Auf- und Abbau schließt sowohl die „Verkettung" („concaténation" nach Greimas)[16] narrativ entworfener Sachverhalte ein („l'énoncé", die Aussage,[17] z. B. „es sei ein einfacher Mann" etc.: In der Tat ist ja ein solcher Behauptungssatz in jedem Erzählbeginn involviert); und Erkenntnis schließt auch „Überredung" im Sinne der Rhetorik ein. Übrigens zeigt das Beispiel

---

[16] Vgl. *Algirdas Julien Greimas* u. *Joseph Courtés* (Hg.), Sémiotique. Dictionnaire raisonné de la théorie du langage, Paris 1979, S. 102–106. Meine Definition von „Diskurs" beschränkt sich auf die engere erzähltheoretische Bedeutung dieses Begriffs. Vgl. allgemein *Matthias Bauer*, Romantheorie, Stuttgart 1997, v. a. S. 173 ff. u. 215 ff.

[17] Ebd., S. 102 f., vgl. S. 123–128; diese inzwischen klassischen strukturalistischen Ansätze wurden vielfach aufgenommen, so dass sie sich ähnlich immer wieder finden. Vgl. neben *Bauer*, Romantheorie auch *Matías Martínez* u. *Michael Scheffel*, Einführung in die Erzähltheorie, München 1999.

Von einem einfachen MANN wird hier erzählt, der in BERLIN am ALEXANDERPLATZ als Straßenhändler steht. Der MANN hat vor anständig zu sein, da stellt ihm das Leben hinterlistig ein Bein. Er wird betrogen, er wird in Verbrechen reingezogen, zuletzt wird ihm seine BRAUT genommen und auf rohe Weise umgebracht. Ganz aus ist es mit dem MANN FRANZ BIBERKOPF. Am Schluss aber erhält er eine sehr klare Belehrung: MAN FÄNGT NICHT SEIN LEBEN MIT GUTEN WORTEN UND VORSÄTZEN AN, MIT ERKENNEN UND VERSTEHEN FÄNGT MAN ES AN UND MIT DEM RICHTIGEN NEBENMANN. Ramponiert steht er am ALEXANDERPLATZ, hat ihn mächtig zuletzt wieder das Leben angefasst.

Alfred Döblin
BERLIN ALEXANDERPLATZ
DIE GESCHICHTE VOM FRANZ BIBERKOPF
Walter Verlag

Schutzumschlag des Sonderbandes von 1967, nach dem Schutzumschlag der Erstausgabe 1929 von Georg Salter.

auch, wie damit – wie könnte diskursive Erkenntnis anders funktionieren? – immer auch metasprachliche, metasemiotische Funktionen involviert sind.

Man kann sich diesen ‚Nullpunkt' des Entwerfens, Kommunizierens und sinnfähigen Argumentierens auch als Zusammenspiel von Semantik und Pragmatik klar machen.[18] Anders gesagt: *Berlin Alexanderplatz. Die Geschichte vom Franz Biberkopf*, der Romantitel und der Anfangssatz „Von einem einfachen Mann wird hier erzählt" als folgerichtiger Diskurs zusammen gelesen, sind so vielleicht auch ein Beispiel für „Pragmatisierung" und „Entpragmatisierung" *in nuce:*[19]

- Ich halte bereits die logische Funktion der Replikation für „pragmatisch", sofern erst das Eintreten der Folge, sprich, der aktuale Zeichengebrauch, die Aussage logisch „wahr" macht. Als „l'ordre à rebours" nach Brémond ist sie die Logik des Erzählens:[20] „Straßenhändler" interpretiert „einfacher Mann", der wiederum „Franz Biberkopf" interpretiert und so fort.

- Auf alle Fälle „pragmatisch" – nach Morris – funktionieren die Bezeichnungen „Berlin Alexanderplatz" und „hier" in „wird hier erzählt": beziehen sie sich doch eben auf die Realität von Zeichenbenutzern.

- „Pragmatisch" im Sinne von Kant und Peirce, als „allgemein vorauszusetzender Zweck",[21] äußert sich und funktioniert schließlich das „regulativ" im Erzählanfang angesprochene Erkenntnisinteresse. Denn die Metasprache, das Reden über den Erzählakt, weist auf eben diesen Erkenntniszweck. Aber diese metasprachliche Aussage wirkt hier auch „entpragmatisierend": Indem wir einen winzigen Bruchteil einer Sekunde auf mögliche Bedeutungs- und Bezeichnungsfunktionen reflektieren, suspendieren wir ja auch ihre „übliche", „indikative", „praktische" etc. Funktion. Sagt dieses „wird hier erzählt" nicht als hypothetische, suggestive, offen interpretierbare „metahistorische Entpragmatisierung": „Hänge einen winzigen Augenblick lang deinen Vorurteilen und Vorstellungen nach", „gehe einmal – und sei es nur im Übergang zu neuen Leseeindrücken – davon aus, ‚es könnte ja auch ganz anders sein'"?

Auch jetzt hilft die Medienübersetzung vielleicht der Theorie. Denn der berühmte Titeltrick von Rainer Werner Fassbinder (eine gleitende Folge von Zeit- und Milieubildern) scheint mir in der Tat genau eine solche ‚indexikalische Pragmatisierung' und ‚metahistorische Entpragmatisierung', anders gesagt, den ‚Nullpunkt' im Prozess

---

[18] Zu diesen auf Charles W. Morris zurückgehenden Unterscheidungen vgl. z. B. *Winfried Nöth*, Handbuch der Semiotik, 2. Aufl. Stuttgart 2000, S. 88 ff., v. a. S. 90 f.: „Semantik" betrifft die Bedeutungen, „Pragmatik" den Bezug auf Zeichenbenutzer.

[19] Dieser Teil des Vortrags wurde nach der anregenden Diskussion mit Teilnehmern des Doktorandenkollegs „Pragmatisierung und Entpragmatisierung" an der Universität Tübingen (20. 05. 1998) ausgearbeitet.

[20] Vgl. die Zusammenfassung bei *Greimas* u. *Courtés*, Sémiotique, S. 244–247 („un ordre de présupposition logique à rebours semble régie par une intentionalité reconnaissable a posteriori", S. 245) oder bei *Nöth*, Handbuch der Semiotik, S. 400–409, v. a. S. 406 („Brémonds Entscheidungssyntax").

[21] Vgl. dazu in diesem Band „Welchen der Steine du hebst", S. 16 ff.

der Erzählzeichen dramatisch zu inszenieren, und dies wohlgemerkt gerade durch die Pluralisierung der Behauptungen und mit den Möglichkeiten des Films (also vor allem durch „Realisierung" – semiotisch: Iconismus und Indexikalismus – und durch Montage). Er geht ja *vor* die Geschichte zurück und fragt sich ganz wörtlich: „Was *könnte* das Stichwort *Berlin Alexanderplatz* an möglichen Geschichten und dann auch Deutungsperspektiven eröffnen"? Er inszeniert alternative Optionen mit, nämlich ungefähr dreißig verschiedene Bilder und Szenen: „Der Alexanderplatz 1919 während des Spartakus-Aufstandes" oder „Arbeitslose auf dem Arbeitsamt", „Polizisten mit Schlagstöcken, die [...] Demonstranten nachlaufen", „Frauen, die auf die Eröffnung der Freibank warten", „Alfred Döblin in seiner Praxis mit einer Kranken", „Ein Pornobild aus der Zeit", „Ein Mann, der als Plakatsäule [...] durch die Straßen geht", und so fort. Und am Ende des Titeltricks – als sagte die Kamera: Unterscheide unsere Geschichte von allen anderen Optionen! – wird dann ein expliziter Übergang hergestellt: „Im Gefängnis reicht gerade ein Gefängniswärter durch eine kleine Öffnung in der Tür einem Gefangenen, der nicht sichtbar ist, einen Blechnapf."[22]

---

[22] *Fassbinder* u. *Baer*, Der Film BERLIN Alexanderplatz, S. 22 u. 25; hier sind weniger als ein Viertel aller Bilder aus dem Titeltrick wiedergegeben.

1 TITEL-TRICK

Die Einstellungen 1–29 sind eine Fotomontage aus Berliner Bildern der Jahre 1919–1930. Die Bilder werden verbunden durch die Räder einer Straßenbahn, auch Originalaufnahmen aus der Zeit. Musikalisch wird diese Montage, auf die die Titel kommen und die vor jeder Folge laufen soll, unterlegt von einem von Richard Tauber gesungenen Lied von Franz Lehár aus der Operette Juditha ‚Freunde, das Leben ist lebenswert', und zwar soll es so sein, wie wenn man an einem Sonntagnachmittag durch eine Straße geht, aus sehr vielen Zimmern, Wohnungen, Häusern rechts und links dasselbe Wunschkonzert hört, das auf diese Art aber jegliche Heimligkeit verliert, im Gegenteil unheimlich und befremdend wirken soll.

1. *Der Alexanderplatz 1919 während des Spartakus-Aufstandes.*

2. *Arbeitslose auf dem Arbeitsamt beim Schalter R-Z.*
3. *Das Plakat einer Haller-Revue im Admiralspalast aus Berlin 1927.*
4. *Arbeitslose auf dem Arbeitsamt, meist von hinten in einer Totalen.*
5. *Eine Demonstration, fotografiert hinter einer Polizeireihe auf die Demonstranten mit zwei Plakaten: ‚Wir fordern Arbeit und Brot' sowie ‚Hinweg mit diesem Finanzminister'.*
6. *Ein tanzendes Vorstadtpaar, eines der berühmten Zille-Bilder.*

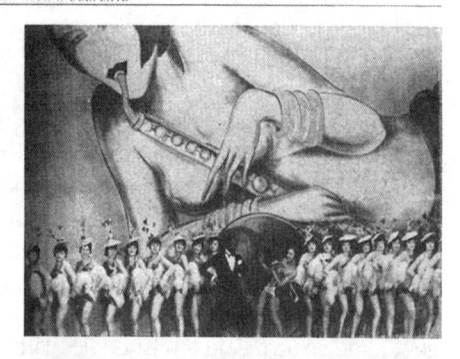

Dreistellige Erzählsemiotik in „Berlin Alexanderplatz" – Roman, Hörspiel, Film und Fernsehserie 87

FOLGE 1 · DIE STRAFE BEGINNT 25

25. *Einer spritzt mit einem Schlauch Wasser auf einen Platz, offensichtlich um ihn zu säubern.*
26. *Kinder, die offensichtlich von der Notspeisung Essen bekommen haben.*

27. *Ein Mann, ein Lumpensammler, wahrscheinlich allein auf der Straße, wie er gerade eine Zigarrenkippe aufhebt.*
28. *Das Plakat zu dem Theaterstück ‚Die Verbrecher' von Ferdinand Bruckner aus dem Alten Theater.*

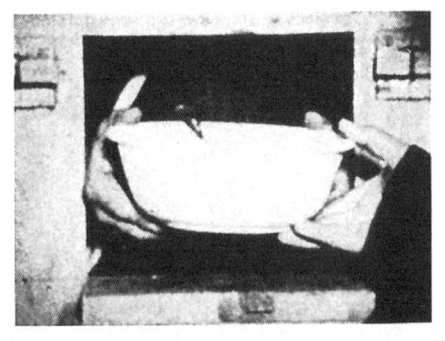

29. *Im Gefängnis reicht gerade ein Gefängniswärter durch eine kleine Öffnung in der Tür einem Gefangenen, der nicht sichtbar ist, einen Blechnapf.*

Allerdings geht dieser sehr durchdachte, das Entstehen *einer* Geschichte aus vielen möglichen inszenierende Vorspann in der dann tatsächlich produzierten Fernsehfassung nahezu unter: Der ironische Kommentar der Tonspur „Freunde, das Leben ist lebenswert" und die massive Metaphorik der Überblendung, eine Lokomotive als Sinnbild für Ordnung und Gewalt etc., beides konkurrierende Diskurse, treten viel deutlicher hervor als die darunter fast nur noch zu ahnende Bildfolge. Erst wenn wir, wie jetzt in diesem Vortrag, eine weitere mediale Übersetzung, eben das Drehbuch, hinzunehmen, finden wir zu einem kohärenten Dialog von Literatur, Medien und Theorie.

3. Polysemie und Dekonstruktion am Anfang von Berlin Alexanderplatz

Die Prozessualität dreistelliger Semiotik, dass die Bedeutung eines Zeichens ein anderes Zeichen ist, „the interpretant becoming in turn a sign and so on ad infinitum",[23] das Ausgehen in Theorie und Praxis nicht vom Zeichen, sondern vom Zeichenprozess, der „Semiose", all das bietet natürlich für eine Erzähltheorie und -analyse die fruchtbarsten Ansätze. Man könnte durchaus von einer epischen Auffassung des Zeichens sprechen. Gerade eine prozessuale Semiotik macht es möglich, bewährte Erzählpoetiken, die theoretisch anders begründet sind, zu integrieren. Ich will das nun aber nicht kohärent aufbauen – das hätte etwas Alptraumhaftes –, sondern gleich *in actu*, bei der Analyse eines Beispiels, anschaulich machen. (Wer etwa die Erzähltheorien von Roland Barthes, Bachtin, Genette, Iser, die Raumsemantik von Lotmann oder Ricœurs Mimesis-Begriff kennt, wird sie wiedererkennen.)[24]

> *Mit der 41 in die Stadt*
>
> Er stand vor dem Tor des Tegeler Gefängnisses und war frei. Gestern hatte er noch hinten auf den Äckern Kartoffeln geharkt mit den andern, in Sträflingskleidung, jetzt ging er im gelben Sommermantel, sie harkten hinten, er war frei. Er ließ Elektrische auf Elektrische vorbeifahren, drückte den Rücken an die rote Mauer und ging nicht. Der Aufseher am Tor spazierte einige Male an ihm vorbei, zeigte ihm seine Bahn, er ging nicht. Der schreckliche Augenblick war gekommen [schrecklich, Franze, warum

---

[23] „Wodurch der Interpretant seinerseits zum Zeichen wird, und so weiter ad infinitum", *Charles S. Peirce*, Semiotische Schriften, hrsg. u. übers. v. *Christian J. W. Kloesel* u. *Helmut Pape*, 3 Bde., Frankfurt 2000, Bd. 1, S. 375.

[24] *Roland Barthes*, Das semiologische Abenteuer, dt. v. *Dieter Hornig*, Frankfurt 1988, v. a. S. 102–155 u. 223–298; *ders.*, S/Z, dt. v. *Jürgen Hoche*, Frankfurt 1976; *Michail M. Bachtin*, Das Wort im Roman, in: *Ders.*, Die Ästhetik des Wortes, hrsg. v. *Rainer Grübel*, Frankfurt 1979, S. 154–336; *Gérard Genette*, Die Erzählung, hrsg. v. *Jürgen Vogt*, München 1994; *Wolfgang Iser*, Der Akt des Lesens. Theorie ästhetischer Wirkung, 4. Aufl. München 1994; *ders.*, Das Fiktive und das Imaginäre. Perspektiven literarischer Anthropologie, Frankfurt 1991; *Jurij M. Lotmann*, Die Struktur literarischer Texte, dt. v. *Rolf-Dietrich Keil*, München 1972; *Paul Ricœur*, Zeit und Erzählung, dt. v. *Rainer Rochlitz*, 3 Bde., München 1988, v. a. Bd. 1, S. 54–135. Vgl. dazu allgemein einführend *Matthias Bauer*, Romantheorie, S. 113–227.

schrecklich?], die vier Jahre waren um. Die schwarzen eisernen Torflügel, die er seit einem Jahr mit wachsendem Widerwillen betrachtet hatte [Widerwillen, warum Widerwillen], waren hinter ihm geschlossen. Man setzte ihn wieder aus. Drin saßen die andern, tischlerten, lackierten, sortierten, klebten, hatten noch zwei Jahre, fünf Jahre. Er stand an der Haltestelle.
Die Strafe beginnt.
Er schüttelte sich, schluckte. Er trat sich auf den Fuß. Dann nahm er einen Anlauf und saß in der Elektrischen. Mitten unter den Leuten. Los. Das war zuerst, als wenn man beim Zahnarzt sitzt, der eine Wurzel mit der Zange gepackt hat und zieht, der Schmerz wächst, der Kopf will platzen. Er drehte den Kopf zurück nach der roten Mauer, aber die Elektrische sauste mit ihm auf den Schienen weg, dann stand nur noch sein Kopf in der Richtung des Gefängnisses. Der Wagen machte eine Biegung, Bäume, Häuser traten dazwischen. Lebhafte Straßen tauchten auf, die Seestraße, Leute stiegen ein und aus. In ihm schrie es entsetzt: Achtung, Achtung, es geht los. Seine Nasenspitze vereiste, über seine Backe schwirrte es. „Zwölf Uhr Mittagszeitung", „B. Z.", „Die neuste Illustrierte", „Die Funkstunde neu" „Noch jemand zugestiegen?" Die Schupos haben jetzt blaue Uniformen. Er stieg unbeachtet wieder aus dem Wagen, war unter Menschen. Was war denn? Nichts. Haltung, ausgehungertes Schwein, reiß dich zusammen, kriegst meine Faust zu riechen. Gewimmel, welch Gewimmel. Wie sich das bewegte. Mein Brägen hat wohl kein Schmalz mehr, der ist wohl ganz ausgetrocknet. Was war das alles. Schuhgeschäfte, Hutgeschäfte, Glühlampen, Destillen. Die Menschen müssen doch Schuhe haben, wenn sie so viel rumlaufen, wir hatten ja auch eine Schusterei, wollen das mal festhalten. Hundert blanke Scheiben, laß die doch blitzern, die werden dir doch nicht bange machen, kannst sie ja kaputt schlagen, was ist denn mit die, sind eben blankgeputzt. Man riß das Pflaster am Rosenthaler Platz auf, er ging zwischen den andern auf Holzbohlen. Man mischt sich unter die andern, da vergeht alles, dann merkst du nichts, Kerl.[25]

Insbesondere lässt sich so auch ein Zentralbegriff der Dekonstruktion, die „différance", aufnehmen – nach lat. „differe", „unterscheiden", das Ausspielen von Gegensätzen und zugleich nach „deferre", „hinausschieben", eben die Prozessualität von Bedeutungen:[26] Denn eine dreistellige Semiotik kann gerade diese Ansätze gut in ihrem Sinne nutzen, also fortführen, ohne dem, zumindest charakteristischen, negativen Erkenntnisinteresse der Dekonstruktion verpflichtet zu sein. Wenn wir am wesentlichen Beginn des Romans den Satz lesen: „Er stand vor dem Tor des

---

[25] *Alfred Döblin*, Berlin Alexanderplatz. Die Geschichte vom Franz Biberkopf, Nachwort v. *Walter Muschg*, München 1965 (dtv 295), S. 8 f.
[26] Vgl. zu diesen Begriffen von Jacques Derrida z. B. *Jonathan Culler*, Dekonstruktion. Derrida und die poststrukturalistische Literaturtheorie, dt. v. *Manfred Momberger*, Reinbek 1988, S. 95–199, oder (in kritischer Sicht) *Peter V. Zima*, Die Dekonstruktion. Einführung und Kritik, Tübingen u. Basel 1994, S. 34–91.

Tegeler Gefängnisses und war frei", dann formulieren wir ihn in Gedanken sogleich um: Das „aktuale", „dynamische Interpretans" geht über das „im Medium angelegte" hinaus, dessen Redundanz („*vor* dem Gefängnis, also nicht drinnen, also frei") wird Differenz, ja Dekonstruktion und, zumindest tendenziell, implizit Bedeutungserneuerung. Fünf solcher Prozesse möchte ich ansprechen:

(1.) „Außen"- und „Innenperspektive" (nach Genette) treten in der Satzmitte auseinander; sie vertiefen und akzentuieren die räumliche Grenzüberschreitung, die von nun an immer wieder verschiedene „Wertwelten" und „Verhaltensmuster" ins Spiel bringen wird. (Entsprechend erzählen die Verfilmungen, wie wir gleich sehen werden, gerade die Perspektivik, vor allem diejenige rhythmisch wechselnder Einstellungen von „Schuss und Gegenschuss", und auch die räumliche Strukturierung vielfältig und raffiniert weiter aus.)

(2.) Der „Modus", die „Behauptbarkeit" des zweiten Satzteils: „[…], und war frei", verändert sich beim Lesen. Das ‚aktuale', ‚dynamische Interpretans', der „innere Dialogismus" (nach Bachtin) der Aussage führen in die Texttiefe hinein. Denn man kann, ja muss lesen:

„Er stand vor dem Tor des […] Gefängnisses"

    – und dachte, er sei frei

    – und man hatte ihm gesagt, er sei frei

    – und es schien so, als sei er frei

    – und wir sehen: Es sieht so aus, als sei er frei

    (und so fort bis zur Frage:)

    – aber war er frei?[27]

Spätestens wenn es heißt: „der schreckliche Augenblick war gekommen" oder wenn Franz „Widerwillen" gegenüber der Freiheit empfindet oder wenn „die Strafe beginnt", wird diese Differenzierung plausibel. (Und ein Blick auf die Vorstufen dieser endgültigen Fassung zeigt,[28] wie der „innere Dialog" zwischen Franzens Gefühlen und der anonymen „Stimme" in eckigen Klammern in der Tat nach und nach aus dem fundamentalen „Dialogismus" narrativer Aussagen hervorgegangen sein muss.)

(3.) Buchstäblich ‚zersetzt', aber damit auch offen für Neuformulierungen, wird die Semantik (das „immediate interpretant", die sprachlich vorgesehene Bedeutung) von „frei":

---

[27] Man kann an dem Beispiel sehen, wie die Modus-Kategorie von Genette (hier als „Distanz": die Differenzierungen von Erzähler- und Personenrede, vgl. *Genette*, Die Erzählung, v. a. S. 120–132) durch die Modalitäts-Logik im Begriff des Interpretans (nach Peirce, vgl. „Welchen der Steine du hebst" die Kategorientafel, S. 14) aufgenommen und weitergehend interpretiert werden kann.

[28] Vgl. *Prangel*, Materialien, S. 26.

– Heißt ‚nicht im Gefängnis' sein frei sein?

– Heißt die bloße Bewegung („los!") frei sein?

– Heißt, was Franz auch erwägt, sich durch-„schlagen", frei sein?

Und so könnte, ja *soll* man in der Mehrstimmigkeit des Erzählens (Bachtin), als der „implizite Leser" dieses Textes (Iser), im „hermeneutischen Code" (Barthes) bzw. in der „konfigurativen Mimesis" als Praxis des Verstehens (Ricœur) weiterfragen. Fragliche Modalität und zersetzte Semantik besagen zusammen doch wohl: Wenn wir einen Begriff, eine Vorstellung von „Freiheit" hatten, wir müssen sie in Frage stellen. Und der Roman macht all dies, diese „Spur" (Derrida) der Bedeutung von „frei", noch extremer, halt- und auswegloser – allerdings mit dem klaren Ziel, beispielsweise indem Franz seine Schwäche einsieht, im Postulat des „großen Du" usw. einen neuen Begriff von Freiheit, deren „finales Interpretans" (Peirce) als zu suchenden Zweck zumindest anzubieten.

(4.) Interessant ist, wie die räumliche Deixis,[29] das räumliche Verweisungssystem, sich verändert. Es wird, aber das ist wohlgemerkt nur ein erster Gedanke, eigentümlich genau dadurch dekonstruiert, dass es vervielfältigt wird. Die Grenze von „innen" und „außen", die im Anfangssatz so bedeutsam überschritten wurde, wird nicht nur vervielfacht, sie vermag auch nichts mehr zu begrenzen. Schon dass Franz sich an diese Opposition klammert („man setzte ihn *aus*. *Drin* saßen die andern"), führt bald zu einer tödlichen Metapher, die nicht nur Franzens Innenperspektive, sondern auch seine Innenwelt brutal veräußert: „Dann stand nur noch sein Kopf in Richtung des Gefängnisses". (Beim Überschreiten der Grenze wird ihm der Hals umgedreht.) Die Außenwelt ersetzt dann die bisherige Innenwelt (des Gefängnisses), wenn es heißt: Er saß „in der Elektrischen, mitten unter den Leuten", oder wenn er sich sagt: „Das weiß ich [...], daß ich hier rin muß". Und das ist mehr als nur eine verlagerte „focalisation". In der Tat war ja die Innenwelt des Gefängnisses ‚Erinnerung' geworden (der zweite Satz beginnt mit „gestern noch"; alle Aussagen über die anderen Gefangenen beziehen sich auf Franzens Vorstellungen, gleich darauf wird er im inneren Monolog, in der Form von „er dachte [...]", die Gefängnisordnung aufsagen usw.). Und indem nun die Geräusche, Stimmen, Eindrücke ganz wörtlich sich in ihn hinein „drücken" beziehungsweise Franz überfluten, dringt die Außenwelt – „als wenn man beim Zahnarzt sitzt, der eine Wurzel mit der Zange gepackt hat" – endgültig in seinen Körper und in den Raum seiner Gefühle und Gedanken ein. „In ihm schrie es entsetzt: Achtung, Achtung, es geht los": Die Dynamik ist die der Außenwelt, das „es" ist etwas Unbekanntes, das er nicht beherrscht; so trägt er das Fremde rätselhaft bestimmend in sich, ja er wird geradezu automatenhaft von ihm bewegt.

---

[29] Hier lassen sich Peirces Kategorien der Indexikalität, Greimas', räumliche Strukturierungen (vgl. etwa *Greimas* u. *Courtés*, Sémiotique, S. 214–217 und die relevanten Querverweise), Genettes Kategorien der „Focalisation" und Lotmanns Semantik der Grenzüberschreitung zusammen sehen.

(5.) Dann ist auch die Frage: ‚wer ist Ich?' immer weniger zu beantworten. Schon am Ende des ersten Absatzes war das „ich", zugespitzt gesagt, eine Leerstelle zwischen „man" und „er" gewesen. Wer sagt, und von wo kommt diese Stimme: „Haltung, ausgehungertes Schwein, kriegst meine Faust zu riechen" oder „dann merkst du nichts, Kerl"? Das Ich wird ‚von innen' durch das ersetzt („Schwein", „Kerl"), als das ein übermächtiges Anderes es anredet. Zugleich wird es äußerlich – „man mischt sich unter die anderen" – nivelliert. So ist es nur konsequent, dass in der „epiphany"-artigen,[30] völlig in die Außenwelt projizierten Vision, die Franz wenig später plötzlich überfällt, dieser Ich-Verlust künstlerisch verdichtet wird:

> Figuren standen in den Schaufenstern in Anzügen, Mänteln, mit Röcken, mit Strümpfen und Schuhen. Draußen bewegte sich alles, aber – dahinter – war nichts! Es – lebte – nicht! Es hatte fröhliche Gesichter, es lachte, wartete auf der Schutzinsel gegenüber Aschinger zu zweit oder zu dritt, rauchte Zigaretten, blätterte in Zeitungen. So stand das da wie die Laternen – und – wurde immer starrer. Sie gehörten zusammen mit den Häusern, alles weiß, alles Holz.[31]

Es ist ein Höhepunkt und zugleich doch nur ein vorläufiger Zielpunkt dieser Erzählsemiose, dass in dieser sichtbar vom Kontext abgehobenen kleinen Szene äußerst verdichteter Bedeutungskonfiguration ‚innen' und ‚außen' (im Schaufenster und ‚draußen' davor), Einzelner und alle, ich und „es" – auch die Leser schauen ja Franz über die Schulter wie in einen Spiegel und können sich mit erblicken –, Imagination und Realität, auch Starre und Bewegung nicht mehr zu unterscheiden sind. Ist das nicht – was wäre die Literaturtheorie ohne die Komparatistik? – ganz im Sinne von Joyce zu lesen als „a sudden spiritual manifestation" alltäglicher Situationen zur „memorable phase of the mind itself",[32] oder im Sinne von Ezra Pound als „emotional and intellectual complex in an instant of time"?[33] Könnte man nicht ein „imagist poem" daraus formen? Ein Versuch:

> Diese Menschen vor dem Schaufenster:
> starr, weiß und aus Holz.

---

[30] Der Begriff wurde 1900 von James Joyce für kürzeste, äußerst bedeutungsverdichtete Prosa geprägt; man könnte aber auch an das „image" der Imagisten (eine anglo-amerikanische Dichtergruppe um 1912) denken, das als extrem verkürzter Text in einem Augenblick gegenständliche, emotionale und intellektuelle Zusammenhänge eröffnen sollte.
[31] Döblin, Berlin Alexanderplatz, S. 9.
[32] James Joyce, Stephen Hero, hrsg. v. Theodore Spencer, John J. Slocum u. Herbert Cahoon, London 1956, S. 235.
[33] Ezra Pounds programmatische Definition des „image" in: Imagist Poetry, hrsg. v. Peter Jones, Harmondsworth 1972, S. 130.

4. Zeichendichte und Zeichenvielfalt zwischen Tod und Leben: James Joyce „Ulysses" und John Dos Passos „Manhattan Transfer"

Was wir zuletzt am Anfang von Berlin Alexanderplatz beobachten konnten – ich wiederhole die Stichworte: Auflösung des Subjekts, Dekonstruktion der Deixis und ‚Grenzüberschreitungen' der Bedeutsamkeit, Polysemie, Dialogismus und Sinntotalität als Frage – und was auf seine Weise auch für die Verfilmungen wichtig werden wird, kann durch einen komparatistischen Ausblick vielleicht noch etwas vertieft werden. Auch wenn dieser Ausblick kurz gefasst bleiben muss, die vergleichende Perspektive kann gerade die allgemeine Relevanz, den Sinnhorizont solcher zunächst nur ganz formal scheinender Erzählsequenzen und -brüche, verdichteter und zugleich ‚zentrifugaler' Zeichenprozesse, plausibel machen.

In Joyces Ulysses (1922) – wir untersuchen die Zäsur zwischen dem dritten Kapitel (Proteus) und dem vierten (Kalypso) – gibt es keinen ‚Helden' bzw. deren zwei. Sie verfehlen sich hier noch inhaltlich (in der „histoire"), begegnen sich aber sehr genau und gerade hier in der formalen Konfiguration (im „discours"). Anders gesagt: Die Integration von Freiheit und Leben („ho nostos": die Heimkehr in den Sinn der Welt), für die die beiden Helden stehen, findet nur in der Sprache des Romans statt.[34]

> My handkerchief. He threw it. I remember. Did I not take it up?
> His hand groped vainly in his pockets. No, I didn't. Better buy one.
> He laid the dry snot picked from his nostril on a ledge of rock, carefully. For the rest let look who will.
> Behind. Perhaps there is someone.
> He turned his face over a shoulder, rere regardant. Moving through the air high spars of a threemaster, her sails brailed up on the crosstrees, homing, upstream, silently moving, a silent ship.
>
> II
>
> Mr Leopold Bloom ate with relish the inner organs of beasts and fowls. [...] Kidneys were in his mind as he moved about the kitchen softly, righting her breakfast things on the humpy tray. Gelid light and air were in the kitchen but out of doors gentle summer morning everywhere.[35]

---

[34] „The Meaning of Ulysses, for it has a meaning, [is], rather, implicit in the technique of the various episodes, in nuances of language, in the thousand and one correspondences and allusions", Stuart Gilbert, James Joyce's Ulysses. A Study, 2. Aufl. New York 1952, S. 22; vgl. zu den hier vorgetragenen Auffassungen auch Marion Lausberg u. Verf., Homer „Odyssee" – James Joyce „Ulysses", in: Verf. (Hg.), Große Werke der Literatur, Bd. VII, Tübingen u. Basel 2001, S. 119–151, v. a. S. 134 f. u. 145 ff.

[35] James Joyce, Ulysses. Annotated Student's Edition, hrsg. v. Declan Kiberd, London 1960 u. 1992, S. 64 f.

Was mit Kapitelende und -anfang aufeinandertrifft sind zwei Kunstprinzipien, zugleich zwei Wirklichkeitsentwürfe und, gerade in ihrer alltäglichen Materialität und Körperlichkeit, zwei Wege zu so etwas wie Lebens-Sinn. Das ist der Zäsur, mit der *Berlin Alexanderplatz* eigentlich beginnt, sowohl ästhetisch wie metaphysisch gesehen durchaus vergleichbar. Den ‚freien Künstler' in seiner Aporie verkörpert Stephen, der jugendliche ‚Held'. Er heißt „Daedalus", ist aber eher ein „Ikarus". So löst er sich auf in Fetzen von Bewusstseinsstrom, in distanzierte, ja ironische Erzählerrede und kleine, fast absurde („groping vainly") Handlungsfragmente. Wenn er beispielsweise seinen Rotz auf einen Felsen legt wie auf einen Sockel, nachdem er diesen angepinkelt hatte, dann wird dieses sinnlose Ritual im Kontext der vorhergehenden Kapitel des *Ulysses* durchaus bedeutsam. Handelt es sich nicht, wie vorher bei Stephens Pinkeln (an vergleichbarer Stelle wird Bloom später noch drastischer onanieren), um eine *ad absurdum* geführte ‚Produktionsästhetik'? Und dem ist dann das Modell des lebendigen Aufnehmens und Verarbeitens von „Welt": Blooms genussvolles „Essen" nicht zuletzt gerade von Nieren, überhaupt seine Beweglichkeit („moved about" wie seinerzeit der „viel hin sich wendende" Odysseus), seine Kommunikation von Innen- und Außenwelt und so fort ganz alltäglich und zugleich intensiv bedeutsam entgegengesetzt. Erneut kann man die Schwelle von Innen und Außen, Alltäglichkeit und „spiritual manifest", singularem Ich und Weltentwurf erkennen, die auch am Anfang von *Berlin Alexanderplatz* überschritten wird. Und auf für die Ästhetik der Moderne, ihren „Nullpunkt" exemplarische Weise wird dies in *Ulysses* auch metapoetisch reflektiert. Denn wie dramatisch und kalkuliert das lediglich formale Zusammentreffen der beiden ‚Helden', Telemachus und Odysseus, beide stehen wie gesagt für ästhetische Prinzipien, hier ausgestaltet ist, zeigt der kurze Satz: „Behind. Perhaps there is someone". Im 16. Gesang, Vers 155 ff. von Homers *Odyssee* ist es Athene, die hinter Telemachus' Rücken dem Odysseus erscheint und ihm rät, sich seinem Sohn zu erkennen zu geben.[36] Nicht nur der gesuchte Vater, der Gesamtsinn des Romans scheint entsprechend bei Joyce hinter Stephens Rücken einen Augenblick lang auf. Während dieser in einer Formel der Heraldik („rere regardant") einen Augenblick lang zu funktionslosem Kulturgut erstarrt, gehört das Schlussbild des Kapitels mit seinem „homing ship" dem Archetyp des heimkehrenden Seefahrers und „göttlichen Dulders" – „crosstree": eine der vielen Anspielungen auf Christus –, das letzte Bild der „Telemachie" gehört dem Odysseus.

Aber wirkt das „silent ship" nicht wie ein Totenschiff? In der irischen Mythologie gäbe es dafür viele Anhaltspunkte. Noch wichtiger scheint mir ein Bezug zur *Odyssee* des Homer. Joyce hat den zweiten Teil des 5. Gesangs nicht als eigene Episode umerzählt. Aber dieses vielleicht berühmteste Abenteuer – Odysseus, vom Zorn des Poseidon verfolgt, wird im Seesturm ins Meer gespült und kämpft mit dem Ertrinken; Leukothea rettet ihn, indem sie ihn ihren unsinkbaren Schleier umbinden heißt –,

---

[36] Homer, Odyssea, hrsg. v. *Peter von der Mühll*, Stuttgart u. Leipzig 1993, S. 297; Homer, Die Odyssee, dt. v. *Wolfgang Schadewaldt*, Reinbek 1958, S. 283.

liest man darin die Umerzählung eines archaischen, kultischen Menschenopfers, versteht man den Odysseus-Mythos entsprechend als den eines durch den Tod gehenden Heros, Leukothea (wörtlich: die „weiße Göttin") als eine Gestalt der ‚großen Mutter', die das Opfer annimmt und neues Leben gibt, deutet man die Bezüge so,[37] dann durchzieht das Motiv vom Tod des Odysseus, also eine zumindest mögliche mythische Voraussetzung der *Odyssee*, bei Joyce in der Tat den ganzen Roman: „A corpse rising saltwhite. [...] Here I am".[38] Könnte so der archaische Odysseus bereits im ersten Buch des *Ulysses* auftreten und dann in rhythmischer Variation immer wieder? Bei Homer heißt es im 15. und 16. Gesang mehrmals: „Odysseus spie das bittere Salz aus", „vom Salz war sein Herz bezwungen", „er war vom Salz entstellt", „Salz wusch er sich von Haupt und Schultern",[39] was Joyce beispielsweise sehr anschaulich mit „crusting him with a salt-cloak" übersetzt.[40] Hält dieses Leitmotiv nicht ständig den Gedanken wach, dass zu den alltäglichen Ereignissen des „Bloomsday" immer der Horizont von Todesarten und Lebensperspektiven hinzu zu denken ist?

Auf alle Fälle schaffen das Thema künstlerischer Aporie, das Motiv des Todesschiffes und, so er sich einstellt, der Archetypus des „Sotér", des Heros im und gegen den Tod, einen vergleichbar ‚großen' Rahmen für den alltäglichen Beginn des *Kalypso*-Kapitels wie Döblins ursprüngliches Hörspiel – Gott redet mit Hiob, Franz schreit Schnürsenkel aus – und wie der Kontrast von Bedeutungstiefe und Handlungsoberfläche am Beginn des Romans *Berlin Alexanderplatz*.

Was Franz Biberkopf erst am Ende des Romans lernen wird – auch er ein Heros, der durch den Tod geht –, mit aller Welt, allem Leben zu kommunizieren, was die Romanleser freilich von Anfang an begreifen können, das wird vom Odysseus des *Ulysses*, Leopold Bloom *pars pro toto* alltäglich, „polytropos", „vielgewandt", „moving about",[41] vollzogen. Hingewiesen sei nur auf die zyklische Zeit, in der er lebt, auf seinen körperlichen Weltbezug, auf die einfache „Eucharistie" von Brot und Tee, die kunstvolle Verschränkung von Innen und Außen – die in allen Romanen und vor allem in den Filmen wichtig ist: Wenn der Innenraum „gelid", „eiskalt", also fremd, der Außenraum „gentle"/„freundlich warm", also heimelig wirkt, dann soll dieser Odysseus ganz wörtlich im „Draußen" zuhause sein. Man sieht hier zugleich, wie Bloom auch den Zusammenhang von Exil und Heimkehr in bedeutsamer Alltäglichkeit immer wieder zu leben vermag. Und das Wichtigste sagt die unverkennbare Homonymie von „righting" und „writing", „zurichten" und „schreiben". Um es gleich thesenhaft zu verallgemeinern: Die Sprache, die Erzählkunst, ist der eigentliche Held des *Ulysses*.

---

[37] Vgl. z. B. *Robert von Ranke-Graves*, Griechische Mythologie. Quellen und Deutung, 2 Bde., Reinbek 1955, Bd. 2, S. 344 ff., v. a. S. 355 u. 358 f.

[38] *James Joyce*, Ulysses, S. 25 u. 63, vgl. auch S. 57 u. 92; bezeichnend, dass Bloom selbst auf das „Here I am" des mythischen Odysseus die Antwort gibt: „Well, I am here now" (ebd., S. 73).

[39] *Homer*, Odyssea, 5.322 f. (S. 97), 5.454 (S. 102), 6.137 (S. 109), 6.224 f. (S. 112); *Homer*, Die Odyssee, S. 94 f., 99, 105, 108.

[40] *James Joyce*, Ulysses, S. 73.

[41] Bei Homer ist dies das erste Charakteristikum, das von Odysseus genannt wird, *Homer*, Odyssea, 1.1, S. 1; *Homer*, Odyssee, S. 7.

Polysemie, die ästhetisch offene Zeichenfunktion, der ästhetische Nullpunkt des Erzählens, impliziert Totalität. Genauso werden Franz Biberkopfs kurze ‚Todesfahrt' am Romananfang – die Fahrt mit der „Elektrischen", die Schaufenster-„epiphany" einer alltäglich toten Welt („es lebte nicht") – und die lange Todesbegegnung am Romanende zur Auferstehung der Sinnfrage in der Sprache führen.

Wie repräsentativ dieser Zusammenhang von semiotisch-ästhetischer Autonomie und plötzlichem metaphysischem Ganzheitsanspruch ist, kann schließlich ein ‚kurzer Blick auf den Anfang von John Dos Passos' *Manhattan Transfer* (1925) zeigen.

> Three gulls wheel above the broken boxes, orangerinds, spoiled cabbage heads that heave between the splintered plank walls, the green waves spume under the round bow as the ferry, skidding on the tide, crashes, gulps the broken water, slides, settles slowly into the slip. Handwinches whirl with jingle of chains. Gates fold upwards, feet step out across the crack, men and women press through the manure-smelling wooden tunnel of the ferry-house, crushed and jostling like apples fed down a chute into a press.[42]

Auch die Abstraktion von Realitätsfragmenten, ebenso die von Seh- und Hörformen bedeutet einen Rückgriff auf den ästhetischen Nullpunkt modernen Erzählens. Und gehen nicht ebenso in den Realitätssignaturen am Anfang von *Manhattan Transfer* Schicksal („three gulls") und Zufall („flotsam"), Gewalt („crashes", „jingle of chains") und Grenzüberschreitung („gates", „feet step across the crack"), Einzelne und Viele, Höllenfahrt („press through", „fed down a chute into a press") und Dynamik des Morgens ineinander über? So taucht das ‚Prosagedicht' des Romanbeginns im Ganzen dreimal auf: jetzt, wenn Bud Koerpening die Freiheit von vergangener Schuld sucht, aber nach Manhattan hinüberfährt um zu sterben – sein Leben wird wie ein einziger Tag verlaufen –, später, wenn eine andere Romanperson überfährt um Selbstmord zu begehen, noch später, wenn das „newborn baby", das gleich am Anfang des Romans eingeführt wird, zur jungen Frau herangewachsen, überfahren wird, um eine Abtreibung vornehmen zu lassen.[43] Schon jetzt sieht ja dieses „baby" aus „like a knot of earthworms".[44] Andererseits ist nicht nur dieser Anfang, sondern der ganze Roman von immer neuer Dynamik geprägt. Und natürlich geben diese Kontrast-Verschränkungen, genauso die Erzählform sich kreuzender Lebensläufe, ein Prinzip ästhetischer Lebendigkeit an. Auch „Transfer", wie Joyces „righting/writing", stellt ein metapoetisches Stichwort dar: ein Stichwort vielfacher Bedeutungs-Vernetzungen, das auf seine Weise erneut den ‚Nullpunkt' ästhetisch-narrativer Möglichkeiten mit einem durchaus ‚großen', umfassenden Sinnhorizont verbindet.

---

[42] *John Dos Passos*, Manhattan Transfer, Boston 1925 u. 1953, S. 3.
[43] Ebd., S. 251, 266 f., 403 f.
[44] Ebd., S. 3.

5. Dekonstruktion des Subjekts und Sprachspiele als „Weltvollzug": Von den Verfilmungen zurück zum Roman „Berlin Alexanderplatz"

Im Film *Berlin Alexanderplatz* von 1931 (Regie: Phil Jutzi, Produktion: Allianz Tonfilm, Biberkopf: Heinrich George)[45] gibt es zumindest zwei Sequenzen, die solche Bedeutungskonstellationen durchaus aufnehmen. Beide folgen ganz konsequent der spezifischen Entwicklung dieses Mediums und nutzen seine Ästhetik. Betrachten wir zunächst jene Filmsequenz, in der, wie oben bereits angemerkt, die „künstlerischen" Schwächen des mehrstimmigen Hörspielbeginns – so meine Überzeugung – korrigiert werden. Auf verblüffend konsequente Weise erinnert diese Filmszene aus *Berlin Alexanderplatz* übrigens auch an Dos Passos. Dieser stand in seiner Literaturauffassung dem Film mindestens ebenso nahe wie Döblin: Wechsel der Einstellungen, „Camera Eye", Abblende, Schnitt, Montage, sprechende, symbolwertige (verdichtet iconische und indexikalische) bildhafte Konfigurationen, all dies und mehr ist prägend für Dos Passos' wie Döblins Erzählen. Überhaupt sind ja Film und Großstadt von Anfang an aufeinander bezogen. Insbesondere Walter Ruttmanns Film *Berlin. Die Sinfonie der Großstadt* von 1927 steht sowohl dem Hörspiel – übrigens auch Bert Brechts Rundfunkarbeit *Aus dem Lesebuch für Städtebewohner* (1927) – als auch und noch mehr dem Film von 1931 sehr nahe. Ich meine jene Schlüsselszene, in der Franz auf dem Alexanderplatz, genau wie am Beginn des Hörspiels, Schlipshalter ausruft. In wechselnden Einstellungen (Gegenschuss, Schwenk, Zoom) werden Franz allein, Franz und die Zuschauer, die Zuschauer in totalen Einstellungen oder auch einzeln aufgenommen, vor allem aber Franz aus verschiedenen Blickwinkeln und verschieden nah von der Halbtotalen bis zu ganz nahen Aufnahmen; manchmal füllt nur das Gesicht und der aufgerissene Mund („Schnauze") die Leinwand.

Und in diese Sequenz hineingeschnitten sind in der Tat nun an Ruttmann erinnernde Totalen von Straßenschluchten, Großbauten (manchmal schräg von unten, also überhöhend aufgenommen), durch das Bild oder auf die Kamera zufahrende

---

[45] Zu weiteren Details vgl. *Gabriele Sander* (Hg.), Alfred Döblin: Berlin Alexanderplatz. Erläuterungen und Dokumente, Stuttgart 1998, S. 226 ff.

Autos und Straßenbahnen, Arbeitsbilder und Arbeitslärm, Menschen, die Straßen überqueren, U-Bahn-Treppen hinauf- und hinunterhasten und so fort.[46]

Man sieht den ‚großen Horizont' und versteht: Diese Welt wird Franz „platt machen". Aber sie ist zugleich eine Welt voller Dynamik, voller Perspektiven und Möglichkeiten, den Einzelnen „transzendierend" – allerdings hier noch lediglich negativ: ohne pazifistisch-humanistische Ziele und ohne einen Gott – und durchaus proteisch, vieldeutig offen.

Von seinen medialen Voraussetzungen her hätte der Film auch entsprechend viele Möglichkeiten gehabt, die ‚Abdrift' strukturierender Oppositionen, die Auflösung der Deixis, die Grenzüberschreitungen, Mehrstimmigkeit usw. bis hin zur Dekonstruktion des Subjekts auf der einen, den Entwurf einer Todeswelt auf der anderen Seite, also die oben untersuchte komplexe Narrativik des Romananfangs umzusetzen. Aber der Film von 1931 macht davon nur verhalten Gebrauch – bis auf einen sehr kühnen, freilich folgenlosen Punkt.[47] Und Fassbinder geht völlig anders vor.

---

[46] „Fliehende Schauplätze, schnell wechselnde Stimmungen, kaleidoskopartig abrollendes, dahingleitendes Geschehen" soll Döblin selbst in einem Gespräch mit Heinrich George als Prinzip des Filmprojekts bezeichnet haben (zitiert ebd., S. 230).

[47] Der mich eher an Filme Sergej Eisensteins erinnert. Hier würden sich für den Dialog von Semiotik, Narrativik, modernem Roman und Film viele interessante Perspektiven ergeben.

Interessant ist, wenn wir zunächst den frühen Film betrachten, die visuell sehr klare Inszenierung von Gefängnis und halber, ungewisser Freiheit.

Noch interessanter aber ist gleich darauf die Beschleunigung im Rhythmus der sich wiederholenden Einstellungen: „Fahrende Straßenbahn", unterstützt durch die immer kürzeren Takte der Musik, die schnellen Schnitte in den Bildern der Umwelt, auch die Sicht auf die unter der Bahn wegziehende Straße. Der mehrmalige Wechsel der Einstellung: Franz „amerikanisch", also Oberkörper und Kopf, in der Straßenbahn, kontrastierend zum „Gegenschuss" von innen hinaus, nimmt recht stringent das „Gefangen und zugleich verloren"-Thema des Romananfangs auf.

Aber am wichtigsten scheint mir jener Augenblick, wenn Franz die Straßenbahn verlässt und für die Kamera nun in der Tat alle räumlichen Orientierungen außer Kraft geraten. Man sieht übergangslos Nahaufnahmen von Straßenbahnen, Teilen der Straßenbahn, Hausecken und anderen, kaum erkennbaren architektonischen Details, vorüberhuschenden Gesichtern, Kleidern und so fort, bis Franz sich in einen Hauseingang rettet.

Dieses „Ausrasten der Kamera", aus dem der Film von 1931 freilich keine Konsequenzen zieht – seine Aussage ist: Franz besitzt einen guten, starken Kern und kommt immer wieder auf die Beine, so verkauft er am Filmende kleine Stehaufmännchen –, die momentane, anschauliche Dekonstruktion räumlicher Orientierung bleibt im Film folgenlos, aber theoretisch scheint sie mir interessant, und ich werde darauf zurückkommen. Einen Augenblick lang holt der Film den Roman auch ästhetisch ein.

Rainer Werner Fassbinder nun erzählt eigentlich in der Bavaria-Produktion von 1980[48] nur den ersten Satz des engeren (emisch-fiktionalen) Romanbeginns, den auch wir oben genauer untersucht haben. Als hätte er Bachtin gelesen, gibt er ihm die Form: „Er verließ das Tegeler Gefängnis, aber war er frei?" Dabei hat die Kamera, wenn ich so sagen darf, an Franz Biberkopf (gespielt von Günter Lamprecht) ein ‚ironisches', nah konzentriertes und zugleich stets Abstand haltendes Interesse. Alle Zeichenprozesse sind auf dessen Beobachtung konzentriert. Es spielt sich im „off" nichts ab, keine kommentierende Stimme, keine Musik. Franz wird erst „groß", dann „nah" aufgenommen (Oberkörper und Kopf, vor begrenztem Hintergrund).

Hat die Backsteinmauer, an der Franz entlang geht und die auffallend regelmäßig gegliedert ist, vertikal durch rhythmisch wiederkehrende pfeilerartige Vorsprünge, horizontal durch die genau ins Bild genommenen Lagen der Ziegel, etwas (wie meine Augsburger Studierenden meinten) von einer Bücherwand? Wenn ja, wäre das

---

[48] Zu ihrem Zustandekommen vgl. *Fassbinder* u. *Baer*, Der Film BERLIN-Alexanderplatz, zu ihrer teils zwiespältigen, teils vehement ablehnenden seinerzeitigen Rezeption vgl. *Gabriele Sander*, Alfred Döblin: Berlin Alexanderplatz, S. 245 ff.

metapoetisch wie ein Hinweis auf Literarizität zu lesen. Im Roman „drückte Franz den Rücken an die rote Mauer und ging nicht". Der Film von 1930 setzte das wörtlich um und betonte durch die Halbtotale schräg von unten Länge und Höhe der Mauer: eine Welt, die sich entzieht und doch wie ein Gefängnis ist. Dagegen scheint die freundliche (Bücher-)Wand bei Fassbinder ironisch zu kommentieren: „Großer Mann, aber klein mit Hut"? Die Kamera fährt neben ihm her und lässt ihn nie los. Er ist so ausgeleuchtet, dass seine bedrückte Mimik fast überscharf, wie in Anführungszeichen, sichtbar wird. Auch seine Gestik, das Hutaufsetzen und der automatenhafte, leicht vornüber gebeugte Gang zeigen: Der Konflikt wohnt nur in Franz, von Anfang an ist es sein Problem – so Fassbinder –, dass er, so wie später seiner unterdrückten Liebe zu Reinhold,[49] so auch jetzt seinen Gefühlen nicht nachgibt. Und wenn dann das Tor aufgeht, dann spricht die gesamte Filmsprache über Franz hinweg.

Die Kamera fährt schon vorher nicht mehr nur neben ihm her, sondern umkreist ihn, nähert und entfernt sich, schaut ihm über die Schulter, schwenkt von ihm weg. Sie sucht schon vorgreifend nach einem Ausweg aus der Krise, die Franz noch kaum ahnt, und zugleich knüpft die Kamera mehr Kontakt zur Umwelt, als Franz jetzt herzustellen in der Lage ist. Sie scheint zu sagen: Gibt es nicht noch mehr Möglichkeiten, sich zur Welt zu verhalten, noch mehr und andere Wirklichkeiten, noch mehr und andere Weisen zu leben, als du, Franz, überhaupt wahrnimmst? Dem antwortet geradezu die jetzt mehrfach multiplizierte Vielstimmigkeit der ganzen Filmsprache. Der Ton dominiert mit präzisem Einsatz, wenn mit dem Öffnen der beiden großen Flügel des Gefängnistores der laute Lärm der Stadt hereindringt. Auf einer Häuserwand gegenüber erscheint einen Augenblick lang eine große Fratze (Moloch: ein Zitat aus Fritz Langs *Metropolis*, 1927?), eine Reihe ganz archaisch an eine Kette gefesselter Gefangener wird hereingeführt, eine große Naheinstellung lässt Franz

---

[49] „Das, was zwischen Franz und Reinhold ist, das ist nicht mehr und nicht weniger als eine reine [...] Liebe", Rainer Werner Fassbinder, Die Städte des Menschen und seine Seele. Einige ungeordnete Gedanken zu Alfred Döblins Roman BERLIN ALEXANDERPLATZ", in: *Ders.* u. *Baer*, Der Film BERLIN-Alexanderplatz, S. 6–9, hier S. 6.

geradezu über-gestisch zu einem lebenden Bild erstarren: Er hält sich die Ohren zu und verzerrt leidend sein Gesicht. Eine Schrift, gestaltet wie ein Straßenschild, wird eingeblendet: „Die Strafe beginnt".

Und ironisch dazu setzt Filmmusik ein (süßlich gedehnt von Geigen gespielt: „Das war sein Milieu", nach einem Claire-Waldorf-Chanson). Die Welt ist gefährlich, aber auch reich. Sollte er jetzt auch nur von ihr leidend überwältigt werden, sie kommt Franz vielstimmig entgegen.

Ich habe die beiden Filmbeispiele bis zu zwei Punkten verfolgt, an denen die Fassung von 1931 ästhetisch interessant wird und die Fassung von Fassbinder hochgradig literarisiert ist. Beides kann, das ist mein Interesse dabei, über den Dialog der Medien auf viel weitergehende bedeutungs-kreative Möglichkeiten gerade auch der Literatur aufmerksam machen und vielleicht bei einem zentralen Problem der Lektüre von *Berlin Alexanderplatz* ein wenig weiterhelfen. Wenn ich das im Folgenden skizziere, komme ich freilich an die Grenze dessen, was im Rahmen eines Vortrags gezeigt werden kann. Man müsste viel weiter ausholen, und das wäre, so meine Überzeugung, auch fruchtbar. Worum geht es?

Döblin wollte, das geht aus dem Roman hervor, diese Erfahrungen der Desorientierung am Romananfang als auf lange Sicht heilsam für Franz verstanden wissen. Aber wenn dieser lediglich lernen soll, seine Schwäche einzusehen und „zu den Menschen hin" zu gehen, dann wirkt der ganze Aufwand überzogen. Auch die Faszination der Großstadt usw., so sicher sie relevant ist, scheint mir eine zu beliebige Aussage zu sein. Wie bei *Ulysses* und bei *Manhattan Transfer* gilt es zu begreifen: Die Erzählformen bedeuten mehr als nur die Handlung. Der Diskurs sagt mehr als die Geschichte. Das Problem wird noch größer bei der Lektüre des Romanschlusses. Franzens Wiedergeburt als Hilfsportier, der ganz ambivalente Ausblick „in die Freiheit", aber auch „in den Krieg [...] hinein", „Lieb Vaterland, kannst ruhig sein, ich hab die Augen auf und fall so bald nicht rein", „der eine rennt weiter, der andere liegt stumm, widebum widebum", dazu der ganze Aufwand? Zuletzt mit großem mythologischen Apparat, Todeserfahrung, historischer *amplificatio* („Bauernkriege", „Beresina", „Langemarck")[50] usw.? Ich habe natürlich grob vereinfacht, aber das Problem ist bekannt, manche sprechen ja auch von einem aufgesetzten oder gar gescheiterten Schluss des Romans.

Von drei Zwischen-Thesen können wir ausgehen:

1. Franz war immer schon und ist erst recht am Ende ein „exemplum"; vielleicht nie, sicher nicht mehr, ist er dann das vorrangige Thema des Romans.

2. Der Schluss entwirft eine historisch offene Situation, bedrohlich, aber gestaltbar, die Entscheidungen, insbesondere intellektuelles Eingreifen, gegen Krieg und Gewalt fordert.

3. Die vielfältigen Verweise einerseits zurück, auf die Konfigurationen der Handlung, andererseits voraus, auf ein neues Verhältnis zur Realität, was Döblin „Weltvollzug" nennt,[51] aber auch, und meines Erachtens vor allem, auf eine neue Literatursprache, enthalten insofern eine zyklische Struktur, als der Schluss der Geschichten wieder in die Diskurse zurückführt. Die Form dieses Erzählens als Modell menschlicher Praxis soll und kann die offene Leerstelle einer Orientierung am Ende des Romans ausfüllen.[52]

---

[50] Döblin, Berlin Alexanderplatz, S. 400 f. u. 410 f.
[51] *Alfred Döblin, Unser Dasein*, hrsg. v. *Walter Muschg*, Olten u. Freiburg 1964, S. 76.
[52] Die reiche und differenzierte Forschung zu Döblins bekanntestem Roman kann hier nicht gewürdigt werden. Mein Ansatz folgt hier den Hinweisen etwa von *Hans-Peter Bayerdörfer, Der Wissende und die Gewalt. Alfred Döblins Theorie des epischen Werkes und der Schluß von „Berlin Alexanderplatz"*, in: Deutsche Vierteljahresschrift für Literaturwissenschaft und Geistesgeschichte 44 (1970), S. 318–353, hier zitiert nach Prangel, Materialien, S. 181, „daß die Dialektik der Erzählweise im Sprachlichen die menschliche Wandlung Biberkopfs bereits antizipiert", ich würde sagen, dass sie sie fortsetzt, oder *Erwin Kobel, Alfred Döblin, Erzählkunst im Umbruch*, Berlin u. New York 1985, v. a. S. 279 ff.: „letztlich geht es gar nicht um Biberkopf, sondern um den Leser. [...] Lesen wird zur Einübung in die Solidarität" (S. 280 u. 288); neuere Thesen, etwa dass der Romanschluss „die Leere des Sinnversprechens offenlegt" und „die epische Wahrheit von Anbeginn an untergräbt" (*Ulrich Dronske, Tödliche Präsens/zen. Über die Philosophie des Literarischen bei Alfred Döblin*, Würzburg 1998, S. 155), oder dass am Ende „die metaphysische Obdachlosigkeit [nur] umso wacher wahrgenommen" wird (*Friedrich Emde, Alfred Döblin. Sein Weg zum Christentum*, Tübingen 1999, S. 222), scheinen mir zu kurz zu greifen. Nicht zuletzt gilt es Döblins eigene Anregungen, „der Leser" solle „den Produktionsprozeß" mitmachen, und insbesondere die Hinweise auf die „Produktivkraft der Sprache" neu zu durchdenken, vgl. *Alfred Döblin, Aufsätze zur Literatur*, hrsg. v. *Walter Muschg*, Olten u. Freiburg 1963, S. 123 u. 130.

Die beiden Filmbeispiele verweisen auf diese prinzipielle Möglichkeit der Literatur und legen geradezu die Rückkehr zum Roman nahe. Das erste ist kühn, aber aporetisch, da es nicht weitererzählt wird. Das „Ausrasten" der Kamera ließ sich, das wurde sichtbar, als „Dekonstruktion" der Oppositionen verstehen von „drinnen" und „draußen", „nah" und „fern", „unten" und „oben", „stabil" und „beweglich", auch „Ich" und „andere" – es schwindelt einen Augenblick lang auch die Zuschauer –, vielleicht auch von „Raum" und „Zeit". Es präsentiert sich ein „Zugleich" aller Richtungen und Eindrücke. Gerade die vorübergehende „Leere" an Bezeichnungen (Objektbezügen) und Bedeutungen (Interpretanten) verleiht diesem filmischen Zeichen eine spezifisch ästhetische Festigkeit: „autoreferentiell", da es sich nur auf sich selbst bezieht, „spontan codiert", sofern es beispielsweise leicht immer wieder einmontiert werden könnte, nicht nur „zitiert", sondern filmisch „gesprochen" werden kann; es geht auch in seine eigene „Metasemiose" über, „Zeichen über Zeichen"; so ist es etwa sogleich metaphorisch lesbar: Der ganze Kontext interpretiert die räumliche Desorientierung als Metapher für Franzens mentalen Zustand, man könnte sie aber beispielsweise auch auf das Ordnungssystem, bei Fassbinder (im Vorspann fährt eine Lokomotive über all die Berlin-Bilder hinweg) ja bereits „Gewalt"-Symbol, der Straßenbahn beziehen usw. Dieser Film nun nimmt diese Chance zwar nicht oder nur begrenzt wahr, doch der Roman kann die Dekonstruktion immer neu interpretieren. In generativen Semiosen entstehen neue Erzählzeichen. Der Zerfall des deiktischen Ordnungssystems beispielsweise wird im Roman transformiert in einen Nexus, ein Sich-Durchdringen von „innen" und „außen", Ich und Umwelt: „Ich bin dies alles", wie Döblin sagt.[53] Und dieses Muster oder dynamische Modell von Interrelationen (ein „iconic sign", das Indexikalismen neu zu sehen und aus der distanzierten Anschauung heraus neu zu durchdenken erlaubt) legt dann auch eine Lektüre nahe, die in den Formen des Erzählens Entwürfe möglicher Praxis zu erkennen lernt. Vergleichbar – aber das sind alles nur Skizzen – ist der Spiegel in der „Schaufenster-Puppenepiphany" ein Reflexionssignal: Nicht nur kann der Leser, wenn er Franz über die Schulter schaut, sich selbst mit entdecken; die Dynamik dieser Reflexion weist über die Statik des Bildinhalts hinaus, und erlaubt dann keine einfache Rückkehr zu der Norm, die der Bedeutungsreichtum dieser Szene und ihre Wucht aufgebrochen hatten. Reflektiert nicht Döblin selbst die „Abdrift" von Bedeutungen sehr genau dekonstruktiv in der berühmten „Ballparabel" des Juden Nachum:

> Ein Mann hatte mal einen Ball [...] aus Zelluloid, durchsichtig, und drin sind kleine Bleikugeln. [...] Der Ball, seht, der fliegt nicht, wie ihr ihn werft und wie man will, er fliegt ungefähr so, aber er fliegt noch ein Stückchen weiter und vielleicht ein großes Stück, weiß man, und ein bißchen beiseite.[54]

Das ist ein Modell für ein undogmatisches, reagierendes, dialogisches Denken; es ist zugleich, so scheint mir, ein Modell narrativer, sich reihend und offen verzweigender,

---

[53] Ebd., S. 114.
[54] *Döblin*, Berlin Alexanderplatz, S. 50.

nur retrospektiv feststellbarer Bedeutungsgenese, und es beschreibt zumindest eine Seite einer semiotischen „logic of vagueness", in der eben neue, ja unvorhersehbare Zeichen die alten immer neu uminterpretieren.

Und dieser vielfältige Dialogismus, die Genese immer neuer Erzählzeichen und -bedeutungen im Roman, ein dekonstruktiv-konstruktiver Prozess, beginnt beispielsweise die Semantik von „frei", so wie er sie zuerst zerlegt hatte, nun durchaus neu zu definieren: als Kontinuität des Interesses am einzelnen Ich in dessen Dissoziation, als Kommunität im Wechsel der Perspektiven und Stimmen, als lebendige Entwicklung, für die der Zerrspiegel der Erstarrung und des Nichtlebens im ganzen Kontext zweifellos argumentiert. Wenn der Roman *Berlin Alexanderplatz* am Ende der Geschichte in seinen Diskurs, seine Erzählwelt zurückkehrt, dann im Sinne einer angewandten „Lebenssemiotik", für die die des Erzählens nur ein Modell ist. Wozu also der Roman? Wenn wir nicht lernen, die Großstadt als Inbegriff der Moderne zu „lesen", es wird uns der Reinhold holen, die personifizierte „Gewalt", der Krieg und überhaupt der Teufel.

Nicht so wild Effi!
Vier Verfilmungen eines weiten literarischen Felds

Was war zuerst da, der Film oder das Kino? Blöde Frage, werden Sie sagen. Aber fassen wir doch sogleich die Verfilmungen von Theodor Fontanes *Effi Briest* (1895) ins Auge! Hier scheint ganz klar zuerst einmal das Kino, der gesuchte Kino-Erfolg, der Filme gezählt zu haben. Man sieht den Widerspruch buchstäblich auf den ersten Blick: Fontanes Effi zählt am Romanbeginn gerade einmal „siebzehn Jahre", ist ausdrücklich ein halbes Kind, auch schon eine „süße", „reizende", erotisch neugierige Kindfrau („setze ich mich auf Oberst Goetzes Schoß und reite hopp, hopp"), und man muss sie sich brünett („mit lachenden braunen Augen")[1] vorstellen. Es gab und gibt viele Schauspielerinnen, die sie hätten spielen können. Aber für das Kino kamen offensichtlich nur arrivierte, bekannte „Stars" mit positivem „Image" in Frage: Marianne Hoppe (1939), Ruth Leuwerik (1956), Angelica Domröse (1969) und Hanna Schygulla (1974) waren alle nicht nur bereits um die Dreißig, sondern sie sind im jeweiligen Film immer blond. Auch die dunkelhaarige und dunkeläugige Angelica Domröse wurde entsprechend hellbraun eingefärbt. Kindlich spielt keine von ihnen, allenfalls schnoddrig-munter (Angelica Domröse) oder exzentrisch-wild (Marianne Hoppe), und blond heißt eben positiv, oder?

Aber auch dann noch war da vor Kino und Film immer schon der Roman. Meine erste These lautet: Auch wenn sie erheblich von Fontanes Vorlage abweichen, die Verfilmungen bleiben alle innerhalb der literarischen Tradition, des literarischen Feldes, in dem auch Theodor Fontanes Roman *Effi Briest* (1895) steht. Die Filme rekonstruieren einen viel allgemeineren literarisch-kulturellen Erwartungshorizont, in den dann Teile der *Effi-Briest*-Handlung gestellt werden. *La femme de trente ans/ Die Frau von dreißig Jahren* (ein Roman von Honoré de Balzac, 1842) beispielsweise: Das ist ein durchaus programmatischer Titel. Und die Heldin dieses Romans hat (schon durch dessen Entstehung seit 1830 bedingt), viele Gesichter. Emma Bovary, Anna Karenina, Isabel Archer, Tess of the d'Urbervilles, Edna Pontellier,[2] auch Effi Briest – beim fatalen Besuch ihrer Tochter muss sie etwa 28 sein – sind am Höhepunkt ihrer Konflikte erwachsene Frauen, die selbstständig urteilen und die sich frei entscheiden „könnten" – wenn die Konventionen es zuließen. Sie sind in ihrer Umwelt, in der erzählten Handlung, „unverstandene Frauen", aber für den Diskurs, das literarische Erzählen selbst, sind sie auch unverstandene Gesprächspartnerinnen.

---

[1] *Theodor Fontane*, Werke, Schriften und Briefe. Abteilung I: Sämtliche Romane, Erzählungen, Gedichte, Nachgelassenes, Bd. 4, hrsg. v. *Walter Keitel* u. *Helmuth Nürnberger*, 2. Aufl. München 1973, S. 28, 17, 9, 8 (in der Reihenfolge der Zitate). Treffend in diesem Sinne wäre etwa das Gemälde Adolph von Menzels (Die Schwester des Künstlers), das die Penguin Classics Ausgabe (engl. v. *Douglas Parmée*, London 1967) als Umschlagillustration verwendet.

[2] *Gustave Flaubert*, Madame Bovary (1857), *Lev N. Tolstoj*, Anna Karenina (1873–1876), *Henry James*, The Portrait of a Lady (1881), *Thomas Hardy*, Tess of the d'Urbervilles (1891), *Kate Chopin*, The Awakening (1899).

Der Roman, die Leser, müssen ihnen das Verständnis entgegenbringen, sollen das Gespräch mit ihnen führen, das die Gesellschaft in der Handlung ihnen verweigert. Selbst die Bovary, so dumm sie sich oft benimmt, so sehr sie lügen kann, bekommt im Augenblick ihres Selbstmordes, „schön wie nie zuvor", „nur noch ihrer Liebe gedenkend",[3] auf fast lyrische Weise Recht. Sie übrigens, an sich ja tief brünett, verwandelt sich in den Phasen oder nur in den Augenblicken ihres Glücks in eine „blonde" und „blauäugige" Liebende.[4] Und blond wie die Effi Briest-Darstellerinnen ist ja auch Isabelle Huppert als Emma Bovary in dem Claude Chabrol-Film von 1991.

Ist das belanglos? Das ist eine solche, übrigens uralte Zeichensprache nie. Man kann hier durchaus einen Dialog der Medien beobachten. Wir lesen ja einen Roman immer auch sozusagen ‚rückwärts': Wir rekonstruieren Alternativen, entwerfen das Nichterzählte, fragen nach dem Nichtgesagten. Welches Leben hätte Effi Briest unter glücklicheren Umständen vielleicht führen können, wäre ihre Kindheit nicht so jäh abgeschnitten worden? Anders gesagt: Der Film muss die Erwartung, die andere Romanheldinnen, die Bovary oder Rosamund Vincy[5] etwa, sich durchaus zurechtträumen, die aber auch Effi Briest, noch expliziter Isabel Archer, Tess Durberfield oder Edna Pontellier wie eine Aura umgibt, er muss diesen Erwartungshorizont von Anfang an sichtbar machen. Das Bild der Effi protestiert in den Filmen gegen ihr erzähltes Schicksal. So tritt sie uns immer wieder szenisch präsent, physiognomisch wahr, visuell sprachfähig entgegen. Die Kamera, die Szenenregie, der erzählte Raum sprechen auf ihre Weise mit und weiter, auch wenn die Handlung Effi zunächst zur Sprachlosigkeit, dann zum Scheitern verurteilt. Am genauesten wird dieser visuelle, sozusagen ‚blonde' Widerspruch von Fassbinder inszeniert.[6] Aber im Prinzip liegt er allen Effi Briest-Filmen zugrunde.

Das heißt natürlich nicht, dass alle Verfilmungen einen solchen Dialog von Roman, literarischer Vorlage, Kinokultur, Schauspiel und Filmsprache gleich intensiv und künstlerisch produktiv nutzen: *Rosen im Herbst* (Buch und Regie: Rudolf Jugert, 1955/1956) scheint, wie schon der Titel andeutet, eher das Kitsch-Potential des literarischen Feldes mehren zu wollen[7] als dessen künstlerischen Anspruch. Nah am Kitsch freilich bewegt sich gerade der „poetische Realismus" oft. Wenn der ‚Plot': „Rittmeister muss sich zwischen verführerischer Gräfin und edel-blasser Baronesse entscheiden" nicht von Fontane (*Der Stechlin*, 1898) erzählt worden wäre, wie müss-

---

[3] „Extraordinairement belle", „elle ne souffrait que de son amour", *Gustave Flaubert*, Œuvres, Bd. 1, hrsg. v. Albert Thibaudet u. René Dumesnil, Paris 1951 (Bibliothèque de la Pléiade), S. 577 f.
[4] „Le duvet de ses joues blondes", „ses yeux bleus", ebd., S. 231 u. 505.
[5] *George Eliot*, Middlemarch (1871).
[6] „Frauen interessieren mich auch nicht bloß deswegen, weil sie unterdrückt sind [...]. Die gesellschaftlichen Konflikte in Frauen sind spannender, weil Frauen auf der einen Seite zwar unterdrückt werden, aber diese Unterdrückung meiner Ansicht nach auch aus ihrer gesellschaftlichen Lage heraus provozieren und wiederum als ein Terrormittel einsetzen." *Rainer Werner Fassbinder*, Die Anarchie der Phantasie. Gespräche und Interviews, hrsg. v. Michael Töteberg, Frankfurt a. M. 1986, S. 53.
[7] „Weniger Fontane als der ‚Förster vom Silberwald' wirkte [...] stilbildend." *Herbert Spaich*, Rainer Werner Fassbinder. Leben und Werk, Weinheim 1992, S. 348.

ten wir uns das wohl vorstellen? Gleichwohl, wenn die spezifische Romantradition des 19. Jahrhunderts, in der auch *Effi Briest* steht, einmal unter dem Stichwort *Die unverstandene Frau* zusammengefasst wurde,[8] dann wird dies hier als ‚nichts *verstehende* Frau' in Szene gesetzt. Ruth Leuwerick zeigt den ganzen Film hindurch einen überrascht-fragenden Gesichtsausdruck, der am Anfang etwas bestürzt Freudiges, später etwas leicht geistesabwesend Ängstliches hat.

Diese Effi agiert so, als ob ihr Schicksal irgendwie nicht richtig zu ihr passt, als folge sie einer von anderen für sie entworfenen Rolle – was ja durchaus etwas für den Roman Richtiges trifft. Auch dass Effi hier am Anfang der Geschichte zu Pferde, nicht auf der Schaukel und auf dem Wasser ihrer „Natur" folgen darf, nimmt etwas Traditionelles auf: Noch krasser als Fontanes Effi wird Emma Bovary sozusagen zu Pferde verführt, Rosamund Vincy verliert wegen trotzig-aristokratischen Ausreitens ihr Kind – im Wertediskurs des Gesellschaftsromans im 19. Jahrhundert dem Ehebruch zumindest verwandt –, unübersehbar ist die vitale, sexuelle Symbolik der Pferde in *Anna Karenina* oder *Tess of the d'Urbervilles*. Wenn Crampas allerdings als Pferdezüchter auftritt, entsteht eine nivellierende Symbolik, die, bei aller thematischen Entsprechung, sowohl Fontanes Roman als auch das literarische Feld vergröbert: Was diese Effi ängstlich fragend nie richtig versteht, ist einfach, dass sie überhaupt so leiden muss. Der Zuschauer dagegen soll begreifen: „Ein Frauenleben ist nun einmal schwer! Für die Eltern, noch mehr für die eigene Versorgung, die Karriere des Mannes, die Kinder, den Lebensstandard und so muss frau eben auch mal persönlich zurückstecken, sonst geht das nicht gut, oder?" Auch ist es immer wieder schade, wenn der Richtige zu spät daher kommt – statt des dekadenten Hasardeurs Crampas in Fontanes *Effi Briest* gibt Carl Raddatz in *Rosen im Herbst* einen vital

---

[8] *Bettina Klingler*, Emma Bovary und ihre Schwestern. Die unverstandene Frau. Variationen eines literarischen Typs von Balzac bis Thomas Mann, Rheinbach-Merzbach 1986, spricht daher vom „funktionalen Ehebruch" (S. 73) als genauer Entsprechung der immer schon in diesen Romanen verfehlten, gesellschaftlich symptomatischen Ehe.

warmherzigen Naturburschen. Und auf alle Fälle zeigt sich erneut, dass auch reiche und vornehme Leute vom Schicksal manchmal recht gebeutelt werden, nicht?

Im Grunde vertritt *Rosen im Herbst* die Ideologie der ‚angepassten Frau' – nur dass diese Anpassung eben nicht immer gelingt –, so als hätte Effis Mama (Lil Dagover ist hier eine sehr attraktive, temperamentvolle Frau von Briest) auch im Film noch Regie geführt. Aber wohlgemerkt war auch Fontanes Effi selbst durch die Mischung aus „Naturkind"[9] und gesellschaftlicher Anpassung, aus verinnerlichter Rollenidentifikation und halb bewusstem Protest dagegen geprägt gewesen. Emanzipation, dort aber mit eindeutiger Tendenz, findet nur im Diskurs statt. Aber wer führt diesen „revolutionären Diskurs",[10] wie es später in *Der Stechlin* (1898) heißt? Und geht er nicht auch bei Fontane über Effi und ihresgleichen hinweg?

Von allen Verfilmungen ist die von Wolfgang Luderer: *Effi Briest* von 1969 die treueste. Und Angelica Domröse ist von allen Film-Effis die hübscheste.

Auch die Kamera sieht sie vor allem als „süß" und „reizend", mit dem Blick auf anmutige Bewegungen – Fontane noch überbietend springt Effi beispielsweise gelenkig im vollen Flug von der Schaukel und rennt ihrer Mutter in die Arme; ganz im Gegensatz zu Fassbinder ist das „nicht so wild" hier wirklich angemessen –, auch Busen, große Augen, offener Mund und Pferdeschwanz werden in vielen Nahaufnahmen betont. Bezeichnenderweise wird der bei Fontane eigentlich nur am Romananfang und nur angedeutete Typ „erotische Kindfrau" hier am deutlichsten in den ersten Szenen inszeniert und durch den Kontrast betont. Innstetten blickt, wenn er Effi durch das Fenster zum ersten Mal sieht, fast voyeuristisch fixiert auf sie, später in Kessin manchmal mit ins Sadistische spielender Strenge; Crampas starrt sie bei

---

[9] *Fontane, Werke*, Bd. 4, S. 37.
[10] Ebd., Bd. 5, 2. Aufl. München 1980, S. 274.

der ersten Begegnung geradezu an (was sowohl Innstetten wie Frau Crampas bemerken), und bei der eigentlichen Verführung bekommt seine Miene etwas ironisch Lüsternes. Auch die Kamera, so könnte man sagen, ist ein bisschen verliebt in Effi: mit vielen Nahaufnahmen und günstigen Halbtotalen,[11] auf alle Fälle ist sie mit ihr im Bunde.

Dasselbe gilt für jene bunten, freien und zugleich bewegten Außenräume am See oder zwischen den Dünen am Meer, in denen Effi wie zu Hause scheint, während etwa die Kessiner Innenräume übervoll, mit vielen Ecken, herumstehenden und -hängenden Sachen, museal, gespenstisch und fremd wirken. Und als weiterer ‚natürlicher' Verbündeter tritt Rollo, der prächtige Neufundländer, das erste Mal nicht nur wie ein Star auf: wirkungssicher, mitten in der Tür über den Treppenstufen, sondern er spielt auch später seinen vollen Part.

Auffallend an dieser Verfilmung sind die durchgeführten Motive: Das „Effi komm" wird dreimal wiederholt, Effis Matrosenkleid vom Anfang findet sich in etwas weiblicherer Version wieder bei der Ehebruchsszene; und noch am Filmende, zum Sterben, ist Effi in diesem Stil gekleidet. Das Duell findet genau an der Stelle statt, die früher als Platz für die Rendezvous gedient hatte, die verräterischen Briefe werden Effi in die Kur nachgeschickt. Die ‚Dinge' bekommen so etwas Stabiles, das sie bei Fontane nicht haben. Effis Matrosenkittel am Romananfang etwa zeigte, sozusagen als literatur- und kultursemiotische Mikrologie einer ‚Sprache der Mode',[12] im Kontext von Spiel, Gespräch, Garten, Wasser usw., wie sehr Effi hier noch in harmonischen Übergängen zu leben vermochte: zwischen Junge (Matrose) und Mädchen, Kind (Kittel, „Hänger") und junger Frau – „ein fest zusammengezogener [...] Ledergürtel (gab) die Taille" –, drinnen und draußen, Natur und Gesellschaft. Das „Effi komm" wirkt bei Fontane bereits wie aus der Erinnerung, der Erinnerung an

---

[11] Die ganze Figur passt ins Bild. Zu diesen Begriffen vgl. z. B. *James Monaco*, Film verstehen, Reinbek bei Hamburg 1980, S. 152 ff. u. 176 ff.
[12] *Roland Barthes*, Die Sprache der Mode, dt. v. *Horst Brühmann*, Frankfurt 1985.

eine Idylle, gerufen. Wenn es wiederkehrt – die Eltern holen die ‚gefallene' Effi mit diesen Worten nach Hause – plädiert es für eine Revision des Denkens, welche die selbsttäuschende Rückkehr in der Handlung („alles nur Schein") bereits hinter sich gelassen hat. Der Brief, der im Roman die Wende in Effis Schicksalen markiert, enthält neben den „eng geschriebenen Zeilen von der Mama" als wesentlich deutlicheres Zeichen einer neuen Situation „ein Bündel Geldscheine mit einem breiten Papierstreifen drum herum, auf dem mit Rotstift, und zwar von des Vaters Hand, der Betrag der eingelegten Summe verzeichnet war". Man kann sehen, wie differenziert und prozessual Fontanes Zeichensprache argumentiert: Sie spricht zuerst („eng geschriebene Zeilen") von Zuwendung, dann von moralischer Verurteilung, so dass nicht nur das Wort „Gesellschaft", sondern auch implizit das Wort „Moral" von vornherein in Anführungszeichen stehen. Und das Bündel Geld legt noch mehr als Effis Vergangenheit ihre schlechthinige Abhängigkeit frei. Sie war sozusagen Eigentum ihres Mannes, jetzt muss ihr Vater für sie aufkommen. Und in diesem extrem feindlichen Zeichenraum wirkt kontrastierend schon die Tatsache, dass Effi von Herzen weinen, dann ohne eine „Spur von Verlegenheit" ihre Abreise organisieren, dabei sogar „lächeln" kann,[13] jede ihrer Gesten und Worte erhält in diesem Kontext die Qualität des Protestes.

Anders gesagt: Im Film von Luderer wirkt die Verdichtung der Symbolik – Crampas beispielsweise macht beim Picknick mit Effi Innstetten schlecht und wirft ein Glas roten Wein um: „es wird Blut fließen" –, es wirkt die Kontrastierung der Räume (drinnen und draußen) und die der Personen: die süße Effi und die Natur gegen die bösen Männer und die überhaupt satirisch abstoßende preußische Gesellschaft, es wirkt auch die empathische Kamera objektivierend. Die liebe, hübsche, sinnlich naturfrohe Effi wird von ‚der' Gesellschaft kaputt gemacht, einer Gesellschaft von damals und da oben auf der Leinwand. Der Zuschauer soll sich verführen lassen, sich nach der einen Seite identifizieren und nach der anderen entschieden abgrenzen. Bei Fontane sind die Konflikte nicht weniger unentrinnbar, aber sie werden intersubjektiv, aus mehreren Perspektiven und immer in Prozessen ihrer Veränderung angesprochen. Alle sind mit gemeint, auch heute noch.

Auch jetzt zeigt sich, dass es nicht nur um einen Dialog von Roman und Film, sondern von literarischer Tradition, literarischem Feld und Kino geht. Hat die Effi von Luderer/Domröse nicht etwas von der „pure woman" in Thomas Hardys *Tess of the d'Urbervilles*,[14] nicht was die Handlung, wohl aber was den Grundkonflikt betrifft: eine verführerisch-verführbare Frau, ihre Nähe zur Natur, die Gemeinheit der Männer, die verdichtete Symbolik, die ausweglosen Konflikte? Und erinnert sie nicht auch an das „süße Mädel", das etwa in Arthur Schnitzlers Stücken und Er-

---

[13] *Fontane, Werke*, Bd. 4, in der Reihenfolge der Zitate: S. 8 f. (der Matrosenkittel), 18 („Effi komm"), 277 f. („Effi komm [...] Schein"), 253–256 (der Brief der Eltern).
[14] „A Pure Woman Faithfully Presented" lautete Hardys Untertitel; vergleichbar ‚glaubt' Luderers Film an Effi.

zählungen in einer zuerst oberflächlich-fröhlichen, dann traurigen Handlung in die Dekadenz der Gesellschaft hineingerät, mit dem alle Mitleid haben – bei Luderer sagt beispielsweise selbst Annie (bei Fontane eine sprechende Puppe, bei Fassbinder ein hartes kleines Biest) ihren Text auf wie etwas, das sie beschwert: schüchtern, ängstlich, als täte es ihr leid – und das an der zur Objektivität geronnenen Härte der Konflikte zerbricht.

Wenn man also sagt, Luderer habe zusätzlich zu Fontane auch Hardy, Schnitzler oder Kate Chopin inszeniert, dann wirkt die Verfilmung von 1939 *Der Schritt vom Wege* (Regie: Gustav Gründgens, Effi: Marianne Hoppe), so, als hätte Gerhart Hauptmann den Roman bearbeitet. Auf alle Fälle geht es gewissermaßen um ein „Urdrama", einen unauflöslichen, schicksalhaften Gegensatz zweier im Kern guter Gesinnungen. Wie „geschlossen" hier die Form des Ganzen[15] wirken soll, zeigt der eigentümliche, aber in sich konsequente Erzählrahmen, dass der Film mit dem Romanschluss beginnt: Herr und Frau von Briest sitzen am Grab ihrer Tochter. Der tragische Ausgang steht wie bei einem klassischen Drama bereits im Prolog fest. Dann beginnt als lange „Analyse" die sonst nicht mehr unterbrochene Handlung mit der nicht weniger schicksalhaften Begegnung der beiden Partner-Kontrahenten:

Die Kamera blickt mit Innstetten auf die schaukelnde, weiß gekleidete Effi, dann im „Gegenschuss" mit Effi auf den in prächtiger Uniform vor dem Garten vorbeireitenden, militärisch grüßenden Innstetten (er absolviert gerade eine Wehrübung, natürlich als Rittmeister oder Major der Reserve). Beide stehen jeweils im Mittelpunkt von Halbtotalen, beide sind hell ausgeleuchtet, auch die Augen, vor allem die der zusätzlich sehr blonden Effi, haben im Schwarzweißfilm etwas Strahlendes: Zwei Lichtgestalten! Schicksal nimm deinen Lauf!

Bei Fontane ist die Exposition nicht nur undramatischer angelegt; gerade die lebendige Integration von Gegensätzen steht am Anfang und bliebe eigentlich Effis Entwicklungsmaxime, wenn denn die Zwänge der Gesellschaft und ihrer Moral, auch

---

[15] Vgl. zu diesen Begriffen z. B. *Manfred Pfitzer*, Das Drama, München 1994.

die verinnerlichten Zwänge, es zuließen. Die spätere Ambivalenz des eigentlichen Konfliktauslösers zeigt dies an: Hat Effi die Briefe von Crampas noch, weil sie sie immer wieder liest oder hatte sie, wie sie später sich selbst eingesteht, „den armen Kerl" und seine Briefe „vergessen [..], weil (sie) ihn *nicht* liebte"?[16] Es ist bezeichnend, dass beides für sie in Frage kommt und kein Problem ist (Effis Problem ist der Zwang zur Lüge). Dagegen nun ist die eindeutige Interpretierbarkeit der Briefe – in der Raumsemantik: ihr Transfer ins Arbeitszimmer, in der Dialogregie: ihre ‚Veröffentlichung' gegenüber Wüllersdorf[17] –, das Dokument ist für Innstetten und seinesgleichen der Skandal. Eifersüchtig ist Innstetten nicht, die Beleidigung durch den Ehebruch könnte in dieser gesellschaftlichen Welt auch durch falsches Betragen oder eine beleidigende Geste ersetzt werden.[18] Anders gesagt: Innstetten ist „so edel, wie jemand sein kann, der ohne rechte Liebe ist". Effis Liebesfähigkeit dagegen findet keinen Partner: Innstetten versteht sie als schönen ‚Besitz', Crampas als ‚Eroberung', die Eltern von Anfang an als ‚Versorgungsaufgabe' („so stehst du mit zwanzig Jahren da, wo andere mit vierzig stehen"), später als Gegenstand ihrer ‚Fürsorge'; selbst Roswitha ist vor allem ‚Hingabe' und so fort. In *Effi Briest* steht ein offenes Lebensprinzip, das Liebe erst ermöglichen würde, gegen ein geschlossenes. Dessen geschlossene Ja/Nein-Logik handelt im Duell und spricht auch aus der Formel, die Annie aufsagt: „Ja gewiss, wenn ich darf!". Immer steht Effi dazu im Gegensatz. Von Offenheit der Welt spricht zuletzt noch ihr Bedürfnis nach „freier Luft", „ihre Sehnsucht" nach „den Sternen" und „noch drüber hinaus".[19] Man beachte die Korrespondenzen: Der Konnex von Briefen und Duell führte Effis gesellschaftliche Ächtung herbei; Annie verursachte ihren seelischen Zusammenbruch; das Bedürfnis nach „Luft" schließlich führt zu ihrer physischen und dann tödlichen Krankeit. Es spricht ein vitales Bedürfnis aus Effi, Grenzen und Festlegungen zu transzendieren; sie sucht ihre kindliche Fähigkeit, in Übergängen zu leben, unbedingt fortzusetzen. So ist sie verführbar, offen für Illusionen, verletzbar und in ihrer Welt ‚weltlos'.[20] Noch ihr Grab ist die Stelle, an der sie genau genommen fehlt.[21] Doch genau so, in sei-

---

[16] *Fontane, Werke*, Bd. 4, S. 275.
[17] „Schon die Aussprache [ist] ein gesellschaftlicher Vorgang." *Walter Müller-Seidel*, Theodor Fontane. Soziale Romankunst in Deutschland, Stuttgart 1975, S. 367. Wie sehr nicht der „Schritt vom Wege", sondern das „zwischenmenschliche Spannungsfeld" schon von Geburt an Effis Schicksal bestimmt, zeigt z. B. *Darrash Downes*, Effi Briest, in: *Christian Grawe* u. *Helmuth Nürnberger* (Hg.), Fontane Handbuch, Stuttgart 2000, S. 633–651, hier S. 642.
[18] Wie beispielsweise in *Theodor Fontanes* Cecile (1887) oder *Arthur Schnitzlers* Leutnant Gustl (1901).
[19] *Fontane, Werke*, Bd. 4, in der Reihenfolge der Zitate: S. 294, 18, 290, 292.
[20] Insofern gehört sie in den für Fontane so wichtigen Ozeanie-Melusine-Mythos, vgl. etwa *Hubert Ohl*, Melusine als Mythologem bei Theodor Fontane, in: Fontane-Blätter VI (1985), S. 426–439, v. a. S. 435 ff.
[21] „A site of resistance: resistance to explanation in the discourses available to the society that produced Effi Briest and her story." *Patricia Howe*, ‚A visibly-appointed stopping-place.' Narrative Endings at the End of the Century, in: Theodore Fontane and the European Context. Literature, Culture and Society in Prussia and Europe, hrsg. v. *Patricia Howe* u. *Helen Chambers*, Amsterdam u. Atlanta 2001, S. 137–151, hier S. 148, vgl. S. 145 ff.

ner unvollständigen Logik, die Effi nicht einfach Recht gibt, aber ihre Forderungen „pragmatisch" übersetzt,[22] kann der Diskurs selbst, und natürlich auch dies nur im übertragenen Sinn, bzw. es könnten die Leser der Zukunft Effis ‚Partner' werden.

Wenn Gründgens Fontanes Konflikt von „mehr" gegen „weniger", „unvollständig" gegen „geschlossen", „beweglich" gegen „fest", „Differenz" gegen „Identität", „Übergänge" gegen „Grenzen" usw. zu einem Konflikt zweier Willen, zweier Ideale uminterpretiert, dann widerspricht er der diskursiven Logik des Romans *Effi Briest* (was Fassbinder erst recht und ganz bewusst tun wird). Wenn wir bei der Vorstellung bleiben dürfen, es hätte einer der Partner Effis Regie geführt: In *Rosen im Herbst* war es sozusagen Frau von Briest (sie erzählte dann eine unglückliche Geschichte, deren ‚Werte' und Voraussetzungen aber bejaht werden),[23] in Luderers *Effi Briest* dominiert gewissermaßen der Blick eines verständnisvollen, idealen Liebhabers, den Effi nie findet (den aber zumindest die Bovary sich zu erträumen getraut hatte und in der Realität suchte). Der *Schritt vom Wege* nun ist, allerdings nur was den zentralen Konflikt betrifft, so konzipiert, als wollte ein idealisierter Innstetten sich gegenüber Effis Eltern rechtfertigen. Es steht dann Effis, wohlgemerkt: der neuen, von Gründgens geschaffenen Figur, vom Film durchaus bejahtes Bedürfnis nach idealer Liebe und freier, leidenschaftlicher Selbstverwirklichung gegen Innstettens, vom Film ebenfalls bejahte Prinzipien von Ehre, Treue und männlichem Mut. Die Schauspieler, insbesondere Marianne Hoppe, stellen starke Charaktere dar. Die Handlung ist immer wieder dramatisch verdichtet und auf Entscheidungssituationen hin gespannt. Das übrige Personal zeigt eine gewisse Zweiteilung: Roswitha und Rollo gehören von Anfang an zu Effi, die Tripelli und vor allem Gieshübler bleiben nach dem ‚Fall' bei ihr; Effis Vater sieht aus wie Fontane, ist aber preußisch streng angelegt, die Mutter dagegen tritt ganz anders als im Roman klein, blond und fürsorglich, eben mütterlich auf. Dramatische, ja expressionistische Landschaften (zerschnittene Dünen, zerzauste Büsche, bewegtes Meer) und leidenschaftliche Musik spielen ebenfalls mit. Die Kamera, hierin doch noch recht nah am abgefilmten Theater, arbeitet bevorzugt in Halbtotalen (ganze Figuren vor begrenzter Szenerie) die Personenkonstellationen heraus. Der filmisch-dramatisch vertiefte Konflikt, darauf läuft hier alles zu, muss unlösbar bleiben: Effi hat Recht in ihrer Leidenschaft, Innstetten hat, entschieden mehr noch als bei Fontane, auch Recht, denn Ehre muss Ehre bleiben.

Aber Recht haben hier auch zwei gegenüber Fontane wesentlich aufgewertete Nebenfiguren. Gießhübler, bei Fontane ein leidender Außenseiter, bei Fassbinder ein kaputter Typ, ist hier sein eigener Held: Arzt und Apotheker in einem, ein witziger und erfolgreicher Lebenskünstler, der zu Effi hält, alle gesellschaftlichen Vorurteile hin oder her. Aufgewertet wurde auch die Tripelli. Was Fontane nur vorsichtig an-

---

[22] Vgl. dazu *Verf.*, Der realistische Weg. Formen pragmatischen Erzählens bei Balzac, Dickens, Hardy, Keller, Raabe und anderen Autoren des 19. Jahrhunderts, Tübingen 1994, S. 177 f. u. 218 ff., zu Effi Briest vgl. auch S. 88 ff.
[23] Vgl. etwa *Hugo Austs* Überlegungen zur „Geschichte der Mutter", in: *Ders.*, Theodor Fontane. Ein Studienbuch, Tübingen u. Basel 1998, S. 163 ff.

deutet – übrigens auch in Effis abgebrochener Malerei – gerät hier zu einer deutlichen Botschaft. Elisabeth Flickenschildt ist apart in Szene gesetzt, chic angezogen, bewegt sich fast katzenhaft lebendig und sicher, tritt auch öfter und länger auf als von Fontane vorgesehen: eine emanzipierte Künstlerin. Und die in ihr verkörperte Künstlerexistenz, mit einer Spur Bohème, eröffnet eine der ganzen Adelssphäre überlegene Gegenwelt.

Wenn man die Tripelli und Effi elegant und von allen Seiten, vor allem von der Kamera bewundert, zusammen durch den Kurpark schreiten sieht (alles natürlich ganz anders als bei Fontane), man muss eigentlich fragen: Warum bricht Effi nicht mit dieser ganzen Welt des Adels, der „Ehre" und des „Gesellschaftsetwas"? Warum bricht sie nicht aus?

Für Fontanes Effi, überhaupt für seine Frauenfiguren, gibt es so eine Alternative nicht; auch die stärkere Suggestivkraft der Bilder im Film eröffnet ja lediglich eine nicht genutzte Möglichkeit. Aber das literarische Feld, beispielsweise der englische Roman des 19. Jahrhunderts (George Eliot *Middlemarch* 1871 und *Daniel Deronda*, 1875 – eine Tochter der „Gentry" flieht mit ihrem Musiklehrer, einem authentischen Künstler, heiratet ihn und wird glücklich –, George Meredith *The Egoist* 1879, in verschiedenen Variationen Somerset Maugham) umspielt das Thema, dass Frauen auf ihren ‚Stand' verzichten, auf vielfache Weise. Und natürlich denkt man an die berühmteste ‚Ausbrecherin' des 19. Jahrhunderts, Henrik Ibsens *Nora* (*Et dukkehjem*, 1879; deutsch im selben Jahr unter dem Titel *Nora oder ein Puppenheim*).

Eine Nora nun, eine Puppe, die hier freilich im Puppenheim gefangen bleibt, ist Effi in Rainer Werner Fassbinders Film *Fontane Effi Briest* (uraufgeführt am 28. Juni 1974 im Rahmen der Berliner Filmfestspiele). In der ersten Einstellung – auf den ‚Rahmen' davor komme ich gleich – sitzt Effi (Hanna Schygulla) melancholisch schön, die blonden Locken ordentlich frisiert, im Rüschenkleid (!) langsam schaukelnd, fast still.

Die Kamera wahrt schräg von links, ein wenig von unten, in der Halbtotalen,[24] deutliche Distanz. Schräg hinter Effi, die Distanz ebenso wie Effis Isolation vergrößernd, steht schlicht gekleidet, weder schön noch elegant aussehend, mit besorgt verkniffenem Gesicht Frau von Briest und sagt in klagend gedehntem Ton: „Nicht so wild, Effi!" Effi schaut nicht in die Kamera, auch nicht auf die Mutter, sondern weit an beiden vorbei in den Park. Und dieser Park enthält weder Blumen noch Wasser – das doch für den in seine „Ozeanien" und „Melusinen" verliebten Fontane so wichtig war; Gras und Sträucher wirken ungepflegt, formlos, lange nicht geschnitten; der Raum unterstreicht also ebenfalls Effis Isolation und die Distanz aller sinngebenden Semantik zu ihr. Von einem fröhlichen Naturkind kann keine Rede mehr sein. Das Puppenheim ist nicht heimelig. Frau von Briest sagt ihren Text auf wie ein Zitat. Effi ist bereits erwachsen und angepasst und scheint sich im Ritual, in der Wiederholung früheren Spiels, an ihre Kindheit nur noch zu erinnern. So wird diese von Fontane so sehr betonte kindliche Natürlichkeit bei Fassbinder nicht weniger deutlich zu einer Leerstelle, die der Zuschauer wahrnehmen soll. Hier fehlt etwas: Leben.

Fontanes Roman wird bei Fassbinder bewusst und von Anfang an verfremdet. Es geht um einen Dialog mit einer anderen, eben mit einer ‚fremden' Weltsicht.[25] Das machen ja auch Titel und langer Untertitel des Films deutlich:

---

[24] Fassbinder verwendet überhaupt „vorwiegend ruhige, meist auf halbnah distanzierende Kameraeinstellungen". *Gaby Schachtschnabel, Der Ambivalenzcharakter der Literaturverfilmung. Mit einer Beispielanalyse von Theodor Fontanes Roman Effi Briest und dessen Verfilmung von Rainer Werner Fassbinder*, Frankfurt a. M. 1984, S. 89; diese Untersuchung enthält viele treffende Beobachtungen, v. a. zu Distanz, Statik, Literarisierung, aber die Deutungsaspekte der „Redundanz in der Vielfalt" (S. 96), der Ambivalenz, noch mehr die durchgehende Frage, inwieweit Fassbinder Fontanes illusionierendes Erzählen durch Desillusionierung hinterfrage (vgl. v. a. S. 71 ff.), scheinen mir zu kurz zu greifen.

[25] „Dies ist kein Frauenfilm, sondern ein Film über Fontane, über die Haltung eines Dichters zu seiner Gesellschaft. Es ist kein Film, der eine Geschichte erzählt, sondern es ist ein Film, der eine Haltung nachvollzieht." *Fassbinder, Die Anarchie der Phantasie*, S. 53, aber der Film ist natürlich beides und erzählt auch eine Geschichte, allerdings eine andere als Fontane.

Fontane Effi Briest oder viele, die eine Ahnung haben von ihren Möglichkeiten und Bedürfnissen und trotzdem das herrschende System in ihrem Kopf akzeptieren durch ihre Taten und es somit festigen und durchaus bestätigen.

Mit diesen „vielen" meint Fassbinder Fontane selbst.[26] Er fragt recht deutlich: Wie konsequent ist, wie weit reicht Fontanes Kritik an dieser Gesellschaft? Fehlt nicht bei Fontane jene Sprengkraft, die einer solchen Welt einzig angemessen ist? Der Film tritt dem Roman kontrastiv gegenüber, erzählt ihn aber auch fort, und dies in verschiedene Richtungen. So gleicht etwa der Filmanfang einem bewussten Zurückblättern im Roman: Er spiegelt die Kindheit, das Leben in Bewegungen, harmonischen Übergängen und Grenzüberschreitungen als etwas bereits Abwesendes, in seinem Definiert-, Eingegrenzt- und Verlorensein. Für Fontanes Effi ist solch ein „Leben" etwas Unverzichtbares, aber sie erfährt dies vor allem leidend und sterbend. Hier bei Fassbinder wird es ihr in noch radikalerer Konfiguration vorenthalten. Aber plädiert dieser Film dann nicht eigentlich viel nachdrücklicher für dieses „Leben" als die herumhüpfenden Effis der anderen Filme?

Auf alle Fälle setzt Fassbinder bei den Zuschauern die Lektüre des Romans offensichtlich voraus. Er fordert geradezu auf dazu, bei Fontane nachzulesen, wenn man den Film besser verstehen will. Nicht nur hat Fassbinders eigene Stimme im „off", die weitgehend (aber nicht nur) Fontanes Texte vorträgt, neben der Distanzierung auch die Funktion des Hinweises auf diesen Prae- und Kon-Text. Die Monotonie dabei spricht sozusagen ‚zu Lesern'. Auch die oft ruhig bis statisch dasitzenden oder -stehenden Personen, die Texte aufsagen, geben der Sprache manchmal ausdrücklich mehr Bedeutung als Bilder oder Bewegungen. (Das gilt freilich nicht durchweg.) Die hineingeblendeten Text-Inserts – sie erinnern nur an den Stummfilm, sind aber nicht auf die Handlung gerichtet, sondern geben Kommentare, ja Verfremdungen[27] – durchbrechen die bloße Illusion, wirken metafiktional und betonen die Nähe des Lesens zum Denken. Die auffallenden „Weißblenden", kurze weiße Phasen, die aber so lang sind, dass man sie, im Gegensatz zu den üblichen Abblendungen, eigens bemerkt, diese filmische Manier übersetzt geradezu die Situation des ‚Umblätterns' in Filmsprache und fordert auf, den Film wie ein Buch immer wieder innehaltend ‚zu lesen'!

Als kritischer, verfremdender Dialog mit dem Roman ist auch die weitere und eigentliche Filmsprache Fassbinders in *Fontane Effi Briest* zu verstehen, wobei ‚Kritik' zunächst durchaus Differenzierung und ‚Verfremdung', genaues Sehen bzw. Vorstellen bedeutet.

---

[26] Übrigens auch sich selbst: „Auch meine Haltung zur Gesellschaft ist es, daß ich ihre Fehler sehe und daß ich sehe, sie müßte verändert werden, und daß ich dennoch zufrieden damit bin, ein Mitglied dieser Gesellschaft zu sein" (ebd. S. 56). Festzuhalten bleibt, dass der Film viel deutlicher wiedergibt, was Fassbinder „sieht" als wo er letztendlich zu stehen meint. Er kritisiert dann auch sich selbst.

[27] „In ihrer exponierten Stellung gleichen sie Zitaten." *Schachtschnabel*, Der Ambivalenzcharakter, S. 89.

Der auffallenden, fast quälenden Statik der Personen am Romananfang – Innstetten und Effi, wenn sie sich zuerst begegnen, schauen sich stumm und fremd an, dann erstarren alle zur Fotoeinblendung beim Text der Verlobungsanzeige (zusammengebundene Partner, keine, die sich gewählt haben), die Freundinnen schauen im anschließenden Gespräch reglos aneinander vorbei, während Effi sagt: „Jeder ist der richtige [...]" usw. – diese Dehnungen entsprechen einem im Roman winzigen, aber bedeutsamen Augenblick. Erinnern wir uns an die „mit dem Psychographen"[28] geschriebene Szene bei Fontane:

> Frau von Briest hat Effi eben von Innstettens Heiratsantrag berichtet. „Effi schwieg und suchte nach einer Antwort. Aber ehe sie diese finden konnte", tritt schon Innstetten selbst in ihr Leben: „Effi, als sie seiner ansichtig wurde, kam in ein nervöses Zittern, aber nicht auf lange, denn im selben Augenblick fast" folgt das berühmte „Effi komm", das die Zwillinge durch das von wildem Wein umrankte Fenster rufen.[29]

Das letztere, für Fontane so wichtige Symbol fehlt im Film. Der Kenner des Romans, den Fassbinder ja doch wohl voraussetzt, müsste es spürbar vermissen. Wichtig war aber auch das „Zittern" gewesen, zumal es in der Verführungsszene „im Schloß" wiederkehren wird. Die Erzählperspektive ‚von außen' ist Effi gleichwohl außerordentlich nahe gerückt. Man könnte von einer immer noch nur erzählten, sprachlich entworfenen ‚taktilen Nahaufnahme' sprechen. Der Diskurs scheint sich dabei implizit (‚retentional') zu erinnern. Denn wenn die Freiheit der Bewegungen („leichten Fußes", „ich fliege aus") in Harmonie zu Personen und Institutionen um sie her für Effi bisher charakteristisch war – und lebensnotwendig bleibt, eben auch im übertragenen, mental-paradigmatischen Sinn –, dann protestiert jetzt ihr Körper gegen den bereits sich um sie formierenden Zwang. Ihre Lebendigkeit wird verdrängt ins Unwillkürliche, in unkontrollierbare Reaktionen. Die Leser fühlen mit. Bei Fass-

---

[28] Fontane am 2. 3. 1885 an Heinz Hertz (Dichter über ihre Dichtungen. Theodor Fontane. Bd. 2, hrsg. v. Richard Brinkmann u. Waltraud Wiethölter, München 1973, S. 448); dazu, wie wichtig Fontane diese „Urszene" seines Romans war, vgl. auch ebd. S. 460 (am 21. 2. 1886 an Friedrich Spielhagen).
[29] Fontane, Werke, Bd. 4, S. 18.

binder verdichtet sich dagegen, aber wirkungsästhetisch komplementär, die Statik so quälend – Effi will die Treppe hinauflaufen, dann erstarrt sie –, die Leblosigkeit der Figuren wird so provozierend inszeniert,[30] dass eigentlich die Zuschauer „in ein nervöses Zittern" geraten müssten angesichts des Unrechts und Unheils, das sich da ankündigt und dem die Personen ganz passiv, eben wie Puppen, gegenüberstehen. Was schauspielerisch kaum überzeugend wiederzugeben wäre, übersetzt der Film durch ausdrückliche Unterbietung seiner medialen Möglichkeiten.

Es ist interessant zu beobachten, wie das schauspielerisch unterbotene „Leben" in Statuen und Bilder verdrängt wird und ganz wörtlich „tot" die Handlung begleitet.[31]

Die Statue des Mädchens mit der Gans, die im Film immer wiederkehrt, symbolisiert beispielsweise, aber eben ‚abwesend', das „Naturkind", das Effi bei Fassbinder nie sein durfte; die Reiterstatue im Hintergrund der Szene, in der Effi ihre Schuld- und Verurteilungsbriefe öffnet, erinnert, aber eben statisch und längst tot, an die einstigen Sätze ihrer Mutter, dass Effi doch vielleicht lieber „Kunstreiterin" oder „Tochter der Luft" geworden wäre.[32] Und es ist dann nur folgerichtig, dass die Schlussszene des Romans, in der die tote Effi nun wirklich ‚fehlt' – die Kamera nimmt lange die Schaukel ins Bild, auf der Effi im Film nie irgendwie „wild" hatte sein dürfen –, und in der

---

[30] „Ich habe den Unterdrückungsmechanismus, der im Buch viel schwächer angedeutet wird [...] etwas deutlicher versucht herauszukriegen. Das ist natürlich schon ein entscheidender Eingriff, denn dadurch wird die Kritik, die Fontane übt, im Film stärker als im Buch." *Fassbinder*, Die Anarchie der Phantasie, S. 54. Dabei geht es um gesellschaftliche Bevormundung, noch mehr aber um Unterdrückung von Gefühlen.

[31] Dieser „symbolism" vor allem der Statuen wurde von *Edward M. V. Plater*, Sets, Props and the ‚Havanaise', in: German Life and Letters 52 (1999), S. 28–42, ausführlich und detailliert untersucht; aber diese symbolisch beladene „physical world" ist nicht nur, obwohl zunächst schon, „an articulate companion to the verbal dialogue and the narration", so dass „better understanding of the psychology of the characters" möglich wird (S. 28 u. 42), sondern die ‚Symbole' haben in alledem gezielt die Funktion, Verdrängungen und Unterdrückungsmechanismen sichtbar zu machen.

[32] *Fontane*, Werke, Bd. 4, S. 8. Dass schon Fontane selbst mit anspielenden Bedeutungsverdrängungen arbeitete, zeigt zum Stichwort „Tochter der Luft" *Aust*, Theodor Fontane, S. 164 ff.

auch bei Fontane die Eltern nun endgültig statisch geworden sind (das „weite Feld", von dem der alte Briest spricht, ist eines in das er sich nicht mehr hineinwagt), dass gerade dieser resignative Romanschluss von Fassbinder am genauesten übersetzt wurde.

Nicht nur die schauspielerischen Möglichkeiten, also Bewegungen, ‚Action' – eine Ausnahme werden wir gleich ansprechen –, auch andere filmische Mittel werden von Fassbinder gezielt unterboten. Er verzichtet weitgehend auf Filmmusik. (Dafür aber bildet die *Havanaise* von Saint-Saens ein, allerdings eben ins „off" verdrängtes Leitmotiv, das noch dazu in Melodie und Rhythmus immer charakteristisch abbricht.[33] Die Tripelli singt lang und sehr schön. Setzt sich Fassbinder hier mit Gründgens Inszenierung auseinander, interpretiert aber die Schönheit der Kunst um zu einer Effi unerreichbaren, musikalisch körperlosen Utopie?[34] Bei der entscheidenden Unterredung mit Innstetten beginnt Wüllersdorf die *Mondschein-Sonate* zu spielen. Musik ist jetzt nur noch bürgerlich angepasstes, beliebiges Kulturgut.) Noch stärker in ihrer gezielten Unterbietung filmischer Möglichkeiten wirken natürlich genuin visuelle Zeichen: Die Schwarz-Weiß-Technik beispielsweise wirkt historisierend und nimmt eine mögliche farbige Füllung des medialen Entwurfs ausdrücklich zurück.[35] Außerdem wurde ein spezifisches, wenig lichtempfindliches Filmmaterial verwendet, das ruhige, spröde Bilder entstehen lässt. Aber in dieser Einschränkung arbeitet die Filmsprache auch sehr genau und wirkungsvoll. Man kann von einem präzisen Mehr oder Weniger an Nähe in der aufrechterhaltenen Ferne sprechen. Das gilt beispielsweise für die sehr aussagekräftigen Hell-Dunkel-Kontraste:

---

[33] Plater, Sets, Props and the ‚Havanaise', S. 41: „The music stops, cut off, appropriately, in mid-measure, right after the last triplet, thus signalling the passing of the person with whom all the triplets in the musical motif are associated." Auch die Musik zeigt vor allem die ‚Abwesenheit' von Leidenschaft und Leben an.

[34] Vergleichbar wirkt das in Effis kleiner Wohnung an der Wand lehnende Bild (sie nimmt Malstunden) auffallend modern, aber auch bereits wie abgelegt.

[35] „Ich glaube, daß die Bilder schon so gemacht sind, daß sie quasi wie Schwarzfilm funktionieren, daß man sich die Bilder, obwohl Bilder da sind, nochmal mit einer eigenen Phantasie und mit einer eigenen Emotion füllen kann." Fassbinder, Die Anarchie der Phantasie, S. 61; mir ist das noch zu vorsichtig formuliert: Phantasie und Emotion sollen hier ein Gutteil auch gegen diese Bilder aktiviert werden.

Effi wird meist hell ausgeleuchtet, ist auch meist hell gekleidet, filmisch dazuhin ‚weich'gezeichnet, was zu der schläfrig weichen Sprechweise Hanna Schygullas passt. Es entsteht eine passive „puppenhafte" Lichtgestalt. Andere Gestalten, vor allem Johanna, die immer schwarz gekleidet auftritt, werden kontrastierend dagegen abgesetzt. Innstetten – im Gegensatz zum Roman ist er ziemlich hässlich – nimmt die Kamera oft schräg von unten ins Bild, was seinen dunklen Bart hervorhebt und in seinem Gesicht starke, schwarze Schatten erzeugt. In ihm verdichten sich sichtbar die gesellschaftlichen Zwänge. „Innstettens Gesicht ist Effis feindliche Außenwelt".[36]

Die Statik des Anfangs setzt sich fort und wird durch das Einblenden von Fotos noch intensiviert: Immer wieder entsteht eine Welt, die auffordert, darüber nachzudenken, was ihr fehlt. Und wo die Statik einmal unterbrochen wird, wenn etwa in den Dialog zwischen Innstetten und Wüllersdorff über Für und Wider eines Duells Bilder einer fahrenden Lokomotive hineingeschnitten sind, wo die Statik also in mechanische Gewaltdynamik umschlägt, da wird sie im Ganzen erst recht unterstrichen. Aber was immer wieder durch die Unterbietung anderer filmischer Möglichkeiten, also vor allem Farbe und Bewegung, am meisten gewinnt, ist die „Einstellung" im engsten Sinn: die Perspektive der Kamera und die durch sie gesteuerte deiktische Zuordnung von Personen zu anderen Personen, von Personen zu Requisiten, zu Räumen und zu Landschaften, schließlich zum Zuschauer. Oft beispielsweise blicken Effi und Innstetten nebeneinander in die Kamera oder reden so aufgestellt sichtbar ‚aneinander vorbei'. Oft reden sie in den Rücken des anderen, wobei die Kamera Schultern und Hinterkopf des Redenden mit einfängt: zwei vom Zuschauer und voneinander abgewandte Personen, die ‚ins Leere' oder ‚an die Wand' sprechen. Manchmal setzt dann das Spiel der Personen diese perspektivisch inszenierte Kommunikationslosigkeit fort.

Wenn Innstetten etwa erklärt, wie viel ihm Effi bedeutet, und dabei die Arme überkreuzt, sagt die Körpersprache (zur Kamera) etwas anderes als die Rede. Ein ana-

---

[36] Diese schöne Formulierung notierte ich mir, als eine studentische Arbeitsgruppe in einem Fontane-Seminar diese Verfilmung vorstellte. Ich weiß aber nicht mehr, wem genau ich sie verdanke. Zur „Topographie des Fremden" in Effi Briest vgl. *Theodor Fontane*, Aufzeichnungen zur Literatur. Ungedrucktes und Unbekanntes, hrsg. v. *Hans-Heinrich Reuter*, Berlin u. Weimar 1969.

loger Effekt kann aber auch durch unglaubwürdige, mechanisch wirkende Bewegungen entstehen, etwa wenn Effi, um ihre Anhänglichkeit zu demonstrieren, auf den im Sessel mit überkreuzten Beinen zurückgelehnt sitzenden Innstetten zuläuft und sich an sein Knie schmiegt: eine Scheinnähe, eine „Tarnsprache der Gefühle", Simulation „gesellschaftsadäquater Gefühlswerte",[37] Puppenspiel von Liebe, zu dem nicht zuletzt Effi sich selbst zwingt, das aber im Film durch Erstarrung des ‚lebenden Bildes' und überdies noch durch die schräg zueinander verlaufenden Linien von Erwartung, Bewegung und Kamerablick enttarnt wird.

Am intensivsten spricht in diesem Film vielleicht die Zuordnung von Personen zu Räumen bzw. Möbeln und Requisiten. Solche Kunst hatte schon Fontane beherrscht. Aber die Räume, die Effi durchschreitet und in denen sie immer weniger geborgen ist, sprechen im Roman von einer Vielfalt lebendiger Bezüge und Möglichkeiten (das gilt auch für die Grenz-, Küsten- und Handelsstadt Kessin), die Effi immer konsequenter verschlossen wird, ja, die sie nicht einmal wahrnimmt. Fassbinder grenzt diese Vielfalt des räumlichen Verweisens visuell, ganz wörtlich im Rechteck des Filmbildes aus. Effis „Desemantisierung"[38] ihrer Umwelt übersetzt er in eine indifferent feindliche Raumsemantik. Die Außenräume sind wie der Park am Anfang teils vage gehalten, so etwa jenes Brachland mit lockerem Gebüsch, in dem Frau von Briest und Effi mehrmals spazieren gehen, wo Effi auch ihren ‚Schuld-Monolog' spricht, allerdings im „off" (ansonsten hört man den Text Fontanes: Effi schämt sich, wie Ibsens Nora, über den Zwang zur Lüge, empfindet aber keine moralische Schuld); teils werden vor allem Effi und Innstetten vor monoton bedecktem Himmel oder fast leere Schneelandschaften gestellt oder an flachen Strand und unbewegtes Meer. Übervoll, determiniert, verwinkelt, aus- oder einschließend dagegen präsentieren sich die Innenräume. Man meint an die Interieurs immer sogleich anzustoßen. Türen, Korridore, Stufen führen ins Unbekannte. Das Treppenhaus der Berliner Wohnung wirkt wie eine mühsam zu erklimmende, end- und ziellos sich weiterdrehende Spirale.

---

[37] *Jürgen Wertheimer*, Effis Zittern: Ein Affektsignal und seine Bedeutung, in: Zeitschrift für Literaturwissenschaft und Linguistik 26 (1996), S. 134–139, hier S. 136.
[38] So in einer sehr anregenden Studie von *Maria E. Brunner*, Man will die Hände des Puppenspielers nicht sehen – Wahrnehmung in „Effi Briest", in: Fontane-Blätter 71 (2001), S. 28–48, hier S. 33.

Anderswo verstellen Pfeiler oder Möbel den Weg beziehungsweise den Blick. Die Kamera unterstreicht das noch dadurch, dass sie die Szenerie oft schräg anschneidet, um Hindernisse herumfährt, die Personen durch Lücken des übervollen Raumes hindurch erfasst, sie verliert und wieder einfängt. Bei der entscheidenden Szene des Monologs nach der Begegnung mit der widerlich braven, verletzend kalt agierenden Annie („Ja gewiß, wenn ich darf"), um nur ein Beispiel zu nennen – hier darf Hanna Schygulla allerdings die Leidenschaft des psychischen Zusammenbruchs einmal voll ausagieren, während eine Uhr monoton dazu tickt –, blickt die Kamera zunächst durch die Glastür wie in einen Schaukasten, dann durch eine kunstvoll gitterartige Stuhllehne hindurch, so dass Effi wie in einem Beichtstuhl oder buchstäblich wie hinter Gittern eingesperrt erscheint.

Kurz, diese Welt soll verwirren, zugleich aber entzieht sie sich der Identifikation und schließt doch ein wie ein Gefängnis. Effi ist in Fassbinders *Fontane Effi Briest* in der Tat eine Nora, eine Puppe, gefangen in einem feindlich fremden Puppenhaus. Man vergleiche die anfängliche Regieanweisung von Henrik Ibsens *Nora oder ein Puppenheim* (1879):

> Ein gemütlich und geschmackvoll, aber nicht luxuriös eingerichtetes Zimmer. Rechts im Hintergrund führt eine Tür in das Vorzimmer; eine zweite Tür links im Hintergrund führt in Helmers Arbeitszimmer. Zwischen diesen beiden Türen ein Klavier. Links in der Mitte der Wand eine Tür und weiter nach vorn ein Fenster. Nahe am Fenster ein runder Tisch mit Lehnstühlen und einem kleinen Sofa. Rechts an der Seitenwand weiter zurück eine Tür und an derselben Wand weiter nach vorn ein Kachelofen, vor dem ein paar Lehnstühle und ein Schaukelstuhl stehen. Zwischen Ofen und Seitentür ein kleiner Tisch. An den Wänden Kupferstiche. Eine Etagere mit Porzellan und anderen künstlerischen Nippessachen; ein kleiner Bücherschrank mit Büchern in Prachteinbänden; Teppich durchs ganze Zimmer. Im Ofen ein Feuer. Winter tag.
>
> Im Vorzimmer klingelt es; gleich darauf hört man, wie geöffnet wird. Nora tritt vergnügt trällernd ins Zimmer; sie hat den Hut auf und den Mantel an und trägt eine Menge Pakete, die sie rechts auf den Tisch niederlegt. Sie läßt die

Tür zum Vorzimmer hinter sich offen, und man sieht draußen einen Dienstmann, der einen Tannenbaum und einen Korb trägt; er übergibt beides dem Hausmädchen, das ihnen geöffnet hat."[39]

Wirkt dieser Raum mit seinen Tabus bergenden, Herrschaftsschwellen markierenden Türen, den Sachen, an die man dauernd anzustoßen meint, seinem gefährlichen „Außerhalb" (man denke an den verhängnisvollen Briefkasten, sprich: die prekäre Verbindung zur Welt), seinem fertig Eingerichtetsein, kurz, seinem Käfigcharakter, nicht wie für Fassbinders Film bereitgestellt?

Allerdings sind Fontane wie Ibsen in sich widersprüchliche Autoren[40] – wie könnte es anders sein? – und ihr Vergleich muss sich erst recht in Widersprüchen bewegen. Die Schlüssigkeit, das Thesenhafte der Argumentation, war sogar etwas, das Fontane bei Ibsen störte. Er bezeichnete sich selbst zwar als „Ibsenenthusiasten", erklärte aber im selben Atemzug (in einem Brief an Spielhagen vom 16. 2. 1897), er wende sich von Frauen wie Nora „degoutiert" ab; sie verdienten „nur die Bezeichnung: Schafslise".[41] Andererseits gibt es von ihm zu diesem Drama eine „etwa 1887" niedergeschriebene, außerordentlich verständnisvolle, teilweise sich mit Nora gefühlsmäßig identifizierende Aufzeichnung, in die gegen Ende, im Lob der „feineren inneren Hergänge des Hauses und des Herzens", fast schon eine Skizze von *Effi Briest* hineingeschrieben scheint: „Nur *er*, nur seine Stellung und Ehre, von ihrer Qual und Liebe kein Wort. [...] Sie kennt ihre Situation, nicht der Gegenstand edler Zuneigung, wirklicher Liebe [...] gewesen zu sein, [...] und so beschließt sie, das Haus zu verlassen [...] und eine Besserung unwürdiger und unerträglicher Zustände der Zukunft zu überlassen oder, wenn diese Besserung ausbleibt, für immer fern zu bleiben".[42] Ist das nicht mit ein paar Modifikationen, die lediglich die Handlung betreffen, auf *Effi Briest* übertragbar? Er ist „ohne recht Liebe", „er ist klein", „ein Streber war er, weiter nichts. – Ehre, Ehre, Ehre ...", „weg mit euch. Ich muß leben".[43] Kommt hier nicht Fontanes Effi Ibsens Nora sehr nahe?[44] Andererseits meldet Fontane in seinen Ibsen-Rezensionen zwischen 1887 und 1894 immer wieder grundsätzliche Vorbehalte an: Er hält in Ibsens *Gespenster* (1881; deutsch 1884, aufgeführt

---

[39] *Henrik Ibsen*, Dramen. In den vom Dichter autorisierten Übersetzungen nach der Ausgabe der „Sämtlichen Werke in deutscher Sprache" 1898–1904, Neuausgabe, Darmstadt 1982, Bd. 1, S. 759.
[40] Vgl. etwa *Inga-Stina Ewbank*, Hedda Gabler, Effi Briest and ‚The Ibsen-effect', in: Howe u. Chambers (Hg.), Theodor Fontane and the European Context, S. 95–104.
[41] Vgl. Theodor Fontanes Brief an Friedrich Spielhagen. In: *Theodor Fontane*, Werke, Schriften und Briefe. Abteilung IV: Briefe, Bd. 4, 1890–1898, hrsg. v. *Walter Keitel, Helmuth Nürnberger* u. *Otto Drude*, München 1982, S. 636.
[42] *Fontane*, Aufzeichnungen zur Literatur, S. 155–158.
[43] *Fontane*, Werke, Bd. 4, S. 294.
[44] So liest z. B. *Michael Andermatt* Effi Briest im Sinne einer sich immer konsequenter schließenden und erstarrenden, immer trostloseren „Topographie der Fremde". (*Ders.*, ‚Es rauscht und rauscht immer, aber es ist kein richtiges Leben'. Zur Topographie des Fremden in Fontanes „Effi Briest", in: *Delf von Wolzogen, Hanna* u. *Helmut Nürnberger* (Hg.), Theodor Fontane. Am Ende des Jahrhunderts, Würzburg 2000, Bd. 3, S. 189–199).

1887) die Eheauffassung „für falsch", das Insistieren auf der „freien Herzensbestimmung" überfordere den Menschen und „wäre der Anfang vom Ende"; in *Die Frau vom Meere* (1888; deutsch 1889, im selben Jahre aufgeführt) sei die Lösung des Konflikts durch „Selbstbestimmung", durch das bloße Stichwort „Du bist frei" die falsche „Zauberformel" [..] Es kommt dadurch etwas Doktrinäres in das Stück, das verstimmt und herausfordert und an das man nicht glaubt. In *Die Wildente* (1884, deutsch 1888, in diesem Jahr auch aufgeführt) dagegen lobt Fontane genau dies, dass der „prinzipienreitrige Weltverbesserer" entlarvt wird als einer, der „nur (seiner) Eitelkeit frönen wolle". Es sei verhängnisvoll, „letzte Fragen" für „abgeschlossen" zu halten. Das sei hier vermieden: „Das Leben als solches feiert seinen künstlerischen Triumph". Noch widersprüchlicher äußert er sich in seinen Briefen: Er sei zugleich „Ibsen-Enthusiast" und „Ibsen-Antagonist", er verurteilt den „gesellschaftlich-reformatorischen Schemen der Sittlichkeitsprätension", hält aber Ibsen doch für einen „segensreichen Revolutionär, der die aesthetische Welt um einen guten Schritt vorwärts gebracht hat".[45]

Bei aller Komplexität, es bleibt die tiefe Nähe der Konflikte. Aber es muss wohl Noras Glaube an die Kraft einer individuellen, freien symbolischen Aktion gewesen sein, den Fontane einfach für dumm gehalten haben muss: „Schafslise!" Diese symbolische Aktion ist freilich nur Ausdruck, ja Zeichen einer grundverschiedenen Weltsicht: Nora will Freiheit, Effi Leben, Leben für den „Leib, die Phantasie, das Begehren, die Gefühle",[46] Nora will anerkannt, Effi will geliebt werden, in *Nora* geht es um Ja-Nein Fragen, um Akzeptieren oder Abstoßen, in *Effi Briest* um weitere oder engere Bestimmungen dessen, was menschlich wie gesellschaftlich gut sei, um ein positiv gewendetes, mit lebendiger Kommunikation erfülltes „weites Feld"; *Nora* stellt vor Entscheidungen, *Effi Briest* sucht das Gespräch, Ibsen wendet sich überhaupt an die Noras in der Welt, Fontane, bei allem tiefen Mitgefühl, ja aller Liebe für die Effis, will mit denen reden, die etwas ‚zu sagen' haben: den Innstettens, Wüllersdorfs und Briests. Fassbinder nun macht nicht nur aus Effi eine Nora, seine Filmsprache zielt im Gegensatz zu Fontanes kontinuierlicher, aber unabgeschlossener Logik des Diskurses auf Negationen, Leerstellen, Brüche, urteilende Distanz. Sie fordert die Zuschauer auf, Alternativen zu bedenken, und will sie durchaus zu Entscheidungen provozieren; so sollen sie also, um den Untertitel von *Fontane Effi Briest* wieder aufzunehmen, „das herrschende System nicht nur nicht akzeptieren", sondern auch in „ihren Taten" (statt es zu „festigen und bestätigen") es ablehnen und zerstören, vorerst zumindest in ihren Gefühlen und ihrem Denken.

Auffällig in Fassbinders Film sind die vielen Spiegel. Immer wieder kommen die Szenen, kommen vor allem die Gesichter im Spiegel verdoppelt ins Bild.

---

[45] *Theodor Fontane, Sämtliche Werke. Aufsätze, Kritiken, Erinnerungen.* Bd. 2: Theaterkritiken, hrsg. v. *Siegmar Gerndt*, München 1969, in der Reihenfolge der Zitate: S. 712, 714, 798, 775 ff., 1025 f., 1011, 1026.
[46] *Andermatt*, in: *von Wolzogen* u. *Nürnberger* (Hg.), Theodor Fontane, S. 192.

Für die Personen hat diese Verdoppelung etwas Typisierendes und Codierendes. Im Spiegel wird das Gesicht zur Maske. Für die Zuschauer haben die Spiegel analytische Bedeutung. Sie sehen nicht sich selbst – der Spiegel im Film ist, anders als der in der Literatur, wo auch die Leser hineinblicken können, für die Zuschauer distanziertes Objekt –, und sie können auch wegsehen. Die Typisierung der Personen in ihren Spiegelungen schlägt für die Zuschauer um in Fraglichkeit. Wo jene im Spiegel statisch eingerahmt bleiben, können diese sich ihrer möglichen Freiheit bewusst werden. Anders und allgemein gesagt: Wo Ibsens Nora die Grenze von Puppen-Gefängnis und Freiheit überschreitet, da schließt Fassbinder seine Effi-Nora erst recht in ihre Filmwelt ein. Aber das geschieht so zeigegenau, dass die Effis und die Noras im Zuschauerraum zur Freiheit ihrer Gefühle und ihres Urteils finden sollen, und das Publikum der siebziger Jahre dürfte für symbolische Aktionen viel Verständnis gehabt haben.

Wer hat das gemacht?

Von Heinrich Mann *Professor Unrat* zu Josef von Sternberg *Der blaue Engel* und zurück

Als 1944 unter dem Titel *Small Town Tyrant* eine amerikanische Übersetzung von Heinrich Manns 39 Jahre früher, also 1905 erschienenem Roman *Professor Unrat oder das Ende eines Tyrannen* auf den Markt kam, meinten viele Kritiker, es handle sich um ein ganz neues, aktuelles Buch. Und der damals bereits 73 Jahre alte Heinrich Mann freute sich, „wie junge Talente entdeckt werden" (S. 302).[1] Er hätte sich womöglich noch mehr gefreut, hätte er gewusst, was Bruder Thomas sich 40 Jahre früher in sein Tagebuch notiert hatte, dass dieses „unmoralische", „leichtfertige Zeug" offensichtlich „nicht auf Dauer berechnet" sei (S. 269).

Das ist nun nicht nur eine schön paradoxe Anekdote. Die mehrfachen falschen Einschätzungen haben etwas für die Schicksale des *Unrat*-Romans Bezeichnendes. Sie zeigen nicht nur, wie überzeugend die Machtparabel des „Kleinstadt-Tyrannen" konstruiert gewesen sein muss, wenn sie immer wieder nicht nur Deutsche Geschichte anschaulich gemacht hat. Auch der so prägende Mediendialog, in dem Heinrich Manns vielleicht bekanntester Roman inzwischen kulturell präsent ist, wird ja indirekt schon früh angesprochen. Thomas schien schon 1906, etwa mit dem Prädikat „leichtfertig", den späteren UfA-Film *Der blaue Engel* (1930) von Josef von Sternberg, und erst recht dessen Rezeption, vorweg zu bezeichnen, so wie Heinrich später, in seinen Memoiren *Ein Zeitalter wird besichtigt* (1946), beide Medien kaum noch auseinander hält. Er gibt seinem „Roman" den Filmtitel *Der blaue Engel* und merkt grundsätzlich an, „der Film (sei) eine ziemlich genaue Photographie des Romans". Geradezu filmisch „lief", so seine Erinnerung, die erste Anregung, eine Berliner Skandalgeschichte, „So schnell" vor ihm „ab", dass er davor nur „versteinert sitzen" konnte, als befände er sich in einem Kino und habe schon damals gewusst: „Nur ein Vierteljahrhundert Geduld, dies wird der Film sein." Und klingt es nicht so, als könne er Roman und Film überhaupt nicht mehr unterscheiden, wenn er abschließend urteilt: „Eine komische Handlung, tragisch bestimmt, die lustige Fratze, darunter die harte Wahrheit selbst, wer macht das, Wer – hat – das gemacht?"[2]

Wie immer man sich dazu stellt, erst der Film hat den Roman nicht nur „vor dem Vergessen bewahrt",[3] sondern geradezu zu einem Welterfolg gemacht. Das bedeu-

---

[1] Im Text zitiert wird die Ausgabe *Heinrich Mann, Professor Unrat*. Mit einem Nachwort von *Rudolf Wolff* und einem Materialienanhang zusammengestellt von *Peter-Paul Schneider*, Frankfurt a. M. 1989 (Studienausgabe in Einzelbänden). Der Einfachheit halber werden auch die dort zusammengestellten Materialien nach dieser Ausgabe zitiert.

[2] *Heinrich Mann*, Ein Zeitalter wird besichtigt. Mit einem Nachwort von *Klaus Schröter* und einem Materialienanhang, zusammengestellt von *Peter-Paul Schneider*, Frankfurt a. M. 1988, S. 201 ff. (Studienausgabe in Einzelbänden).

[3] *Eva Scherf*, Der blaue Engel oder die Errettung eines Romans vorm Vergessen, in: Deutschunterricht 48 (1995), S. 534–540.

tete zwar eine vorübergehende Änderung des Titels (vgl. S. 260 ff.), aber langfristig wurde der Roman weder verdrängt noch verdeckt, sondern der Welterfolg des Films brachte ihm eine solche Steigerung der Auflagen und so viele Übersetzungen, dass *Professor Unrat* heute als Heinrich Manns bekanntester Roman, ja als sein Beitrag zur Weltliteratur gilt. Roman und Film stehen untrennbar vernetzt in unserem kulturellen Gedächtnis. Es gibt bereits eine Verbundedition von Roman und Drehbuch[4] und es ist jederzeit möglich, dass eine multimediale Edition im Netz oder als CD-ROM oder als Taschenbuch und DVD zusammen angeboten wird. Der Dialog der Medien, in dem Roman und Film sich wechselseitig interpretieren, also auch der Film den Roman ‚neu schreibt‘, ist nicht mehr zu übersehen bzw. zu unter-denken. Und das gilt gerade angesichts der offenkundigen Unterschiede zwischen beiden Realisierungen. Man kann sie nicht einfach vergleichen, dazu sind sie zu verschieden. Man kann sie aber auch nicht einfach als getrennte Kunstwerke behandeln, dazu sind sie auf zu vernetzte Weise präsent. Es gilt einen Weg zu finden, sie zusammen zu ‚lesen‘ und eben in ihrem Dialog zu verstehen.

Die gemeinsame Wurzel von Roman und Film in der Kultur des Theaters beispielsweise könnte einen ersten dialogischen Deutungsansatz hergeben. Heinrich Mann hatte lebenslang eine große Neigung zum Theater. Er hat sich beispielsweise gern in Schauspielerinnen verliebt. Und diese Nähe – im Germanisten-Jargon: „die Bedeutung von Theatralität für die ästhetische Konstruktion seiner Texte"[5] – prägt auch sein Erzählen. Viele seiner Romananfänge haben etwas Dramatisch-Modellhaftes. Man kann sie lesen wie die ersten Takte einer Opern-Ouvertüre oder das Hochgehen des Vorhangs im naturalistischen Theater oder die ersten pantomimischen Konstellationen im Stummfilm:

> Da er Raat hieß, nannte die ganze Schule ihn Unrat. (S. 9)

Ist dieser Satz nicht strukturiert wie eine Bühne oder etwa wie der Anfang eines Balletts? Links „er", der Einzelne, rechts „die ganze Schule", die Allgemeinheit, die ihn wie in einem Diagramm der Mengenlehre zugleich einschließt und ausgrenzt. Oben der „Raat", wie ein „Studienrat" oder „Rat und Hilfe wissen", oben das Positive, unten der „Unrat", die Negation.

Das führt sogleich zu einer weiteren Perspektive, Roman und Film zusammen zu sehen. Denn ein ganz abstraktes, vollständig ausgeführtes System ist in diesem Anfangssatz unübersehbar, und es wird sich zeigen, dass es auch für den Film relevant ist: „Nichts könnte einfacher und natürlicher sein." Der Einzelne steht in Opposition zum Ganzen, das Positive zu seiner Negation, das eingeschlossene „Innere" – so leer es zunächst noch bleiben mag – zum feindlichen „Außen".

---

[4] „The Blue Angel". The Novel by Heinrich Mann, the Film by Josef von Sternberg, New York 1979 (Ungar Film Library).
[5] *Claudia Albert*, Heinrich Mann (Tagung vom 10. bis 12. 11. 2000 an der Universität/Gesamthochschule Kassel), in: Zeitschrift für Germanistik 11 (2001), S. 630–633, hier S. 630.

```
┌─────────────────────────────────────────┐
│              Raat                       │
│   ┌──────┐                              │
│   │      │        Die ganze             │
│   │  Er  │          Schule              │
│   └──────┘                              │
│              Unrat                      │
└─────────────────────────────────────────┘
```

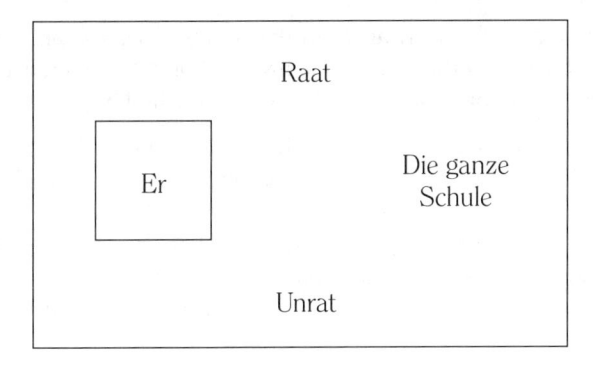

In der Tat wird das System der Schule sehr schnell zum Modell der Stadt und, das war Heinrich Manns Absicht, zum Modell der Macht im Deutschland des Wilhelminismus erweitert; man erkennt auch jetzt die theatralischen Strukturen, denn so hatten ja auch das Drama und die Bühne seit je öffentliche Konflikte modellhaft dialogisch veranschaulicht. Aber das hat hier wie dort eben oft auch etwas Abstraktes und Hypothetisches. Es geht in *Professor Unrat oder Das Ende eines Tyrannen* am Beispiel einer Schulgeschichte um ein systematisch inszeniertes Spiel von Macht und Unterdrückung, ein Theater von Ausgrenzung und Aggression, ein auserzähltes Drama von Systemerhalt und Systemzerstörung: ein fiktives Machtexperiment.

Bevor ich das weiter ausführe, denn aus dem aus Drama und Theater entwickelten System selbst ergibt sich der Zusammenhang von Roman und Film, nicht aus den weitgehend abweichenden Handlungen, erlauben Sie noch zwei Überlegungen dazu, *dass* der Roman so systematisch strukturiert ist.

Da er Raat hieß, nannte die ganze Schule ihn Unrat.

Es scheint so, dass sein Name, hineinversetzt in dieses System von Feindseligkeiten, als das Heinrich Mann die Schule sieht, den alten Gymnasialprofessor (dem sein Autor in der Tat auch „Sympathie entgegenbringt")[6] eigentlich erst zu dem gemacht hat, was er jetzt ist:

„Als Hilfslehrer war er noch'n ganz adretter Mensch."

„So? Was der Name tut. Ich kann ihn mir überhaupt nicht sauber vorstellen."

„Wissen Sie, was ich glaube? Er sich selber auch nicht. Gegen so'n Namen kann auf die Dauer keiner an." (S. 37)

Es ist bezeichnend, dass Heinrich Mann wie in einem Drama dem Dialog zweier Personen das letzte Wort des Kapitels und die weitestgehende Aussage überlässt.

---

[6] Ariane Martin, Erotische Politik. Heinrich Manns erzählerisches Frühwerk, Würzburg 1993, S. 65.

Aber es sind Personen, die sozusagen an der Rampe oder vorn neben der Bühne stehen, auf alle Fälle außerhalb des Systems. Und gerade dadurch wird dieses in seinem vollständigen Funktionieren ins Bewusstsein gehoben.

Sehen wir noch etwas genauer hin! Heinrich Mann inszeniert das Machtexperiment als Sprachspiel. Betrachten wir das Verhältnis von Sprache, Rede und Namen! Heinrich Mann lässt das System der Sprache, also ganz einfach die negative Funktion des Präfixes „un-", das Wort „Rat" und damit erst den Namen „Raat" – „Unrat" determinieren. Und wenn man will kann man darin die Abstraktions- und Spielform eines naturalistisch-dramatischen Milieu-Determinismus erkennen.[7]

Sprache	:	Un –
⇩		⇩
Rede	:	Rat
⇩		⇩
Name	:	Raat
⇩		⇩
Un – Name	:	Unrat

Durch dieses Sprachspiel wird nicht nur der Un-Name in immer neuen Situationen der Rede immer neu generiert, selbst bei einer Feier, die eigentlich zu Ehren des alten Professors stattfindet. Die Funktionskette: Sprache – Rede – Name, setzt sich auch durch, wenn der Name ausdrücklich von den Schülern vermieden wird:

---

[7] Die um die Jahrhundertwende gehäuft zu findenden kritischen Schulgeschichten betonen oft den abstrakten Systemzwang dieser Institution als Machtmodell. So wird z. B. Arno Holz' Erzählung „Der erste Schultag" (1889), in: *Gerhard Schulz* (Hg.), Prosa des Naturalismus, Stuttgart 1973, S. 65–98, zunächst völlig beherrscht von den Oppositionen: „einer/alle", „Starre/(Bewegung)", „männlich/(weiblich) [die Briefe der Mütter]), „einfarbig/bunt", „drinnen/draußen" usw. Vergleichbar systematisch aufgebaut ist der Bühnenraum des naturalistischen Dramas, z. B. im 1. Akt von *Gerhart Hauptmann*, „Die Weber" nach „links/rechts", „vorn (vor dem Tisch)/hinten", „drinnen/draußen", „oben (die Wohnung des Fabrikanten)/unten" und so fort. Vgl. *Gerhart Hauptmann*, Das dramatische Werk, hrsg. v. *Egon Mass u. a.*, Photomech. Nachdruck, Bd. 2, Frankfurt, Berlin u. Wien 1977, S. 455.

„Ich kann hier nicht mehr arbeiten, Herr Professor. Es riecht auffallend nach Unrat."

(Und:) „Lohmann läßt einen nicht ruhig nachdenken, er sagt immer, hier riecht es nach Unrat." (S. 19)

Im ersten Fall bleibt das Wort in seinem Kontext, ist also nicht als Name gebraucht. Im zweiten Fall wird es zitiert, funktioniert also streng genommen nicht als Aussage, sondern ist Teil der Rede eines anderen, über die etwas gesagt wird. Später wird es verkürzt zu „Un-(bzw.)Raat" oder auch in einem Brief durchgestrichen, es bringt immer den Namen hervor, selbst dann noch, wenn dieser Name eine Leerstelle bleibt. Denn den Schüler Lohmann hasst Unrat gerade deswegen am meisten, weil „Lohmann ihm *nicht* seinen Namen gab" (S. 19). Die Ausnahme bestätigt die Regel, die Abweichung die Norm, die Leerstelle das System. Das Machtsystem wird als Sprachsystem zum Sprachspiel und Sprachtheater.

Mit diesem Systemexperiment geht Heinrich Mann allerdings über die Möglichkeiten theatralischen Erzählens hinaus. Interessant werden teils sprachliche Mikrostrukturen, teils und noch entschiedener das Werte-System des Romans überhaupt. Und daraus wird sich dann ein wesentlicher Übergang zum Film ergeben. Man hat fast den Eindruck, als habe Heinrich Mann nicht nur de Saussure,[8] sondern auch Derrida[9] oder Jakobson[10] oder Lacan[11] oder Greimas[12] oder Genette[13] gelesen. Man kann das Spiel der Negationen („einer/alle", „Rat/Unrat") und Differenzen in der Tat und durchaus schlüssig weiterspielen, wenn man auch die „abwesenden" funktionalen Systemstellen zu den „präsentierten" Oppositionen „einer/alle" und „positiv/negativ" hinzuliest. Im Sprachsystem funktioniert das Pronomen „er" beispielsweise in Opposition zu „sie", Dehnungen wie ausdrücklich in „Raat" in Opposition zu kurzen Phonemen. Endungen auf Konsonant differieren bedeutsam von Endungen auf Konsonant und -e. Kann, ja muss man dann „Raat" nicht nach Derrida so dekonstruieren, dass „unter" ihm ein Wort mit weiblicher Endung und kurzem a lesbar wird: „Ratte?"

---

[8] Zur Hierarchie von Sprache und Rede bei Ferdinand de Saussure, sowie zu vielen anderen hier verwendeten Theorien vgl. *Winfried Nöth*, Handbuch der Semiotik, 2. Aufl. Stuttgart 2000, S. 71 ff.; als Einführung in Literaturtheorie allgemein vgl. auch *Verf.* u. *Hubert Zapf* (Hg.), Theorien der Literatur, Bd. I ff., Tübingen 2003 ff.
[9] *Jacques Derrida*, Grammatologie, dt. v. *Hans-Jörg Rheinberger* u. *Hanns Zischler*, Frankfurt 1974, v. a. S. 130 ff.; ders., Die Schrift und die Differenz, dt. v. *Rodolphe Gasché*, Frankfurt 1972, v. a. S. 422 ff.
[10] *Roman Jakobson*, Poetik. Ausgewählte Aufsätze 1921–1971, hrsg. v. *Elmar Holenstein* u. *Tarcisius Schelbert*, Frankfurt 1979, v. a. S. 192 ff. u. 233 ff.
[11] *Jacques Lacan*, Schriften, 6 Bde., hrsg. v. *Norbert Haas* u. *Hans-Joachim Metzger*, Olten 1980, v. a. Bd. 2, S. 21 ff.
[12] *Algirdas J. Greimas* u. *Joseph Courtés*, Sémiotique. Dictionnaire raisonné de la théorie du langage, Paris 1979.
[13] *Gérard Genette*, Die Erzählung, dt. v. *Andreas Knop*, München 1994, v. a. S. 32 ff.

```
                    Raat

        ┌─────────┐
        │         │      Die ganze
        │   Er    │       Schule
        │         │
        └─────────┘

                    Unrat

        (Sie)                Ratte
```

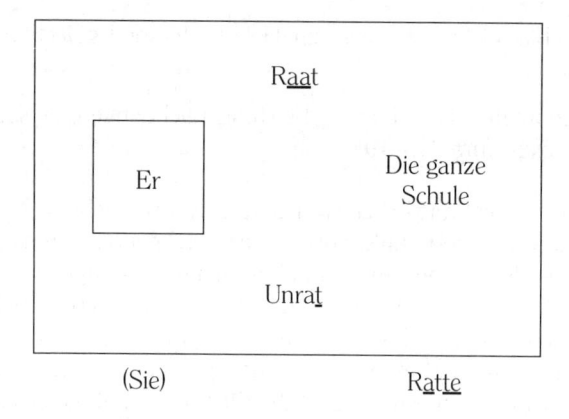

Erscheint diese Lesart nicht nach Roman Jakobsons Theorie der Fundamentaltropen ganz folgerichtig: metonymisch *per contiguitatem* im codierten Konnex zu „Unrat", in dem sich Ratten oft aufhalten, aber auch metaphorisch, in der Gemeinsamkeit des Paradigmas „böse Tiere", wenn etwa die Schüler ihren Lehrer betrachten, „wie ein gemeingefährliches Vieh, das man leider nicht totschlagen durfte" (S. 11), oder wenn der ganze Roman immer wieder zu Tiermetaphern, vor allem der der „Katze" oder „Spinne" für Unrat findet? Ergibt sich dann nicht sehr klar eine Freud-Lacansche Lesart, nach der ein verdrängtes „über-schriebenes" Signifikat in der Tat in seiner systematischen Unterdrückung nur so „gelesen" werden kann, dass man nachverfolgt, wie es unter der „Signifikantenkette": „Er", „Raat", „Die ganze Schule", „Unrat", „Sie", „Ratte" „gleitet"? Spricht hier nicht eine analytisch zu entdeckende, psychisch-soziale Dynamik, die Roman *und* Film auserzählen? Geht es nicht in der Tat und sehr klar um verdrängte Gefühle, Triebe, Lustprinzip, Leben, die in ihrem Verdrängt- und Unterdrücktsein böse, aggressiv, „ratten"-haft werden? Kann man dann nicht schließlich nach Greimas ein semantisches Quadrat[14] von Negationen konstruieren, ein System der Macht-Ordnung und ihrer Gegensätze:

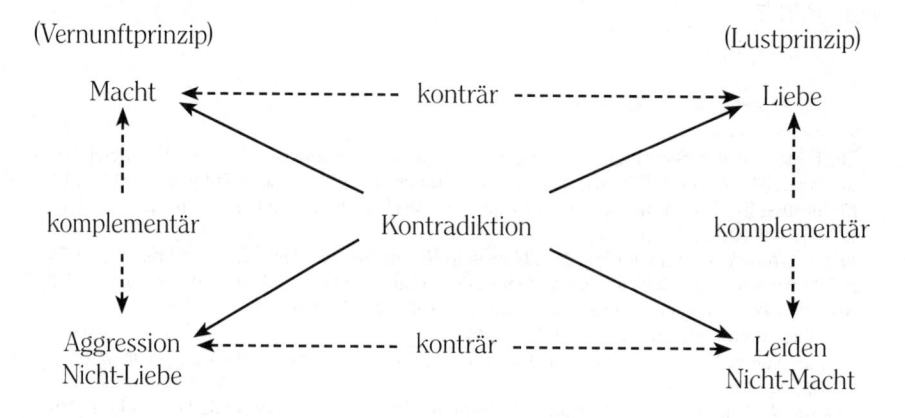

```
(Vernunftprinzip)                              (Lustprinzip)

    Macht  ◄----------- konträr -----------►  Liebe
      ▲                                         ▲
      ┊                                         ┊
 komplementär            Kontradiktion      komplementär
      ┊                                         ┊
      ▼                                         ▼
  Aggression ◄---------- konträr ----------► Leiden
  Nicht-Liebe                                Nicht-Macht
```

---
[14] Vgl. *Greimas*, Sémiotique, S. 309; oder *Nöth*, Handbuch der Semiotik, S. 117.

Ist damit nicht, erneut Greimas folgend, der Diskurs des Romans vor-strukturiert, indem Unrat ja nun in der Tat und unübersehbar nach und nach die Systemstellen eines semantischen Quadrats von Negationen durchläuft:

„Tyrann"	„Liebender"
„Anarchist"	Opfer?

Und ergibt sich dann nicht sehr klar eine Art Aufgabenverteilung zwischen Roman und Film, indem im Roman die linke, im Film die rechte Rollen-Hierarchie und Rollen-Entsprechung dominiert, die jeweils anderen Systemstellen aber implizit, teils deutlicher, wie im Roman, teils verkürzt, wie im Film, zu erkennen sind?

Wenn wir die Negationen *in* den beiden medialen Realisierungen und die *zwischen* ihnen als allseitige Implikationen innerhalb eines umfassenden Systems lesen – Heinrich Mann wollte offensichtlich so ein System sprachlich-narrativ durchspielen und, spiegelbildlich genau entsprechend: „Sternberg zeichnet den Machtkampf, den die Sexualität mit der Moral austrägt"[15] –, dann ist der oft beschrittene methodische Holzweg vermieden, Roman und Film einfach zu vergleichen,[16] oder auch, methodisch genauso hilflos, als je selbstständige Kunstwerke, einfach zu trennen.[17] Für einen Vergleich sind beide zu verschieden, für eine Trennung hängen sie zu eng zusammen, sind sie in ihrer kulturellen Präsenz zu intensiv miteinander verbunden.[18] Die „untrennbare" Verbundenheit „ästhetischer Momente" für Roman *und*

---

[15] *Werner Sudendorf,* Üb immer Treu und Redlichkeit. Zum BLAUEN ENGEL von Josef von Sternberg, in: *Hans Wisskirchen* (Hg.), Mein Kopf und die Beine von Marlene Dietrich – Heinrich Manns „Professor Unrat" und „Der blaue Engel", Lübeck 1996, S. 94–129, hier S. 125.

[16] Vgl. etwa *Renate Werner* (Hg.), Heinrich Mann. Texte zu seiner Wirkungsgeschichte in Deutschland, Tübingen 1977, S. 117 ff.; *Thomas Epple,* Heinrich Mann „Professor Unrat". Interpretation, München 1998, S. 83 ff.; sehr differenziert anhand der Drehbuchfassungen aber immer noch vergleichend argumentieren *Luise Dirscherl* u. *Gunther Nickel* (Hg.), Der blaue Engel. Die Drehbuchentwürfe, St. Ingbert 2000, S. 28 ff.

[17] *Albert Klein,* Heinrich Mann „Professor Unrat oder das Ende eines Tyrannen", Paderborn 1992; *Elisabeth Bronfen,* Heimweh. Illusionsspiele in Hollywood, Berlin 1999, S. 94 ff.; *Peter Hasubek,* Der „Indianer auf dem Kriegspfad". Studien zum Werk Heinrich Manns 1888–1918, Frankfurt u. a. 1997, S. 93 ff.

[18] *Siegfried Kaltenecker,* Die Komödie der Dinge. „Professor Unrat" im „Blauen Engel". Anmerkungen zum Verhältnis von Literatur und Film, in: Wespennest 94 (1994), S. 57–65, sieht als Gemeinsamkeiten z. B. „überraschende Anschlüsse und fehlende Übergänge", „strukturelle Offenheit", den „Zyklus von Verbindung und Auflösung, Gegenwart und Entfernung" oder Formen der „Verdoppelung" (v. a. S. 64 f.). All das passt in eine Poetik der Differenz-Implikation, die v. a. diese „strukturelle Offenheit" inhaltlich zu benennen erlaubt.

Film zu untersuchen, den „‚Nucleus‘, des Romans wie des Films" freizulegen:[19] Solche Ansätze weisen auf einen Dialog der Medien, der hier gerade durch eine Poetik der Differenz, der wechselseitigen Implikation von Negationen ermöglicht wird.

Setzen wir also das Spiel mit Oppositionen und Leerstellen noch ein wenig fort. Wenn die Diskurse von Roman und Film verschiedene Positionen eines Systems ausführen, dann kann – wir wechseln zum System von Genette – der Filmanfang sehr klar als „extradiegetische Analepse"[20] des Romans verstanden werden.

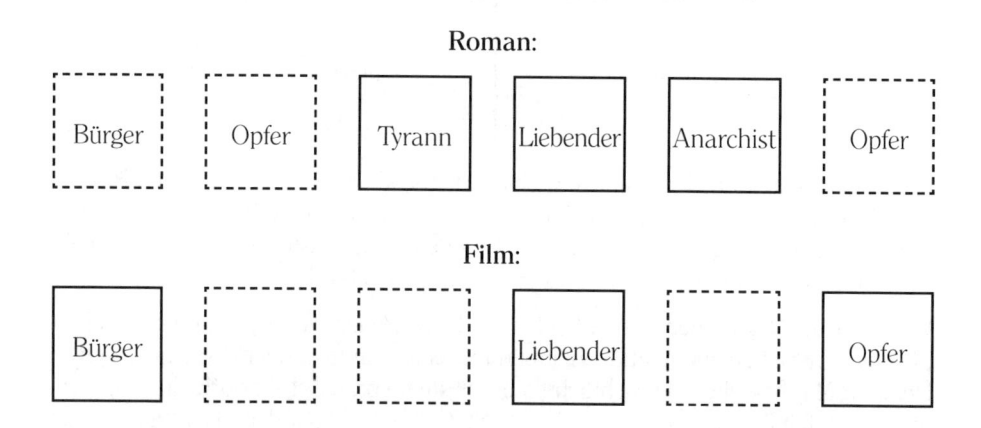

Roman:

| Bürger | Opfer | Tyrann | Liebender | Anarchist | Opfer |

Film:

| Bürger | | | Liebender | | Opfer |

Anders gesagt: Der Film rekonstruiert, was auch im Roman beiläufig an der Oberfläche, die ganze Zeit aber unterschwellig präsent bleibt: Bevor Raat ein „Tyrann mit schlechtem Gewissen" wurde, „scheu und rachsüchtig" (S. 9), hässlich, mager, schiefschultrig und immer schmutzig angezogen, der die Schüler hasst und ihnen nur schaden will, war er ein „Opfer der schulischen und gesellschaftlichen Verhältnisse"[21] gewesen: innerhalb ihres Systems negiert und eingegrenzt, einer gegen alle. Im Film tritt er als jemand auf, als ein Bürger, dem das noch bevorsteht. Er ist wohlproportioniert und noch gut erhalten, ordentlich angezogen (samt Taschenuhr) und im Unterricht durchaus ehrlich, wenn auch ungeschickt, um die Verbesserung der Fähigkeiten seiner Schüler bemüht. Im Roman ist das erste narrative Ereignis, das den Erwartungshorizont des immer Gleichen durchbricht, dass dem Professor beim

---

[19] *Klaus Kanzog*, „Mißbrauchter" Heinrich Mann? Bemerkungen zu Heinrich Manns „Professor Unrat" und Josef von Sternbergs „Der blaue Engel", in: *Helmut Koopmann* u. *Peter-Paul Schneider* (Hg.), Heinrich-Mann-Jahrbuch, Lübeck 1997, S. 113–138, geht dazu von der „strukturalen Theorie Jurij M. Lotmans" aus und sieht diesen „Nucleus" als ein System von „Grenzüberschreitungen" zwischen „Norm, Übertretung der Norm und Sanktion" (v. a. S. 122 f.). So werden in der Tat die System-Oppositionen des semantischen Quadrats aktiviert, also in Handlung übersetzt. Vgl. dazu auch unten die „Grenzüberschreitungen", wenn Unrat zum ersten Mal in den Blauen Engel geht.

[20] Ein Rückgriff und Nachtrag von etwas, was vor dem Erzählrahmen geschehen sein muss, *Genette*, Die Erzählung, S. 32.

[21] *Epple*, Heinrich Mann „Professor Unrat", S. 28.

Betreten der Schule identifizierbar „sein Name" zugerufen wird; und damit, dass er es diesmal „beweisen" kann, beginnt die von Hass und Rache erfüllte Schulstunde. Im Film ist die erste Narration ebenso klar erkennbar. Aber es geht nicht um Aggression und Macht. Wenn Unrat sich an den lieblos im Studierzimmer hergerichteten Frühstückstisch setzt, die ersten Takte von „Ach wie ist's möglich dann ..." („hab dich von Herzen lieb" würde es weitergehen) pfeift, den Kanarienvogel tot findet, schließlich, nachdem die Haushälterin das Objekt verdrängter Gefühle einfach im Ofen entsorgt hat, ganz traurig den Zucker für den Vogel im Kaffee versenkt, geht es nicht, noch dazu metaphorisch, lediglich um Einsamkeit und die Sehnsucht eines alten Kindes nach Zuwendung?

Der Vogel im Käfig ist ein sprechendes Requisit des naturalistischen Dramas, aus Ibsens *Nora* (1879) oder Strindbergs *Fräulein Julie* (1888) bekannt. Die Metaphorik der eingesperrten, ja abgetöteten Sehnsucht nach Freiheit, Vitalität und Liebe wieder aufnehmend wird später beim Frühstück mit Lola im Hintergrund aus vollem Hals gesungen werden. Bei der Hochzeit wird der Film-Unrat wie ein Hahn krähen, noch später als dummer August auf der Bühne genau dazu nicht mehr fähig sein. Sein Gefängnis ist keines des Machtsystems, kein Käfig wechselseitiger Aggression; er ist eingesperrt in seine eng pedantische Lebens- oder besser Nicht-Lebenswelt. Aber wie im Roman provoziert auch sie seinen Ausbruch in ihre konträre Gegen-Realität: Diese selbst präsentiert sich dann analog different. Kontrastieren wir zwei

Szenen, in denen eben diese letztlich aus der Bühne übernommene Differenz von „innen" und „außen" deutlich zum Tragen kommt. Unrat überschreitet zum ersten Mal die Schwelle zum Blauen Engel, als „stürzte" er sich „in einen Abgrund":

> Unrat verstand nicht, er fühlte nur den Aufruhr um sich und gegen sich. Wie schon alles über ihm zusammenschlug, entdeckte er am Tisch gleich neben sich einen freien Stuhl; er brauchte sich nur zu setzen. Er lüftete den Hut und fragte: „Sie erlauben vielleicht?"
>
> Eine Weile wartete er auf die Antwort, dann ließ er sich nieder. Sogleich fühlte er sich in der Menge versunken, seiner drückenden Ausnahmestellung enthoben. Niemand achtete im Augenblick auf ihn. Die Musik war wieder losgegangen; seine Nachbarn sangen mit. Unrat putzte seine Brillengläser und trachtete, sich zurechtzufinden. Durch den Qualm der Pfeifen, der Leiber und der Groggläser sah er zahllose Köpfe, die alle die gleiche dumpfe Seligkeit besessen hielt, hin und her schwanken, wie die Musik es wollte. Sie waren von Haar und Gesicht brandrot, gelb, braun, ziegelfarben, und das Schaukeln dieser von Musik in das Triebleben zurückgebannten Gehirne ging wie ein großes buntes Tulpenbeet im Winde durch den ganzen Saal, bis es sich, dahinten, im Rauch verfing. Dahinten durchbrach nur etwas Glänzendes den Rauch, ein sehr stark bewegter Gegenstand, etwas, das Arme, Schultern oder Beine, irgendein Stück helles Fleisch, bestrahlt von einem hellen Reflektor, umherwarf und einen großen Mund dunkel aufriß. Was dieses Wesen sang, vernichtete das Klavier, zusammen mit den Stimmen von Gästen. Aber es dünkte Unrat, als sei die Frauensperson selbst anzusehen wie ein Gekreisch. (S. 53)

Die Stelle ist auch dadurch interessant, dass sie eigentlich schon ganz filmisch aufgebaut ist. Sie entwirft freilich einen ganz anderen Film als den späteren *Blauen Engel*. Für den Roman der Jahrhundertwende ist dies bereits filmische Sehen kein Novum, und Heinrich Manns Nähe zum Theater macht das zusätzlich plausibel. Man könnte die Kamerabewegungen in den Text hineinschreiben:

– Halbtotale, Schwenk auf verschiedene Tische, Halt auf den leeren Stuhl. Unrat kommt ins Bild und setzt sich.

– Gegenschuss und Schwenk durch den Saal.

– Unrat nah: Er putzt seine Brille und trachtet, sich zurechtzufinden.

– Fahrt und Zoom über die Tische hinweg, Halbtotale durch die singenden Gäste hindurch, dann auf Rosa, zuletzt nah auf ihr Gesicht und ganz nah auf ihren groß aufgerissenen Mund.

Die letzte Einstellung hätte fast etwas Kühnes. Betrachtet man darüber hinaus die Abstraktion von Hell-Dunkel-Effekten, von Farben, von Bewegungsmustern, die teils den Raum füllen, teils, wie am Ende des Absatzes, den Zusammenhang wiedererkennbarer Gegenständlichkeit sprengen, dann gerät man im Roman durchaus in die

Nähe expressionistischer Filmkunst. Und die Sprache macht diese Innovationen mit: Die Sprünge der Perspektive, die Fragmentierung der Realität, die abstrahierenden Verallgemeinerungen und kühnen Vergleiche des Erzählers (beispielsweise „brandrot, gelb, braun, ziegelfarben", „ein großes buntes Tulpenbeet im Winde") setzen ihrerseits das ästhetisch befreite Sehen gegen das Wiedererkennen gewohnter Realität ab. Hier geht es nicht lediglich um „das fehlende Unvermögen Unrats, die Wirklichkeit einigermaßen adäquat wahrzunehmen", das bleibt unbestritten, sondern zentral auch um „die Kunstvorstellungen des Autors" selbst.[22] Nicht nur Unrat gerät außerhalb vertrauter Ordnungen, der Diskurs des Romans selbst nähert sich expressionistischer „Weltzertrümmerung". Es ist nur konsequent, dass Rosa für Unrat zuerst etwas total Fremdartiges ist, etwas, das er sozusagen nicht decodieren, semantisch nicht bewältigen kann, „anzusehen wie ein Gekreisch".

Im Roman sind es Ordnungszusammenhänge, die sich auflösen, die Unrat allerdings schon bald, so sehr hat er das Machtsystem verinnerlicht, wieder aufbaut. Man kann anschaulich verfolgen, wie das System, dem er selbst unterworfen ist, sich buchstäblich, nachdem es durch Rosas anfängliche Asemantik provoziert wurde, in Unrat regeneriert. Der implizite Autor freilich hat seine Freude an dieser ästhetischen Zerstörung gewohnter Ordnungsmuster. „Treu" umgesetzt hätte ein Film über diesen *Unrat-Tyrannen* viele wechselnde Perspektiven, harte Schnitte, kühne Einstellungen, überhaupt etwas Verzerrendes in der Inszenierung gefordert, kurz, eine Formensprache, die sich gegen ihre Inhalte wendet. Der Film *Der blaue Engel* erzählt eine konträr-implizite Geschichte. Wenn Unrat im Film zum ersten Mal das Lokal zum Blauen Engel betritt, ist es nicht ein Tyrann, der einen Augenblick lang verunsichert wird, schon gar nicht gilt das für die Sehgewohnheiten der Zuschauer (so wie seinerzeit die der Romanleser). Wer im Film seine Grenzen überschreitet, ist ein wohlmeinender, weltfremder Tolpatsch, der sich in Türen irrt, über Hindernisse stolpert und sich in aufgehängten Netzen verfängt. Von Anfang an hält diese Welt für ihn die Rolle des „dummen August in der Zwangsjacke" bereit, die später nach und nach so prägend werden wird. Und die Zuschauer sind darüber wie im Naturalistischen Theater im Grunde sogleich und ganz wörtlich ‚im Bilde'.

---

[22] *Epple*, Heinrich Mann „Professor Unrat", S. 44.

Auch dass Lola zum Lied „Kinder heut abend da such ich mir was aus" den Scheinwerfer auf Unrat richtet, so dass er sich fast geblendet ihr zuwendet und alle ihn verlachen, macht ihn visuell und symbolisch schon jetzt zum Opfer seiner späteren Hörigkeit, noch bevor er überhaupt dazu kommt, sich zu verlieben.

Roman wie Film erzählen Alternativen von Alternativen. Gerade indem ihre Handlungen, ihre „plots", so völlig verschieden sind, lassen beide medialen Realisierungen sich komplementär einer gemeinsamen Tiefenstruktur zuordnen. Gewiss ist auch im Roman „späte Sinnlichkeit" (S. 166) und „Leidenschaft" (S. 197) von entscheidender Bedeutung. Der den ganzen Roman überhaupt bewegende „Handlungsdrang" Unrats „speist [...] sich aus libidinöser Energie".[23] Aber – und das scheint mir nun außerordentlich wichtig, ja schlechthin zentral – der Roman-Unrat denkt zuerst einmal so gut wie gar nicht an sich selbst, er handelt, ja fühlt nahezu selbstlos. Das System der Macht, dem er dient, mit dem er sich identifiziert, hat er von jedem persönlichen Vorteil abstrahiert:

> Bei Unrat zu Hause sah es eher dürftig aus [...] Er ging unansehnlich, sogar verlacht unter diesem Volk umher – aber er gehörte, seinem Bewußtsein nach, zu den Herrschenden. Kein Bankier und kein Monarch war an der Macht stärker beteiligt, an der Erhaltung des Bestehenden mehr interessiert als Unrat. Er eiferte sich für alle Autoritäten [...] Er wollte sie stark: eine einflußreiche Kirche, einen handfesten Säbel, strikten Gehorsam und starre Sitten. Dabei war er durchaus ungläubig und vor sich selbst des weitesten Freisinns fähig. Aber als Tyrann wußte er, wie man sich Sklaven erhält; wie der Pöbel, der Feind [...] zu bändigen waren. (S. 44 f.)

Gerade und nur weil er das Machtsystem so völlig abstrahiert hat, kann er es zunächst in die fremde Welt des Blauen Engel übersetzen, dann in der Villa vor der Stadt destruktiv und anarchisch umkehren. Es ist im Roman nicht „sittliche Einfalt" (S. 45) oder gar der Drang, seine Schüler vor moralischer Verderbtheit zu bewahren

---

[23] Martin, Erotische Politik, S. 62.

– „der humanistisch Gebildete darf des sittlichen Aberglaubens der niederen Stände billig entraten" (S. 153) –, es sind nicht irgendeine Prüderie und verdrängte Lust, die den Roman-Unrat in den Blauen Engel führen, sondern „Zorn" (S. 45), „Wut und Angst" (S. 72) angesichts der Möglichkeit, dass die Schüler sich dort seinem Einfluss, ganz wörtlich, seinem Machtbereich entziehen könnten. Und umgekehrt nähert er sich Rosa zunächst nicht, weil er sie sexuell attraktiv findet, zumindest merkt er das lange Zeit gar nicht, sondern weil er den Schülern den Weg zu ihr versperren will und dann, weil er erkennt, dass sie – und er vergrößert sich dies sofort überdimensional – über andere Männer „Macht" (S. 59) hat. Unrat ordnet die „Künstlerin Fröhlich", wie er sie fast ausschließlich nennt, sofort seinem „despotischen Trieb" zu. Wer beispielsweise ihren Darbietungen auf der Bühne nicht total ergriffen folgt, erregt Unrats „Tyrannenwut":

> Die Künstlerin Fröhlich war seine eigene Angelegenheit! Er hatte sie genehmigt, folgte aus den Kulissen ihren Leistungen, war mit ihr verknüpft und führte sie gewissermaßen selber vor! Man vergriff sich an ihm selbst, wenn man sich unterstand, sie nicht gelten zu lassen. Er [...] wand sich unter der Begierde, so einen Schädel einmal aufzuschlagen und den Schönheitssinn darin mit krummen Fingern zurechtzurücken. (S. 100 f.)

Ausdrücklich ist die „Begierde", unter der er „sich windet", nur auf Autorität und Aggression gerichtet. Dass noch andere „Begierden" in ihm geweckt werden – immer und immer wieder – bemerkt er nicht einmal. Um nur ein Beispiel zu zitieren: „Sie (Rosa) führte ihm ihr Gesicht zu mit gespitztem Mund. Aber Unrat kam nicht drauf." (S. 105) Und umgekehrt später, wenn Rosa seine „Braut" geworden ist, er wegen seines Lebenswandels seine Stelle verliert, Rosa heiratet, sich offen zum Ärgernis der Stadt entwickelt, schließlich Rosa als den Star seines familiär gesellig betriebenen „Etablissements" einsetzt, um möglichst viele Bürger zu kostspieligen Vergnügungen zu animieren, zuletzt durch Glücksspiele geradezu zu ruinieren, hat Unrat immer zuerst seine zum Zerstörungsprinzip gewandelte Machtausübung im Auge. So wie er als Tyrann Rosa kaum oder erst spät für sich selbst begehrt hatte, so ist er jetzt als Anarchist grundsätzlich bereit, sie mit anderen zu teilen. Denn wenn Rosa ihren Verehrern gefährliche und deren Ansehen zerstörende Prüfungen auferlegt hat, muss sie nachts ihre Versprechen auch einlösen. Unrat „krümmt sich" und „wimmert" (S. 203), aber, er verlässt seine Systemstelle des „Anarchisten", der jetzt über den „Liebenden" dominiert, nicht. Er hält seine Rolle in diesem Macht-Spiel durch. Mit seinen eigenen Worten gesagt: Sofern ohnehin „die sogenannte Sittlichkeit in den meisten Fällen aufs innigste mit Dummheit verknüpft ist", wird, wer die „hellsten Gipfel" der Zugrunderichtung ehrbarer Bürger zu erklimmen vermochte, „auch mit den undurchdringlichen Schlünden wohlvertraut" (S. 205) sein, nämlich Eifersucht ertragen zu müssen, ja in die Nähe des Zuhälters zu geraten.

> Seine Liebe, die er täglich verwunden mußte, um seinen Haß zu füttern, reizte diesen Haß zu immer tollerem Fieber. Haß und Liebe machten einander irr, brünstig und schreckenvoll. Unrat hatte die lechzende Vision der ausge-

preßten, um Gnade flehenden Menschheit; dieser Stadt, die zerbrach und öde stand; eines Haufens von Gold und Blut, der zerbrach ins Aschgraue des Untergangs der Dinge. [...] Aus dem Tyrannen war endgültig der Anarchist herausgebrochen. [...] Sein Name! Jetzt gab er ihn sich selbst; setzte ihn sich auf wie einen Siegerkranz. [...] „Jaja, ich bin ein rechter Unrat." (S. 215 f., 211 f.)

Man sieht, wie genau spiegelbildlich, ja dekonstruktiv – nicht zufällig taucht das Wort „brechen" in immer neuen Abwandlungen auf – Heinrich Mann die beiden Unrat-Rollen ausgearbeitet hat, bis hin zur imaginären Verallgemeinerung, zur expressionistischen Welt-Zertrümmerungs-Vision, die Unrat als Tyrann einen Augenblick lang erschüttert hatte, und mit der er sich jetzt als Anarchist aufs Innigste identifiziert. Gegenüber einer „nurmehr fassadenhaft moralischen bürgerlichen Stadtgesellschaft" hat hier sichtbar und fühlbar auch der Autor seine Freude an diesem imaginären „Weltende". Und wenn „der Leser [...] Genugtuung an dem unmoralischen Tun Raats entwickelt",[24] dann ist das sicher im Sinne von Heinrich Manns Erzählstrategie.

Hier weicht der Film so gut wie völlig vom Roman ab. Vom „Tyrannen" ist nur die kleine Szene mit dem Schutzmann und den drei Schülern übrig geblieben; es geht eher um Obrigkeit und Ordnung als um Macht; und aggressiv wird Unrat genau zweimal: Einmal gegen den Kapitän, einen Nebenbuhler, und später, viel tiefer, gegen Lola. Das ist bezeichnend und auf neue Weise konsequent, wie wir gleich sehen werden. Wenn man nur auf die Handlung blickte – was freilich nicht genügt – könnte man sagen, dass der Film den Roman teils verkürzt, teils ergänzt. Der Hauptteil der Handlung ähnelt jetzt eher einer der Episoden im Roman, in denen Rosa ehrbare Bürger ruiniert. Der „Oberlehrer Richter" beispielsweise, schon sein Name zeigt eine gewisse Verwandtschaft mit „Raat", macht sich für sie buchstäblich zum dummen August, wenn er betrunken an Rosa geklammert auf einem Esel an seiner Verlobten vorbeireitet; und deren Familie gehört zu den ersten und einflussreichsten der Stadt. Da ist er „hin", wird aus „seiner Stellung weg(ge)grault" und kann hinfort „zusehen, wo er bleibt" (S. 204). Kommt das nicht dem Film erheblich näher als die Haupthandlung des Romans? Vor allem aber, und das ist wichtiger: Der Film, so wie er konzeptionell vor den Romananfang zurückgegangen war und einen noch unverzerrten, nahezu normalen Menschen auftreten ließ, so erzählt er jetzt über den Schluss des Romans hinaus. Man kann den Zusammenhang leicht nacherzählend ergänzen: Unrat, erst verhaftet und dann vertrieben („aus dem Herrscher wird" ausdrücklich schon am Romanende wieder „der Beherrschte, aus dem Verfolger der Verfolgte"),[25] muss – und hier fährt dann der Film fort – mit Rosa herumziehen, dann im Tingeltangel mitwirken, bis er als dummer August auf der Bühne, noch dazu wieder zurück in seiner Heimatstadt, jede Selbstachtung verliert. Als seine Hörigkeit gegenüber Lola in Aggression umschlägt, kommt er sogar in die Zwangsjacke. Sein letzter Weg führt

---

[24] *Ralf Siebert*, Heinrich Mann „Im Schlaraffenland", „Professor Unrat", „Der Untertan". Studien zur Theorie des Satirischen und zur satirischen Kommunikation im 20. Jahrhundert, Siegen 1999, S. 278.
[25] *Hasubek*, Studien zum Werk Heinrich Manns, S. 111.

ihn auf sein altes Schul-Katheder, dort stirbt er, ein zerfallenes Monument früheren Ansehens. So hätte durchaus auch der Roman weitergehen können.

Und genau diesen Schluss, in dem der Film den Roman zu Ende erzählt, hat nicht zuletzt Heinrich Mann selbst ausdrücklich gut geheißen: Der Film hat „aus dem Innersten der Gestalt an ihr weitergedichtet. In dem Roman stirbt Unrat nicht. Jannings wusste und hat erfunden, wie er stirbt" (S. 294). Zum „Innersten" der Unrat-Gestalt gehört ihr innerer Widerspruch, ihr Ausleben von Gegensätzen: Negationen von Negationen, denen auch im Roman ausdrücklich kein gesellschaftlich besserer Entwurf folgt: „Raats Ruin enthüllt zwar den sittlichen Ruin der Gesellschaft, seine Radikalität kennt aber noch keine Perspektive".[26] Und der Film setzt dieses offen Negative fort. Interessanterweise tritt genau hier, wo es um die Zerstörung von Unrats sozialem Status und die Negation des letzten Restes jener Macht geht, die einst den Roman-Anfang geprägt hatte, auch die reine Medialität des Films am deutlichsten hervor. An sich ist der Film auf weite Strecken abgefilmtes Theater. Spezifisch filmische Techniken, in diesem Fall Nahaufnahmen, Schnitt und Abblende zwischen im Bildaufbau analogen Einstellungen bei gegensätzlichem Inhalt, werden hier genau da eingesetzt, wo Unrat paradigmatisch sozusagen umkippt. Es handelt sich um zwei rasch aufeinander folgende Sequenzen. Unrat stößt den Koffer mit den lasziven Fotos auf, behauptet, die brauche man ja nun nicht mehr, während Lola spöttisch lächelnd anmerkt: „Man kann nie wissen." Und nach der Abblende sieht man Unrat abgerissen die besagten Fotos anbieten.

---

[26] *Peter Stein*, Heinrich Mann, Weimar 2002, S. 67.

Wenig später weigert sich Unrat, selbst aufzutreten, hilft dann Lola, sich zu schminken und zu kämmen, greift mit der Brennschere nach Kalenderblättern, immer wieder, über immer größere Zeiträume hinweg; und dann sieht man ihn, wie er sich vor dem Spiegel als Clown schminkt.

Im ersten Fall liegt zwischen Ab- und Aufblende ein Zeitsprung. In der zweiten Filmszene zeigen die von der Brennschere erfassten Kalenderblätter eine iterative Raffung: Dasselbe ereignet sich immer wieder, bis eine neue Situation da ist. Und die schematische Analogie der Einstellungen ebenso wie die Brücke der „Fotos" treiben den Gegensatz hervor: vom wohlsituierten „Ehe-Herrn" zum schäbigen Anhängsel, der Lolas Reize voyeuristisch „verkaufen" muss, und vom Rest von Selbstachtung zum „dummen August", den alle nur noch verlachen. Das und die weiteren Schicksale des Film-Unrats haben etwas menschlich Erschütterndes, durchaus Tragisches. Was bleibt über gesellschaftliche Reputation hinaus bzw. unter ihr, unter ihrer Scheinsicherheit vom Eigenwert der Persönlichkeit, vom menschlichen Subjekt? Die Zerstörbarkeit aller Selbstachtung, ein Ich-Verlust konsequent zu Ende erzählt, bewirkt das den „Schauer eines ganz zu Ende gelebten Schicksals" (S. 206), den Heinrich Mann selbst am Film gelobt hat?

Aber nicht Unrat bzw. Emil Jannings ist der Star des Films. Der Kino-Mythos Marlene Dietrich beginnt genau hier. Man kann seine Entstehung fast auf die Minute verfolgen. Es hat filmgeschichtlich etwas von einer epochalen Grenzüberschreitung, wenn Jannings während des Liedes „Ich bin von Kopf bis Fuß auf Liebe eingestellt" fast überdeutlich in Stummfilm-Gestik und Stummfilm-Mimik zurückfällt, was auch der verwinkelten, mehrstufigen, von Requisiten überfüllten Szenerie entspricht – die ausgestopfte Möwe wieder einmal als warnendes Symbol, das einmal mehr an das naturalistische Theater erinnert –, während Marlene Dietrich den ganzen Filmraum buchstäblich auf sich zentriert und ihn durch Gesang und Gestik neu semantisiert:

Man kann sehr klar verfolgen, wie hier verschiedene Bedeutungsebenen einander überlagern, „code sur code", wie Roland Barthes sagte,[27] wie sie auseinander hervorgehen, sich immer weiter verallgemeinern, immer aber „im Bilde", in der Szene bleiben. So gewinnt die Szene jene sinnliche Allgemeinbedeutung, die einen Mythos ausmacht und die inzwischen in unzähligen Abwandlungen und Zitaten zu unserer Alltagskultur gehört. Wieweit kann man das auflösen?

---

[27] Roland Barthes, S/Z, Paris 1970, S. 61, der fortfährt: „dit le réalisme" (Code auf Code, genannt Realismus); auch das ist sprechend. Gerade der Film-Realismus ist Resultat einer Realisierung und wird von der Film-Sprache „geschrieben" („Le réel, c'est ce qui a été écrit", ebd. S. 46).

- Da ist zunächst die noch naturalistisch-filmische Szenerie: Kleinbürgerlicher Voyeurismus verbunden mit Biergenuss. Das Kostüm, das Herumstaksen auf der Bühne, der Umgang mit den Kolleginnen: Lola ist zwar die Nummer eins, aber immer noch Teil der Truppe.

- Aber während sie singt, vor allem dann in der Wiederholung – eine film-rhetorische *amplificatio* schönster Funktion – wächst die Film-Lola sichtbar über sich hinaus.

Die symbolischen Requisiten nehmen für sie Partei, sie erzählen von vornherein, dass sie Unrats Schicksal sein wird. Sie ist Subjekt der Symbol-Sprache. Die Kamera bewundert sie. Die Ausleuchtung bringt ihr Gesicht und ihre – für damaliges Verständnis – freizügig gezeigte Haut ganz wörtlich zum Strahlen. Aber auch sie selbst verändert sich. Durch ihre sich lockernden, immer weiter ausgreifenden Bewegungen inszeniert Lola sichtbar und nach und nach ihren Körper als Modell räumlicher Dimensionen. Sie ist ihre Welt. „Ihre erotische Ausstrahlung entortet die Szene der Filmhandlung".[28] So wurde sie zu etwas Bildhaft-Allgemeinem, zum Mythos. Wie Rhett Butler, der Scarlett O'Hara auf den Armen trägt, oder „The Tramp", die Straße entlang tänzelnd, oder, wenn Sie wollen, Eowyn im III. Teil von *The Lord of the Rings*, die vor Minas Tirith ihr Haar frei wehen lässt –, der filmische Sieg des Lichts über das Dunkel: Die Kinomythen leben alle von dieser den Raum neu vermessenden bildlichen und gestischen Verallgemeinerung. Und der Raum der filmischen Einstellung setzt sich fort in den Vorstellungsraum der Betrachter und prägt zuletzt deren Sicht von Welt.

- Denn es ist schon bald in der Geschichte der Kino-Kultur nicht mehr nur die Film-Lola, sondern „die Dietrich", die ihren Mythos filmisch inszeniert. Der Star *ist* im Kino die Rolle. Und genau hier beginnt Marlene Dietrich zum Star zu

---

[28] *Bronfen*, Illusionsspiele in Hollywood, S. 134.

werden. Man kann einerseits schon jetzt diese genau verlangsamten, tangorhythmischen Bewegungen erkennen, die sie von da an immer wieder auf die Leinwand bringen wird: „Sie bewegt ihren Körper wie ein Pokerspieler die Karten".[29] Als Beleg ein kurzer Ausschnitt aus *Witness for the Prosecution* von 1957 (mit Charles Laughton, unter der Regie von Billy Wilder):

So wie Marlene Dietrich hier souverän schreitend und stehend den Filmraum auf sich konzentriert und sich genau im Übergang von Egoismus und Aufopferung, Illusion und Wahrheit, und dies noch dazu ausdrücklich als Spiel im Spiel inszeniert, ist sie immer noch Lola. Und zwischen beiden Filmen liegen 27 Jahre. Der Vergleich der beiden Filme erlaubt auch den Inhalt des „Mythos Marlene Dietrich" zumindest in Umrissen anzusprechen: Es ist ein Mythos weiblich-rätselhafter Ambivalenz. Alle diese Filme verbindet die „Kontinuität des ambivalenten Frauenbildes":[30] das rätselhafte Hin und Her zwischen Hingabe und Dominanz, zwischen „femme éternelle" und „femme fatale",[31] „liebendem Engel" und kalt berechnender Verführerin, bis hin zum „Wechselspiel von Sadismus und Masochismus".[32] Insofern ist der Mythos so gut wie identisch mit der voyeuristischen Erotik des Films, die eben immer zugleich verführt und verwehrt. Zugleich ist es ein Kino-Mythos. Die Lolas im Film sind fiktiv, aber der Star, „die Dietrich", ist real. So gehört dann auch Lola, wie das Kino um die Ecke und die Berichte in den Zeitungen, zur Realität, zur Welt. Und die später so deutlich gepflegte bisexuelle Ausstrahlung der Dietrich, schon jetzt mit dem Zylinder angekündigt, kommt zu dieser Ambivalenz von „Engel" und „Biest", Illusion und Realität noch hinzu. In *Der blaue Engel* gibt es auch eine spiegelbild-

---

[29] Zitiert nach *Werner Sudendorf,* Marlene Dietrich. Dokumente, Essays, Filme, 2 Bde., München 1977, Bd. 2, S. 12.
[30] *Michael Grisko,* Der „blaue Engel" als „vamp fatale". Reflexivität, diskursive Macht und die mediale Karriere einer Ikone, in: *Helmut Scheuer* u. *Michael Grisko,* Liebe, Lust und Leid. Zur Gefühlskultur um 1900, Kassel 1999, S. 407–434, hier S. 416.
[31] *Sudendorf,* Marlene Dietrich, Bd. 2, S. 49.
[32] *Bronfen,* Illusionsspiele in Hollywood, S. 113.

lich entgegengesetzte zweite Version des Schlüsselsongs: Während Unrat/Jannings sich endgültig gedemütigt davonschleicht, singt Lola/Marlene Dietrich ihr Lied mit harter Stimme frontal ausgeleuchtet und aufgenommen, was ihr Gesicht schmäler und schärfer zeichnet (so wie sie dann später aussah), dominant rittlings auf einem Stuhl, in enganliegender schwarzer Kleidung, Unrats breitkrempigen Hut verwegen auf dem Kopf und spöttisch herausfordernd ins Publikum blickend.

Und jetzt ist Unrat endgültig eines jener Opfer geworden, die „verbrennen […] wie Motten (im) Licht".

Opfer ist Unrat im Roman zuletzt mehr oder weniger auch. Aber er ist in erster Linie Opfer seiner eigenen Energie, seiner Stärke, nicht seiner Schwäche. Er zerstört sich im Roman selbst. Und nicht seine späte Leidenschaft und erst recht nicht eine sich emanzipierende Rosa sind der Grund für seine Selbstzerstörung. Sie sind der Auslöser; genauer: Sie öffnen den Weg zur aggressiven, anarchistischen Übersetzung von Unrats Machtprinzip zum Welt-zerstörerischen Umkippen seines Bedürfnisses nach Tyrannei, das ihn zuletzt dann selbst zerstört. Ganz absurd, aber völlig konsequent sieht der letzte Akt dieses, wie wir gesehen haben, theatralischen Romans aus: Unrat nimmt Lohmann die Brieftasche fort, denn Geld ist Macht, Macht über Rosa, wie Unrat befürchten muss. Dieser zeigt ihn an. Der vermeintliche dekadente Poet und der Mann von Bildung, freilich einer verknöcherten, überholten Bildung, sind zum Geldbürger und Habenichts geworden. Unrat wird mit Rosa verhaftet und unter dem Johlen der Bürgerschaft wie ein gefährliches Ungeziefer entfernt. Im Roman ist der Konflikt von Vernunft und verdrängter Lust zwar unterschwellig wirksam und wird in absurde Macht- und Aggressionsspiele übersetzt. Aber er bleibt ein Konflikt von „Raat" und „Ratte". Was im Film dagegen offen ins Scheinwerferlicht tritt, ist, so könnte man sagen, der kulturgeschichtlich viel weitere Rahmen, in dem Unrats Selbstzerstörung im Roman nur eine Etappe bildet. Der Film, das haben wir gezeigt, knüpft in vielem an das naturalistische Drama an. Mit ihm auch – man denke an Strindberg oder Ibsens *Nora* – an das Thema des Kampfes der Geschlechter. Sind das nicht die weitergehenden Perspektiven des Films? Geht es nicht zwischen Emil Jannings und Marlene Dietrich letztlich um einen Konflikt vergangener patriarchalisch-bürgerlicher Ordnung und einem neuen weiblichen Mythos, einer „new woman", verführerisch und selbstbewusst, ja dominierend, und immer rätselhaft?

Heinrich Mann hat angesichts der Erstaufführung des Films öffentlich betont, dass er „für den Film ‚Der blaue Engel' von Anfang an Verständnis" hatte (S. 294). Den einen Grund, dass der Film-Unrat aus dem „Innersten der Gestalt" des Romans hervorgegangen sei, auch bei abweichender Handlung, kann man typologisch bzw. strukturalistisch nachvollziehen. Die Anregung zu seinem damaligen Roman, eine Zeitungsnotiz, „eine Nachricht aus Berlin, von einem Professor, den seine Beziehungen zu einer Dame vom Kabarett auf strafbare Abwege gebracht hatte" (S. 284), sei dem Film sogar ursprünglich näher gestanden als der Machtparabel, die Heinrich Mann später daraus gemacht hatte, von der aber – und das ist schon bemerkenswert – in seiner Besprechung des Films: *Der Blaue Engel wird mir vorgeführt,* überhaupt nicht mehr die Rede ist (während etwa die politisch engagierte ‚linke' Filmkritik das Fehlen dieser Macht- und Gesellschaftssatire durchaus übel anmerkte).[33] Heinrich Manns Nähe zum Film *Der blaue Engel,* seine Zustimmung zu einer doch so weitgehend abweichenden Neubearbeitung seines Romans ist, so scheint mir, nicht zuletzt darin begründet, dass er inzwischen selbst ganz bewusst in einer anderen Zeit lebt als damals, als er *Professor Unrat* geschrieben hatte. Anders gesagt: Es gibt eine große Nähe zwischen den weiteren kulturgeschichtlichen Perspektiven, die der Film eröffnet, und Heinrich Manns Werk aus der Zeit der Weimarer Republik, vor allem der späten zwanziger Jahre.

Heinrich Mann hat seinen Unrat-Konflikt damals wiederholt so umgeschrieben, dass er dem Aufstieg Marlene Dietrichs über Emil Jannings, also nicht mehr nur dem Film, sondern, das sei nochmals unterstrichen, dessen film- und kulturgeschichtlicher Bedeutung, durchaus an die Seite gestellt werden kann. Denn immer wieder geht es bei dem Heinrich Mann von 1930, dem *Der blaue Engel* so gut gefiel, um das Ausbrechen aus bürgerlichen, patriarchalischen Traditionen und insbesondere

---

[33] Vgl. z. B. das Kapitel „Ein Film gegen Heinrich Mann?" bei *Dirscherl* u. *Nickel,* Der blaue Engel, S. 8 ff.

um ein neues, von Künstlerinnen und Schauspielerinnen verkörpertes, weibliches Selbstbewusstsein. Die Tänzerin Liliane in *Liliane und Paul* (1925) bringt einen ihr verfallenen rätselhaften alten, aber reichen und mächtigen Mann dazu, dass sie und ihr Geliebter ganz unkonventionell nur ihre „Liebe" leben können und dass es ihnen „gut gehen" wird.[34] In *Mutter Marie* (1927) gibt es eine Revue, die die späte Leidenschaft eines „Greises" inszeniert mit einem ausgesprochenen Raat-Unrat-Namen, nämlich „Wichtig". (Wäre er Lehrer, die Schüler würden daraus „Nichtig" machen, oder „Wicht" oder „Unwichtig" – wenn mir schon so viel einfällt!) Und dass dort ein Eintänzer gerade in seiner Tanzbegabung sein Recht auf Zukunft beweist, kehrt die Hierarchie von bürgerlicher Wohlanständigkeit und Halbwelt ausdrücklich um. In *Eugénie oder die Bürgerzeit* (1928) – einem viel zu wenig gelesenen Meisterwerk – wird einer, der eine ganze Stadt ruiniert hat, am Ende vertrieben wie seinerzeit Unrat. Aus seinem Namen Pidohn könnte man französisch: „pis donc!", „also noch schlimmer!" herauslesen. Das wäre dann auch ein „Unrat"-Name. Aber auch sonst (riskante Börsenspekulation statt Glücksspiel) ist eine gewisse Wieder- und Doppelgänger-Relation erkennbar. Die Titelheldin hätte, nicht zuletzt durch die vielerlei Normen-Überschreitungen einer Theater-Aufführung verführt, sich eine Affäre mit ihm intensiv vorstellen können. Greift Heinrich Mann hier nicht auch, freilich mit ganz neuen Absichten, auf den alten Fundus zurück. Nicht zuletzt spielt *Eugénie oder die Bürgerzeit* in derselben Stadt wie seinerzeit der *Unrat*-Roman, in dem ja durchaus auch bereits die besseren Kreise mit ins Bild gekommen waren. Der Roman voll Lübecker Details, um 1873 spielend, ist in der Personenkonstellation und dem Thema bürgerlicher Dekadenz ein Gegenstück zu Thomas Manns *Buddenbrooks*. Aber hier wirken sich das Unglück und die Kunst positiv aus, als eine Läuterung und Anlass zu einem Neuanfang, der gerade den Frauen neue Bedeutung verleiht. In *Die große Sache* (1930) wird eine Art Real-Theater inszeniert, ein Lebens-Spiel, eine Vorspiegelung, die die jungen Leute für wirklich halten, die sie zu allen möglichen, auch moralisch fragwürdigen, ja gangsterhaften Normen-Überschreitungen, zum Ausbrechen aus bürgerlichen Konventionen verleitet, und an deren Ende sie nur eines lernen: nicht sich in Ordnungen einzufügen, nicht Leistungen erbringen, sondern sich zu „freuen". Erzählt das nicht alles weiter am Konflikt: „bürgerlich" – „unkonventionell", „patriarchalisch" – „neues weibliches Selbstbewusstsein", den *Professor Unrat* noch nicht, zumindest nicht die zweite Konfliktkonstellation, wohl aber der Film *Der blaue Engel* und erst recht dessen Kinogeschichte thematisieren? Und im Roman *Die große Sache*, der wie *Der blaue Engel* aus dem Jahr 1930 stammt, gibt es ein sehr hübsches, ein bisschen leichtlebiges, aber letztlich charakterstarkes und lebenskluges Mädchen, das am Ende des Romans beschließt, zum Film zu gehen. Als Probe ihres Talents singt sie „mit tiefer Stimme [...] Ich bin von Kopf bis Fuß auf Liebe eingestellt".[35]

---

[34] *Heinrich Mann*, Das Gute im Menschen. Novellen. 2 Bde., Düsseldorf 1982, S. 691 f.
[35] *Heinrich Mann*, Die große Sache, Berlin 1930, S. 351.

Wenn ich mit dir rede kalt und allgemein.
Bert Brechts *Lesebuch für Städtebewohner* im Kontext von Rundfunk, Film und Roman der 20er Jahre

> Trenne dich von deinen Kameraden auf dem Bahnhof
> Gehe am Morgen in die Stadt mit zugeknöpfter Jacke
> Suche dir Quartier und wenn dein Kamerad anklopft:
> Öffne, o öffne die Tür nicht
> Sondern
> Verwisch die Spuren!
>
> Wenn du deinen Eltern begegnest in der Stadt Hamburg oder sonstwo
> Gehe an ihnen fremd vorbei, biege um die Ecke, erkenne sie nicht
> Zieh den Hut ins Gesicht, den sie dir schenkten
> Zeige, o zeige dein Gesicht nicht
> Sondern
> Verwisch die Spuren!
>
> Iß das Fleisch, das da ist! Spare nicht!
> Gehe in jedes Haus, wenn es regnet, und setze dich auf jeden Stuhl,
> der da ist
> Aber bleibe nicht sitzen! Und vergiß deinen Hut nicht!
> Ich sage dir:
> Verwisch die Spuren!
>
> Was immer du sagst, sag es nicht zweimal
> Findest du deinen Gedanken bei einem andern: verleugne ihn.
> Wer seine Unterschrift nicht gegeben hat, wer kein Bild hinterließ
> Wer nicht dabei war, wer nichts gesagt hat
> Wie soll der zu fassen sein!
> Verwisch die Spuren!
>
> Sorge, wenn du zu sterben gedenkst
> Daß kein Grabmal steht und verrät, wo du liegst
> Mit einer deutlichen Schrift, die dich anzeigt
> Und dem Jahr deines Todes, das dich überführt!
> Noch einmal:
> Verwisch die Spuren!
>
> (Das wurde mir gesagt.)

So lautet das erste und sicher auch modellhaft exemplarische Gedicht aus Bert Brechts Sammlung *Aus dem Lesebuch für Städtebewohner*. Dieser Zyklus – offen, vielleicht fragmentarisch, auf alle Fälle sorgfältig durchkomponiert – war 1926/27 entstanden; er ist in mehreren klaren Abschriften aus dem Jahre 1927 überliefert; einzelne Gedichte wurden bereits in diesen Jahren publiziert; die Folge von zehn durchnumerierten Gedichten, wie sie jetzt in der *Berliner und Frankfurter Ausgabe* steht,[1] erschien erstmals 1930 im 2. Heft der *Versuche*. Es gibt eine Reihe weiterer Gedichte, die Brecht wiederholt als zum *Lesebuch für Städtebewohner* zugehörig bezeichnete, aber auch Hinweise, dass Brecht Teile seiner Prosa, die Oper *Aufstieg und Fall der Stadt Mahagonny*, das *Badener Lehrstück vom Einverständnis* – das aber wiederum die Kenntnis des Hörspiels *Der Lindberghflug* voraussetzt – und eventuell noch anderes in eine „gattungsübergreifende Sammlung" aufnehmen wollte, die den „Einzug der Menschheit in die großen Städte" (S. 349) zum Gegenstand gehabt hätte. Aber da Brecht die „weiteren Gedichte" teilweise schon früh anderswo verwendet (z. B. das Gedicht *Blasphemie* in der *Mahagonny*-Oper, das Gedicht *Anrede* als Einleitung zu einem Programmheft für *Mann ist Mann*, vgl. S. 354), ist einerseits diese geplante größere Sammlung heute schwer zu rekonstruieren, andererseits ist der Zusammenhang der zehn Gedichte der Teilsammlung von 1930 von Brecht früh festgelegt (noch die geplanten *Gesammelten Werke* des Malik-Verlags von 1938 hätten nur diese Gedichte in dieser Reihenfolge enthalten), und dieser Zusammenhang hält auch genauerer Lektüre stand. Insofern also ist das erste Gedicht mit dem Refrain „Verwisch die Spuren" exemplarisch für dieses unvollständige Ganze und geeignet, die fünf Punkte meines Vortrags anzukündigen: Zuerst interessant ist die offene Problematik: „Anpassung" oder „Veränderung"? Sie wird gleich im ersten Gedicht eindrucksvoll sichtbar, und sie prägt die ganze Folge von Gedichten: Die erste Strophe des ersten Gedichts beispielsweise (Stichwort: „öffne die Tür nicht") verweist bereits auf das Gesamtthema, den Überlebenskampf von einzelnen in der Großstadt (thematisiert später vor allem in den Gedichten 2 und 6 bis 8); die zweite Strophe („gehe an [deinen Eltern] fremd vorbei") korrespondiert dem dritten Gedicht: „dich wollen wir töten [...] so sprechen wir mit unseren Vätern"; die dritte spricht vielleicht, wenn man Brechts Diktion und Vorstellungswelt kennt, in Stichworten wie: „das Fleisch, das da ist", „setze dich auf jeden Stuhl [...] aber bleib nicht sitzen! Und vergiß deinen Hut nicht", ein Thema „Zusammenleben mit Frauen" an, in den Gedichten 4 und 5 werden weibliche Stimmen antworten; und die letzten beiden Strophen („was immer du sagst", „findest du deinen Gedanken bei einem andern") kündigen bereits die Stimme eines desillusionierten Intellektuellen an und das Reden über Dichtung, in der Verstellung „kein Grabmal" auch eines jener verfremdeten Selbstportraits, die man aus Brechts Lyrik kennt und die das Schlussgedicht thematisiert: „Wenn ich mit dir rede/kalt und allgemein [...] so rede ich doch nur/Wie die Wirklichkeit selber". Weiterhin ist das Gedicht, wie noch zu zeigen sein wird – aber schon jetzt beachte man den episodenhaften, immer neu

---

[1] Bertolt Brecht, Werke. Große kommentierte Berliner und Frankfurter Ausgabe, hrsg v. *Werner Hecht* u. a., Bd. 11, bearb. v. *Jan Knopf* u. *Gabriele Knopf*, Gedichte I, Sammlungen 1918–1938, Berlin u. Weimar, Frankfurt 1988, S. 155–165, vgl. Anhang S. 348–355. Dieser Band dieser Ausgabe wird im Text zitiert.

ansetzenden Aufbau, der Zwischenmusiken, Geräusche etc. zuließe –, sehr „rundfunkgerecht" gestaltet. Der technische, kulturgeschichtliche und interpretatorische Aspekt der Notiz „Texte für Schallplatten" wird uns als weiteres beschäftigen. Eng damit zusammen hängt drittens der „epische Rahmen" dieses und der anderen neun Gedichte, der den Kontext der Großstadtliteratur anspricht. Der Angeredete beispielsweise, der seine „Spuren [...] verwischen" soll, ist offensichtlich irgendwie auf der Flucht – wie man nach 1934 erkannte, hat Brecht sehr klar die Situation von Emigration vorweggenommen. Arnold Zweig hat diese Gedichte 1935 Mitemigranten vorgelesen, und der Eindruck soll „betäubend" gewesen sein (vgl. S. 352). Kurz abzuhandeln, aber interessant scheint mir viertens der enge Zusammenhang von Großstadtthema und „filmischem Sehen". Man beachte etwa nur den Wechsel der „Einstellungen": „mit zugeknöpfter Jacke", zu „Suche dir Quartier", zu „wenn dein Kamerad anklopft" usw.! Und dieser „Dialog der Medien", das wäre mein heutiger methodischer Ansatz, soll abschließend unter dem theoriegeleiteten Stichwort: „Prosaisierung der Lyrik" den „Dialogismus" des *Lesebuchs für Städtebewohner* als Interpretationsangebot dieses Vortrags herausarbeiten.

„Anpassung" oder „Veränderung", „Hoffnung" oder „Verzweiflung"? [2]

Das zweite und dritte der Gedichte hatte Brecht bereits 1926 unter den Titeln *Vom fünften Rad* und *An Chronos* veröffentlicht.[3] So wie das Gedicht „Verwisch die Spuren" vielleicht die Situation des Exils vorwegnahm, so liest sich *Vom fünften Rad* gerade heute in einer Zeit erneuter höchster Arbeitslosigkeit ganz aktuell. Von Anklage, aber auch von Politökonomie ist freilich nicht die Rede. Aber hat die Aussage: „nicht schlecht ist die Welt/Sondern/Voll" das letzte Wort? Wer sind „Wir", wer ist „Du"? Und wohinaus soll es mit dem irritierenden, kalkulierten „Aneinander-vorbei-Reden", ja „Aneinander-vorbei-Denken"?

> Wir sind bei dir in der Stunde, wo du erkennst
> Daß du das fünfte Rad bist
> Und deine Hoffnung von dir geht.
> Wir aber
> Erkennen es noch nicht.
>
> Wir merken
> Daß du die Gespräche rascher treibst
> Du suchst ein Wort, mit dem
> Du fortgehen kannst
> Denn es liegt dir daran
> Kein Aufsehen zu machen.

---

[2] Walter Benjamin hatte, wegweisend für alle seitherigen Interpretationen, auf die Spannung hingewiesen zwischen der dargestellten „Fühllosigkeit" der Stadt und der lyrischen äußersten Feinfühligkeit „für die spezifischen Reaktionsweisen der Städter", so dass es offen bleibe, ob diese Gedichte „zu Hoffnung oder Verzweiflung berechtigen" (vgl. ebd., S. 352).
[3] *Werner Hecht*, Brecht-Chronik 1898–1956. Frankfurt 1997, S. 220 f.

Du erhebst dich mitten im Satz
Du sagst böse, du willst gehen
Wir sagen: bleibe! und erkennen
Daß du das fünfte Rad bist.
Du aber setzest dich.

Also bleibst du sitzen bei uns in der Stunde
Wo wir erkennen, daß du das fünfte Rad bist.
Du aber
Erkennst es nicht mehr.

Laß es dir sagen: du bist
Das fünfte Rad
Denke nicht, ich, der ich's dir sage
Bin ein Schurke
Greife nicht nach einem Beil, sondern greife
Nach einem Glas Wasser.

Ich weiß, du hörst nicht mehr
Aber
Sage nicht laut, die Welt sei schlecht
Sage es leis.

Denn nicht die vier sind zu viel
Sondern das fünfte Rad
Und nicht schlecht ist die Welt
Sondern
Voll.

(Das hast du schon sagen hören.)

Das dritte Gedicht gewinnt seine Aussage eigentlich erst mit der Schlusszeile, nämlich genau dann, wenn man erfährt, dass diese gleichgültig-brutale Rede an „unsere Väter" gerichtet ist; und das hat beim ersten Lesen schon etwas Schockierendes. Der vorübergehend gewählte Titel *An Chronos* benennt in der Anspielung an den Gott („Zeit"), der seine Kinder frisst und von seinem Sohn („Zeus") entmachtet wird, allerdings, wenn auch ohne jede konkrete Perspektive, eine völlig allgemeine, völlig sinnleere Veränderung. So könnte der Titel auch eine ironische Auseinandersetzung mit Goethes fortschrittsfrohem Gedicht *An Schwager Chronos* vorschlagen. („Wir wissen nicht, was kommt, und haben nichts Besseres.") Das Thema des Generationenkampfes, ja des „Vatermords", gibt es vielfältig in der Literatur seit der Jahrhundertwende (Hasenclever, Bronnen, natürlich Freud und die Folgen); aber die nüchterne Kälte, mit der Brecht es inszeniert, bringt doch einen neuen Ton.

> Wir wollen nicht aus deinem Haus gehen
> Wir wollen den Ofen nicht einreißen
> Wir wollen den Topf auf den Ofen setzen.
> Haus, Ofen und Topf kann bleiben
> Und du sollst verschwinden wie der Rauch im Himmel
> Den niemand zurückhält.
>
> Wenn du dich an uns halten willst, werden wir weggehen
> Wenn deine Frau weint, werden wir unsere Hüte ins Gesicht ziehen
> Aber wenn sie dich holen, werden wir auf dich deuten
> Und werden sagen: das muß er sein.
>
> Wir wissen nicht, was kommt, und haben nichts Besseres
> Aber dich wollen wir nicht mehr.
> Vor du nicht weg bist
> Laßt uns verhängen die Fenster, daß es nicht morgen wird.
>
> Die Städte dürfen sich ändern
> Aber du darfst dich nicht ändern
> Den Steinen wollen wir zureden
> Aber dich wollen wir töten
> Du mußt nicht leben.
> Was immer wir an Lügen glauben müssen:
> Du darfst nicht gewesen sein.
>
> (So sprechen wir mit unsern Vätern.)

Die Gedichte 4 und 5 lassen weibliche Stimmen zur Sprache bzw. zu Gehör kommen: eine Frau vor dem Spiegel, die an ihren Teint denkt:

> Ich gebe mir Mühe
> Frisch zu bleiben und hart, aber
> Ich werde mich nicht anstrengen; das
> Gibt Falten.
>
> Ich habe nichts zum Verschenken, aber
> Ich reiche aus mit meiner Ration.
> Ich esse vorsichtig; ich lebe
> Langsam; ich bin
> Für das Mittlere.
>
> (So habe ich Leute sich anstrengen sehen.)

und dem folgt ein Text in der Tradition der „Hurenbeichte":

> Ich bin ein Dreck. Von mir
> Kann ich nichts verlangen, als
> Schwäche, Verrat und Verkommenheit
> Aber eines Tages merke ich:
> Es wird besser; der Wind
> Geht in mein Segel; meine Zeit ist gekommen, ich kann
> Besser werden als ein Dreck!
> Ich habe sofort angefangen.

Bemerkenswert ist, dass hier in beiden weiblichen Gedichten Verfall – zunächst einmal einer der sozialen Einbindungen – und persönliches Durchsetzungspotential direkt auseinander hervorgehen; sonst sind sie ja auf verschiedene „Stimmen" verteilt. Und im fünften Gedicht setzt gerade der Verfall des Körpers eine unbesiegbare Vitalität frei. (Da mir diese Passage in der bisher einzigen Produktion des *Lesebuchs für Städtebewohner*, Klaus Buhlert für den Deutschlandfunk, BR, WDR, 9. 2. 1998, am besten gelungen scheint, werde ich Ausschnitte daraus später vorstellen.)

> Leider mußte ich
> Rein um mich am Leben zu erhalten, viel
> Tun, was mir schadete; ich habe
> Gift gefressen, das vier
> Gäule umgebracht hätte, aber ich
> Konnte nur so
> Am Leben bleiben; so habe ich
> Zeitweise gekokst, bis ich aussah
> Wie ein Bettlaken ohne Knochen
> Da habe ich mich aber im Spiegel gesehen!
> Und habe sofort aufgehört.
>
> Sie haben natürlich versucht, mir eine Syphilis
> Aufzuhängen, aber es ist
> Ihnen nicht gelungen; nur vergiften
> Konnten sie mich mit Arsen: ich hatte
> In meiner Seite Röhren, aus denen
> Floß Tag und Nacht Eiter. Wer
> Hätte gedacht, daß so eine
> Je wieder Männer verrückt macht?!
> Ich habe damit sofort wieder angefangen.
>
> Ich habe keinen Mann genommen, der nicht
> Etwas für mich tat, und jeden
> Den ich brauchte. Ich bin

Fast schon ohne Gefühl, beinah nicht mehr naß
Aber
Ich fülle mich immer wieder, es geht auf und ab, aber
Im ganzen mehr auf.

Durch seine Länge, die naturalistisch-vitalistische Intensität, die mythische Überhöhung („Hure Babylon"), die futurischen („der Wind geht in mein Segel", „das Geschlecht von morgen"), ja heilsgeschichtlichen Ausblicke („es müssen alle Dinge mir zum besten dienen", nach Römer 8,28) ist dieses Gedicht das „epischste", ja im wörtlichen Sinne „historischste" des ganzen Zyklus. So steht es auch irgendwie zu Recht in dessen Mitte

Ich bin ein Dreck; aber es müssen
Alle Dinge mir zum besten dienen, ich
Komme herauf, ich bin
Unvermeidlich, das Geschlecht von morgen
Bald schon kein Dreck mehr, sondern
Der harte Mörtel, aus dem
Die Städte gebaut sind.

(Das habe ich eine Frau sagen hören.)

Die Gedichte 6 (das Porträt eines Verlierers, der „die Straße hinunter" geht, „den Hut im Genick") und 7, der zynische Rat an ihn, sich eben ganz neu durchzuschlagen (mit der Schlusszeile" nichts zu danken"), werden wir später, unter den Aspekten des „filmischen Sehens" und der „Episierung", betrachten. Das achte Gedicht spricht bereits eine Art Gesamturteil, wobei der Anspruch auf Allgemeinheit auch durch das nur leicht veränderte Zitat aus Dante (die Inschrift am Tor zum „Inferno", 3. Gesang, Vers 9) unterstrichen wird.

Laßt eure Träume fahren, daß man mit euch
Eine Ausnahme machen wird.
Was eure Mutter euch sagte
Das war unverbindlich.
Laßt euren Kontrakt in der Tasche
Er wird hier nicht eingehalten.

Laßt nur eure Hoffnungen fahren
Daß ihr zu Präsidenten ausersehen seid.
Aber legt euch ordentlich ins Zeug
Ihr müßt euch ganz anders zusammennehmen
Daß man euch in der Küche duldet.

Ihr müßt das ABC noch lernen.
Das ABC heißt:
Man wird mit euch fertig werden.

Denkt nur nicht nach, was ihr zu sagen habt:
Ihr werdet nicht gefragt.
Die Esser sind vollzählig
Was hier gebraucht wird, ist Hackfleisch.

Aber das soll euch
Nicht entmutigen!

Die zweimalige, und beim zweiten Zitat genauere, Anspielung auf die *Divina Commedia* ist insofern zusätzlich interessant, als sie neben dem Mythos der „Hölle Großstadt" (auch davon später) auch, sozusagen als „abwesendes" Modell (im Sinne neuerer Literaturtheorie – die Literatur, erst recht die Lyrik der Moderne ist angewiesen auf Theorie), die Umkehr des „Abstiegs" vorzeichnet. Dem waren wir im fünften Gedicht als unbesiegbarem Vitalismus begegnet („ich/komme herauf, ich bin/Unvermeidlich"), im siebenten als zynische Moralistik („wenn Sie durchkommen/Haben Sie mehr getan als/Wozu ein Mensch verpflichtet ist"). Das neunte Gedicht, das einzige mit einer Überschrift *Vier Aufforderungen an einen Mann von verschiedener Seite zu verschiedenen Zeiten*, zeichnet zwar im Ganzen einen sozialen Abstieg nach, von der Wohnung über das „Zimmer mit einem Bett", dann die „Schlafstelle" bis zur Unterkunft bei einer Prostituierten für „eine Nacht, aber das kostet extra". Doch jedesmal ist damit die Aufforderung verbunden: „Hier bleibe", „bleibe ruhig bei uns", „Du kannst also dableiben". Das zehnte Gedicht setzt einen Schlusspunkt, trägt aber kein irgendwie „vollständiges" Argument vor (auch dazu später: zur „Prosaisierung der Lyrik"). Es ist ein metapoetisches Gedicht, ein Gedicht über Dichtung, seine Stimme ist die des „implied author", es spricht der, der den ganzen Zyklus verfasst hat, und angeredet ist ein intendierter Leser. Aber indem beide in die Folge von Gedichten eintreten, werden beide auch den Betroffenen der Großstadtwelt gleichgestellt.

Wenn ich mit dir rede
Kalt und allgemein
Mit den trockensten Wörtern
Ohne dich anzublicken
(Ich erkenne dich scheinbar nicht
In deiner besonderen Artung und Schwierigkeit)

So rede ich doch nur
Wie die Wirklichkeit selber
(Die nüchterne, durch deine besondere Artung unbestechliche
Deiner Schwierigkeit überdrüssig)
Die du mir nicht zu erkennen scheinst.

Texte für Schallplatten

„Wenn ich mit dir rede/Kalt und allgemein [...] Ohne dich anzublicken": Solche Selbstdeutungen aus dem Schlussgedicht des *Lesebuchs für Städtebewohner* scheinen bruchlos in die Notiz *Texte für Schallplatten* überzugehen: eine „veränderte Rezeption", die „Anonymität der Stimme", durch „das Medium" festgelegte „neue Wahrnehmungsweisen" und ein festgelegtes „Tempo des Wahrnehmungsablaufs", wodurch „das wiederholende Lesen von Zeilen, das Zurückgehen zur Eingangsstrophe, der korrespondierende Blick über die Zeilen hinweg, kurzum: das Verweilen bei Einzelheiten nur erschwert möglich" sei. „Die direkte Beziehung" zum Vortragenden, etwa bei einer Lesung, „sei bei der Schallplattenlyrik der Anonymität gewichen", genau dies sei der Darstellung der Großstadt angemessen und korrespondiere „auch (der) Anonymität ihrer Bewohner in deren Redeformen". So die bisher einzige eingehendere Überlegung zum *Lesebuch für Städtebewohner* als „medienästhetischer Versuch" Brechts.[4]

Das ist alles richtig. Aber es ist viel zu wenig. Brecht war 1926/27 schon zu gut mit dem neuen Medium Rundfunk vertraut, um einfach an eine „Lesung auf Schallplatte" zu denken, die dann gesendet werden könnte.[5] Brecht wollte mehr, und das Stichwort „Schallplatte" besaß gerade für den Rundfunk der Weimarer Republik eigene Brisanz. Mit dem rapiden Anstieg der Hörerzahlen (1926 waren 1.224.000, 1928 2.284.000 Radios angemeldet) stieg auch das Bedürfnis nach „geistiger Nahrung" für die „Massen" (so Hans Bredow, Radiomann der ersten Stunde, verantwortlicher Staatssekretär im Postministerium, in einer Ansprache 1924).[6] Lesungen waren gefragt, Hörfunkbearbeitungen literarischer Vorlagen: Als erstes deutsches Hörspiel inszenierte Alfred Braun 1925 für die Berliner Funkstunde *Wallensteins Lager*, wobei die eisengewandeten Statisten unter Trompetengeschmetter die Marmortreppe des Funkhauses hinauf- und hinunterpoltern mussten; auch Brecht inszenierte 1927 zusammen mit Alfred Braun *Macbeth* von Shakespeare und – das neue Medium war sehr aufgeschlossen – im selben Jahr auch sein eigenes *Mann ist Mann*, das noch zwei weitere Male in Berlin und Köln gesendet wurde, aber all das war schon bald nicht genug. Viele deutsche Dichter freilich standen dem neuen Medium skeptisch gegenüber. Berühmt ist Thomas Manns Ausspruch: „Ich habe nicht gern die Welt in meinem Zimmer"; andere forderten schon früh originale, rundfunkproduzierte Literatur. Aber noch 1927 – dem Jahr der Reinschrift des *Lesebuchs für Städtebewohner* – veranstaltete die Reichs-Rundfunk-Gesellschaft ein Preisausschreiben für ein „Sendungs-Spiel" und konnte unter tausend Bewer-

---

[4] Dieter Wöhrle, Bertolt Brechts medienästhetische Versuche, Köln 1988, S. 62–70.
[5] So auch *Jan Knopf*, Brecht Handbuch, Bd. II: Lyrik, Prosa, Schriften, Stuttgart 1984, S. 56.
[6] *Wolfram Wessels*, Welle, Du Wunder, wir grüßen Dich. Die Anfänge des Hörspiels in der Weimarer Republik. BR 7. 1. 1991, Sendemanuskript, 5; vgl. allgemein *Gerhard Schäffner*, Hörfunk, in: Grundwissen Medien, hrsg. v. *Werner Faulstich*, München 1994, S. 235–254.

bungen kein akzeptables Werk finden. Ja, es gab einen gerade im Laufe dieser Jahre an Heftigkeit zunehmenden theoretischen und programmatischen Streit darüber,[7] wie Literatur im Rundfunk verstanden werden sollte. Sollte der Rundfunk die Kunst des hörbaren Geschichtenerzählens wiederbeleben? (So fordert Arnold Zweig auf einer gemeinsamen Sitzung der Preußischen Akademie der Künste und der Reichs-Rundfunk-Gesellschaft am 30. September und 1. Oktober 1929, der Rundfunk müsse „sich dem Urquell der Erzählungen, dem Epischen, wieder [...] nähern").[8] Oder kommt „dem Wort die ausschlaggebende Bedeutung zu", den „Stimmen als körperlosen Wesenheiten", der „imaginativen Kraft des Wortes" und „seelischen Einheit [...] mit dem Hörer"? (so, neben vielen anderen, Reinhard Kolb, Rundfunkkritiker aus München, der später unter den Nazis eine steile Karriere machte).[9] Seit der Entstehung des Rundfunks aber gab es nun, das war sozusagen die dritte Meinung, Forderungen nach der künstlerischen Nutzung aller medialen Möglichkeiten, die die neue Technologie bot. Kurt Weill beispielsweise, Komponist, aber vor allem auch Rundfunkkritiker, fordert 1925 eine „absolute Rundfunkkunst";[10] und der wesentliche Befürworter und Förderer dieser experimentellen Durchdringung von Literatur und Funk, damals „Funkspiel", „Hörbild", „Tonstück", „Akustischer Film" usw. genannt,[11] wurde in der Folgezeit Hans Flesch, der vom Südwestfunk nach Berlin gekommen war. „Der Rundfunk ist eine Maschine", lautete sein provozierendes, damals viel umstrittenes Programm.[12] Er empfahl die avanciertesten Produktionsverfahren, z. B. das bereits 1924 entwickelte Tri-Ergon-Verfahren.[13] Dabei werden zunächst „Tonfilme" hergestellt, die anschließend kopiert, geschnitten, überblendet, montiert, beliebig oft angesetzt werden können. Das Ergebnis wird auf eine Wachsschallplatte übertragen, denn nur die konnte für die Rundfunksendung benutzt werden.

Eine Wachsschallplatte für eine Rundfunksendung, hergestellt im medientechnisch damals progressivsten Tri-Ergon-Verfahren: Genau eine solche „Schallplatte", als Zwischenprodukt einer technisch voll ausgespielten Rundfunkarbeit, scheint Brecht zu meinen, wenn er „Texte für Schallplatten" notiert. *Texte für Schallplatten* als Untertitel von *Lesebuch für Städtebewohner* heißt: Manuskript für ein rundfunkgerechtes Sprache-Ton-Experiment. Von den Experimenten, die damals auf dem Weg technischer Schallaufzeichnungsverfahren erzeugt wurden, sind freilich heute vor allem nur noch die bekannt, die nach 1930 entstanden sind und bereits einen beträchtlichen Grad an Raffinesse erreicht haben. Als bahnbrechend gilt etwa das Geräuschhörspiel *Weekend*, das Walter Ruttmann 1930 für die Berliner Funkstunde produzierte und das mit rhythmischen Sirenen, Knarrgeräuschen sich

---

[7] Vgl. *Wessels*, Welle, Du Wunder, wir grüßen Dich, S. 9 ff.
[8] Ebd., S. 15.
[9] *Heinz Hostnig*, 70 Jahre Hörspiel. Sendung I: 1924–1934. BR 4. 9. 1994, Sendemanuskript, S. 4 ff.
[10] *Wessels*, Welle, Du Wunder, wir grüßen Dich, S. 22.
[11] *Hostnig*, 70 Jahre Hörspiel, S. 3.
[12] Ebd., S. 4; vgl. *Wessels*, Welle, Du Wunder, wir grüßen Dich, S. 25 ff.
[13] Vgl. *Hostnig*, 70 Jahre Hörspiel, S. 11 ff. u. *Wessels*, Welle, Du Wunder, wir grüßen Dich, S. 23 ff.

öffnender Tore, Fahrradklingeln, Hupen, Schreibmaschinenklappern, Maschinenkrach, darunter Musikfetzen usw. beginnt, das also ganz aus Alltags- und dann Sonntagsgeräuschen komponiert ist. Aber auch ein ausgesprochen literarisches, ja episches, auf Stimmen aufbauendes Hörspiel wie *Die verhexte Stunde* von Ernst Bringolf, das 1932 gesendet wurde, eine Montage von Schauergeschichten von Guy de Maupassant und Gustav Meyrinck, arbeitet mit vielerlei akustischen Effekten: Geräuschen, die technisch bearbeitet werden, Musik, tonalen Entwürfen, Stimmenüberlagerungen, Kollagen von Sprachfetzen usw.[14]

1927, als Brecht sein *Lesebuch für Städtebewohner* schrieb, war man technisch und teilweise auch programmatisch durchaus schon so weit. Alfred Döblin, neben Brecht, Arnold Bronnen und Lion Feuchtwanger einer der für den Rundfunk aufgeschlossensten von den bedeutenderen Autoren, forderte etwa ein Jahr später auf der bereits erwähnten Tagung von 1929 die lebendige, wirkliche, tönende Sprache, aber auch alle anderen Möglichkeiten des Rundfunks, Musik und Geräusche für die Literatur.[15] Montage, Überblendungen, Schnittechnik und andere filmische Mittel hatte er literarisch ohnehin adaptiert. Aber die Senderleitungen und (überwiegend staatlich besetzten) Rundfunkbeiräte waren noch nicht so weit – auf die Zensur, ein weites, wichtiges Feld, in dem es mal so, mal so ausging, will ich aus Zeitgründen nicht eingehen. 1930, als Brecht den Vermerk *Texte für Schallplatten* machte, hätte es wohl Möglichkeiten der Realisierung gegeben. Aber Brechts Auffassungen vom Zusammenwirken von Literatur und Rundfunk hatten sich eindeutig hin zum politisch-didaktischen Auftrag des immer noch jungen Mediums verschoben: „Kunst und Radio sind pädagogischen Absichten zur Verfügung zu stellen", es geht darum, „zum Kollektivismus zu erziehen", „Disziplinierung" zur „Freiheit", eine „Anwendung" des Rundfunks, die ihm „revolutionären Wert" verleiht usw. (so in den Aufzeichnungen *Über Verwertungen* und den *Anmerkungen zum Lindberghflug* von 1930).[16] Die volle Nutzung aller technischen Möglichkeiten des Rundfunks blieb dabei jedoch eine Voraussetzung, die gar nicht mehr eigens thematisiert werden musste. 1927 hatte Brecht für die „Berliner Funk-Stunde" eine radiogerechte Fassung von *Mann ist Mann* erarbeitet, die nach Kurt Weills Urteil „weit über alles hinaus" ging, „was der Berliner Sender bisher auf diesem Gebiet unternommen hat"; Brecht habe „einen wesentlichen Teil aller Sendespielfragen gelöst".[17] Im selben Jahr bot Brecht dem Frankfurter Rundfunkmann Ernst Hardt ein „wirkliches Sendespiel" an, *Geschichte der Sintflut*, in dem „ziemlich moderne Städte" neben den mythischen Ninive, Sodom und Gomorrha etc. untergehen und neben Stimmen

---

[14] Im Vortrag wurden Auszüge daraus vorgestellt.
[15] Vgl. *Andrea Melcher*, Vom Schriftsteller zum Sprachsteller. Alfred Döblins Auseinandersetzung mit Film und Rundfunk (1909–1932), Frankfurt, Berlin u. a. 1996, S. 141 ff.
[16] *Bertolt Brecht*, Gesammelte Werke, hrsg. v. Suhrkamp Verlag in Zusammenarbeit mit *Elisabeth Hauptmann*, Bd. 8, Schriften zu Literatur und Kunst, Frankfurt 1967, S. 124–131.
[17] *Werner Hecht*, Brecht-Chronik 1898–1956, Frankfurt 1997, S. 225.

und Musik ausdrücklich auch „Lärm" eine Rolle spielen sollte.[18] In seinen vom „Tonstück"-Pionier Hans Flesch angeregten Hörspielen *Der Lindberghflug* und *Badener Lehrstück vom Einverständnis* suchte Brecht diese Arbeit fortzusetzen. Freilich, das zweite gelangte damals nicht in den Rundfunk, das erste wurde mehrfach gesendet, ist aber als originales Tondokument nur in einer gekürzten, ganz auf die Musik (immerhin ursprünglich von Kurt Weill und Paul Hindemith) gestellten Berliner Fassung von 1930 (die nur noch Vertonungen von Kurt Weill bringt) erhalten. Auch bei der konzertanten Uraufführung im Juli 1929 in Baden-Baden – das Rahmenthema der Baden-Badener Musiktage hieß in diesem Jahr „Radiokunst für die Massen im technischen Zeitalter",[19] was Brecht sehr entgegenkam – arbeitete Brecht ausgesprochen multi-medial, bezeichnete das Ensemble von Stimmen, Tönen und Musik ausdrücklich als „Der Apparat"[20] („Der Rundfunk ist eine Maschine", hatte Hans Flesch 1928 gesagt) und so fort. Aber die gleichzeitig von Hans Hardt für den Rundfunk erarbeitete Fassung (am 29. Juli 1929 aus Frankfurt gesendet) enthielt ihm zu viel „naturalistische Geräusche".[21] *Der Lindberghflug* hatte Erfolg vor allem wegen der Musik, die Baden-Badener Inszenierungen dagegen erwiesen sich als Skandal, aber auch als Reinfall, was rückblickend nicht überrascht. Das festliche Publikum, darunter Gerhart Hauptmann, André Gide, der Erbprinz von Donaueschingen usw., sollte die Musik mitsummen, die Chöre mitsingen oder mitsprechen. Brecht wies beispielsweise an: „Die Menge liest für sich: [...] Um Hilfe zu verweigern, ist Gewalt nötig/Um Hilfe zu erlangen, ist auch Gewalt nötig". Man sah sich „verhöhnt".[22] Brecht und Weill wurden nie wieder eingeladen. Brecht hielt sein eigenes Rundfunkprogramm von da an für „utopisch". Dass *Die heilige Johanna der Schlachthöfe*, weil das Stück kein Theater fand, gleichwohl zuerst am 11. April 1932 unter der Regie von Alfred Braun mit Fritz Kortner, Carola Neher, Helene Weigel, Peter Lorre u. a. als Hörspiel gesendet wurde,[23] bedeutet zwar eine literatur- und hörspielgeschichtliche Sensation, entstand aber doch wohl aus einem Mangel heraus. Hans Flesch, Alfred Braun, Ernst Hardt und viele andere Rundfunkpioniere kamen später ins Konzentrationslager.[24] Die Nazis realisierten genau das, aber auf ihre Weise, was Brecht als „die wichtigste Frage" bezeichnet hatte, nämlich, „wie man Kunst und Radio überhaupt (politisch) verwerten kann". Nach der Rückkehr aus dem Exil hat Brecht nicht mehr kreativ für den Rundfunk gearbeitet: „Es gab etwas Gezänk mit der Parteizensur. Nichts weiter. Dem Radio hatte Brecht nichts mehr zu sagen".[25]

---

[18] Vgl. dazu und zum Folgenden *Wolfram Wessels*, Das Lehrstück von der Katastrophe. Von der „Sintflut" zum „Ozeanflug". Brecht als Pionier des Radios. Ein Essay mit Tondokumenten, SWF 8. 1. 1998.
[19] *Michael Langer*, Ein ungeheures Kanalsystem! Brechts Radio-Theorie und -Praxis – gestern und heute. BR 26. 1. 1998, Sendemanuskript, S. 23.
[20] Ebd., S. 24.
[21] *Wessels*, Das Lehrstück von der Katastophe.
[22] *Hostnig*, 70 Jahre Hörspiel, S. 7 f.
[23] Wieder gesendet im SDR (S2) am 15. 1. 1998 mit einem Nachwort „Zur Uraufführung im Rundfunk".
[24] *Hostnig*, 70 Jahre Hörspiel, S. 12 ff.
[25] *Langer*, Ein ungeheures Kanalsystem!, S. 26.

Gleichwohl, wenn 1930 der Untertitel zum *Lesebuch für Städtebewohner* „Texte für Schallplatten" einen stillen Irrealis mitformuliert: „Texte, die eigentlich für Schallplatten bestimmt gewesen wären", dann hat dieser Irrealis einerseits zwar nichts mehr mit den technisch-künstlerischen Möglichkeiten und auf alle Fälle nicht nur bzw. noch nicht mit den politischen Rahmenbedingungen für eine Rundfunkproduktion zu tun. Das Medium wäre aufnahmebereit gewesen. Brechts eigene Intentionen hatten sich geändert. *Das Lesebuch für Städtebewohner* ist auf seine Weise zu gut gelungen, um sich dem erhobenen Zeigefinger der Lehrstücke unterzuordnen. Andererseits aber fällt seine Entstehung in eine kontroverse, aber auch produktive, experimentierfreudige Phase der Rundfunkgeschichte. Brecht stand in alledem mittendrin, arbeitete mit den Pionieren eng zusammen. In einem offenen Brief, *Vorschläge für den Intendanten des Rundfunks*, 1927, also zeitgleich zum *Lesebuch*, hatte er ganz im Sinne von Kurt Weill oder Hans Flesch gefordert, die „Produktion für das Radio" müsse „sehr intensiviert werden": „Sie müssen ein Studio einrichten. Es ist ohne Experimente einfach nicht möglich, Ihre Apparate oder das, was für sie gemacht wird, voll auszuwerten".[26]

Wir können also ein erstes Fazit ziehen: „Texte für Schallplatten" heißt: Vorlagen für „Experimente" mit dem „Apparat", ja, der „Maschine" Rundfunk. Die Schallplatte interessiert nicht für sich, sondern als damals unerlässliches Zwischenresultat der Rundfunkproduktion. Dann greift wohl auch die Vorstellung eines medial reproduzierten, fortlaufenden sprachlichen Vortrags zu kurz (von der die einschlägige Forschung bisher ausgeht). Bereits vor dem Hintergrund des Rundfunks der Jahre 1928 bis 1930 kann man sich eine viel lebendigere Produktion vorstellen: Ganz bestimmt viele verschiedene Stimmen wären zu hören; sicher wäre die Stimme in Klammern am Ende der ersten sechs Gedichte („So wurde mir gesagt", „So habe ich Leute sich anstrengen sehen") von der der Texte zu unterscheiden; das Einmontieren, Unterlegen, aber auch – warum nicht? – das übertönende „Darüberlegen" von Großstadtgeräuschen wäre zu erwarten; Brechts Nähe und natürlich auch die des Hörfunks zur Musik wäre fast unendlich anwendbar: Zitate, Neukompositionen, Hintergrund-Musik, anschwellend und verklingend, Rhythmisierungen der Stimmen, aber auch Gesang, nicht songhaft wie in *Mahagonny*, aber sehr gut vorstellbar in der freieren, harmonischen wie rhythmischen Dramatik des späteren *Lindberghflugs*,[27] solche Musik also, weiterhin Chöre, kantatenartige Wiederaufnahmen von Themen und Sätzen könnte man sich gut vorstellen. Schon die Texte sind ja in diesem Sinne musikalisch polyphon durchkomponiert. Und nimmt man einmal an, was doch sehr plausibel ist, die „Schallplatten" wären Teil des von Hans Flesch favorisierten Tri-Ergon-Verfahrens gewesen, dann wäre zwischen ihnen und den Tonaufnahmen eine weitere Bearbeitungsphase gelegen, die Schnitte, Vervielfältigungen, Wiederholungen, kompositorische Korrespondenzen und Kontraste aller Stimmen, Geräusche, Töne und Musik ermöglicht hätte ... und und und. Faszinierend!

---

[26] *Brecht*, Gesammelte Werke, Band 8, S. 126 f.
[27] Vgl. *Wessels*, Das Lehrstück von der Katastrophe.

Dieser Vortrag wurde zum Brecht-Jahr 1998 geschrieben; der hier entwickelte Aspekt war und ist für die Forschung neu,[28] aber die Praxis hat diese Forschung inzwischen überholt und bestätigt weithin meine Überlegungen zur Produzierbarkeit des *Lesebuchs für Städtebewohner* für den Rundfunk. Klaus Buhlert hat im Auftrag von Deutschlandfunk, Bayerischem Rundfunk und Westdeutschem Rundfunk aus diesen und anderen „Zum Lesebuch [...] gehörenden Gedichten" eine „Lyrische Versuchsanordnung" hergestellt, deren „Bearbeitung, Komposition und Regie" allerdings sehr frei, ja beliebig mit Brecht umgeht. Am 7. Februar 1998, 71 Jahre nach seiner Niederschrift, wurde also auch dieser Medienversuch Brechts erstmals realisiert. Vieles daran ist sehr gelungen. Zunächst einmal ist es erfreulich, *dass* dieses Projekt überhaupt verwirklicht wurde. Durch die Montage heutigen Rundfunkmaterials erweist Buhlert die Aktualität der Brechtschen Texte. Geräusche der Großstadt wurden aufgenommen und unterlegt, echoartige oder auch kantatenhafte konfigurierende Wiederholungen wurden ausformuliert (eine ratlose weibliche Stimme wiederholt beispielsweise in Frageform Satzfetzen des ersten Gedichts), die Regie arbeitet konsequent immer wieder Höhepunkte heraus (das Gedicht „Laßt eure Hoffnung fahren" beispielsweise hebt sich durch seinen Rand des Schweigens wirkungsvoll von den anderen ab). Hier und vor allem in den weiblichen Partien wird sehr intensiv, provozierend gesprochen. Wie überhaupt diese Teile (Interviews mit Prostituierten werden eingeblendet, der Hörraum mit Regengeräuschen, Schritten, dem Ruf: „Ruhe da!" etc. ist sehr eindrucksvoll konturiert) zu den gelungensten der Inszenierung gehören. Aber es widerspricht dem Brecht-Text, dass nur vier Stimmen zu hören sind. Die stimmliche Identität der Schlusskommentare (in Klammern) zu den Haupttexten scheint mir völlig falsch: So setzen sich die Stimmen jeweils selbst in Anführungszeichen, zitieren sich sozusagen selbst, und statt Rundfunkarbeit gibt es zuletzt immer noch eine aufgezeichnete Lesung. Manche Effekte (der „Megaphonmann", die sehr zerhackte Sprechweise beim Gedicht „Das fünfte Rad") wirken einfach billig. Auch die Verwendung aktuellen Rundfunkmaterials aus dem Archiv (v. a. Straßeninterviews, teilweise auch auf amerikanisch) scheint mir ambivalent: Die Gedichte werden dadurch auch nivelliert, als sei Gleichgültigkeit das Thema; es geht aber Brecht um allgemeine Aggressivität und institutionalisierte Gewalt. Vor allem wurde die von Brecht sehr sorgfältig (in mehreren Reinschriften und allen Ausgaben) festgelegte Folge der Texte aufgebrochen, und es fehlt das nun wirklich bedeutsame Schlussgedicht. Stattdessen bietet Buhlert unter Verwendung eines Brecht-Textes einen wohl selbstdachten Verlegenheitsschluss:

---

[28] Auch *Seung-Jin Lee*, „Einmaliges Abspielen der Platte genügt nicht." Ein medienästhetisches Experiment in der Lyrik, in: Interpretationen. Gedichte von Bertolt Brecht, hrsg. v. *Jan Knopf*, Stuttgart 1995, S. 43–52, vgl. v. a. S. 48 u. 51, geht wie selbstverständlich von der Schallplattenproduktion als solcher aus, wenn auch von der „hermeneutischen Spirale" mehrmaligen Abspielens, wodurch freilich nur der gedruckte Text besser vermittelt wird.

(Megaphonmann)	Der Regen
(eine Frauenstimme)	Der Regen
	Kehrt nicht mehr zurück nach oben
	Wenn die Wunde
	Nicht mehr schmerzt
	Schmerzt die Narbe
(Geträller, Schreibmaschinengeräusche)	
	Was sagen sie, sie wollen noch was?
	Ne! Irgendwann ist Schluß mit dem Gequatsche.
	Was, noch etwas über Männer und Frauen, was soll's?
	Das war so, das ist so, immer so.

Ein solches „akustisches Achselzucken" aber wäre sicher Brechts Sache nicht gewesen.

Der literarische Kontext

Es kann nun nicht darum gehen, ganz spekulativ, rein in der rekonstruierenden Vorstellung, eine wirklich „brechtige" Produktion des *Lesebuchs für Städtebewohner* entwickeln zu wollen. Die Frage muss lauten: Was kann der „Dialog der Medien", ein Dialog des Hörfunks, aber auch anderer Medien, mit der Literatur, was kann dieser Kontext zu unserem Verständnis dieser Texte beitragen? Fest steht beispielsweise, dass der Hörfunk alle Literatur „episiert". Ihm fehlt die Erzählfunktion der Bühne oder der Bilder, noch radikaler als das Buch ist er auf das zeitliche Nacheinander gestellt, sein sprachlicher, durch das direkte Hören freilich intensiver Imaginationsraum nimmt die (zum Wesen des Mediums gehörige) Grenzenlosigkeit auf seine Weise auf, tendiert dazu, Konflikte diffus zu machen (die Stimmen sind teils akustisch nah, teils technisch fern, reden immer „aneinander vorbei", nämlich zum Hörer etc.); das Einbringen von Vermittlern, Einführungen, Rahmenerzählungen, gesprochenen Überschriften, Unterbrechungen, der Wechsel von direkter Anrede und fiktiver Szene liegen sehr nahe. Kurz, so wie Brechts Rundfunkarbeit allgemein sicher seine Entwicklung eines „epischen Theaters" beförderte, so ist auch – das ist durchgängige Forschungsmeinung – das *Lesebuch für Städtebewohner* nur schwer im Kontext von „Großstadtlyrik", nicht nur der von Brecht, einzuordnen.[29] Und an der oft wiederholten „Behaviourismus"-These ist auf alle Fälle die episierende „Beobachtung menschlichen Verhaltens" richtig.[30]

---

[29] *Knopf*, Brecht Handbuch, Bd. II, S. 56, zeigt zu Recht, dass diese Gedichte völlig anders konzipiert sind als die der *Hauspostille*. Vgl. auch *Franz Norbert Mennemeier*, Bertolt Brechts Lyrik: Aspekte, Tendenzen, Düsseldorf 1982, S. 103: „Brecht ist der erste deutsche Lyriker, der, statt die Großstadt von außen erschrocken und empfindsam zu beschreiben, sie von innen her, aus den Widersprüchen der in der Stadt sich konzentrierenden und dort ihr eigentliches Wesen offenbarenden Gesellschaft erfaßt."

[30] Vgl. *Henning Rischbieter*, Zum „Lesebuch für Städtebewohner", in: Aktualisierungen Brechts, hrsg. v. *Wolfgang Fritz Haug* u. *Klaus Pierwoß*, Berlin 1980, S. 192–199, sowie kritisch dazu *Knopf*, Brecht Handbuch, Bd. II, S. 56 ff.

Ein interpretierender Kontext aber, der sich anbietet und gerade in dieser Zeit reich ausgearbeitet ist, ist der des Großstadtromans. Dabei kann es freilich nicht um Einflüsse gehen – Brecht bezeichnet erst 1928 den *Ulysses* als das beste Buch des Jahres, aber ich bin nicht sicher, ob er ihn überhaupt gelesen hat; er will 1926 „mehrere Pläne für Romane" gehabt haben, darunter auch eine „Robinsonade in der Stadt", einen „Illustrierten-Roman", einen „Boxerroman" (der bis zu einem Exposé kam), aber all dies fand keine Ausführung.[31] Interessant dagegen sind strukturelle Gemeinsamkeiten mit mehr oder weniger gleichzeitig entstandener Literatur. Wirken nicht diese Gedichte, die mehrstimmig und auch in wechselnder Perspektive einen Großstadtraum eröffnen – gerade auch dann, wenn man sie aus dem Radio hörte –, ein Nebeneinander von vielerlei Einzelschicksalen, die einander spiegeln, variieren, forterzählen, kontrastieren, wie lyrische Passagen „statt eines" oder sogar „aus einem" nicht geschriebenen Roman? (Und wäre die von Brecht wiederholt angesprochene „größere Sammlung": der „Einzug der Menschen in die Städte", anders als in der romanesken „formlosen" Form vorstellbar?) Hermann Broch hat später diesen Typ des „klassischen modernen Romans" „polyhistorisch" genannt, „vieles auf vielerlei Weise erzählend". Der Roman ist mit dem Sujet Großstadt auch seiner Vorgeschichte nach aufs Engste verbunden. Natürlich kann ich jetzt in diesem weiten Feld nur wenige Linien ziehen. Aus der deutschen Literatur der zwanziger Jahre wäre geradezu als Paradigma Alfred Döblins *Berlin Alexanderplatz* (1929) zu nennen – vor allem einzelne Partien, wenn etwa die verschiedensten Leute in der Bahn zusammen fahren und von ihnen erzählt wird oder wenn sie einen Platz überqueren, ein Mietshaus bewohnen etc. –, zu denken wäre an Lion Feuchtwangers Roman *Erfolg* (1930), wo der junge Brecht selbst auftritt; aus der europäischen Literatur nenne ich nur James Joyces *Ulysses* (1922), beispielsweise und vor allem die Kapitel *Aeolus* und *Wandering Rocks*, überhaupt das Prinzip je neuer Personenkonstellationen, Perspektiven, vor allem auch Stimmen. Ist nicht überhaupt Odysseus einer, der seine Spuren verwischt, seinen Namen nicht nennt, weil Götter ihn verfolgen? In André Gides *Les Faux-Monnayeurs* (1925) verzweigen sich die Erzählungen immer weiter, bis sich ein Netz sich kreuzender Lebenslinien ergibt. Aus etwas späterer Zeit wären zu nennen: der dritte Band der *Schlafwandler*-Trilogie von Hermann Broch (1932), noch später beispielsweise die Romane von Louis Aragon, von E. L. Doctorov und sehr deutlich der erste und der letzte Roman der Trilogie von Wolfgang Koeppen (*Tauben im Gras*, 1951, und *Der Tod in Rom*, 1954).

Am auffallendsten aber scheinen mir die Anklänge an John Dos Passos' *Manhattan Transfer* (1925, dt. erstmals 1927); ob Brecht diesen Roman vor 1934 bereits kannte, konnte ich bisher nicht feststellen; in der Brecht-Chronik wird weder der Roman noch sein Autor erwähnt; in seinen Überlegungen während der „Realismusdebatte" 1937–1941 führt Brecht freilich Dos Passos, auch Gide, Döblin und v. a. Joyce mehrmals gegen Lukács' verfehltes Verständnis des 19. Jahrhunderts und dessen

---

[31] Vgl. *Hecht*, Brecht-Chronik 1898–1956, S. 198, 211 u. 258.

Vorbildcharakter an.[32] Schon der Anfang von *Manhattan Transfer* lässt aufhorchen: Bud Koerpening hat seinen Vater erschlagen, sucht von da an „seine Spuren zu verwischen", seine thematische Nähe zum intellektuellen Protagonisten Jimmy Herf ist eine wichtige Aussage des Romans; der Vater-Sohn-Konflikt findet sich freilich auch sonst fast unendlich oft in der Literatur der Zeit, im Roman beispielsweise bei André Gide, bei Feuchtwanger, bei Broch; und er gehört als Hamlet-Thema zum Kern des *Ulysses*. Sätze wie

> Laßt eure Träume fahren, daß man mit euch
> Eine Ausnahme machen wird.
> Was eure Mutter euch sagte
> Das war unverbindlich.
> Laßt euren Kontrakt in der Tasche
> Er wird hier nicht eingehalten,

solche Perspektiven gehören seit Balzac zum Roman der jungen Leute, die voller Illusionen in der Stadt ankommen. Dasselbe gilt für das Modell des Abstiegs in die Unterwelt – „Lasciat' ogni speranza voi ch'entrate" –, das Balzac bewusst ausarbeitet, das aber etwa auch ganz bildhaft bei Dos Passos oder Döblin den Roman eröffnet. Themen wie die der bis zur Erschöpfung Kämpfenden, der Versager, der zynischen Ratschläge sind im Roman Allgemeingut. Aber auch solche Details wie „was hier gebraucht wird, ist Hackfleisch", finden sich wörtlich bei Dos Passos („the revolving doors grinding out his years like sausage meat")[33] oder in der breit auserzählten Schlachthof-Metapher bei Döblin. Speziell bei Dos Passos zieht sich der Gedanke durch den ganzen Roman, dass die, die „nach oben" kommen (Ellen Thatcher, George Baldwin), hart, maschinenhaft, ja zu Stein werden. „Er ging die Straße hinunter, den Hut im Genick", könnte zu jedem der „Verlierer" in *Manhattan Transfer* passen, die immer schlechteren Wohnsitze ebenso, sicher noch vieles mehr. Und was diese Romane mit dem *Lesebuch für Städtebewohner* gemeinsam haben, ist jene Struktur, dass ihre Handlung geschlossen, ihr Diskurs aber offen ist. (Das unterscheidet sie von der rhetorischen Bündigkeit in Brechts Konzept des epischen Theaters, wo die Erkenntnis eine bestimmte Richtung nehmen soll, und erst recht von der Didaktik der Lehrstücke.) Aus diesen Romanen lässt sich eigentlich nie eine Lehre ableiten. Oft enden sie, wie das *Lesebuch* in der von Brecht festgelegten Reihenfolge, metapoetisch. Sie fordern auf zum Hineingehen in Sprachwelten und Erzählwelten. Es geht darum, die Realität der Großstadt erst recht „lesen" zu lernen.

Großstadt und filmisches Sehen

Auch wenn ein solcher metapoetischer Schluss nicht eindeutig ist, so ist er doch nicht beliebig. Das kann, auch wenn wir ihn nur kurz ansprechen, ein weiterer Kon-

---

[32] Brecht, Werke, Bd. 22–1, S. 484 ff., 449, 456 f. u. 493 f.
[33] *John Dos Passos*, Manhattan Transfer, Boston 1953, S. 120.

text der Medien zeigen. Als es darum ging, eine eigenständige Hörfunkkultur zu erarbeiten, beispielsweise „Rundfunkkunst", „Sendespiel" und so fort, da wurde, schon um die Abgrenzung vom Theater zu betonen, wiederholt der Film als Vorbild angeführt. Die technischen Verfahren, sehr klar etwa bei der Tri-Ergon-Methode, die für den Tonfilm entwickelt wurden und an die auch Brecht gedacht haben muss, wenn er von „Schallplatten" spricht, dieser „Apparat" war ursprünglich teilweise identisch und blieb ähnlich: Aufnahme, Schnitt, Montage. „Akustischer Film" war eine der Bezeichnungen, die für die neue Gattung vorgeschlagen wurden. Rundfunkpioniere wie Walter Ruttmann kamen vom Film. Brecht war beiden neuen Medien gegenüber außerordentlich aufgeschlossen. Und seit den Anfängen des Films gehören seine Sehweisen und das Thema der Großstadt aufs Engste zusammen:

> Arbeiterinnen, die eine Fabrik verlassen, Boxer, die sich schlagen, Menschen beim Fahrradfahren, immer wieder passierende Autos und Fußgänger auf belebten Straßenkreuzungen, Parade, Aufmärsche, Züge, die in einen Bahnhof einfahren, Variété-Aktressen beim Serpentintanz, Jongleure bei einem ihrer Bühnenakte.

So beschreibt Jerzy Toeplitz in seiner *Geschichte des Films 1895–1928*[34] die „Sujets der ersten sekundenlangen Filmstreifen", und man glaubt, eine filmische oder auch literarische Passage „Großstadt" vor sich zu sehen. Die zwanziger Jahre brachten eine Blüte des Films, und Autoren wie Dos Passos oder Döblin forderten für ihre Großstadtromane ganz selbstverständlich „Kinostil", „Newsreel", „Camera Eye" und ähnliches. Ein Beispiel dafür, wie eng Großstadt, Film und Radiokunst zusammenhängen, kann die Korrespondenz zwischen Walter Ruttmanns Film *Berlin. Die Sinfonie der Großstadt* (1927, Produktion: Fox Europa) und seinem späteren Hörspiel *Weekend* zeigen: Der Film hat keine Handlung, sondern reiht Großstadtaufnahmen aneinander. Der Ablauf eines Tages bildet den Rahmen, es gibt thematische Schwerpunkte – im Teil, den ich vorstelle, beispielsweise den Großstadtverkehr. Aber wichtiger ist die Rhythmisierung ähnlicher Motive (z. B. Menschen, die aus Zügen steigen), der Dialogismus von Einstellungen (z. B. schräg anfahrende Züge), von Statik und Bewegung (z. B. Züge fahren durch Straßenschluchten, unter Brücken, ein Verkehrspolizist bringt den Verkehr an einer Kreuzung zum Stehen, gibt ihn wieder frei). Der Film hat etwas von einer lyrischen Großform, einem Gedichtzyklus. Und in ihn eingearbeitet ist das Thema: der Mensch, ja der einzelne (viele einzelne sind noch keine Masse) und die Großstadt. Man achte etwa auf die Menschen, die sich zwischen fahrenden Autos hindurch „retten", auf die kleine Szene des von einem gutgekleideten Herrn weggeworfenen und sofort von einem Obdachlosen aufgehobenen Zigarettenstummels, auf die Metapher des mühevoll gegen die Autos anziehenden Droschkenpferdes, die kleine Szene der sich prügelnden Männer und so fort.

---

[34] *Jerzy Toeplitz*, Geschichte des Films 1895–1928, München 1975, S. 38.

Bert Brechts „Lesebuch für Städtebewohner" im Kontext von Rundfunk, Film und Roman der 20er Jahre   169

Was Film und Roman gemeinsam haben und was sie als interpretierenden Kontext, in beiden Medien in den zwanziger Jahren bereits künstlerisch hoch differenziert, bereithalten, ist ihr intensiver sprachlicher bzw. visueller, prozessualer Dialogismus. Im letzten Teil meines Vortrags möchte ich diesen Ansatz weiter ausformulieren, um eine mögliche Antwort auf die Probleme von Brechts *Lesebuch für Städtebewohner* zu entwerfen, freilich auch, um dessen Grenzen zu zeigen. Im Film kommentieren sich Statik und Bewegung, Vorder- und Hintergrund wechselseitig – was beispielsweise durch „schräg" angeschnittene Fassaden, perspektivische Verlängerungen, Durchblicke etc. unterstrichen werden kann; der Wechsel der Einstellungen von Nah zu Totale, Halbtotale usw., von Zoom oder Rückfahrt der Kamera zur festen Einstellung, dann wieder zu Schwenks, lässt beim Sehen die Bilder und Bewegungen auch einander überlagern (und durch Kontraste bzw. Korrespondenzen der Motive kann das unterstrichen werden): So formulieren diese Wechsel von Einstellungen, formulieren Schnitte und Montagen in der „Filmsprache" Aussagen, die über jedes einzelne Bild, jede einzelne Handlung hinausgehen. Und die bereits literarisch wirksame Konfiguration von Person, Stimme und Umwelt kommt noch hinzu.

Das Gedicht „Reden Sie nichts von Gefahr" („hier können Sie nicht bleiben, Mann. Hier kennt man Sie [..] Lassen Sie die Frau, wo sie ist [..] Sie brauchen, jetzt keine Haltung mehr zu bewahren: Es ist niemand mehr da, der Ihnen zusieht") entwirft beispielsweise eine Situation, in der die Medien (Radio oder Film) den Hörer/Zuschauer zu einem Eindringling machen, einem, der mithört, was ihn nicht angeht, oder der voyeuristisch zuschaut („die Frau [...] hat selbst zwei Beine, Die Sie nichts mehr angehn, Herr!"). Das Gedicht „Er ging die Straße hinunter" ist durch den Dialogismus der Einstellungen (nah: „den Hut im Genick" gegen die Totale des Anfangs), von Schuss, Gegenschuss und halbtotalem dritten Blickwinkel („er sah jedem Mann ins Auge und nickte, er blieb vor jedem Ladenfenster stehen") sehr filmisch strukturiert. Und die Folgerung: „alle wissen, daß er verloren ist," wäre eine jener neuen Aussagen, die die Filmsprache erarbeiten könnte. Das Gedicht „vier Aufforderungen" zieht wie im Film die Zeit zusammen, indem genau analoge Szenen – ein Mann betritt, selbst immer schlechter ausgestattet, eine immer ärmlichere Unterkunft – in schneller Folge aneinander geschnitten werden. Sie sehen Brechts Nähe zu diesen medialen Möglichkeiten.

Ein interessantes und meines Erachtens paradigmatisches Beispiel des „Dialogs" von Roman, Hörspiel und Film nun ist das Folgende:[35] Der Roman *Berlin Alexanderplatz* von Alfred Döblin erschien 1929 und wurde ein großer Erfolg; für das Hörspiel *Die Geschichte von Franz Biberkopf* hatte Döblin das Drehbuch geschrieben und an der Produktion mitgewirkt (Regie Alfred Braun, dann Max Bing); die Sendung in der „Berliner Funkstunde" war für den 30. September 1930 angekündigt, die Produktion war fertig und hat sich in den siebziger Jahren als Plattensatz wiedergefunden. Aber am Tage selbst wurde die Sendung abgesetzt: wie Döblin selbst vier Stunden vor der vorgesehenen Sendezeit ins Mikrofon sagte, „aus künstlerischen Gründen", die technischen Möglichkeiten seien nicht genug ausgenutzt worden. (Es haben aber, vierzehn Tage nach der Reichstagswahl und dem gewaltigen Erfolg der Nationalsozialisten, sicher auch politische Erwägungen mitgesprochen.) Auf alle Fälle greift der Film von 1931 (Regie Phil Jutzi, Produktion Allianz Tonfilm), an dem Döblin ja auch mitgearbeitet hat, in der folgenden Szene, so meine Überzeugung, auf den Anfang des Hörspiels zurück und übersetzt, was das produzierte Hörspiel gerade vermissen lässt, den Geräuschraum Großstadt als Hintergrund für die Stimme des Franz Biberkopf, den Dialogismus von Person und Umwelt – und Zuschauer bzw. Hörer, die im Film über beide „hinweg" sehen oder am Radio an ihnen „vorbei"

---

[35] Vgl. zu den Einzelheiten z. B. *Melcher*, Vom Schriftsteller zum Sprachsteller, S. 141 ff., v. a. S. 189 ff.

hören, potenzieren das noch einmal –, genau diese bedeutungsproduktive Konfiguration greift der Film visuell auf: Wir sehen groß und nah, auf der Leinwand geradezu riesig, Franzens Kopf, dann in wechselnden Einstellungen die Zuschauer oder über deren Köpfe hinweg wieder Franz. Aber hineingeschnitten sind eindrucksvolle Totalen von Straßenschluchten, vom Alexanderplatz, schräg von unten, also überhöhend aufgenommene Großbauten, fahrende Autos und Straßenbahnen, Arbeitsbilder und -lärm, viele Menschen, die über einen Übergang hasten und so fort.

Man spürt, diese Welt wird Biberkopf „platt machen", aber sie ist voller offener Perspektiven; wobei dann eine solche Sequenz dem ursprünglichen Roman näherstünde als dem Rest des Films. Das ist inhaltlich durchaus verschieden von Brechts *Lesebuch*. Brecht sieht das Thema „Einzelner und Großstadt" härter, provozierender. Aber kompositionell, in den Hör-, Seh- und Denkweisen, folgt es demselben Prinzip.

Dialogismus oder Dialektik?

Der Titel *Lesebuch für Städtebewohner. Texte für Schallplatten* enthält für uns heute vielleicht ein Paradox, das für Brecht freilich keines war. Sollen diese Texte nun im Radio produziert und gehört werden, oder sollen sie aus dem „Lesebuch" gelesen werden? Für Brecht stand mit ziemlicher Sicherheit fest: beides. Er dachte sich beispielsweise die Rundfunkproduktion seiner Lehrstücke so, dass die Programmzeitschriften die Texte vorher abdrucken, die Hörer sie einüben und dann mitsprechen, mitsingen usw. In seinem Vortrag *Der Rundfunk als Kommunikationsapparat* von 1932 forderte er:

> Der Runfunk ist aus einem Distributionsapparat in einen Kommunikationsapparat zu verwandeln. Der Rundfunk wäre der denkbar großartigste Kommunikationsapparat des öffentlichen Lebens, ein ungeheures Kanalsystem, das heißt, er wäre es, wenn er es verstünde, nicht nur auszusenden, sondern auch zu empfangen, also den Zuhörer nicht nur hören, sondern auch sprechen zu machen und ihn nicht zu isolieren, sondern in Beziehung zu setzen.[36]

---

[36] *Brecht*, Gesammelte Werke, Bd. 8, S. 134.

Das ist eine schillernde, revolutionär-utopische und zugleich technikgläubige Aussage. Nimmt sie heutige interaktive Multimedien vorweg,[37] oder wird Brecht ihnen gegenüber in seiner Hoffnung auf eine „bessere Verwendung der Apparate im Interesse der Allgemeinheit", als einer „Erneuerung" und Humanisierung der „Gesellschaftsordnung" erst recht weltfremd?[38] Auf alle Fälle zeigt sich auch hier: Wenn Brecht sich eine Rundfunkarbeit vorstellte, dann dachte er sich nicht einen stumm hörenden, sondern einen mitredenden, hineinredenden, ja gegenredenden Adressaten. Allerdings wollte er diesen Mitarbeiter 1932 dann doch in ein didaktisches Programm integriert wissen, das ein parteiisch-eingreifendes Ziel verfolgt. Das diffuse Aktivierungspotential der damals möglichen Rundfunkproduktionen, gerade auch der avanciertesten, dürfte ihm nicht genügt haben. So zog er ja für seine Lehrstücke inzwischen beispielsweise die kollektive Theaterarbeit vor. Und vergleichbare Vorbehalte könnte er spätestens ab 1930 auch gegenüber seinem *Lesebuch für Städtebewohner* gehabt haben. Die Aufnahme in die *Versuche* hat auch etwas von einer „Ablage", die Notiz *Texte für Schallplatten*, also für den Rundfunk, dessen bin ich mir sicher, formuliert vielleicht auch schon den Abschied von diesem Medium mit: „Texte (die eigentlich) für Schallplatten" bestimmt waren, jetzt aber als Buch erscheinen.

Wie also können wir dieses *Lesebuch* lesen? Wir sollten es weniger als „Werk des Übergangs"[39] verstehen (obwohl dieser Aspekt für das Interesse kontinuierlicher Werkbiographie natürlich relevant bleibt) oder gar in ihm eine „Vorstufe zu den Lehrstücken" sehen,[40] wir sollten es vielmehr als einen Versuch in eine Richtung deuten, in die Brecht nicht weiter ging. Alle bisher vorgetragenen Beobachtungen und Überlegungen scheinen mir das zu unterstreichen. Ob wir uns das *Lesebuch für Städtebewohner* als eigenständige Rundfunkproduktion denken oder als Teil einer größeren episch-rhapsodischen, multimedialen oder sonstwie „zentrifugal" komponierten Sammlung, es handelt sich um ein ganz eigenständiges Werk.

Mit dem Stichwort „Dialogismus" statt „Dialektik" möchte ich versuchen, diese Eigenständigkeit anzusprechen. Um das Jahr 1930 herum entwickelte mehrere tausend Kilometer von Brecht in Berlin entfernt der nach Sibirien verbannte russische Literaturtheoretiker Michail Bachtin seine Theorie künstlerischer Prosa, die auch die These von einer spezifisch modernen Prosaisierung aller Gattungen enthält. Ihre Nähe zu dem sich um diese Zeit in Europa und den USA konstituierenden „polyhistorischen Roman" wurde oft beobachtet, sie liegt auf der Hand. Ich halte sie auch für interessant im Vergleich zu Brechts Theorie des „epischen Theaters", sofern sie

---

[37] So *Langer*, Ein ungeheures Kanalsystem!
[38] So *Peter Groth* u. *Manfred Voigts*, Die Entwicklung der Brechtschen Radiotheorie 1927–1932, in: Brecht-Jahrbuch 1976, hrsg. v. *John Fuegi, Reinhold Grimm* u. *Jost Hermand*, Frankfurt a. M. 1976, S. 9–43.
[39] So, allerdings nicht abwertend, *Mennemaier*, Bertolt Brechts Lyrik, S. 99.
[40] So z. B. *Wöhrle*, Bertolt Brechts medienästhetische Versuche, S. 80, und nachdrücklich *Lee*, in: *Knopf* (Hg.), Interpretationen.

deren „allgemeinen" Teil mitenthält, allerdings ohne dass sie die didaktisch-stringenten Argumentationen mittrüge, um die es Brecht hier immer geht. Aber treffend scheint mir Bachtins Theorie für das *Lesebuch für Städtebewohner*. Nach Bachtin ist die

> Wechselwirkung zwischen verschiedenen Kontexten, verschiedenen Standpunkten, verschiedenen Horizonten, verschiedenen expressiven Akzentsystemen, verschiedenen sozialen Sprachen [...] im Alltag in selbständige Akte isoliert.

Genau diese „isolierte", einzelne Rede macht Brecht als ausgeliefert, angreifbar und völlig unterlegen hörbar und stellt sie zugleich in einen nicht nur dialogischen, sondern mehrstimmigen, das bloße Geräusch wie die abstrakte Reflexion erfassenden Kontext. Denn, so Bachtin weiter, in der „prosaisierten Lyrik",

> In der künstlerischen Prosa, insbesondere im Roman [...] durchdringt (eine) innere Dialogizität [...] das Entwerfen des Gegenstandes durch die Sprache und seine Expression von innen heraus, indem sie die Semantik und die syntaktische Struktur der Sprache umformt. Die dialogische, wechselseitige Orientierung wird hier gleichsam zu einem Ereignis der Sprache selbst, das von innen die (künstlerische Prosa, das prosaisierte Gedicht usw.) in allen ihren Momenten belebt.[41]

So weit, so kurz, Bachtin. Es geht mir mehr um einen Eindruck als um eine genaue Analyse. In Brechts *Lesebuch für Städtebewohner*, mit diesem Gedanken will ich meinen Vortrag abschließen, wird der „äußeren Stimmenvielfalt" der Großstadt, insbesondere wenn man von der Rundfunkproduktion ausgeht, ein vielfältiger „innerer Dialogismus" entgegengesetzt, der aus der Gedichtsprache heraus kompositorisch entwickelt wird und der gerade den Hörer/Leser als aktiv Hinein- und Gegenredenden einbezieht. Dabei kommt es freilich nicht auf einen Umschlag von Zustimmung in Gegenrede, von Anpassung in Widerstand oder Veränderung an, sondern um Abweichungen, die Leerstellen und offene Perspektiven eröffnen. Wenn etwa im Anfangsgedicht die „erste" Stimme sagt: „verwisch die Spuren", „wer nichts gesagt hat/Wie soll der zu fassen sein" usw., dann setzt sich eine zweite Stimme davon ab: „das wurde mir gesagt", es muss also nicht unbedingt gelten; die „Stimme" des

---

[41] Michail Bachtin, Die Ästhetik des Wortes, hrsg. u. eingel. v. *Rainer Grübel*, Frankfurt 1979, S. 176. (Ich habe der leichteren Verständlichkeit wegen „Wort" durch „Sprache" ersetzt; man müsste genauer „Rede" schreiben.) Bachtinsche Gedanken reklamiert für Brechts Lyrik, allerdings ohne das Lesebuch für Städtebewohner zu erwähnen, *Wolfgang Preisendanz*, Die Pluralisierung des Mediums Lyrik beim frühen Brecht, in: Lyrik und Malerei der Avantgarde, hrsg. v. *Reiner Warning* u. *Winfried Wehle*, München 1982, S. 333–357, v. a. S. 338 ff.; Stichworte wären: Polyphonie, Rede-Interferenz, Pluralisierung, Sprachreflexion, Alterität, Mehrfachkodierung und beispielsweise jene „dialogischen Gedicht-Umwelt-Beziehungen", die in der Tat eine Rundfunkbearbeitung erst recht aktivieren könnte, und aus ihnen folgend der „Replikcharakter des Gedichts" (S. 346).

Mediums, des Rundfunks oder des Buches wiederum zeichnet gerade eine solche „Spur", eine „Aussage" auf, die die erste Stimme zu „verwischen" aufgefordert hatte. Wie wird sich der Angeredete verhalten? Ist der Leser/Hörer diesen übereinander hinweg, aneinander vorbeiredenden Stimmen gegenüber festgelegt? Hört man dahinter nicht auch und als Gegenrede die ganz eigene Stimme, die „vox ipsissima" des historischen Bert Brecht, der etwa Mitte Oktober 1928 Alfred Döblin bittet, bei allen Aufrufen gegen die Zensur „automatisch" Brechts Namen „unter alles zu setzen, worunter auch der von Döblin steht"?[42]

So behaupten sich ja diese Stimmen, auch wenn die Menschen, von denen/zu denen sie reden, sich bis zur Unkenntlichkeit anpassen oder untergehen. Ihre Redeform, das Sprachereignis der Gedichte, ist mit der zynischen Weitergabe gesellschaftlicher Härte, der unbeschönigten Aussage, dass die Großstadt die Menschen in ihr verbraucht, nicht identisch. Dabei geht es nicht um ein „ja" oder „nein", sondern um ein „nicht ganz", „nicht mehr", „noch nicht". Das gilt sehr deutlich für die metasprachlichen Aussagen; immer wieder ist von „reden", „sprechen", „verleugnen" die Rede, das Wort „sagen" kommt zwanzig Mal vor; so kurz diese metasprachlichen Momente jeweils sind, brechen sie doch die Eindeutigkeit sprachlicher Gewalt punktuell, aber präzise auf: „Ihr müßt das ABC noch lernen [...] Denkt nur nicht nach, was ihr zu sagen habt/Ihr werdet nicht gefragt". Immerhin wird hier doch die Möglichkeit, das Paradigma „vor" der Negation angesprochen, nämlich zu lernen, zu denken, zu fragen und noch anderes zu sagen als dieses hier. Und im Hörraum der Rundfunkproduktion einerseits (z. B. indem die Aufforderungen immer härter wiederholt werden, bis sie abstoßen, oder indem man sie mit einem fragenden „Echo" unterlegt etc.), andererseits dem hineinredenden Leser/Hörer überantwortet, können sich diese Möglichkeiten prinzipiell vervielfachen.

So sind etwa auch die verschiedenen „Ich"-, „Du"-, „Wir"-, „Sie"-Rollen sowohl in der Stimmenvielfalt der Produktion als auch in der prinzipiellen Offenheit der Rezeption verschieden besetzbar. Dabei entsteht allerdings nicht eine „neue Subjektivität",[43] da sich jedes einheitliche Subjekt, das immer ein allgemeines voraussetzt, eben sprachlich auflöst – es gibt kein stabiles Ich, kein verlässliches Wir –, erst recht entsteht so kein „proletarischer Standpunkt"[44] oder ein revolutionäres oder auch nur ein „richtiges" Bewusstsein (die liest nur der hinein, der von ihrer Unausweichlichkeit überzeugt ist).[45] Aber es entsteht durchaus Individualität: als Teil von Handlungskonnexen, Entwicklungslinien, ihren Bündelungen, Konfrontationen und

---

[42] *Hecht*, Brecht-Chronik 1898–1956, S. 154.
[43] *Jürgen Jacobs*, Wie die Wirklichkeit selber. Zu Brechts „Lesebuch für Städtebewohner", in: Brecht-Jahrbuch 1974, hrsg. von *John Fuegi, Reinhold Grimm* u. *Jost Hermand*, Frankfurt a. M. 1975, S. 77–92.
[44] *Knopf*, Brecht Handbuch, Bd. II, S. 57.
[45] Die These, es handele sich um einen „Lehrtext", der im „Verzicht auf Individualität" und im „Einverständnis mit der Wirklichkeit, die die Individualität des Menschen nicht mehr beachtet [...] einen Weg zur Überwindung der Realität zu zeigen" vermag, denn „die Wirklichkeit kann man nur überwinden, wenn man sie auch kennt, genauer gesagt: einversteht" (*Lee*, in: *Knopf* (Hg.), Interpretationen, S. 50), scheint mir interpretatorisch nicht belegt, argumentatorisch unhaltbar und nur dogmatisch „richtig".

vor allem im Verlauf von Erkenntnisprozessen. Die durchaus ja erkennbaren Einzelnen in den Gedichten, zum Beispiel die Frauen, finden im sprachlichen Entwurf der implizierten Leser und Hörer ein Gegenüber, das auf Individualität angelegt ist. Der Gegenbegriff zu Individuum wäre hier Pluralität, nirgends aber in diesen zehn Gedichten wird ein Kollektiv sichtbar. Im Gedicht vom „fünften Rad" beispielsweise ist der Leser/Hörer von dem völlig gesichtslosen „wir" ausgeschlossen („du aber erkennst nicht") und in dem „du" nicht angesprochen. Der raffiniert versetzte zeitliche Verlauf der Einsicht („wir erkennen noch nicht", „du erkennst nicht mehr" und die jeweilige „positive" Entsprechung) schafft zu allen diesen Positionen Distanz; aber diese Distanz wirkt durch die gleichzeitige fast haptische Nähe („du erhebst dich", „greife nach einem Glas Wasser") erst recht isolierend; und wenn es in diesem Erkenntnisprozess eine Perspektive gibt, so eine zentrifugale. Auf Konsens soll das nicht hinauslaufen. „Nicht schlecht ist die Welt, sondern voll": Eine qualitative Zustimmung ist ausgeschlossen, eine quantitative völlig belanglos. Gegenüber dieser „vollen Welt" ist auch der Leser/Hörer immer nur ein einzelner und immer bereits einer zu viel, aber genau das ist er.

Erst recht wirft die direkte Anrede im letzten Gedicht: „ich erkenne dich scheinbar nicht/In deiner besonderen Artung und Schwierigkeit", den Adressaten unentrinnbar auf eben diese „besondere Artung und Schwierigkeit" zurück, von der der Dichter (das metapoetische Ich) ja auch ausdrücklich sagt, es „scheine" nur so, dass er sie nicht erkenne. Sie wird – „individuum ineffabile" – durch die Negation erst eigentlich provoziert. Dass ihre Negation durch die Großstadt und durch zynische Ratschläge der Stimmen die Individualität der Angeredeten erst recht provoziert und noch deutlicher die der Leser oder Hörer, scheint mir für alle diese Gedichte zu gelten. Das zu übersehen, wie es immer wieder in den Interpretationen geschieht, scheint mir ein massives Missverständnis. Und wenn diese Individuen sich der Realität erst recht stellen sollen – „So rede ich doch nur wie die Wirklichkeit selbst [...] die du mir nicht zu erkennen scheinst" –, dann hat das eigentümlich genau auch wieder mit dem Medium Rundfunk zu tun, von dem ich in diesem Vortrag ausgegangen bin. Nicht nur liegt der „Realismus" des Hörfunks, „Medium des Jetzt",[46] auf der Hand: „Aufnahmen" realer Rede, Reportage, Aktualität – damals gegenüber den Zeitungen völlig sensationell und noch heute im Zweifel agiler als alle anderen –, es geht auch um eine ganz wörtlich zentrifugale, beliebig erweiterbare Erfassung von Welt. Und dem korrespondiert der „Realismus" des Hörens. Das Radio spricht „direkt" in die je konkrete Umwelt hinein, überträgt genauso direkt Stimmen und Geräusche und so weiter. So kann es (muss es allerdings nicht) genauso direkt Teil der je individuellen „Artung" der Hörer werden, und wer je nachts allein Radio gehört hat, weiß das.

Realität wird mit Realität „vernetzt". Gerade im Dialog der Medien Literatur und Radio kann Brecht beanspruchen, „mit dir", dem je konkret einzelnen, zu reden, „kalt und allgemein [...] ohne dich anzublicken" – darin steckt nicht nur die Anony-

---

[46] *Schäffner*, Hörfunk, S. 236.

mität, sondern eben auch die ganze Produktivität des „Apparates" –, um sogleich zu behaupten: „So rede ich doch nur Wie die Wirklichkeit selber". Mit dieser Wirklichkeit setzt Brecht sich hier nicht parteiisch auseinander, aber vielstimmig und multiperspektivisch, individuell, plural, nicht kollektiv orientiert, dialogisch, nicht dialektisch. Es geht keine Ermutigung zum handelnden Widerstand daraus hervor, wohl aber eine Ermutigung zum Denken, zur suchenden Kritik, zur Selbstbehauptung im „Lesen der Stadt", eine intellektuelle Unabhängigkeitserklärung, kein direkter Appell zur Veränderung, lediglich ein sehr mittelbarer, nämlich die Aufforderung zur Erkenntnis. Diese wesentliche „Unvollständigkeit" der zehn Gedichte, die in ihrer „kunstvoll mittelbaren [...] rezeptionsästhetischen [...] Strategie" wesentlich an „Intelligenz", ja „Vernunft" appellieren,[47] war für Brecht um 1930 offensichtlich bereits ein Problem, er spricht auffallend wenig über dieses *Lesebuch für Städtebewohner* und scheint es irgendwie abgelegt, vielleicht sogar verdrängt zu haben. Die anderen „zum Lesebuch gehörenden Gedichte"[48] sind bereits wieder parteiischer („Ich will nicht behaupten, daß Rockefeller ein Dummkopf ist", „Anleitung für die Oberen"), positiver (die beiden „weiblichen" Gedichte), direkt, ja pathetisch engagiert („Anrede"), satirisch („Sie sind ein Plattkopf", „700 Intellektuelle beten einen Öltank an") und so fort. Nur in einem Vers des Gedichts „Blasphemie" – es liest sich wie eine Antwort auf „Verwisch die Spuren" – klingt durch, was meines Erachtens das *Lesebuch für Städtebewohner* auszeichnet und worauf Brecht dann etwa vom dritten Jahr seines Exils an sich wieder einlassen wird, das volle intellektuelle Risiko:

> Wenn es einen Gedanken gibt
> Den du nicht kennst
> Denke den Gedanken
> Kostet er dich Geld
> Verlangt er dein Haus
> Denke ihn, denke ihn.
> Du darfst es.

---

[47] Mennemaier, Bertolt Brechts Lyrik, S. 105.
[48] Brecht, Gesammelte Werke, Band 8, S. 277–298.

Perfect Perfect.

Das kodierte Kind in Werbung und Kurzgeschichte (Katherine Mansfield, Marie-Luise Kaschnitz, Gabriele Wohmann, Christa Wolf u. a.)

Nicht wahr, das wissen wir alle: Wenn es „high noon" wird, zwölf Uhr mittags im Wilden Westen, dann ist der Gute, der Vertreter des Rechts, ganz allein. Diesmal ist es nicht der Sheriff, sondern ein einsamer Indianer, der von drei bösen, hinterhältigen Revolvermännern – erkennbar an ihren schwarzen Hüten – gejagt wird. Gewiss, es sind offensichtlich Kinder, die einander verfolgen, aber der Indianer hat wirklich Angst, er rennt mit aller Kraft, und die drei Verfolger haben grimmige, gemeine, dreieckige kleine Gesichter. Endlich erreicht der Indianer eine Lichtung; jeder weiß, gleich wendet sich das Blatt: Aber dort wartet nicht die Übermacht der Stammesbrüder; auch der Unbekannte stellt sich nicht ein, der, während er mit der Rechten Mundharmonika spielt, mit links drei Schurken erledigt; nein, es öffnet sich ein gepflegter Freisitz im Garten, die große Familie ist zum Essen versammelt – in der Tat „high noon" –, Opa trägt übrigens eine Art Cowboy-Schlapphut, den er dem Enkel wie zur Tarnung oder zur Wiederaufnahme in die Welt der Weißen auf den Kopf stülpt, der Junge strahlt erleichtert, die drei Verfolger hängen mit verkniffenen Gesichtern im Zaun, ein Teller, dampfend und hoch gehäuft, wird vor den gerade nochmal Geretteten gestellt, und im „off" beginnt ein Chor von Sopranstimmen zu singen: „Du wirst gehetzt, doch zu Hause gibt's Birkel, gibt es Birkel, geht es dir gut."

Alle Indianer essen Nudeln

Ich weiß nicht, wie erfolgreich dieser Werbespot gewesen ist. Man konnte ihn den Winter über, als ich mir diesen Vortrag ausdachte, immer wieder sehen. Uns interessiert seine Zeichen- und Kommunikationsstruktur, und zwar als symptomatisch für Formen von Sprache und Verhalten, mit denen sich – so die These dieses Vortrags – die neuere bis gegenwärtige Literatur, insbesondere die Kurzgeschichte, immer wieder auseinandersetzt. Es ist die von der Werbung propagierte Art zu sehen, zu reden, zu denken, eventuell auch zu handeln – Werbung zielt immer auf die Aktion des Kaufens –, die einen sprechenden Kontext abgibt für die seh-, rede-, denk- und verhaltenskritischen Erzählstrategien in den eben betont Alltägliches entwerfenden Kurzgeschichten. Und dies erstaunlich oft und erstaunlich genau.

Analysieren wir die eben erzählte Werbebotschaft aus dieser Sicht, dann ist leicht erkennbar, wie hier mehrere modellhafte, im Prinzip beliebig wiederholbare und bei aller Variation analoge Situationen einander überlagern. Jede lässt sich als iconisches, bildhaft entworfenes Modell ansprechen. Und die indexikalisch-hinweisenden Zeichen, wie Gesten, Mienenspiel, Bewegungen etc.,[1] leisten genau die Überleitung von einem Modell zum andern:

- das „Western-Modell" (Indianer/Cowboys, gut/böse, Verfolger/Gejagte) ist das erste,
- die Kinder spielen es nach; so ergibt sich das Modell „kindliches Spiel";
- dieses aber wird durch echte Angst auf dem einen Gesicht, bedrohliche Gemeinheit auf den anderen in eine Situation „kindlichen Ernstes" transponiert („drei kleine Ratten aus den Slums oder doch aus den Plattenbauten verfolgen den Jungen aus dem Einfamilienhaus, der sich verlaufen hat").
- Und hinter allem wiederum tut sich eine vierte, modellhafte Situation auf: Der bergende Raum, der die Jagd ablöst, die Opposition von Familie, Heim und Essen gegen die bedrohliche Außenwelt und vor allem das Wort „gehetzt" transponieren das Spiel, das immer ernster geworden ist, endgültig zurück in die Welt der Erwachsenen, von der es im Western-Modell auch ausgegangen war – eine Welt der Leistung, in der die Guten als die Tüchtigen kämpfen und sich abhetzen müssen, zum Beispiel als Lastwagenfahrer oder Packerin in einem Versandhaus, um sich einen Innenraum der Geborgenheit erobern bzw. erhalten zu können.

---

[1] Zu den Begriffen Icon und Index vgl. z. B. *Umberto Eco*, Zeichen. Einführung in einen Begriff und seine Geschichte, Frankfurt 1973, S. 60 ff.; *Elisabeth Walter*, Allgemeine Zeichenlehre. Einführung in die Grundlagen der Semiotik, Stuttgart, 2. Aufl. 1979, S. 62 ff.; *Winfried Nöth*, Handbuch der Semiotik, Stuttgart, 2. Aufl. 2000, S. 185 ff. u. 193 ff.; speziell an Reklamebeispielen demonstriert werden Icon und Index bei *Winfried Nöth*, Semiotik. Eine Einführung mit Beispielen für Reklameanalysen, Tübingen 1975; als weitere Beispiele für semiotische Analysen von Reklamebotschaften vgl. z. B. *Umberto Eco*, Einführung in die Semiotik, München 1972, S. 267 ff. oder *Winfried Nöth*, Dynamik semiotischer Systeme. Vom altenglischen Zauberspruch zum illustrierten Werbetext, Stuttgart 1977, v. a. S. 47 ff.; eine Einführung in Geschichte und heutigen Stand des Verhältnisses von Semiotik und Werbung geben *Morris B. Holbrook*, The Study of Signs in Consumer Esthetics: An Egocentric Review, und *Rudolf Kloepfer*, Sympraxis – Semiotics, Aesthetics and Consumer Participation, beide in: *Jean Umiker-Sebeok* (Hg.), Marketing and Semiotics. New Directions in the Study of Signs for Sale, Berlin, New York, Amsterdam 1987, S. 73–121 u. 123–150; vgl. etwa auch *Marcel Danesi*, Interpreting advertisements. A semiotic guide, New York 1985. Nach den hier meist zugrunde gelegten Kategorien von *Charles S. Peirce*, Collected Papers, hrsg. v. *Charles Hartshorne, Peter Weiss* u. *Arthur W. Burks*, Cambridge/Mass. 1931–1958, v. a. 8.335 ff., handelt es sich um ikonische legi- bzw. codierte Zeichen, deren Modellhaftigkeit prinzipiell mehrfacher Herkunft ist: bild- bzw. film-interne Zuordnungen (die quasi-ästhetische Entropie der Werbung) verdichten sich zu wiederholbaren Mustern (ein bestimmtes, also typisiertes Gesicht steht z. B. für ein bestimmtes Produkt), setzen aber ihrerseits externe, indexikalische, konventionelle Normen voraus, z. B. Cowboyhüte, Aggressionsgesten, Essgewohnheiten usw. (Kloepfer nennt den komplexen internen und externen Indexikalismus „Sympraxis"). Diese Verweise nun sind gerade in der Werbung weit überwiegend begrifflich binär geordnet: Indianer/Cowboys, einer/mehrere, gut/böse usw. Wie sehr „Gegensatzrelationen" und „Oppositionen" in der Werbesprache dominieren, zeigt an vielen Beispielen *Peter Blumenthal*, Semantische Dichte. Assoziativität in Poesie und Werbesprache, Tübingen 1983, S. 41 ff. u. 125 ff., „peinlich" viele übrigens in der Verlagswerbung (vgl. S. 43). Auf alle Fälle ergibt sich so eine völlig replikative, ableitende Semiose (vgl. auch Anmerkung 2 u. 4). Da, wo sie signifikant sind, werden die Bilder und Verweise der Werbung subsumiert unter vorgegebene, oft konventionelle Regeln, die dem Betrachter nicht bewusst sein müssen, ja dürfen, die aber begreifbar und manipulierbar sind.

Auf jeder dieser modellhaft geordneten vier Ebenen werden feste, typisierte, in ihrem Ablauf gesetzmäßige, man kann auch sagen „kodierte" Verhaltensgewohnheiten sichtbar.[2] Wenn gesellschaftliches Verhalten und Sprach- bzw. Zeichenform einheitlich modelliert sind, wenn sie demselben Gesetz folgen und so im Grunde beliebig wiederholbare Handlungen bzw. Botschaften („messages") hervorbringen können, dann rede ich in diesem Vortrag von Kodes. Wie konsequent diese hier durch alle Botschaften hindurchgreifen, kann man daran erkennen, dass sie sich fortlaufend verstärken. Denn im Übergang von kodiertem Western, kindlichem Spiel, kindlichem Ernst und Ernst der Erwachsenenwelt wird das Dargestellte immer realer. Das Realste aber ist das Produkt: Jeder kann diese Nudeln kaufen, kochen und essen. Das Produkt erscheint wie ein Fluchtpunkt der ganzen mehrfachen Dynamik. Der mehrfach realisierte Kode von Hetze und Geborgenheit, der sich schließlich als umfassende Realität präsentiert, soll bewirken, dass man real hingeht und Nudeln kauft.

Anders gesagt, der Geltungsanspruch dieser Werbebotschaften ist hierarchisch geordnet. Sie arbeiten in ihrer Präsentation suggestiv, in ihren Folgerungen persuasiv und in ihrem Ergebnis appellativ.[3] Ihre Basis aber ist unweigerlich affirmativ.[4] Sie rekurrieren auf einen allgemein anerkannten Satz, in der Regel einen ideologischen, von dem anzunehmen ist, dass die Adressaten ihn sofort und ohne Vorbehalte akzeptieren. Die Werbung sagt also:

---

[2] „Kode" wird hier enger verstanden als im üblichen semiotisch-linguistischen Gebrauch (vgl. z. B. *Eco*, Einführung in die Semiotik, S. 57, 65 ff. u. 197 ff.; *Nöth*, Handbuch der Semiotik, S. 70 ff., v. a. S. 73 ff.; *ders.*, Handbuch der Semiotik, S. 216 ff.). Ich verstehe darunter im Zusammenhang dieses Vortrags die z. B. von *Eco*, Einführung in die Semiotik, S. 168 ff., beschriebenen Verfestigungen und Regelungen der Zeichenbezüge und -prozesse, die nach Peirce eine vollständige Replikation bedeuten würden. Werbung in ihrer konsequentesten, von Information freiesten Form konvergiert darin mit der Ideologie, dass sie die Kodierung des der Sache nach Nicht-Kodierbaren sucht: das Produkt als Weltanschauung und Lebensform.

[3] Vgl. die klassischen vier Phasen, besser Ebenen der Werbebotschaft: „A – to capture attention, B – to maintain interest, C – to create desire, D – to get action" (*Helmut Jacobi*, Werbepsychologie, Wiesbaden 1963, S. 114); sehr präzise zeigen *Samuel Watson Dunn* u. *Arnold M. Barban*, Advertising. Its Role in Modern Marketing, 6. Aufl. Chicago, New York 1986 den Zusammenhang von Comprehension, Conviction und Action: „Both verbal and nonverbal signs in advertisements point the way – like road or street signs" (S. 354) und „Both verbal and nonverbal symbols communicate on various levels" (S. 355).

[4] Begriffe wie „persuasiv", „suggestiv" und vor allem „appellativ" kommen in allen Analysen von Werbebotschaften vor. Von den Funktionen „affirmativer Bestätigung" der Werbung spricht z. B. *Josef Kopperschmidt*, Rhetorik. Einführung in die Theorie der persuasiven Kommunikation, Stuttgart 1973, S. 182, vgl. S. 179 ff.; sie gehört in den Zusammenhang „sozio-oekonomisch operationalisierter Rhetorik", welche „Kommunikation auf eine instrumentelle Rationalität restringiert, [...] die rhetorische Sekundärgrammatik als subtiles Manipulationsinstrument funktionalisiert und die rhetorischen Fertigkeiten als Herrschaftswissen zur Stabilisierung von Abhängigkeitsverhältnissen einsetzt" (S. 181); auch wenn manche Semiotik nicht mehr so prinzipiell kritisch gegenüber der Werbesprache eingestellt ist, betont sie nach wie vor deren konventionell-affirmative Funktion, z. B. „daß die Assoziationen der Werbung vorhandene gesellschaftliche Clichés verstärken" (*Blumenthal*, Semantische Dichte, S. 130) oder „it is true at least for commercials that the interpretant refers almost exclusively to culturally fixed constellations of signs which have become stereotyped" (*Kloepfer*, Sympraxis – Semiotics, S. 130); wie diese affirmative Funktion erforscht und genutzt wird, zeigen z. B. die Kapi-

- „Die Kinder jagen sich, es ist gerade nochmal gut gegangen." (suggestive Botschaft)
- Aber die Welt muss aus Kampf und Hetze bestehen, das ist ganz natürlich so." (ideologische Botschaft)
- „Und so natürlich wie Kampf und Hetze ist es, sich den Stress wegzuessen." (persuasive Botschaft)
- „Leute kauft Birkel-Nudeln." (ökonomisch-appellative Botschaft)

Was macht nun, so können wir weiter fragen, diese suggestiv, persuasiv und affirmativ „realisierte Natürlichkeit" aus? Da haben wir zum einen die Kommunikationsform, in der die Botschaften einander überlagern und begründen, und zwar so, dass eine kritische Trennung zwischen den verschiedenen Zeichen-Zusammenhängen und -Ebenen so weit wie möglich vermieden wird. Da funktioniert zum Zweiten die ideologische Basis dieser Kommunikation. Werbung, insbesondere je beliebiger und austauschbarer ihre Produkte sind, sucht ihre suggestiv-persuasive Botschaft möglichst direkt auf allgemeine Wahrheiten zu begründen, die zumindest in diesem Kontext jeder Überprüfung, Diskussion oder Kritik entzogen sind. „Die Welt ist ein Kampf", „wer arm ist, ist minderwertig", „nur wer jung ist, gilt etwas", „Frauen sind weniger wert als Männer", „Sex muss man sich nehmen", „Liebe kann man kaufen" oder ähnlich lauten diese ideologischen Tiefen-Botschaften, die die Überredung durch Werbung so „natürlich" machen. Und da ist offenbar das Kind, das die Natürlichkeit des ganzen Werbe-Arguments befördert. Auch die impliziten Aussagen über die Welt der Erwachsenen sichern ja hier in dem Maße ihre Unangreifbarkeit, in dem sie aus plausibel ausgewählten und suggestiven Kinderszenen abgeleitet werden. Das Kind ist für die Werbung kode-wertig. „Kindlich" kann seinem Anspruch nach heißen: „apodiktisch", also „notwendig wahr".[5] Wir werden noch zeigen, dass dies um so mehr gilt, je weniger die Produkte (zum Beispiel Leistungen einer Bank, Bausparverträge, Versicherungen oder Computersysteme) direkt für Kinder bestimmt sind oder von Kindern erworben werden können.

---

    tel „Signs of Consumer Identity" und „Symbolic Consumption", in: *Umiker-Sebeok*, Marketing and Semiotics, S. 150 ff.; zum Zusammenhang von Werbung und Ideologie vgl. auch *Nöth*, Handbuch der Semiotik, S. 413 ff. u. 508 ff., v. a. S. 510: „Rhetorik und Ideologie (als) zwei Seiten eines Zeichens" in der Werbung. Klassische Vorbilder dafür wären *Gustave Flauberts* Dictionnaire des Idées reçues, z. B. „Liberté. O liberté! que de crimes on commet en ton nom! – Nous avons toutes celles qui sont nécessaires" (Œuvres, hrsg v. *Albert Thibaudet*, Paris 1952, Bd. 2, S. 1016) und *Aldous Huxleys* Brave New World, z. B. „Spending is better than mending" (Harmondsworth 1955, S. 49), und viele mehr. Die Literatur hat schon lange allgemeine Sätze als Basis appellativer Kommunikation formuliert, die eigentlich schon immer darauf warteten, für die Werbung genutzt zu werden.

[5] Es müsste genauer heißen „pseudo-apodiktisch", sofern ja eben keine logische Notwendigkeit vorliegt. In diesen Kategorien dreistelliger Semiotik vgl. z. B. *Charles S. Peirce*, Phänomen und Logik der Zeichen, hrsg. v. *Helmut Pape*, Frankfurt 1983, S. 64 ff., v. a. S. 89 ff.

Katherine Mansfield: „The Doll's House" – „a line has to be drawn"

Was haben diese Überlegungen zur Kommunikationsform von Werbebotschaften mit der Kurzgeschichte zu tun? Ich werde im Folgenden zu zeigen versuchen, dass Katherine Mansfield in ihrer Erzählung *The Doll's House*[6] auf verblüffend moderne Weise den Typ solcher affirmativen und zugleich suggestiven, auf Bilder, Verweise und Modelle gestützten Kommunikation in Szene setzt. Die kindlichen Augen und die Kinderstimmen gehören sicher zum Eindrucksvollsten, was Katherine Mansfield erzählt hat.[7] Zu denken wäre etwa an die Geschichten *The Wind blows, The Voyage, How Pearl Button was kidnapped, The little Girl, Sun and Moon, The Child who was tired,* auch *The Garden Party* oder *Prelude*[8] und *At the Bay,* wo dieselben Kinder auftreten wie in *The Doll's House.*

Die Kurzgeschichte *The Doll's House* (von 1921) nun fällt allerdings schon beim ersten Lesen aus diesem Rahmen. Denn diese Erzählung ist gerade im Gegensatz zur genannten individuell-personalen Kinder-Perspektive und -Rolle geprägt durch eine anonyme, neutrale, aber der kindlichen Sicht allgemein genäherte Perspektive und geprägt auch durch die plural-integrale Kinder-Stimme, die große Teile der Geschichte erzählt. So wird zum Beispiel das Puppenhaus präsentiert, das die Burnell Kinder geschenkt bekommen haben.

> There stood the doll's house, a dark, oily, spinach green, picked out with bright yellows. Its two solid little chimneys, glued on to the roof, were painted red and white, and the door, gleaming with yellow varnish, was like a little slab of toffee [...] „But perfect, perfect little house! Who could possibly mind the smell" [...] „Open it quickly, someone!" The hook at the side was stuck fast. Pat prised it open with his penknife, and the whole house front swung back, and – there you were, gazing at one and the same moment into the drawing-room and dining-room, the kitchen and two bedrooms. (S. 383)

Die Zeit von Erwartung und atemloser Freude, die räumliche, ‚kinderhohe' Deixis („there stood", „there you were, gazing" into the rooms), die Vergleiche („like toffee"),

---

[6] Im Text zitiert wird *Katherine Mansfield*, The collected Short Stories, Harmondsworth 1981.

[7] Zur großen Bedeutung, die Katherine Mansfield der personalen Perspektive und Stimme zumaß („I am this man", „I am a white duck") vgl. z. B. *Eileen Baldesweile,* Katherine Mansfield's Theory of Fiction, in: Studies in Short Fiction 7 (1970), S. 421–432; *Thomas Owen Beachcroft,* Katherine Mansfield – Then and Now, in: Modern Fiction Studies 24 (1978), S. 343–354; *Jochen Ganzmann,* Vorbereitung der Moderne. Aspekte erzählerischer Gestaltung in den Kurzgeschichten von James Joyce und Katherine Mansfield, Marburg 1985, v. a. S. 204 ff. Zur Untersuchung von „Perspektive" und „Stimme" (vox) vgl. *Gérard Genette,* Die Erzählung, München 1994, S. 132 ff. u. 151 ff.

[8] Der Titel „Prelude" erinnert an William Wordsworths gleichnamiges Gedicht und trägt Wordsworths Zeile „the Child is father of the Man" (Poems, hrsg. v. *John O. Hayden,* Harmondsworth 1977, Bd. 1, S. 522) gewissermaßen als Motto. Das zeigt, wie bewusst sich Katherine Mansfield an die Tradition ‚kindlicher amplificatio' in der Literatur anschließt, die spätestens seit dem 18. Jahrhundert vor allem kritische und hypothetisch-fragende Funktionen wahrnahm. Vgl. z. B. *Heide Eilert,* Kinderszenen, Stuttgart 1987 und die dort genannte Literatur.

die Bekanntschaft voraussetzende Präsentation von Namen (Pat), die erlebte Rede („but perfect, perfect little house"), „you were" oder „who could" als verallgemeinernde Satz-Subjekte, alles zeigt die anonyme und zugleich kollektive, kindliche Erzählsituation.

Aber, und das scheint mir nun sehr wichtig, auch die „Stimmen" der Erwachsenen, der Eltern und anderer, integriert die Erzählerin auf diese Weise in eine einzige, kohärente Erzählrede, zum Beispiel, wenn es darum geht, dass die Burnell-Mädchen je zwei ihrer Freundinnen einladen dürfen:

> Not to stay to tea, of course, or to come traipsing through the house. But just to stand quietly in the courtyard while Isabel pointed out the beauties, and Lottie and Kezia looked pleased ... (S. 385)

Und dasselbe geschieht, wenn die Erzählerin berichtet („the fact was"), wobei sie lediglich die Erwachsenenrede resümiert, dass die Burnell-Töchter leider mit allen möglichen anderen Mädchen in dieselbe Schule gehen müssen, selbst mit den Kindern des „store-keeper" oder des „milkman":

> Not to speak of there being an equal number of rude, rough little boys as well. But the line had to be drawn somewhere. It was drawn at the Kelveys. (S. 385)

Man hört geradezu, wie die Erzählerin durch ihr nüchternes Fazit die generalisierende Sicht und Stimme der Erwachsenen, ihr widerspruchsfrei typisiertes Urteil,[9] nur unterstreicht. Die Ausgrenzung der Kelvey-Kinder ist Norm und „fact" zugleich. Die Burnell-Mädchen zum Beispiel gehen an ihnen vorbei mit erhobenem Haupt und abgewandtem Gesicht, und da sie tonangebend sind, („as they set the fashion in all matters of behaviour"), machen alle es ihnen nach. Auch die Lehrerin hat eine besondere Stimme für die Kelveys und für die anderen Kinder ein besonderes Lächeln – alles wohlgemerkt typisierte, signifikante Gesten –, wenn Lil Kelvey ihr einen Strauß „fürchterlich gewöhnlicher" Blumen bringt.

Diese Erzählform wiederholt also unausgesprochen aber ständig die Prämisse: Alle sehen, denken, reden und verhalten sich so wie wir jetzt gerade. Im folgenden Abschnitt zum Beispiel wirken die berichtend-verallgemeinernde Stimme der Erzählerin und die fallweise von vorgegebenen, allgemeinen Normen her urteilenden Stimmen der Personen zusammen, indem sie rhythmisch einander bestätigen und intensivieren:

> They were the daughters of a spry, hard-working little washerwoman, who went about from house to house by the day [Erzählerin, zeitlich generali-

---

[9] Legt man Michail Bachtins Erzähltheorie zu Grunde, dann provoziert bereits diese konstruierte Monologisierung, die gerade auch nach Bachtin „ideologisch gefüllt" ist, den Widerspruch beispielsweise der Leser. Vgl. *Michail M. Bachtin*, Das Wort im Roman, in: *ders.*, Die Ästhetik des Wortes, hrsg. v. *Rainer Grübel*, Frankfurt 1979, S. 154–300, v. a. S. 192 ff.

> sierend]. This was awful enough [free indirect speech: kollektive Erwachsenenrede]. But where was Mr. Kelvey [Überlagerung beider Stimmen]. Nobody knew for certain. But everybody said he was in prison [Erzählerin, gerade die Pronomina „nobody" und „everybody" wirken verallgemeinernd; es folgt eine längere kollektive Erwachsenenrede]. So they were the daughters of a washerwoman and a gaolbird. Very nice company for other people's children! [Generalisierung und Ausgrenzung bedingen sich wechselseitig]. And they looked it. Why Mrs. Kelvey made them so conspicuous was hard to understand. (S. 386)

Genau an der Grenze des Nichtwissens und Nichtverstehens – impliziert ist, dass weiteres Fragen nicht lohnt, wo alles was relevant ist, bereits feststeht –, genau an dieser Stelle setzt mit „the truth was that they were dressed in bits" eine ganz andere Erzählerstimme ein; wir werden noch zeigen, wie die Erzählerin sich hier ihrer Wahrheit („the truth was") in letztlich metasprachlicher Reflexion zu nähern sucht. Genau da, wo die Personen sich ihrer Normen und Kodes, zum Beispiel denen der Kleidung, so sicher glauben, dass sie über andere lachen können („It was impossible not to laugh"), da beginnt Katherine Mansfield, mit ihnen zu spielen. Wir werden gleich darauf eingehen.

Vorher aber ist zu zeigen, wie auch die kollektive Kinderperspektive und -rede genauso rhythmisch normierend und generalisierend eingesetzt wird wie die der Erwachsenen: „replicae" derselben „lex", „messages" desselben „code", „tokens" desselben „type".[10] Nachdem alle Kinder das Puppenhaus haben anschauen dürfen, natürlich alle bis auf die Kelveys, und als die allgemeine Begeisterung etwas nachlässt, da kommen die Kinder in unbeschönigter Grausamkeit auf die Idee, richtig hässlich zu den Kelveys zu sein („they wanted to be horrid to them", S. 388). Nach einem ersten erfolglosen Anlauf, auf den wir später eingehen werden, gelingt das auch: „Lena shot forward. ‚Yah, yer father's in prison!' she hissed spitefully" (ebd.). Die Grausamkeit gegen Außenseiter verstärkt ganz natürlich das Hochgefühl der Gruppe. Und die Erzählerin in „neutral omniscience" bzw. „focalization zero" bleibt auch und gerade jetzt bei ihrer konstatierenden und verallgemeinernden Erzählform; sie leiht genauso dieser bösen, kollektiven Begeisterung der Kinder ihre eigene, stilistisch intensivierende Stimme:

> This was such a marvellous thing to have said [kollektives Urteil, stilistisch intensiviert] that the little girls rushed away in a body [kollektiv integrierend], deeply, deeply excited [stilistisch intensiv], wild with joy. Someone [kollektiv] found a long rope, and they began skipping. And never [temporal generalisierend] did they skip so high, run in and out so fast, or do such daring things as on that morning. (S. 388 f.)

---

[10] Vgl. dazu auch „Welchen der Steine du hebst", sowie *Nöth*, Handbuch der Semiotik, S. 131 ff.

Auch jetzt bereitet freilich die rhythmische *amplificatio* ihre eigene Durchbrechung vor. So wie oben die „bits" der Kleidung das Spielen mit den Kodes ankündigen,[11] so wird jetzt die gezielte Perspektive eines einzelnen Kindes zumindest die Möglichkeit einer Abweichung entwerfen.

Zunächst aber können wir ein Zwischenergebnis festhalten. Alle diese Generalisierungen, Kollektivierungen, Normierungen und Typisierungen haben nicht nur das Puppenhaus zum Anlass, sie verstärken ganz offenkundig dessen Modellbedeutung selbst. Es ist ein suggestives Spiel-Modell, das in seiner intensiven, visuellen Präsenz ganz fraglos selbstevident erscheint. Es reproduziert vollständig und geschlossen erwachsenes Verhalten („dining room", „drawing room" etc.), eben eine Erwachsenenwelt *en miniature*.[12] Zugleich aber ist es von kindlichem Ernst umgeben. Das zeigt schon die ‚kinderhohe' Sicht, und davon handelt ja die Geschichte. Gerade die Funktionen des „Öffnens" und „Schließens" kehren dabei auf allen Ebenen wieder, sie konstituieren den durchgreifenden Kode: Schon das Puppenhaus ist „perfect, perfect" genau darin, dass es geöffnet und geschlossen werden kann. Dem entsprechen die vielfachen Abgrenzungen, die zunächst die anderen Mädchen treffen, die zum Beispiel nicht ins Haus der Burnells hineindürfen, und dann natürlich die Kelveys, denen auch der Hof, das Anschauen des Puppenhauses, ja selbst das Hören davon untersagt ist („many of the children, including the Burnells, were not allowed even to speak to them", S. 385). Und bis ins Detail analog („the line had to be drawn somewhere") entspricht dem das Verhalten der Erwachsenen. Signifikant sind zum Beispiel auch die Gewohnheiten beim Essen (Neuseeland-Lamm und Maiskuchen gegen rote, durch das Papier tropfende Marmelade-Brote), Schmuck (man denke an die Blumen), Kleidung („conspicuous"), Gruppen-Spiele, Sitzordnung (Lil Kelvey has to „walk up" to the teachers), Gesten (die Stimme der Lehrerin und ihr Lächeln) usw. So werden das Einschließen und Ausgrenzen zu etwas Selbstverständlichem, zu einem allgemein akzeptierten Kode, in dem Bildungs- und Besitzprivilegien immer wieder bestätigt und ihrer Selbstevidenz versichert werden. Und auf nahezu unangreifbare, denn ganz sinnliche und äußerliche und eben ganz kindliche Weise verdichten sich diese Kodierungen im Modell des Puppenhauses selbst.

---

[11] Zur Semiotik der Kleidung bzw. Mode vgl. z. B. *Roland Barthes*, Die Sprache der Mode, Frankfurt 1985, v. a. S. 229 ff.

[12] „The child's world is shown to be a microcosm of the adult's." So *Cherry A. Hankin*, Katherine Mansfield and her Confessional Stories, London 1983, S. 220; vgl. zum durchgreifenden Muster des Ein- und Ausschließens und dessen Zusammenhang mit der Form perspektivisch-kollektiver Präsentation („die Regeln einer standes- und klassenbewußten Gesellschaft, gespiegelt im sozialen Verhalten der Kinder") auch *Peter Halter*, Katherine Mansfield und die Kurzgeschichte. Zur Entwicklung und Struktur einer Erzählform, Bern 1972, S. 136 u. ff.; *Alvan S. Ryan*, Katherine Mansfield, „The Doll's House", in: Insight II. Analyses of Modern British Literature, hrsg. v. *John V. Hagopian* u. *Martin Dolch*, 4. Aufl. Frankfurt 1975, S. 247–252, hier S. 250, weist hin auf Spiele, bei denen Kinder aufgefordert werden, einen inneren Kreis zu betreten, und erinnert überdies an das Märchen von Hänsel und Gretel (vgl. S. 220): „a slab of toffee" erinnert in der Tat an das Motiv des ‚Knusperhäuschens', und vor allem hat das Märchen mit „Vertreibung" (die Kelveys) und „Gefängnis" (Kezia) zu tun. Grundlegend für eine Semiotik der „Grenzüberschreitungen" wären hier die Anregungen von *Jurij M. Lotman*, Die Struktur des künstlerischen Textes, hrsg. v. *Rainer Grübel*, Frankfurt 1973, v. a. S. 327 ff.

Vergleicht man dies nun mit der oben untersuchten Werbebotschaft, so ist die Analogie unübersehbar. Katherine Mansfield konstruiert, und zwar ganz gezielt eben in ihrer Erzählform, solche mehrfach analog strukturierten Botschaften, die ihrem Anspruch nach ähnlich affirmativ, ja apodiktisch in anerkannten Verhaltenskonventionen begründet sind wie die der eingangs vorgestellten Werbebotschaft. In beiden Fällen sind es ideologische Kodes, die sich ein Stück Realität ausgrenzen und unterwerfen. Und in der Tat, da sie so gut kodiert ist, könnte man die ganze Puppenhaus-Kinder-Erwachsenen-Situation natürlich auch ins Freundliche verschieben: Die „guten" Kinder spielen im Garten mit dem Puppenhaus, die „anderen" schauen mit großen Augen über den Zaun. Dann schwenkt die Kamera: Direkt neben dem Puppenhaus sammelt sich die Familie um eine Schüssel herrlich dampfender Nudeln, und – jetzt muss freilich etwas Freundliches geschehen – die Nudel-Kinder drinnen winken den Nicht-Nudel-Kindern draußen freundlich zu. Die Geste müsste sowohl Einladung als auch lediglich Gruß bedeuten können. Dann würde geschnitten; die Einstellung wäre zu Ende; das wäre wichtig: Jede Grenzverwischung wäre vermieden, im Gegenteil, die Grenze wäre erst eigentlich bestätigt. Die nächste Einstellung könnte dann ein verallgemeinerndes und zugleich ‚kindgerechtes' Schlussbild bringen. In der offenen Tür des Puppenhauses – die Grenze, aber auch den Zugang markierend, der nur durch die Realität des Produkts vermittelt werden soll – stünde ein Kinderteller mit köstlichen Nudeln, und der bekannte Chor sänge im „off": „Dein Haus gehört dir" – damit können sich auch Erwachsene identifizieren (Schwaben sowieso) –, „und zuhause gibt's Birkel. Gibt es Birkel, geht es dir gut".

Sie sehen, das Puppenhaus wäre durchaus als Werbeträger vorstellbar, genauso wie das Indianerspiel. Allerdings müssten gewisse Modifikationen vorgenommen werden. Die Verharmlosung der abgrenzenden Details wäre nicht einmal so wichtig. Viel wichtiger scheint mir, dass in einer Werbebotschaft die Kinder noch eindeutiger im Vordergrund stehen müssten. Und die Stimme der Erwachsenen, das ist nun allerdings unabdingbar, dürfte überhaupt nicht hörbar werden. Das Natürlich-Kindliche müsste so ausgearbeitet sein, dass es das Gesellschaftlich-Ideologische, hier zum Beispiel den Satz: „a line between ordinary and poor, good and bad, has to be drawn", sowohl verdeckt als auch indirekt, aber vollständig und wirksam (Modell des Modells des Modells) repräsentiert. Allgemein gesagt: Das Kind ist als Werbeträger „perfect perfect". Es erscheint als Subjekt seiner Handlungen, als frei, spontan und natürlich, eben „kindlich"; aber zugleich ist es vollständig das kodierte Zeichen („aliquid stat pro aliquo") jenes allgemeinen, gesetzhaften, als Wahrheit anerkannten Satzes, häufig eines ideologischen, der seinerseits den Zusammenhang von Werbeträger und Produkt begründet. Das „Werbekind" ist optimal systemgesteuert: Es ist ganz Kind, insofern „perfect", und zugleich ganz Kode, also nochmals „perfect".

Werbekinder

Ich möchte diese bis jetzt noch wenig gestützte Behauptung an ein paar Werbebotschaften belegen, bei denen das Produkt fortschreitend weniger irgendeinem kindlichen Zugriff offensteht und zugleich immer mehr im Kind als Werbeträger selbst kodiert ist.

ARAG IST VERTRAUEN

Vertrauen ist: In Geborgenheit das Leben genießen. Gefahren vergessen können, weil da starke, rettende Arme sind, ein unsichtbarer Schild, der schützt und vor allem Bösen bewahrt.
Auf die ARAG vertrauen heißt stets einen verläßlichen Partner haben. In den vielfältigen Rechtsfällen des Lebens sicher sein können, daß Rat und Hilfe ganz in Ihrer Nähe sind. Überall in Europa. Fragen Sie mal einen unserer Mitarbeiter, warum die ARAG millionenfach Vertrauen genießt.
Vertrauen ist eine ARAG-Rechtsschutzversicherung.

ARAG Markenzeichen für Rechtsschutz in Europa Symbol der Sicherheit

Das erste Beispiel sagt zu dieser These allerdings noch nicht viel. Aber es zeigt, wie Werbung kommuniziert. Das Kind ist offensichtlich selbst ganz passiv und Objekt elterlicher Fürsorge. Interessant aber sind die semiotisch-rhetorischen Verfahren der *amplificatio* in diesem Bild. Hierher gehört zum Beispiel

- der emblematische Aufbau, bei dem „inscriptio", „pictura" und „subscriptio" einander wechselseitig interpretieren und so, das ist der klassischen Rhetorik bekannt, etwas allgemein Gesetzhaftes aussagen.[13]

- Verallgemeinernd aber wirkt zum Beispiel auch die Entropie (die innertextliche Verweisungsfunktion der Zeichen) in diesem Bild. Zum Beispiel kehren die Streifen in der Bluse der Mutter in der Kleidung des Kindes wieder. Die Indices (hinweisende Zeichen) der Blickrichtung bilden einen Kreis; es handelt sich um dasselbe Muster in verschiedenen Farben. Sorgfältig ausgeleuchtet sind die Haartöne der drei Personen, die einander korrespondieren. Geschlossen ist der Zirkel des Blickkontaktes (der Vater schaut auf das Kind, das Kind auf die Mut-

---

[13] Vgl. z. B. *Siegfried Peuckert* (Hg.), Emblem und Emblematikrezeption, Darmstadt 1978; dort wird auch auf die Verbindungen zur Werbesprache hingewiesen. Die von Dunn und Barban empfohlenen „Qualities of effective Layouts" (S. 488 ff.) reproduzieren z. B. genau den emblematischen Aufbau.

ter, die Mutter auf den Vater), der die Bedeutung seiner Teilnehmer potenziert. Dem entspricht die Gestik der gegeneinander geöffneten und einander umfangenden Arme. Alle diese Wiederholungen im Innern des Textes stärken seine Modellfunktion nach außen.
- Hinzu kommt eine gewisse Typisierung der Personen: Der Herr ist nicht vom Jugendamt, die Frau keine Kindergärtnerin. Dies sind Mama und Papa.
- Von großer Modellbedeutung ist hier schließlich, wie beim Indianer-Nudel-Spot, wie beim Puppenhaus und wie überhaupt bei allen noch zu besprechenden Beispielen in Bild und Text die gezeigte Architektur: Leiter und Rutsche signalisieren offensichtlich „hinauf" und „hinab" bzw. im Kontext einer Rechtsschutzversicherung „Aufstieg" und „Gleiten", wenn nicht gar „schiefe Bahn".

Und all das wächst dann der Natürlichkeit des Kindes bzw. der Szene als Bedeutung zu: So wie das Kind im Spiel, so können die Erwachsenen, so kann jeder im Leben ins Rutschen kommen – wie gut, wenn es dann eine starke Versicherung gibt, die ihn auffängt. Das ganze Kind ist ganz kodiert.

Die Werbe-Botschaft für „Schwäbisch-Hall" erscheint mir etwas forciert. Die Schlagzeile („es gibt kindliche Meister und Handwerksmeister") hat fast etwas von einem Kalauer. Genauso durchsichtig ist die Analogie von kindlichem Spiel, kindlich-ernster Fürsorge und erwachsener Fürsorge, die nach dem Schema „Modell im Modell" durch das Hundehaus anschaulich gemacht wird. Nicht übersehen kann man weiterhin die über den Bildrand hinausreichende Farbentropie: Das gezielt ausgeleuchtete Haar des Jungen entspricht dem des Hundes, beides hat genau die Farbe, die zum Anstreichen verwendet wurde; und alles leitet über zum Goldgelb im Firmenemblem. So entsteht ein „natürlicher Konnex"[14] von knuddeligem und wuscheligem Kind und nicht weniger sympathisch-fröhlichem Image des Produkts.

In der Centralboden-Werbung spricht der Text eine andere Botschaft aus, als sie das Bild suggeriert. Oberflächlich ist beiden das „glatte Funktionieren" gemeinsam: „Der Fensterladen klappt", und „die Finanzierung klappt". Aber die suggestive Botschaft ist die des „Bergenden" und zugleich „Exklusiven" dieser Finanzierungsgesellschaft. Analogien zu Katherine Mansfields Puppenhaus-Modell sind durchaus vorhanden. Der Junge wirkt schon als Typ fein, fast mädchenhaft. Die Farbentropie von Haar, Haut, Pullover, Holz und Licht zielt auf Kontraste: Warmes Rot steht gegen kühles Blau, hell und farbig gegen dunkel, geometrisch geschlossene Formen (Sprossenfenster, Lamellen im Fensterladen) stehen gegen offene, organische. Der Betrachter befindet sich explizit „draußen" in einer kalten, unbehausten und dunklen Welt,[15]

---

[14] So wie von Pseudo-Apodiktik muss man auch von Pseudo-Natur sprechen, denn der Zusammenhang ist völlig rhetorisch, vgl. „Und raucht Ernte 23/Und alles war wieder gut" (S. 212 f.) generiert.

[15] So wird sehr häufig für hochprozentige (wärmende) Alkoholika geworben; vgl. ebd., S. 218 ff., 222–225, 227–230.

das Kind dagegen ist in der mütterlichen Höhle von Wärme und Helligkeit geborgen. So wird das nicht leicht zugängliche Feine, Vornehm-Gediegene und Exklusive zur Norm. Es verheißt Wärme und Sicherheit. Auch der Schriftzug des Unternehmens präsentiert sich ja edel, geschlossen ‚eingerahmt' und harmonisch geordnet. Wer mit „Centralboden" finanziert, der gehört zu einer Welt zuverlässiger Exklusivität. Auffallend ist schließlich, dass das Kind hier in dem Maße als Subjekt erscheint – der Junge wird wie der Besitzer des Hauses präsentiert –, in dem sein „Drinnensein" und „Dazugehören" völlig von der Tiefenbotschaft absorbiert wird.

Vertrauen ist die Basis jeder guten Partnerschaft.

Mit Freude erleben Sie, wie Ihre Kinder groß werden. Sich selbstbewußt und phantasievoll bewegen. Das verlangt Vertrauen – auf beiden Seiten. Kinder erkennen schon früh, daß Eltern auch die besten Freunde sind. Und damit Ihre Kinder später einmal gute Voraussetzungen für die eigene Zukunft haben, planen Sie voraus. Dabei helfen wir Ihnen. Wir nennen das: Deutsche Bank-Service für Privatkunden. Mit dem finanziellen Vorsorgeprogramm, das Ihren Kindern einen guten Berufseinstieg möglich macht.

Fragen Sie die Deutsche Bank.

Deutsche Bank

Die „Deutsche Bank" braucht eigentlich nur an ihre Existenz zu erinnern. Ihre Werbebotschaft verzichtet nahezu völlig auf irgendeine visuelle Rhetorik und ist von allen die realistischste: Man könnte durchaus den Namen des Jungen, Stadt, Platz und Tag einsetzen. Auch der große freie Raum um die *pictura* zeigt das Souverän-Selbstverständliche dieser Botschaft an. Die eingesetzten Signale sind sämtlich solche, die konventionell funktionieren und allgemein anerkannt sind. Jedes Kleidungsstück zum Beispiel hat im „System der Mode" seinen Stellenwert. Das gilt zunächst natürlich für die (vermutlich in Kindergröße maßgeschneiderte) Tweed-Jacke, die genau auf den englischen Rassehund ‚gestylt' ist. Dazu passt das blütenweiße Hemd mit Knopfleiste und krawattengerechtem Kragen, der auch bereits zugeknöpft wurde. Zwar bleibt alles durch Krempeljeans und kindlich-übergroße Schleife an den Schuhen ‚kindlich', vielleicht auch schon ‚jugendlich-dynamisch'. Gleichwohl, den ‚Mann im Kinde' zeigen die beherrscht lässige linke Hand, die aufrechte Haltung, das selbstsicher breite, aber geschlossene Lächeln usw. Gesichts- und Kopfform sind jungenhaft hübsch und verraten sowohl Intelligenz als auch Energie. Und unwiderleglich soll natürlich das sorgfältig frisierte und ausgeleuchtete, ganz einfach ‚deutsche' Blondhaar wirken. Die um den Hals in freier Schlaufe gehängte Hundeleine signalisiert eine gewisse Risiko-Bereitschaft; aber dass sie frei durchhängt, zeigt, dass sie eigentlich nicht gebraucht wird; und, wie auch immer, die Rechte hat alles kurz und fest im Griff. Dann ist es nur konsequent, wenn auf der nach oben führenden Treppe – die architektonische Aufwärtsbewegung entspricht dem Firmenemblem – die oberste Stufe deutlich zu sehen ist, während der Betrachter von unten nach oben schauen muss. Vielleicht hat die Kombination von schönem Menschen und rassigem Tier auch eine gewisse vital-erotische Ausstrahlung, so dass etwa Frauen sich wünschen könnten, so „beherrscht" zu werden. Kurz, dieser Junge ist ganz natürlich zum Führen und Entscheiden bestimmt.

Das Bild ist dann viel wirksamer und aussagekräftiger als der Text, der die Eltern zur Vorsorge auffordert. Der Text ist fast schon ein Alibi. Die eigentliche Botschaft lautet: So unwiderlegbar die verbundene Pfote des Hundes Vertrauen signalisiert (suggestive Botschaft), genauso selbstverständlich soll der Betrachter der Qualität dieses Kindes vertrauen (persuasive Botschaft). Es ist natürlich, jeder Zweifel ist sinnlos, es ist ganz einfach so, dass es absolut kompetente Führungspersönlichkeiten gibt (ideologische Botschaft). Sie gehören zur, ja sie *sind* die „Deutsche Bank" (ökonomische Botschaft).

Wo die Deutsche Bank-Werbung „ganz Wirklichkeit" ist, da ist die für C&C „ganz Traum": So einen Baum gibt es nicht, so ein Baumhaus – das Architektur-Modell bleibt signifikant – würde nicht halten, es müsste jeden Augenblick wegrutschen, Seil und Leiter auch, und die Kinder dürften schon gar nicht in so luftiger Höhe ohne Geländer etc. spielen oder gar schlafen; nahezu unmöglich ist es, vom Baum aus einen Drachen fliegen zu lassen. Zum Traumhaften passt das „Romantische" von Tätigkeiten wie Lesen, Musikmachen, Seeräuber-Spielen usw., und dazu wieder die altmodisch-zeitlose Kleidung. Was wird nun damit suggeriert? Alle Kinder treiben Kommunikations-Spiele: Brieftaube, Briefchen an der Schnur, auch Fernsehen, Lesen, Musikmachen, selbst das Drachensteigenlassen hat etwas Verbindendes; auch das ausländische Aussehen eines der Kinder gehört hierher. Genau darauf wird im

Text, in der *subscriptio*, Bezug genommen: „so einfach und direkt, wie Kinder beim Spiel", wie sie „miteinander träumen und aufwachsen – und mehr gemeinsam haben", so ist unser C&C-Traum von einer C&C-Welt. Aber zugleich ordnet das visuelle Präteritum in dem Kinderbild dieses unweigerlich als eine Art Vorläufer der C&C-Welt zu, und das traumhaft Unwirkliche tilgt allen nachfragbaren Kontext- bzw. Realitätsbezug dieser Kommunikationsspiele. Es kommt nur noch darauf an, *dass* Kinder spielen, träumen, zusammen sind und kommunizieren (das ist die suggestive Botschaft); die sich anschließende *persuasio* lautet: Lasst doch die sinnlosen Fragen nach wozu und wem zunutz; träumt lieber – träumt lieber mit davon, *dass* „sich Computer und Kommunikationssysteme zu einem einzigen und voll integrierten, globalen Informationssystem vereinigen", denn – und das scheint die ideologische Botschaft zu sein – der Fortschritt ist an sich etwas Gutes. Es wäre interesssant, auch den Werbetext als solchen weiter zu analysieren; in den Kernaussagen ist zum Beispiel die Technologie handelndes Subjekt, die Menschen sind Objekt, denen die Technologie lediglich Möglichkeiten zu handeln anbietet. In dem oben zitierten Satz fehlen die Menschen ja auch völlig. Gegen die neue „C&C-Technologie" haben „Sprache und Kultur" lediglich die Funktion einer „Barriere"; weiterhin ist es „gleichgültig, ob" es sich um „Sprache, Daten, Text oder Bild" handelt. „Philosophie" hat vor allem den Zweck, zu einer „Spitzenposition" in der Branche und zu „herausragenden Produkten" zu verhelfen. Und sind nicht aus dieser Sicht „unsere Kinder", die Kinder von C&C, die in dieser „C&C-Welt [..] leben" werden, die Computer? In der Tat, genau das versucht die suggestiv-persuasive Botschaft zu sagen, wenn sie das Natürliche des Kindes auf Computer und Kommunikationssysteme zu übertragen sucht. Jetzt ist das ganze Kind in der Tat ganz Kode: „perfect perfect".

Kehren wir zum Vergleich Werbung – Kurzgeschichte zurück, und fassen wir zunächst zusammen: die Zeichensprache der Werbung, obwohl sie mit suggestiven Bedeutungsstiftungen und rhetorischer Persuasio arbeitet, sagt nicht: „das bedeutet" oder „das soll sein", sondern „das ist"; sie verwandelt insbesondere Analogien, und zwar mehrfache, und Zuordnungen in Identifikation; sie sucht Bezüge des Bezeichnens und Interpretierens zu verfestigen,[16] diese „erstarren", wie Ilse Aichinger in ihrer Kurzgeschichte *Das Plakat* sagt. Werbung führt ihre Botschaften auf allgemeine, vorgegebene Wahrheiten zurück, die nicht bezweifelt oder hinterfragt werden sollen. Indem diese sich direkt und fest mit typisierten Zeichen verbinden, ergibt sich das, was Roland Barthes, Umberto Eco und andere als Ideologie analysiert haben.[17] Schließlich soll der ganze Text nicht als Text, sondern prinzipiell als Realität behandelt werden. Die Grenze zwischen Text und Realität wird genau in dem Sinn

---

[16] Vgl. zu dieser anti-logischen Tendenz der Werbe-Semiotik z. B. *Nöth*, Einführung in die Semiotik, S. 25 ff. (Behauptungen von Nichtbehauptbarem) und *ders.*, Dynamik semiotischer Systeme, S. 47 ff.; dort wird „die zunehmende Beeinflußbarkeit des Rezipienten bei zunehmender Regression der Argumentationsstrategie" (S. 81) geradezu als „Gesetz" der Werbung aufgestellt.

[17] *Roland Barthes*, Mythen des Alltags, Frankfurt 1970; *Eco*, Einführung in die Semiotik, S. 168 ff.; *ders.*, Semiotik. Entwurf einer Theorie der Zeichen, München 1987, S. 385 ff.

markiert, dass das Produkt sie überbrückt.[18] So ergibt sich der Appell, das Produkt zu kaufen. Und das Kind als Werbeträger erscheint so ganz als Subjekt (es bedeutet nicht, es ist) und ist doch vollständig Objekt, nämlich durch die allgemeine, oft ideologische Wahrheit kodiert.

The Doll's House – „Why don't all houses open like that?"

Entwickelt nicht Katherine Mansfield in der mehrfachen Analogie von Puppenhaus, kindlichem Spiel, kindlichem Ernst und erwachsenem Ernst – immer wiederholt sich die apodiktisch gesetzte, selbstevidente Grenze von ‚gutem Drinnen' und ‚bösem Draußen': „the only two who stayed outside [...] were the two who were always outside, the little Kelveys" (S. 385) – ein der Werbebotschaft verblüffend analoges (ein analoges, nicht einfach dieses) Kommunikations- und Verhaltensmodell? Und die Durchsichtigkeit und Härte, mit der das geschieht, trägt gewiss zum literarischen Rang dieser Kurzgeschichte bei. Wir werden von ihr aus vielfältige, aufschlussreiche Analogien zur deutschen Nachkriegsliteratur nachweisen. Freilich lässt Katherine Mansfield diese Form von Kommunikation nicht einfach stehen. Wo die Werbung – und genauso die Personen in *The Doll's House* – suggerieren, identifizieren und affirmieren, da differenziert sie die verschiedenen analogen Ebenen, spricht ihre Übersetzbarkeit aus, setzt die Kodes hypothetisch, reflektiert ihr Funktionieren und macht sie prinzipiell der Kritik zugänglich. Das haben wir der Sache nach bereits gezeigt, können es aber nun an zwei Details, einem motivischen und einem strukturellen, nochmals überprüfen und vertiefen.

Die Kodes der Werbung setzen zum Beispiel ganz selbstverständlich voraus, dass der Hierarchie von Erwachsenen und Kindern die von Kindern und Tieren entspricht, wodurch zugleich erstere bestätigt wird (vgl. Schwäbisch Hall und Deutsche Bank, marginal C&C). Bei Katherine Mansfield findet sich ein analoges Denken; aber es wird ausgesprochen und sozusagen in narrative Anführungszeichen gesetzt als immer härter werdende Verachtungsmetapher: Das kleinere der Mädchen sieht aus wie eine Eule (S. 386), in den Hof kommen sie dann „like two little stray cats" (S. 390), Tante Beryl jagt sie fort „as if they were chickens" (ebd.), und nachher fühlt sie sich selbst, ganz wie die Kinder, wenn sie „horrid" waren, viel besser, „now that she had frightened those little rats of Kelveys away" (S. 390). Die Konnotation des ‚Natürlichen', die von der Gruppe ‚Kind mit Tier' ausgeht und die die Werbung sich zunutze macht, beginnt in diesen Metaphern sich kritisch gegen die zu wenden, die sie zu beherrschen meinen.

Interessant sind die Fälle, in denen kindliches Verhalten das der Erwachsenen demaskiert, indem es dieses nachahmt. In der Werbung wird der Erwachsene hinter

---

[18] Die häufigste Präsentationsform dafür ist die, dass das Produkt (z. B. eine einzelne Zigarette, ein Glas Whisky, Nudeln, die gegessen werden) als einzelnes „token" im Bild, sodann als „type", z. B. Packung, Flasche etc. nochmals am Bildrand bzw. Spot-Ende gezeigt wird. So suggeriert es einen realen Zugang zur fiktiven Botschaft, an dessen Stelle dann der reale Kauf treten kann.

dem Kind verborgen, gerade indem er es doch schon vollständig prägt. In der Kurzgeschichte wird diese Identifikation nicht nur sichtbar gemacht, sondern auch kritisch gewendet. So ist es zum Beispiel in *The Doll's House* die Rede der Kinder, die erwachsene Rede wiederholt und damit zugleich deren innere Widersprüche bloßlegt. Katherine Mansfield bedient sich dazu eines genuin narrativen, künstlerischen Verfahrens:[19] Sie lässt eine sprachliche Mehrdeutigkeit, hier die von „going to", mehrstimmig und damit widersprüchlich werden, und zwar in einem durchaus ideologiekritischen Sinn. So verfremden die Kinder zum Beispiel den aufgeschnappten Satz „Lil Kelvey's going to be a servant" durch die kindliche Grammatik das Sofortfutur: „wenn ich groß bin") „when she grows up". Dazu passt, dass sie der persönlichen, absichtsvollen Komponente in „going to" besondere Intensität zumessen: „O-oh, how awful [...] It's true – it's true – it's true" (S. 388). Für sie zeigt „going to" zuerst eine Absicht an („Lil Kelvey wird gleich etwas Dummes und Fürchterliches tun"), es suggeriert eine Eigenverantwortung. Und diese passt genau in jene liberale Ideologie, die die Verachtung der Kelveys bei den Eltern moralisch rechtfertigen mag und die sich bei den Kindern entsprechend, nur deutlicher, als Grausamkeit äußert. Genau dadurch aber wird die zweite, der Sache nach dominierende Bedeutung von „going to be", die passive, die die Kinder offenkundig nicht meinen, als verdeckte Stimme der Eltern hörbar. „Going to be a servant" zeigt ja hier an, dass die Kelvey-Kinder ihre Zukunft bereits vorgezeichnet und keine Wahl haben. Indem die Kinder also das Verhalten der Eltern wiederholen und zugleich theatralisch überbieten („Watch! Watch me! Watch me now! said Lena. And sliding, gliding, dragging one foot, giggling behind her hand, Lena went over to the Kelveys", S. 388), demaskieren[20] sie fast wie im Brechtschen Theater das Modell erwachsenen Verhaltens prinzipiell als eine Möglichkeit unter anderen, als etwas, was so ist, aber nicht so sein muss, wie es zu sein behauptet.

Es stellt sich nun die Frage: Gibt es bei Katherine Mansfield und weiterhin in der Kurzgeschichte Verfahren, die den suggestiv-autoritativen Kodierungen nach dem Modell der Werbebotschaft alternativ entgegengesetzt sind? *Dass* es sie gibt bzw. geben müsste, ließe sich durchaus theoretisch folgern. Aber das soll hier nicht interessieren. Der direkte Vergleich von Werbe-Kodes, die sich Kinder-Gestalten unterwerfen, und literarisch entworfenen Kindern soll vielmehr, den Anregungen v. a. von Michail Bachtin folgend, jenen Dialog und Polylog der Formen erkunden, der für die künstlerische Prosa konstitutiv ist. Und die Poetik der Kurzgeschichte[21] mit ihrer synekdochischen oder parabolischen Konzentration, ihrer perspektivischen

---

[19] Vgl. *Bachtin*, Das Wort im Roman, S. 154 ff.
[20] Eine solche narrative Inszenierung reicht weiter, funktioniert aufklärerischer und ist moderner als die bloße Tatsache, dass die Kinder die Regeln der Erwachsenen „unreflektiert in die Tat umsetzen und sie, da die Verhüllungsmechanismen der Erwachsenen bei ihnen fehlen, in ihrer ganzen Ungerechtigkeit, ja Grausamkeit zeigen" (*Halter*, Katherine Mansfield und die Kurzgeschichte, S. 136); aber natürlich bleibt dieses Pathos nach wie vor wichtig.
[21] Vgl. z. B. *Manfred Durzak*, Die deutsche Kurzgeschichte der Gegenwart, Stuttgart 1980, S. 301 ff.; *Leonie Marx*, Die deutsche Kurzgeschichte, Stuttgart 1985, S. 59 ff.

personalen Zuspitzung, ihrer diegetischen (einsinnig kontinuierlichen) Zeit, ihrem typisiert-skizzierten Personal, dem intellektuell strukturierten Gefühls-, Anschauungs- und Handlungsraum, dem auf eine Pointe gerichteten Plot usw., die Kurzgeschichte scheint mir ein gerade auf Kode-Rekonstruktion und -Durchbrechung besonders gerichtetes Erzählmedium zu sein.

Die Kinderperspektive und die ‚eigene Stimme' des Kindes sind in der Kurzgeschichte sehr verbreitet. *The Doll's House* mit den dominierenden kollektiven Seh- und Sprechformen wäre hier, wie gesagt, eher eine Ausnahme. Aber genau vor diesem Hintergrund erhält eine explizit individuelle Kinder-Perspektive besondere Bedeutung. Jede(r) Katherine-Mansfield-Leser(in) weiß, wer hier so eigensinnig sieht und fühlt: Kezia, der aus anderen Geschichten bekannte Liebling der Erzählerin, das spontane, phantasiebegabte, zugleich gegenüber ihren Geschwistern zurückgesetzte Mädchen – an sich schon ein prägendes, autobiographisch begründetes Thema bei Katherine Mansfield[22] –, sieht das Puppenhaus ganz anders als ihre Schwestern und Freundinnen: Sie sieht es mit entdeckenden und fragenden Augen, als einen Raumentwurf, der über die Realität hinausreicht, ja in einem sprechenden Detail als ästhetischen Gegenstand. Wir kommen darauf noch zurück. Auch wenn Kezia später aus Langeweile, Neugier und Freude am Widerspruch – vorher schwingt sie übrigens, Modell im Modell, auf dem sich öffnenden und schließenden Hoftor hin und her – sich mit den beiden Kelveys abgibt, dann entspricht dem, dass diese betont, ja fast überpointiert aus Kezias Sicht gezeigt werden:

> Presently, looking along the road, she saw two little dots. They grew bigger, they were coming towards her. Now she could see that one was in front and one close behind. Now she could see that they were the Kelveys. (S. 389)

Eine solche perspektivisch betonte Subjektivität ist schon durch ihre Existenz konträr eingestellt zu der sie umgebenden, kollektiv geregelten Umwelt. Und so wie Kezia die erklärten Außenseiter narrativ ganz neu sieht, so durchbricht sie auch das konventionelle Tabu. Die Kelveys dürfen endlich, erstarrt vor Bewunderung, das Puppenhaus einen Moment lang betrachten. Freilich werden sie sogleich von Tante Beryl, „cold and proud", vom Hof gejagt: Kezia, „wicked, disobedient little girl", soll sich an die Regeln anpassen, die weder begründet noch gar ausgesprochen werden müssen. „Those rats of Kelveys" sollen dort bleiben, wo sie gleichsam naturgesetzlich hingehören: draußen. Und – Modell im Modell, wie die Nicht-Birkel-Kinder am Zaun, der Deutsche-Bank-Junge auf der Treppe, der von Central-Boden unerreichbar im Haus – „she slammed the doll's house to" (S. 390). Aber die prinzipielle Antithese Kezias bleibt ausgesprochen; und sie verbindet sich sowohl mit der Perspektive der Erzählerin als auch mit anderen künstlerischen Botschaften.

---

[22] „The odd-one out" war „Kass" (Katherine/Kezia) zuhause nach *Anthony Alpers*, The Life of Katherine Mansfield, London 1980, S. 13; dass auch die Kelveys in Katherine Mansfields Biographie ihren Platz hatten (Lil und Else MacKelvey) zeigt *Silvya Berkman*, Katherine Mansfield, 3. Aufl. New Haven 1959, S. 89.

Ein wesentliches Erzählmoment, das schon in der Reflexion ideologisch-suggestiver Modellierungen angelegt war, bildet die Metapoetik dieses Textes. Metapoetik bedeutet gerade in moderner Literatur das Thematisieren, Reflektieren und in der Form Durchsichtig-Machen von künstlerischen Verfahren als Möglichkeiten humaner Praxis allgemein. Und hier ist sogleich das innerste Spiel-Modell, eben das Puppenhaus, zu nennen. Wir haben gezeigt, wie es autoritär-affirmativ kodiert wird. Aber metapoetisch wird es mehrdeutig. Es ist sprechend, dass es aufgeklappt werden kann. So verwandelt es sich in eine Art Simultanbühne – und genau das unterstreicht die Erzählerin mit ihrem in diesem Kontext überraschend persönlichen Kommentar; er kommt fast einem Stilbruch[23] gleich:

> That is the way for a house to open! Why don't all houses open like that? How much more exciting than peering through the slit of a door into a mean little hall [...]! That is – isn't it? – what you long to know about a house when you put your hand on the knocker. Perhaps it is the way God opens houses at the dead of night when he is taking a quiet turn with an angel ... (S. 383 f.)

Hier kann man Kinder- und Erzählerstimme kaum unterscheiden. Es ist ja gerade die Erkenntnisfunktion dieser Öffnung, die sich einerseits mit Kezias fragend-entdeckender Perspektive und andererseits mit der differenzierenden und kritischen Aktivität der Erzählerin verbündet. Und was ich nur als Frage anfügen möchte: Nimmt man den Bezug zur Transzendenz wirklich ernst als Frage nach einer absoluten Wahrheit („the way God opens houses"), dann wirkt sie notwendig zersetzend auf jede schein-apodiktische, ideologisch-affirmative Setzung, wie sie hier die Ausgrenzung kodiert und wie wir sie auch in der Werbesprache kennen gelernt haben.

Metapoetisch, also als reflektierendes und zugleich sinnbildliches Darstellen einer Erzähl- und Erkenntnisform, lässt sich auch die auffällige Kleidung der Kelvey-Kinder interpretieren. Wir hatten gesehen, wie in ihr die Ausgrenzung signifikant wurde, und erinnern nur an die Bedeutung des Systems der Mode für die Werbung. Welche alternative Wahrheit nun führt die Erzählerin dagegen an?

> The truth was that they were dressed in „bits" given to [their mother] by the people for whom she worked. Lil, for instance, who was a stout, plain child, with big freckles, came to school in a dress made from a green art-serge tablecloth of the Burnells' with red plush sleeves from the Logans' curtains. Her hat, perched on top of her high forehead, was a grown-up woman's hat, once the property of Miss Lecky, the postmistress. It was turned up at the back and trimmed with a large scarlet quill. What a little guy she looked! It was impossible not to laugh. And her little sister, our Else, wore a long white dress, rather like a nightgown, and a pair of little boy's boots. (S. 386)

---

[23] Nach *Ganzmann*, Vorbereitung der Moderne, ist dies der einzige Fall eines „perspektivischen Bruchs" bei Katherine Mansfield; dieser Satz „muß dem übergeordneten Bewußtsein der Autorin zugeordnet werden" (S. 231).

Diese Wahrheit („the truth was") reicht weiter als die konventionellen „facts", von denen sie abweicht. Man kann genau verfolgen, wie hier ein System der Mode geradezu dekonstruktiv postmodern (in der Form der „bricolage", des „Zusammenbastelns" heterogener Teile)[24] durchsichtig gemacht wird. Die einzelnen Elemente werden aus ihrem Paradigma (Tischwäsche, Vorhänge, Mädchen- und Jungenkleidung etc.) gelöst und neu gemischt, aber so, dass sie die verschiedenen ursprünglichen Paradigmen der Selbstverständlichkeit entheben und so erst als solche sichtbar machen. Das Unkonventionelle des heterogen-bunten Aufzugs der Kelvey-Kinder zeigt das bloß Konventionelle, ja Arbiträre des sie umgebenden Kleidungs-Kodes. Diese Kode-Durchbrechung strahlt, zumindest im Interpretans des Lesers, aus auf die weiteren Vorurteile und Zwänge, von denen diese Kinder kodiert werden. Und natürlich verbindet auch sie sich mit der erzählenden Arbeit, allgemeine Verhaltenskonventionen künstlerisch so zu kombinieren, dass sie an ihre Grenzen geführt und kritisch für neue Bezeichnungen geöffnet werden. Es ist kein Zufall, dass uns heute diese Aufmachung an Hippies und Alternative erinnert. Und noch bemerkenswerter scheint mir, dass die Kleidung dieser Kinder, übergroß, mit unförmigen Schuhen, bunt, mit Hut und großer roter Feder – nur das Puppenhaus ist vergleichbar bunt –, dass diese Aufmachung auch an Clowns denken lässt („it was impossible not to laugh"), an traurige kleine Clowns, deren Leiden am Alltäglichen in Lachen übergeht, aber darin auch die Sicherheit und Selbstverständlichkeit des Gewohnten in Frage stellt. (Das Lachen der Werbung dagegen ist oft das prustend-zustimmende des professionellen Entertainers.)

Noch stärker gilt eine solche metapoetisch vermittelte, kritisch-destruktive Funktion für bestimmte Formen erzählter Rede. Wie wichtig hier die Typisierungen, Generalisierungen usw., aber auch Demaskierungen sind, haben wir bereits gezeigt. Wie ein Fluchtpunkt in diesen Rede-Kulissen nun wirkt die ganz andersartige Kommunikationsform der Kelveys. Und der Zusammenhang ihrer Rede bzw. Nicht-Rede zu ihrer ‚anti-kodierten' Kleidung ist unübersehbar:

> But whatever our Else wore she would have looked strange [...] Nobody had ever seen her smile; she scarcely ever spoke. She went through life holding on to Lil, with a piece of Lil's skirt screwed up in her hand. Where Lil went, our Else followed. [...] Only when she wanted anything, or when she was out of breath, our Else gave Lil a tug, a twitch, and Lil stopped and turned round. The Kelveys never failed to understand each other. (S. 386)

Dass dieses schweigende Einverständnis den betonten und lauten Kodierungen entgegensteht, zeigt sich daran, dass es die anderen Kinder unsicher macht. „What a sell for Lena" (S. 388): man fühlt sich „verkauft", wenn Versuche, die Kelveys zu provozieren, nur ängstliches Lächeln und Schweigen zur Antwort erhalten. Die Kodes,

---

[24] Vgl. etwa *Jonathan Culler*, Dekonstruktion, Reinbek 1988, S. 149 ff., oder *Umberto Eco*, Nachschrift zum „Namen der Rose", München 1986. Suggeriert vielleicht bereits Katherine Mansfield ‚postmoderne' Freiheit, Grenzüberschreitung, inter-soziale Kultur etc.?

die so sicher typisierend alle Realität in dieser Geschichte prägen, dürfen nicht einfach suspendiert werden. Ideologien stehen unter Bestätigungszwang. (Genauso ist es für Werbung das schlimmste, nicht beachtet zu werden.) Es ist bezeichnend, dass gerade in dieser Szene das Puppenhaus, das heißt dessen sozusagen offizielles Bild, seine prägende Kraft verliert – „the subject rather flagged" (S. 388). Die wachsende Grausamkeit der Kinder, mit der sie auf das Schweigen der Kelveys antworten, demaskiert nicht nur die Widersprüche, in denen sie leben, sie zeigt noch tiefer die Hilflosigkeit derjenigen Kodes qua Zeichen an, die nur auf Lüge und Zwang basieren.

Am interessantesten wird dann das Schweigen und wortlose Sichverstehen der Kelveys, wo es den Übergang bildet zu einem ganz neuen, latenten, fast utopischen Konsens. Am Schluss der Erzählung beherrschen die kleinen Außenseiter die Szene ganz allein:

> When the Kelveys were well out of sight of Burnells', they sat down to rest on a big red drainpipe by the side of the road. Lil's cheeks were still burning; she took the hat with the quill and held it on her knee. Dreamily they looked over the hay paddocks, past the creek, to the group of wattles where Logan's cows stood waiting to be milked. What were their thoughts?
>
> Presently our Else nudged up close to her sister. But now she had forgotten the cross lady. She put out a finger and stroked her sister's quill; she smiled her rare smile.
>
> „I seen the little lamp", she said softly. Then both were silent once more. (S. 391)

Hier ist jedes Detail bedeutsam.[25] Die verschlossene und feindliche Tabu-Zone zum Beispiel hat einem offenen Außenraum Platz gemacht, wo Arbeit und Natur einander durchdringen. Für die Erzählerin sind die Kelveys jetzt keine Außenseiter mehr. Indem sie deren Perspektive genau nachzeichnet ohne sie einzunehmen – sie blickt zuerst auf die Kinder und dann auf das, was sie sehen –, setzt sie diese zu sich und zum Leser explizit in Beziehung: Sie erhebt sie zur Bedeutung eines ausgesprochen nahen Gegenübers. So laden denn auch die Gesten der Kinder zu einer ganz neuen, nachahmenden Antwort ein. Lils „burning cheeks" können auch beim Betrachter Scham darüber wecken, was den Kindern angetan wurde. Dass das Mädchen seinen Hut abnimmt, den komischen Altweiberhut, ist eine demütige aber auch eine befreiende Handlung. Dasselbe gilt für Elses Zärtlichkeit gegenüber ihrer Schwester: Alles wird dem Leser so nah, fast wie in einer Vergrößerung, vorgestellt, dass es zur Nachahmung und Fortsetzung auffordert. Und nun wird auch gerade das Unbekanntsein der Kinder interessant.

---

[25] Der Kern der Kurzgeschichte wird in *Katherine Mansfields* Journal mit drei Sätzen umschrieben: „The little lamp. I seen it. And then they were silent." *John Midleton Murray* (Hg.), Journal of Katherine Mansfield, 9. Aufl. London 1963, S. 194.

Dass Kinder einen nicht erreichten Fluchtpunkt für kulissenartig hintereinander angeordnete Seh-, Denk- und Verhaltensnormen bilden, das noch dunkle Neue hinter lauter unzureichenden Kodes, das findet man wiederholt in Katherine Mansfields Kurzgeschichten. So in *Revelations*, in *Life of Ma Parker*, geradezu verstörend in *The Woman at the Store* (die Zeichnung des Kindes verrät, was seine Umwelt zu verbergen sucht) und ganz gezielt in *Sixpence*: Das kollektive ‚Wir' der Erzählerstimme, die Reden der Mutter, der Nachbarin, schließlich des Vaters, indem sie sich immer lauter vormachen, genau zu wissen, wie man mit Dickie umgehen soll, sie führen alle nur zu einer aufbrechenden, beunruhigenden Distanz. Das Kind ist am Ende unansprechbar; nicht einmal „ein ganzes Sixpence-Stück" kann den Graben überbrücken. Auch in *The Doll's House* erhöht am Schluss gerade das Schweigen der Kelveys, so wie es vorher die anderen Kinder in ihrer kodierten Sicherheit erschüttert hatte, das Interesse an ihrem Unbekanntsein: „What were their thoughts?" In einer Welt, in der alle nur zu gut wissen, was jeder zu denken hat („you know quite well why not", „you know as well as I do" etc., so wird Kezia wiederholt beschieden), und in einem Diskurs, der mit Leichtigkeit jede Innenperspektive annehmen kann, hat dieses Unbekanntsein tendenziell die Bedeutung einer Kode-Durchbrechung. Das gilt noch klarer für Elses Vergessen („But now she had forgotten the cross lady") und für ihr Lächeln („she smiled her rare smile"): Einen Moment lang ist sie unterwegs zu einer freilich ganz entfernten Freiheit, von der aus man das, was andere für unabänderlich und gültig halten, vergessen könnte und darüber lachen.

Und so verheißen schließlich auch die personale Innenperspektive, deren Else hier einen Augenblick lang gewürdigt wird, und der einzige Satz, den sie in der ganzen Geschichte spricht, verheißen sie sozusagen jenseits von Reden und Schweigen, kodiertem und unbekanntem Kindsein einen fast utopischen Konsens: „I seen the little lamp". Auch Kezia hatte die Lampe ganz persönlich und ganz neu gesehen bzw. erlebt, in ihrer Perspektive und immer mehr in ihrer ‚frei indirekten Rede':

> But what Kezia liked more than anything, what she liked frightfully, was the lamp. It stood in the middle of the dining-room table, an exquisite little amber lamp with a white globe. It was even filled all ready for lighting, though of course, you couldn't light it. [...] But there was something inside that looked like oil and moved when you shook it.
>
> The father and mother dolls, who sprawled very stiff as though they had fainted in the drawing-room, and their two little children asleep upstairs, were really too big for the doll's house. They didn't look as though they belonged. But the lamp was perfect. It seemed to smile at Kezia, to say, ‚I live here.' The lamp was real. (S. 384)

Dieses „Leben" und diese „Realität" der Lampe, so möchte ich behaupten, kehren die bisher beobachteten Kodierungen des Puppenhauses prinzipiell um („the dolls ... didn't look as though they belonged"). Die Lampe modelliert nichts und folgt keinem erkennbaren Kode – im Gegensatz zu Fenstern, Türen, Räumen und Puppen. Sie ist ganz einmalig und steht für nichts als sich selbst. Ihr Material hat sie in ihre vollendete Gestalt aufgehoben. Sie „lebt" nicht als *replica* eines Modells, sondern aus dem präzisen Zusammenhang ihrer Teile heraus. So ist sie auch gegenüber dem Kontext hervorgehoben. Sie repräsentiert nichts als die *quidditas* einer Lampe. Als solche ist sie „real". Aber sie löst auch Anteilnahme, ja Erschütterungen aus. Kurz, die Lampe ist hier ein ästhetischer Gegenstand. Und genau indem sie dessen letztliche Unverfügbarkeit besitzt, nur im Gesehen- und Verstandenwerden lebt, bricht sie die Kodierungen tendenziell auf, die sie umgeben, und kehrt sie intentional um. Das Puppenhaus hatte insofern die etablierten gesellschaftlichen Kodes bestätigt und intensiviert, als es die Funktion der Grenze, des Öffnens und Schließens akzentuierte. Metapoetisch freilich wurde genau daraus die Durchsichtigkeit einer Bühne. Die Lampe dagegen lebt, wie gesagt, genau darin, dass sie gesehen und verstanden wird. Ihr Prinzip ist es, zu sich herzuziehen (sie „lächelt" Kezia an) und nach außen zu strahlen. Sie affirmiert keine Konventionen, sondern generiert Möglichkeiten des Sehens.[26] So gibt es zu ihr auch kein Äquivalent in anderen Realitätsbereichen. Aber dafür weckt sie, während sie meist nicht beachtet wird („nobody paid any attention", S. 387),[27] eben spontane Antworten in der Reaktion der beiden Kinder und in ihrem Konsens.

Und aus dieser im Kontrast zu den Kodierungen Relief gewinnenden Konstitution der Lampe als ästhetischem Gegenstand kann Katherine Mansfield dann auch die traditionellen, zum Beispiel religiös-mystischen aber auch aufklärerischen Bedeutungen des Lichtmotivs wieder aufnehmen, so auch dessen immer schon utopischen

---

[26] „It is not the business of the artist to grind an axe, to try to impose his vision of life upon the existing world. Art is not an attempt of the artist to reconcile existence with his vision; it is an attempt to create his own world in this world. That which suggests the subject to the artist is the unlikeness to what we accept as reality. We single out – we bring into light – we put up higher." The Letters and Journals of Katherine Mansfield. A Selection, hrsg. v. *Christian Karlson Stead*, Harmondsworth 1977, S. 240 f.

[27] „Ein Kunstgebild der echten Art. Wer achtet sein? Was aber schön ist, selig scheint es in ihm selbst" (*Eduard Mörike*, Sämtliche Werke, hrsg. v. *Herbert Georg Göpfert*, 3., revidierte u. erw. Aufl. München 1964, S. 85). Es ist durchaus möglich, dass Katherine Mansfield Mörikes berühmtes Gedicht „Auf eine Lampe" (1846) kannte. (Richard Corballis, Christchurch, verdanke ich den Hinweis, dass sie Mörike wiederholt zitiert, z. B. vier Zeilen aus dem Gedicht „Erinnerung – an C. N."; vgl. The collected Letters of Katherine Mansfield, hrsg. v. *Vincent O'Sullivan* u. *Margaret Scott*, Oxford 1984, Bd. 1, S. 192.) Auf alle Fälle ist die primär abstrakte, sekundär generative und innovative Funktion dieses ästhetischen Gegenstands hervorzuheben. Sie macht das eigentlich Moderne aus. Darin unterscheidet sich die Lampe in „The Doll's House" von einem vergleichbaren Motiv in „The Prelude" (die von Kezia geliebte Großmutter lässt sie die Lampe tragen). Die Lampe ist hier nicht „a symbol [...] of everything about family life that warms and sustains, whatever discords may accompany these gifts" (*Paul Delaney*, Short and Simple Annals of the Poor: Katherine Mansfield „The Doll's House", in: Mosaic 10 (1976/77), S. 7–17, hier S. 13). Richtiger aber noch nicht genug ist der Bezug der Lampe auf die Kinderperspektive, z. B. bei Ryan: „the lamp becomes a symbol of Kezia's sensitivity" und „Else's smile signifies that imaginatively she lives with Kezia in the doll's house and through Kezia's kindness has been allowed into the magic circle" (S. 249). Ähnlich argumentiert *Gisela Hoffmann*, Katherine Mansfield: „The Doll's House", in: Die englische Kurzgeschichte, hrsg. v. *Karlheinz Göller* u. *Gerhard Hoffmann*, Düsseldorf 1973, S. 214–224, „Die Lampe [...] entspricht dem Wesen und Tun der kleinen Kezia, die als einzige Kraft natürlicher Herzlichkeit für einen Augenblick Licht und Wärme in das Leben der von allen gemiedenen Kinder bringt" (S. 219). Die Bedeutung der Lampe geht aber klar über das Bewusstsein der Kinder hinaus, die Autorin muss ihnen mit ihrer ganzen Dialog- und Perspektiven-Regie und sogar in

Gehalt. All das wird nicht einfach herangezitiert, sondern künstlerisch narrativ neu hergestellt. Nicht zufällig ergeben sich von hier aus ja auch eigentümliche Parallelen zu Joyces „epiphany",[28] deren Elemente ich bei der Beschreibung der Lampe bereits unter der Hand zitiert habe („integritas", „consonantia", „quidditas" – „kinesis" und „stasis", „sudden spiritual manifestation", „the commonest object", usw.), zum „image" der Imagisten, zu T. S. Eliots „objective correlative" oder zu Hemingways „real thing". Katherine Mansfield selbst spricht bescheiden von „glimpses",[29] einem schnell vorübergehenden Erblicken von intensiver Wirklichkeit. Und wie prägend solche Konzepte für die Kurzgeschichte sind, ist oft gezeigt worden.

Druck, Aggression und Spiel: Kindergestalten in der neueren deutschen Kurzgeschichte

Damit komme ich zum letzten Teil meines Vortrages. Es macht ein Gutteil der Modernität Katherine Mansfields aus, dass die von ihr entwickelten Verfahren, in denen sie sich mit affirmativ-suggestiven Kodes auseinandersetzt, in der neueren Literatur, zum Beispiel in der deutschen Kurzgeschichte der Nachkriegszeit, vielfältige Anwendung finden. Die Kinderperspektive in Marie Luise Kaschnitz' *Popp und Mingel*[30] beispielsweise ist gegen die Konsumideologie gerichtet,[31] die den Jungen, den Helden der Geschichte, zum Schlüsselkind ‚kodiert' hat. Er trägt betont dessen ‚Zeichen', den Schlüssel, um den Hals. Einerseits wird so Selbstständigkeit und Identifikation von ihm verlangt: Die Eltern betonen, er sei doch schon „ein großer Junge" (S. 254), der sich von allem nehmen und jederzeit ins Kino gehen darf, Taschengeld habe er ja genug usw. Scheinbar – und in diesem Zusammenhang bezeichnenderweise – ist er das Subjekt der Wohnung, in der er allein ist, nimmt Verantwortung wahr (Bettenmachen) und betont seine hierarchische Überlegenheit gegenüber dem Tier („du Scheißhündchen ... du Dreckshündchen" usw., S. 255). Einerseits also wird ihm Selbstständigkeit und Identifikation zugeschrieben, andererseits aber gibt

---

 direkter Rede zu Hilfe kommen. *Halter*, Katherine Mansfield und die Kurzgeschichte, betont zu Recht, dass „Kezia's ‚Sieg' am Ende (von dem sie selbst nichts weiß) in die richtige Perspektive gerückt" werden muss: „es ist ein momentanes Überlisten [besser: ein momentanes Suspendieren, H. V. G.] einer übermächtigen sozialen Ordnung, in der die Kelveys auch am Schluß Ausgeschlossene bleiben" (S. 137). Noch klarer differenziert Cherry A. Hankin zwischen „Kezia's generous deed" als „her own brief bid for a share of the gratification which the doll's house had afforded Isabel" (S. 220) und der Bedeutung der Lampe: „the lamp [...] represents the imagination of the artist" (S. 221) geht also über die Perspektive der Kinder hinaus, obwohl sie mit ihr verbunden ist, dies scheint mir die treffendste Interpretation; „the power to transform reality, to create an ideal world" usw. (ebd.) kann ich in dieser Geschichte allerdings nirgends erkennen, von solchen Romantismen macht Katherine Mansfield sich gerade frei.
[28] Vgl. *James Joyce*, A Portrait of the Artist as a Young Man, Harmondsworth 1964, S. 204 ff.; ders., Stephen Hero, hrsg. v. *Theodore Spencer*, London 1956, S. 216 ff.
[29] Vgl. Collected Letters, Bd. 1, S. 204.
[30] Im Text zitiert wird: *Marie Luise Kaschnitz*, Gesammelte Werke, hrsg. v. *Christian Büttrich* u. *Norbert Miller*, Bd. 4, Frankfurt 1983.
[31] Vgl. *Elisabeth Endres*, Marie Luise Kaschnitz, in: Neue Literatur der Frauen. Deutschsprachige Autorinnen der Gegenwart, hrsg. v. *Heinz Puknus*, München 1980, S. 20–24: Marie Luise Kaschnitz „zeigt, wie wenige Autoren unserer Zeit, dass die Humanität immer in Opposition steht" (S. 20).

es buchstäblich keinen Ort, wo er sich zuhause fühlt. Er ‚wohnt', was seinen Gefühlsraum betrifft, in einem Schuhkarton, und auch der wird fast zwangsläufig eingeebnet. Und dieses Raummodell „stimmt" hier genauso wie in der Werbung oder in *The Doll's House*: So wie der Junge räumlich ein- und ausgeschlossen ist, ist er es auch ideologisch. Er ist immer schon von Verhaltenskodes überholt; seine Rede besteht altklug aus Versatzstücken. Auch die Alternative der Jugendbande, die er sich überlegt, würde nur neue Normen und typisierte, signifikante Handlungen bzw. Reden erbringen: „zu jedem Dinge Scheiße und Bockmist sagen, ganz egal, was es ist" (S. 259), „Autoreifen aufstechen und Schaufenster kaputt schmeißen" (S. 260) ist spiegelbildlich analog kodiert zum Erwerb von „Musiktruhe", „Kühlschrank" oder „Wagen" (S. 255). Aber auch das ganz eigene Spiel des Jungen mit seinem „Vater", einem alten Fußball namens Popp, und einer Mutter-Puppe ohne Beine namens Mingel ist als Protest gegen ihre Nichterfüllung doch zugleich eine Reproduktion vorgegebener Muster.[32] Der Junge spielt „Familie" in lauter Klischees. Er stellt lediglich eine Kode-Kulisse gegen die andere.

Die Abweichung allerdings, das Suspendieren der gültigen Verhaltens-Normen und der Regeln, nach denen *man* Dinge bezeichnet und bewertet, besteht hier darin, dass der Junge mit lauter ‚wertlosen' Dingen spielt. Und wenn ihm diese genommen werden, tut er etwas schlechthin Signifikantes: Er beginnt ein völlig zweckfreies Spiel. Anders gesagt, sein Protest gegen die Situation, in der er leben muss und nicht leben kann, ist im Grunde ein ästhetisches Verhalten:

> Und dabei ist mir eingefallen, daß ich das Gas anzünden könnte, alle vier Flammen, aber nicht, um mir endlich mein Essen warm zu halten, nur so, zum Spaß. Ich habe also alle vier Deckel abgenommen und die Hähne ganz weit aufgemacht und angezündet und die Flammen waren so hoch und lebendig und hell und warm, und ich habe mich gefreut und gedacht, daß man mit den Flammen vielleicht auch reden kann. (S. 260 f.)

Das Positive dieser Zerstörung, dass sie alle die Kode-Kulissen ergriffe, ist nur abstrakt und reflektierend zu erschließen. Es wendet sich quer zur Geschichte an die Leser. Mit ihnen muss ja auch die Erzählerin das Gespräch führen, das die Eltern gegenüber ihrem Kind versäumt haben.[33] Und wie bei Katherine Mansfield wird ein Konsens nur jenseits des kindlichen Schweigens sichtbar. Denn der Junge ist am Ende nicht nur explizit angepasst, er zerstört auch noch gerade seine Erinnerungen:

---

[32] „Die Ersatzfamilie deckt das Versagen der realen Eltern auf. Alle ihre Handlungen lassen sich mit negativen Zeichen auf die Eltern übertragen." Aber dieses „reziproke Analogieverhältnis bleibt selbst dem wachen Intellekt des Jungen verborgen" (*Anita Baus*, Standortbestimmung als Prozeß. Eine Untersuchung zur Prosa von Marie Luise Kaschnitz, Bonn 1974, S. 322).

[33] Vgl. *Ralf Schnell*, Das verlorene Ich. Zur impliziten Poetik der Marie Luise Kaschnitz, in: *Marie Luise Kaschnitz*, Materialien, hrsg. von *Uwe Schweikert*, Frankfurt 1984, S. 173-192: „Die Unmöglichkeit des Dialogs ist dessen Voraussetzung. Das Fehlen eines ansprechenden Gegenübers macht ihn zum Monolog, der sich zum Zwiegespräch entgrenzen wird im Wissen, dass dieses scheitern wird" (S. 176) – und so fort, wäre hinzuzusetzen; jede dieser Monologisierungen erzeugt das Bedürfnis nach neuem Dialog und vermag ihn anzuknüpfen.

> Nur daß es eben gewisse Sachen gibt, die man ihnen [den Eltern] nicht erzählen kann, nur aufschreiben und dann wieder zerreißen, wenn man allein zu Hause ist, und es ist schon dunkel [wo das Kind verstummt, nimmt die Dichterin seine Rede auf], dann macht man das Fenster auf und ruft, ich komme, und dann geht man die Treppe hinunter, die Hände recht forsch in den Hosentaschen [...] jetzt weiß man mit einem Mal, daß man kein Kind mehr ist. (S. 261)

So deutlich Gabriele Wohmanns Interesse in ihren Kurzgeschichten[34] immer wieder gerade den ‚kodierten' Kindern gilt, so explizit, fast plakativ, arbeitet sie einzelne Verfahren heraus, diese Kodes zu reflektieren, zu kritisieren oder zu durchbrechen. So erzählt sie insbesondere das zwanghaft Affirmative und von immer wieder durchschlagenden Typisierungen Geprägte im Gerede der Personen: „Ein Kind, und was für ein Kind, ist ein Kind" (2.148), das klingt nicht nur wie „Persil bleibt Persil"; die Tautologie dient hier wie dort dazu, jede weitere Frage und jedes weitere Nachdenken abzuwehren. Und dagegen erhalten dann das betont Unbekannte des Kindes und manchmal auch seine Perspektive ein eigenes Pathos – im Grunde wie bei Katherine Mansfield, nur direkter, enger und manchmal durchaus satirisch überzeichnet. Das Pathos des schieren Leidens an den Kodes der Erwachsenenwelt zeigt zum Beispiel der kleine Paul in der Geschichte *Der Knurrhahn-Stil* (1966). Paul, ein stiller, dicklicher Spätentwickler mit „Patschhändchen" wie ein Mädchen – so der Sportlehrer verächtlich –, hat Angst vor dem Sport, vor allem vor Turnen und Schwimmen, und flüchtet davor in simulierte Krankheiten. Aber seine Eltern sind nur „vor Ratlosigkeit zornig. Kranke Kinder mögen die Eltern nicht. [...] Warum treibt unser Sohn nicht gern Sport? Sport ist etwas Wunderbares" (2.136 und 139) usw. Und Sport ist hier ein Kode. Seine hinlänglich bekannten Kampf-, Leistungs- und Disziplinnormen, die ja gerade auch die Sportsprache prägen, werden von den Eltern in quälend langen Wortfeldern und Paradigmen-Ketten entfaltet. Die Fachausdrücke brauchen dann nur genannt zu werden, um den gesamten Kode zu aktivieren.

> Schwimmen ist doch herrlich, sagt die Mutter. Und erst das Freistilschwimmen, sagt der Vater. Das Brustschwimmen, das Seitenschwimmen, der Delphin, der Auerbachsprung, der Bohrer, die Schraube mit Anlauf, Handstandsprung, Fußsprung, Paketsprung [...] Über die Angst habe ich dir bereits einen Vortrag gehalten. Los, ins Wasser mit dir. (2.142)

Der von diesen Kodes hörbar eingekreiste Paul hat nur seine simulierten Krankheiten und seine Phantasien, um sich zu wehren. Und wie seine Krankheiten immer realer werden, so gleiten auch seine Aggressionsphantasien in Suizidträume über:

> „Ins Meer, ins Meer, grau und abwegig, während Schnee fällt." Vorläufig geschieht das in Pauls Bett, eine Vorsichtsmaßnahme und ein Provisorium,

---

[34] Im Text zitiert werden: *Gabriele Wohmann*, Gesammelte Erzählungen aus dreißig Jahren, 3 Bde., Darmstadt u. Neuwied 1986.

durch welche die Erziehungsberechtigten in ganz falscher Sicherheit gewiegt werden. (2.142)

Sprengend dagegen betätigt sich Kurt in der Geschichte *Habgier* (1964). Er wird ausschließlich in der erinnernden Rede seiner Mutter präsentiert, und diese entwirft ein ganzes sprach- wie verhaltenstypisches System von Geschenk-Erwerbs-Strategien, die um eine Konfirmationsfeier kreisen:

> Was die „Familie zusammen"-führt, das „zahlt sich aus". „Die Liebe zu Vater und Mutter kommt nun mal der Rückerstattung einer Schuld gleich." Tante „Irenes Patenschaft" entwickelt sich erfreulich: „reich ist sie nicht, gewiß, aber Liebe vermag viel". Natürlich spielen hier auch Erbfragen hinein. „Familien rentieren sich erst von einer gewissen Größe an." Und vor allem, „eine Mutter [...] ist doch nun mal ganz was anderes als ein Vater, ich meine: mehr [...] Sie vermehrt ja auch die Familie. Sie schafft ihr den Besitz an Kindern." (2.83, S. 89)

Das ist eine gezielte satirische Überzeichnung. Gerade so freilich wird die Kodierung fast überdeutlich erkennbar. Und genauso pointiert zerbricht und zerreißt der von all diesem Gerede zugedeckte, aber letztlich unbegriffene Konfirmand Kurt, nur weil er seinen ganz unpassenden Konfirmandenspruch wörtlich versteht („daß er nicht Geschenke nehme", Jesaja), zerbricht er nicht nur seine Geschenke (darunter vor allem „Globus, Barometer, Lexikon": Modell im Modell), sondern tendenziell auch die anerkannten Kodes.

Bemerkenswert sind jene Erzählungen Gabriele Wohmanns, in denen, wie wiederholt bei Katherine Mansfield, Kinder vom Gerede der Erwachsenen nicht erreicht werden, wo ihr Unbekanntsein den Fluchtpunkt bildet für verschiedene, jeweils ganz konventionelle und flache ‚Kode-Kulissen'. Mehr beiläufig werden diese aufgebaut in *Ländliches Fest* (1968). Die Geschichte besteht nur aus Party-Gerede, in dem immer wieder ein unbekanntes, tot aufgefundenes Kind vorkommt, das niemand identifizieren kann und niemand vermisst. Das Kind hat hier die bloße „dass"-Funktion des Verstörend-Unbekannten. Sehr präzise aber ist die Konfiguration von Rede-Kulissen, die ihre Prägungen verraten, in *Die Sintflut* (1963). Man hört zum Beispiel die ganz formelhafte Stimme eines Lehrers, der sich als „Klassenführer" versteht, der im Sport eine „gesunde und angeborene Rigorosität" für angebracht hält und alles „destruktiv Labile", „Schwäche, auch Weichlichkeit zu verachten" lehrt. Durchaus bekennt er sich zu seiner früheren „politischen Tätigkeit" in „jenen allzuhäufig leichtfertig und oberflächlich verdammten zwölf Jahren, in denen viel positive Leistung investiert wurde" (2.19, S. 23 und S. 30). Die zweite Stimme ist die eines auf bürgerliche Respektabilität bedachten Verwandten, der aus seiner Sicht allerdings auch findet: „Vom ersten Tag an war mit dem Kind nichts los, ich meine äußerlich, schorfig, und so" (2.25, S. 25). Und als dritte kommt die Mutter zu Wort, die ihre leiernde Ratlosigkeit als Tarnung verwendet, um ihr mangelndes Interesse dahinter zu verbergen. Fixiert ist sie auf ihren neuen Freund. Im Fluchtpunkt der Kode-Kulissen steht dann das Kind Randolph, von dem man nur erfährt, dass es kurzsichtig ist, stottert, Gedichte schreibt und irgendwie auch „gute Aufsätze": Gut freilich, beeilt sich der Lehrer zu sagen, sind diese Aufsätze nur „für den, der sie gut findet", aber ihr Inhalt ist „nicht jugendeigen", „zuviel Fantasie", „abwegige Fantasie", „es ist ganz einfach nicht üblich, was er denkt und womöglich empfindet" (2.28). Das ganze Kind („jugendeigen") soll ganz Kode („üblich") sein. Und da es dies nicht erfüllt, wird es symbolisch umgebracht – so erlebt es die Mutter, indem ihre Rat- das heißt Interesselosigkeit in Erleichterung umschlägt – bzw. mit allgemeiner Zustimmung in einer Sonderschule ruhig gestellt. Dort beginnt es endgültig zu erblinden.[35]

Das sind harte Geschichten. Fast plakativ hat die Autorin sie auf bestimmte kritische Funktionen zugespitzt, die prinzipiell schon bei Katherine Mansfield vorgebildet sind. Vielleicht müssen diese Kinderbilder um so einseitiger und negativer werden, je umfassender die Gegenmodelle in unserer Kommerz- und Medienkultur, zum Beispiel in der Werbung, auftreten. Denn es sind die dort ideologisch und nach einer Rhetorik der Lüge ‚kodierten Kinder', genauer: deren Bilder, ja Ikonen, die mittelbar auch hier wirksam sind und an denen die literarisch entworfenen Kinder zu leiden haben, wenn sie eben „nicht wirklich gut" sind und „keinen erkennbaren Typ aus sich heraus" bilden, so fast im Klartext in *Vor dem Schlafengehen* (1981; 3.78).

Noch radikaler verfährt Ulrich Plenzdorf in seiner Kindergeschichte *Kein runter, kein fern*.[36] Der hier auftretende Zehnjährige ist nun in der Tat extrem von aller Möglichkeit entfernt, ein zugkräftiger Werbeträger zu werden. Er ist ein umerzogener Linkshänder, Bettnässer und Hilfsschüler. Der Vater geht völlig im Denken seiner „Dienststelle" auf, der miterziehende ältere Bruder ist bei der Volkspolizei, die Mutter seit kurzer Zeit im Westen. Am Beispiel eines solchen Kindes steigert Plenzdorf das prinzipiell von Katherine Mansfield schon verwendete Spiel von Reden und Schweigen, ja Sprachverweigerung, zu neuer Intensität. Hier beruht die ganze Geschichte in der Tat darauf, dass das Kind die Kodes zu durchbrechen sucht, von denen es unterdrückt wird. Aber es kann sie nur reflektieren, poetisch modellieren und gewissermaßen in Szene setzen. Der Junge lässt zum Beispiel Endungen weg („symp Gesicht") und verkürzt ganze Sätze, die ihm stereotyp vorgehalten werden: „Nie hat es das! Sieh dir meinen Vater an [...] wie hat er sich hoch. In den Nächten mit eisernem und morgens um vier" (S. 452). Gerade der Umstand, dass die Satz-*tokens* so ohne weiteres unvollständig bleiben können, zeigt, wie typisiert diese Sprache ist.

So kommt ja auch der Titel dieser Kurzgeschichte zustande. „Kein runter" heißt, der Junge darf nicht auf die Straße zum Spielen, und „kein fern", weil sowieso alles „kapita" ist, heißt, er darf nicht fernsehen. (Es genügt dann mit „und kein und kein und kein" fortzufahren, der Kode reproduziert sich selbst.) Aber dieser Titel,

---

[35] „Das bürgerliche Wachsfigurenkabinett posiert vor einem Hintergrund von spöttischem und verzweifeltem Traurigsein, das plötzlich für ein paar Sätze oder nur für ein paar Redewendungen ausbricht und nicht mehr zurückgehalten werden kann" (*Karl Krolow*, in: Stuttgarter Zeitung v. 1. 12. 1973).

[36] Zitiert wird *Manfred Durzak* (Hg.), Erzählte Zeit. 50 deutsche Kurzgeschichten der Gegenwart, Stuttgart 1980.

der dem Leser zunächst ganz unverständlich entgegentritt, ist in seiner bewussten Verfremdung bereits Protest. Von vornherein solidarisiert sich der Erzähler mit dem unterdrückten Kind. Und dem entspricht es, dass auch der Junge nicht nur verkürzt und verzerrt. Er spielt zum Beispiel mit den großen Worten („zapfenstreich, stratzenweich ... strapfenzeich, stratzenweich"), entwickelt rhythmische Strukturen („rochorepochopipoar") und setzt seine eigene Mutter-, Traum-, Holz- und Musik-Sprache als bewussten Kontrast zusammenhanglos gegen das typisiert Vorgegebene. Er leistet mit quasi-poetischen Mitteln Widerstand, sowohl gegen die fertig gestanzten Reden seiner Familie als auch gegen die von außen auf ihn eindringenden und anonymen Parolen und Anweisungen und die quälend lang eingeblendete Stimme aus dem Fernseher, die eine Parade zum 20. Jahrestag der DDR kommentiert.

Was der Junge sich vor allem wünscht: einmal ein Konzert der Rolling Stones miterleben. Auch das ist interessant. Wie bei Katherine Mansfield jenseits von Reden und Schweigen der ästhetische Gegenstand aufscheint als etwas nicht Kodierbares („I seen the little lamp"), so sucht der Junge einen für ihn allerdings nicht nur ästhetischen Fluchtpunkt seines sprachlichen Widerstands. Der Rockrhythmus und die fremde Sprache werden zu Alternativen seiner Zwänge; Mick Jagger verschmilzt mit dem Sehnsuchtsbild seiner Mama und verbindet sich mit seinem persönlichen Wunsch – sozusagen seinem authentischen Bildungs-Ziel –, Gitarren aus Holz zu bauen; der Platz am Springerhaus (der Junge versteht das wörtlich: „wenn man nah rangeht, springt es über die mauer", S. 447), wo die Stones auftreten werden, ist ein Ort, der Grenzen und Raum aufhebt, ein utopischer Ort, den er nie erreichen wird. Und das immer wiederholte, verfremdete Satzwort „EIKENNGETTNOSETTISFEKSCHIN" zielt sicher auf jugendlichen Konsens. Freilich wird auch dieses Kind am Ende angepasst; und da es die Sprache nicht mehr tut, eben mit dem Polizeiknüppel.

Katherine Mansfields metapoetische Reflexionsspiele findet man spekulativ wieder bei Ilse Aichinger.[37] In *Fenstertheater* zum Beispiel werden alle Reden und Beobachtungen überführt in das Modell einer sich allmählich enthüllenden Simultanbühne, wie sie vergleichbar das geöffnete Puppenhaus entworfen hatte. Nur wird hier, um im Bild zu bleiben, plötzlich auch ein gezeigter Zuschauerraum in die Bühne einbezogen. So gesehen ist dann gerade das Spiel zwischen Kind und altem Mann das weitergehende Argument gegenüber den Beobachtungen der Frau. Und das Lachen des kleinen Knaben am Ende (er „schien das Lachen eine Sekunde lang in der hohlen Hand zu halten. Dann warf er es mit aller Kraft den Wachleuten ins Gesicht", S. 63) – suspendiert alle vorhergehenden und vorausgesetzten Kodes des Sehens, Redens und Sichverhaltens.

Noch enger an unser Thema heran führt die teilweise surreale Kurzgeschichte *Das Plakat*. Sie kann nur metapoetisch verstanden werden. Ideologisch verfestigte Botschaften wie im Kern die der Werbung ertragen es nicht, wenn sie an die Grenzen des Sagbaren geführt oder dem Nicht-zu-Bezeichnenden ausgesetzt werden. Auch

---

[37] Zitiert wird *Ilse Aichinger*, Meine Sprache und Ich, Frankfurt 1978.

dies wurde bei Katherine Mansfield ansatzweise bereits sichtbar: Vor der Frage, wie Gott die Puppen-, Kinder- und Erwachsenenhäuser sieht, erwiesen sich deren strenge Grenzen einen Moment lang als völlig belanglos. Wenn bei Ilse Aichinger nun ein Junge auf einem Werbeplakat, zum Schreckbild starrer, ewiger Jugend kodiert, nicht sterben kann, so kann er auch nicht leben. Die Kurzgeschichte erzählt, wie er nach und nach zu beidem, zu ihrer intensiven Durchdringung erwacht. Die Rückübersetzung des Surrealen in die Realität aber bedeutet, dass zur selben Zeit einem vor dem Plakat spielenden Kind dasselbe zustößt: Auch dieses entweicht aus den wie selbstverständlichen Erwartungen und Zwängen seiner Welt, „es wollte schwindlich werden", „es wollte tanzen" (S. 30, S. 32). Im Grunde intendiert die geheime Kommunikation der Kinder wie bei Katherine Mansfield einen letztlich utopischen Konsens. Und damit ist auch hier eine Wechselwirkung von Ästhetik und Lebenspraxis verbunden, eine Erschütterung, die über die Kinderperspektive das erzählende wie das lesende Bewusstsein erreichen soll. Wenn der Junge schließlich im Augenblick seiner Befreiung ausruft: „ich sterbe, wer will mit mir tanzen" – der Tanz ist wie zum Beispiel bei Nietzsche Modell dionysischer Kunst und korrespondiert dem Feuer bei Marie Luise Kaschnitz –, dann zielt das gerade auch auf die Erschütterung, Durchbrechung und autonome Verlebendigung unserer kodierten Denk- und Verhaltensgewohnheiten.

Christa Wolfs Erzählung *Juninachmittag* (1956)[38] ist erklärtermaßen eine Idylle: Ihre Stimmigkeit ist genau begrenzt, menschliche Arbeit ist im Raum rhythmischer Naturvorgänge geborgen; die Welt präsentiert sich anschaulich-realistisch, aber sie ist selegierend und arrangierend von einem Ideal her entworfen – hier allerdings einem ganz hypothetischen und gerade in seinem Halt in der Realität ganz ephemeren:

> Der ganze federleichte Nachmittag hing an dem Gewicht dieser Minute. Hundert Jahre sind wie ein Tag. Ein Tag ist wie hundert Jahre. [...] Wann war das eigentlich [...] Heute? (S. 52 f.)

Wie viele Idyllen, so hat auch diese kritische Ränder. Nicht zufällig liegt ihr Garten an der gut bewachten und gesicherten „Grenze"; auch zu den Nachbarn, die hereinschauen und von denen die Rede ist, besteht wechselnde Distanz. Am bedeutsamsten aber wird all das Private und Idyllische, wenn man es in die literarische Biographie Christa Wolfs einordnet.[39] Es ist die Phase, die der Arbeit an *Nachden-*

---

[38] Zitiert wird *Christa Wolf*, Gesammelte Erzählungen, 6. Aufl. Darmstadt u. Neuwied 1985.
[39] Vgl. z. B. *Anne Tanner*, Wendepunkt: Christa Wolfs „Juninachmittag", in: *Manfred Jürgensen* (Hg.), Christa Wolf. Darstellung, Deutung, Diskussion, Bern u. München 1984, S. 51–76: „Die kurze hintergründige Erzählung ist in der Tat eine höchst wichtige Aussage, die einen Wendepunkt in Christa Wolfs schriftstellerischer Laufbahn markiert" (S. 51), und: das „scheinbare Familienidyll" dient „im Grunde als Gerüst für die Darstellung moralischer und gesellschaftlicher Fragen" (S. 52); ähnlich *Sonja Hilzinger*, Christa Wolf, Stuttgart 1986: diese Erzählung „bezeichnet nicht nur einen Wendepunkt in der schriftstellerischen Entwicklung Christa Wolfs, sondern auch innerhalb der Entwicklung der DDR-Literatur einen Bruch mit dem vorherrschenden Tatsachenrealismus" (S. 28).

ken über *Christa T.* unmittelbar vorausgeht.[40] Alles Persönliche und Experimentierende geriet damals fast notwendig in kritischen Gegensatz zur offiziellen Linie des sozialistischen Realismus, der sozialistischen Menschengemeinschaft usw. Ein solches Bewusstsein spricht auch aus dem Anfang der Erzählung:

> Eine Geschichte? Etwas Festes, Greifbares, wie ein Topf mit zwei Henkeln, zum Anfassen und zum Daraustrinken? Eine Vision vielleicht, falls Sie verstehen, was ich meine: Obwohl der Garten nie wirklicher war als dieses Jahr. (S. 34)

Die Erzählerin lehnt offenbar die Forderung des ‚Aufbauenden' für die Literatur ab, den direkten, positiven Praxisbezug; sie verlangt vom Leser, sich von festen Vorurteilen lösen zu können („falls Sie verstehen, was ich meine"), ja sie fordert, dass auch „Visionen" wirklich ernst genommen werden,[41] dass sie vielleicht „wirklicher" sind als das real Existierende bzw. das so Definierte.

Unter diesen Prämissen kommt dann allerdings der hypothetischen und fragenden Kinderperspektive und kommt etwa dem Spiel sehr weitgehende, realitäts-konstitutive Bedeutung zu. So gesteht die Erzählerin ein, dass sie die Frage ihrer „Tochter": „Was möchtest du lieber sein, schön oder klug?" in ein „unlösbares Dilemma" bringt (S. 45). Oder wenn das „Kind" anmerkt: Dass Düsenjäger ihrem eigenen Krach davonfliegen könnten, sei „praktisch", aber auch „langweilig", dann nimmt die Erzählerin dies völlig ernst: „Was sollten wir mehr fürchten müssen als die tödliche Langeweile ganzer Völker?" (S. 39) Hat denn nicht auch das Spiel mit den zusammengesetzten Wörtern Modellfunktion? Aus „Mäuse-Loch, Regen-Wurm, Glücks-Pilz und Nachtgespenst" lassen sich neue Wörter und Vorstellungen bilden: „Mäusepilz, Glücksgespenst, Nachtwurm" usw.; aber mit – dies scheint mir nun ein sehr klares, weil ganz sprachlich-metasprachlich entworfenes Beispiel für die Fragen und Thesen dieses Vortrags zu sein – Wörtern wie „Aufbau-Stunde, Arbeits-Brigade, Sonder-Schicht und Pionier-Leiter" geht das nicht. Alles, was man hervorbringen könnte: „Gewerkschaftsaufbau, Brigadestunde, Sonderarbeit, Schichtleiter" usw., ist verblüffend deutlich vom Kode bereits vorgesehen: Was er beherrscht, kann nur bestätigt werden und lässt kein Spiel zu.

---

[40] „Noch vor dem Erscheinen der Reflexionen über Christa T. gelingt es Christa Wolf hier, auf wenigen Seiten Thema und Darstellungsweise des komplexen Romans zu antizipieren", so dass deren „ideologie-kritische Sprengkraft und stilistische Modernismen dem Christa T.-Roman in nichts nachstehen" (*Alexander Stephan*, Christa Wolf, 3. Aufl. München 1987, S. 102).

[41] Zur zentralen Bedeutung der „Vision" für „Nachdenken über Christa T." vgl. z. B. *Tanner*, Wendepunkt, S. 55, sowie generell: *Christa Thomassen*, Der lange Weg zu uns selbst: Christa Wolfs Roman „Nachdenken über Christa T." als Erfahrungs- und Handlungsmuster, Meisenheim 1977, z. B. S. 32 („die Verweigerung einer eindeutigen Antwort"), S. 104 („das Offene ihres Charakters, ihr Leben im Augenblick und ihr Träumen, Wünschen und Handeln in die Zukunft hinein ist die Bedingung der Möglichkeit der Erfüllung ihres Lebens").

Und hat dann nicht auch die folgende kleine Szene weiterreichende Bedeutung?

> Dem eenen sin Ul is dem annern sin Nachtigall. Was ein Ul ist? Das Kind saß zu meinen Füßen und schnitzte verbissen an einem Stücklein Borke, das zuerst ein Schiff werden wollte, später ein Dolch, dann etwas aus der Umgebung eines Regenschirms. Nun aber, wenn nicht alles trog, ein Ul. Dabei würde sich herausstellen, was dieses verflixte Ding von einem Ul eigentlich war. (S. 34)

Hier versucht ein Kind, spielend und modellierend „über die Dinge [zu] kommen", so wie später die Erzählerin in *Nachdenken über Christa T.*, die dies „nur schreibend" kann. An irgendeine Reproduktion und Normierung ist gerade nicht gedacht. Auch Christa T. wird das Recht verteidigen, sich Wirklichkeit zu entwerfen und eigene, ganz subjektive Erfahrungen zu machen. Und so ist auch das Resultat dieses Spiels in *Juninachmittag* mit Sicherheit nicht „perfect perfect".

Und raucht Ernte 23/Und alles war wieder gut.
Zur Poesie der Werbung

    Hab oft im Kreise der Lieben
        In duftigem Grase geruht,
    Und mir ein Liedlein gesungen,
        Und alles war hübsch und gut.

    Hab einsam auch mich gehärmet
        In bangem düsterem Mut,
    Und habe wieder gesungen,
        Und alles war wieder gut.

    Und manches, was ich erfahren
        Verkocht ich in stiller Wut,
    Und kam ich wieder zu singen,
        War alles auch wieder gut.

    Sollst nicht uns lange klagen,
        Was alles dir wehe tut,
    Nur frisch, nur frisch gesungen!
        Und alles wird wieder gut.

Das von Adalbert von Chamisso 1829 verfasste Gedicht[1] ist, nicht zuletzt dank der Vertonung durch Friedrich Silcher, zum Volkslied geworden. Sicher gehört es jener Populärkultur an, die leicht in die Massenkultur der Werbebotschaften übergehen könnte. Oder vielleicht doch nicht, zumindest nicht als Ganzes? Ist die Ästhetik der Poesie völlig käuflich und für jeden Zweck zu haben? Auf alle Fälle hat sich die Werbung viele Elemente aus der Poetik des Gedichtes und des Liedes angeeignet, wie nahezu aus allen anderen kulturellen Traditionen auch: Ständig trifft man auf gereimte Slogans oder dem Text unterlegte Musik, es gab und gibt vollständige Werbe-Gedichte („Wenn einem also Gutes widerfährt,/Dann ist das einen Asbach Uralt wert"), manche Fernseh-Spots sind von Rock-Videos kaum zu unterscheiden, Pop-Titel werden in der Werbung aufgegriffen („try a little tenderness", „she wore blue velvet", „I can't get no satisfaction"); auch dass Werbe-Prosa oft in schmalen Zeilen und mit viel weißem Raum darum, also lyrisch ‚edel' gedruckt wird, gehört zu diesem kulturellen Transfer. Aber darum geht es jetzt nicht.

---

[1] *Adalbert von Chamisso*, Sämtliche Werke in zwei Bänden, hrsg. v. *Werner Feudel* u. *Christel Laufer*, München u. Wien 1982, Bd. 1, S. 63 f.

Embleme

Seit langem ist bekannt,[2] dass bestimmte Formen der Zeitschriftenwerbung, genauer gesagt, ganzseitige, Bild und Text verbindende Botschaften, die frühneuzeitliche Form des Emblem-Gedichts fortsetzen bzw. wieder aufgenommen haben. Solche Gedichte – die klassischen Sammlungen des Andreas Alcatus, *Emblematum liber* (Augsburg 1531) und *Emblematum libellus* (Paris 1542) sind als Reprografie leicht zugänglich[3] – gliederten sich üblicherweise in drei Teile: die *inscriptio*, z. B. „Doctor doctis obloqui nefas esse", „Ein gelerter solle dem andern nit ubelreden", die *pictura*, etwa eine Schwalbe, die eine Heuschrecke im Schnabel trägt und auf ein an der Ruine eines Prachtbaues (Kloster, Bibliothek, Schule?) klebendes Nest zufliegt, und darunter die *subscriptio*: „Mich wundert Schwalb, das du fur speyß/Den Hewschreck raubst den jungen dein:/Ir habt doch beydt ein art und weiß,/Singt beyd nur in des Sommers schein,/Beyd gast bey unß, und beyd in ein/Natur geziert: drumb toedt in nit./Gelerte sollen alweg sein/Under in selbs in lieb und frid." Vergleicht man dieses Beispiel mit der abgebildeten Werbung für „Ernte 23", so kann man die drei Teile noch vollständig erkennen.

---

[2] Vgl. zum Folgenden *Siegfried Peuckert* (Hg.), Emblem und Emblematikrezeption, Darmstadt 1978.
[3] *Andreas Alciatus*, Emblematum liber. Mit Holzschnitten von *Jörg Breu*, Nachdr. d. Ausg. Augsburg 1531, Hildesheim 1977 u. *ders.:* Emblematum libellus, Nachdruck der Originalausgabe, Paris 1542, Darmstadt 1980.

Hier wie dort interpretieren sich *inscriptio, pictura* und *subscriptio* wechselseitig; es geht um ein Erkenntnisspiel immer neuer Exemplifizierung, Ergänzung, Überprüfung, Bestätigung, Verallgemeinerung und Abweichung, in dem keiner der Teile ganz in dem anderen aufgeht. Und die Beweiskraft dieses Zusammenhangs, bereits im Emblem-Gedicht auf einen moralischen Appell gerichtet, wächst in der Werbebotschaft eben der Kaufaufforderung zu. Soweit wäre die Analogie schlüssig. Aber die Werbebotschaft, genauer, ihr Interpretans,[4] ihre „Sympraxis"[5] ist eindeutig. Es ist sprechend, dass hier *inscriptio* und *subscriptio* die Plätze getauscht haben und dass vor allem die *pictura* verdoppelt wurde: Einerseits ist ein „Werbeträger" abgebildet und andererseits das Produkt selbst in nahezu natürlicher Größe. Eben die Größenverhältnisse, die relative Nähe des Produkts, die Tatsache, dass es *de facto* zweimal vorkommt, in beiden *picturae*, die klare Richtung der Textaussage, um nur die wichtigsten rhetorischen Verfahren (eine *dispositio interna*) zu nennen,[6] all das macht den Zusammenhang Werbeträger-Produkt zu einem geordneten Paar: Was immer der „Älteste des Alphofbauern" tut, er raucht „Ernte 23", nur wer „Ernte 23" raucht, ist hier interessant – wie die Serie zeigt, ist er auch ersetzbar –, „verum sequitur ex quodlibet". Das Kreisen der Erkenntnis im Emblem-Gedicht wird so zur unilateralen Folge. Was dort als *inscriptio* Hypothese war, wird hier zum Resultat, denn „Charakter und Geschmack" verbindet das bildhafte Sympathisch-Tüchtige des Werbeträgers mit dem Schluss des Textes und weist unumkehrbar auf die Produktabbildung hin. So wird aus dem „Sein-sollen", das im Emblem-Gedicht am Ende der Interpretationsprozesse gestanden war, ein Sein: „Ernte 23" *ist* all das, was Bild und Text bedeuten. Und dass diese Werbebotschaft so strukturiert ist, kann man daran überprüfen, dass in anderen Anzeigen derselben Serie Aussagen wie „Charakter und Geschmack" durch die Wiederholung von „Reemtsmas beste Tabakmischung" ersetzt werden können. Es geht nicht um wechselseitige Interpretation, sondern um Identität.

Lieder

Darin ist diese Anzeige exemplarisch für jene Art von Werbung, jenen Typ dieser an sich sehr vielgestaltigen Kommunikationsform, welcher möglichst informationsfrei für Produkte maximaler Austauschbarkeit wirbt bzw. werben muss; das klassische Beispiel ist Werbung für Waschmittel oder eben Zigaretten. Und was wir im Folgenden zeigen wollen, ist die sehr weitgehende Analogie der Identifikationsstrategien zwischen solchen Zeitschriften-Anzeigen und jener Lyrik, die sich am Ideal-Typ

---

[4] „Interpretans" oder „Interpretant" ist in der Semiotik von Charles S. Peirce der Prozess der Zeichenbedeutung. Vgl. dazu oben Kap. 1, „Welchen der Steine du hebst".

[5] *Jean Umiker-Sebeok* (Hg.), Marketing and Semiotics. New Directions in the Study of Signs for Sale, Berlin, New York u. a. 1987, S. 123. Der Begriff meint das Zusammenwirken aller Zeichenprozesse zum Zweck der Beeinflussung des Zeichenbenutzers.

[6] Vgl. zu den Begriffen aus Rhetorik und Semiotik sowie zu weiteren Werbeanalysen „Welchen der Steine du hebst" u. „Ist die Nacht von der E-Klasse erhellt", v. a. S. 43 ff.

des Liedes orientiert („Lieder [...] sind dergestalt die älteste Gattung der Gedichte, und die ersten Poeten sind Lieder-Dichter gewesen", J. C. Gottsched, *Versuch einer Critischen Dichtkunst vor die Deutschen*, 1830),[7] die sich im 18. Jahrhundert durchsetzte, der z. B. das zitierte Chamisso-Gedicht angehört, und die in der Deutschen Literaturwissenschaft bis in die fünfziger Jahre des 20. Jahrhunderts hinein prägend blieb. Von ihr aus lassen sich in der Tat die „Poesie der Werbung", aber auch ihre Paradoxie und ihre Grenzen, zumindest in Ansätzen, zeigen.

„Lieder des Volks" sind „Abdruck der innern Empfindung [...] in Form, Klang, Ton, Melodie" und darin ist „die Seele" Teil der „lebenden und webenden Natur": So hatte vor allem J. G. Herder (*Briefwechsel über Ossian und die Lieder alter Völker*, 1773)[8] der Lied-Poetik ihre Richtung gewiesen. Aber diese Poesie des Liedes kann, wie ja gerade die Ossian-Fiktion von Anfang an zeigte, auch manipuliert werden. Denn dass „das lyrische Gedicht [...] der musikalische Ausdruck von Gemütsbewegungen durch die Sprache" sei (A. W. Schlegel, *Vorlesungen über dramatische Kunst und Literatur*, 1809–1811),[9] dass es auf „unmittelbare Wirkung des Lyrischen ohne ausdrückliches Verstehen" ankomme (E. Staiger, *Grundbegriffe der Poetik*, 1946),[10] dieser zentrale Gedanke der Lied-Poetik hat in der Suggestivkraft der Bilder in Werbebotschaften seine damals ungewollte, aber heute gleichwohl genaue Anwendung gefunden. A. Huxleys Hinweis: „emotional engineering should never be rational" (*Brave New World*, 1932)[11] kann geradezu als explizite Verbindung beider Traditionen gelten. Und die damalige negative Utopie ist in diesem Teil ihrer Entwürfe längst unser Alltag geworden. In unserem Beispiel und in der ganzen Werbeserie dient dazu etwa die Körpersprache der Sympathie: in die Augen schauen, lächeln, fragend-zustimmende, leicht schräge Kopfhaltung, das freundliche Hinüberlehnen über die Brüstung, die Hand hinter dem Kopf, welche Hingabe suggeriert, betonte Zuwendung abwechselnd der rechten und linken Hand, wartende Aufmerksamkeit und Vertrauen im Schlussbild. Andere „Ernte 23"-Raucher breiten etwa die Arme aus, kommen einem entgegen oder stehen so, als wollten sie es gleich tun, Frauen zeigen sich von mehreren und ihren besten Seiten und so fort. Die Texte weisen immer darauf hin, dass diese Leute bei anderen gut ankommen („Sie ist auf jeder Party die Stimmungskanone", „sie freut sich, wenn ihr die Bauern den Hof machen", „sie ist für jeden Spaß zu haben", „er gewinnt die Herzen im Sturm"). Und dass in der Tat „die Natur" hier „lebendig" zugegen ist, unterstreicht in allen Fällen die natürliche, freizeitmäßige Umgebung; oft ist die Situation ja gleich doppelt zwanglos;

---

[7] *Johann Christoph Gottsched*, Schriften zur Literatur, hrsg. v. *Horst Steinmetz*, Stuttgart 1972, S. 14.
[8] *Johann Gottfried Herder*, Werke in fünf Bänden, hrsg. v. den nationalen Gedenkstätten der klassischen deutschen Literatur in Weimar, Berlin u. Weimar 1964, Bd. 2, S. 194, 196 u. 202.
[9] *August Wilhelm Schlegel*, Kritische Schriften und Briefe, hrsg. v. *Edgar Lohner*, Bd. 5, Stuttgart 1966, S. 40.
[10] *Emil Staiger*, Grundbegriffe der Poetik, 8. Aufl. Zürich u. Freiburg 1968, S. 91.
[11] *Aldous Huxley*, Brave New World, Harmondsworth 1955, S. 32. „Emotional Engeneering", eine Mischung aus Psychologie, politischer Propaganda und Werberhetorik, ja Hypnose, hat in dieser Dystopie die Dichtung abgelöst.

denn es ist beispielsweise immer wieder vom Sport die Rede; für den Skilehrer wäre er geradezu Arbeit, aber er wird offenkundig im Augenblick nicht ausgeübt, strengt also auch nicht an, ebenso wenig wie beruflicher Erfolg, Jet-Set-Leben und so weiter. „Hab oft im Kreise der Lieben im duftenden Grase geruht und rauchte ‚Ernte 23', und alles war hübsch und gut"?

Wie bei Chamisso die Wortwahl einfach und alltäglich, der Satzbau ungezwungen und die Wendungen umgänglich und lebendig sind („mir ein Liedlein gesungen", „nur frisch, nur frisch"), und wie in der Poetik des Liedes die Sprache an ihren „Ursprung" zurückkehrt und „mit der ganzen Natur im Bunde" ist, die „Sprache der Empfindung" als „unmittelbares Naturgesetz" und somit intensivste Realität gelten kann (J. G. Herder, *Abhandlung über den Ursprung der Sprache*, 1772),[12] so wird in der Werbung nicht nur die Authentizität der Fotografie ganz „natürlich" eingesetzt und jedes Bild wahrt die Illusion, einfach real zu sein. Das „natürlichste" unter so viel Natur ist das im „Insert" schwebende Produkt: Es hat seine nahezu natürliche Größe, es setzt die kommunikative Zuwendung fort, indem es uns sichtbar entgegenkommt, näher ist als alles andere, und vor allem ist es eben real zugänglich. Jeder kann, „nur frisch, nur frisch", hingehen und es kaufen.

„Natur" bedeutete im 18. Jahrhundert und so auch in allen hier zitierten Theorien „allgemeine Menschennatur". Entsprechend wurde Poetik immer weniger in traditionellen „Regeln" und immer mehr im verfeinerten, kollektiven „Geschmack", kritisch schließlich in fundierenden Strukturen aller Erkenntnis, in generellen Fähigkeiten des „Gemüts", etwa der „Einbildungskraft", und, wie gesehen, in der Sprachfähigkeit des Menschen allgemein begründet. Der Slogan „Charakter und Geschmack" scheint sich geradezu auf eine solche, oft auch ethisch-ästhetische Tradition („Produktphilosophie") zu berufen. Und von einer solchen allgemeineren und freieren Definition ästhetischer Möglichkeiten, auf die auch die Liedpoetik rekurriert, profitiert ganz folgerichtig auch die Ästhetik der Werbung. Unter dem Oberbegriff der „Entropie" etwa, der textinternen Verweisungsfunktion aller Zeichen,[13] kann man mehrere Phänomene zusammenfassen, die die Werbung mit aller Kunst und so auch mit der sprachlichen Intensität der Lyrik teilt. Hierher gehört zunächst einmal ganz einfach die Kürze, die verdichtend wirkt. Weiterhin, wenn auch in unserem Beispiel nur schwach erkennbar, wären Verfahren metaphorischer Verklammerung zu nennen.[14] Andere Anzeigen derselben Serie, insbesondere solche mit Frauen als Werbeträgern, nutzen solche Möglichkeiten aber durchaus, etwa wenn das Rot in der Kleidung (Rock, Pullover, Leggings, Bikini) mit dem auf der Packung Zigaretten übereinstimmt und noch mehr buchstäblich „Haut und Haar" mit den Braun- und Blond-Gelb-Tönen des Produkts in Zusammenhang gebracht werden. Das hat die

---

[12] Herder, *Werke in fünf Bänden*, Bd. 2, S. 80.
[13] *Jurij M. Lotmann*, Die Struktur literarischer Texte, dt. v. *Rolf-Dietrich Keil*, 3. Aufl. München 1989, S. 46 ff.
[14] Vgl. zur hier angewandten Metaphern-Theorie „Ist die Nacht von der E-Klasse erhellt", S. 49–63.

Struktur einer Metapher, wie sie, allerdings auf der Satzebene, auch der durchgeführte Reim im Lied realisiert.

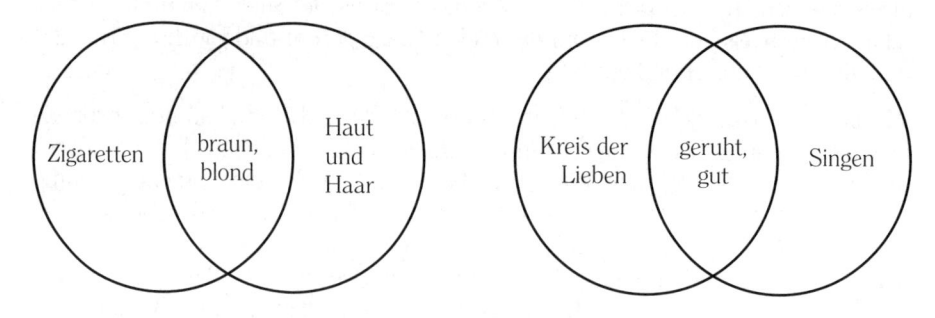

```
  Zigaretten ( braun, | Haut    )        Kreis der ( geruht, ) Singen
              blond  | und               Lieben      gut
                     | Haar
```

Der Appell der Botschaft, sich mit diesen sympathischen, sinnenfrohen Menschen zu identifizieren, die Werbe-Poesie gleichsam „mitzusingen", kann so nicht zuletzt auch durch deutlich erotische, eben völlig natürliche Konnotationen verstärkt werden: Rauchen macht attraktiv.

Genauso folgerichtig werden rhythmische, wiederholend-variierende Möglichkeiten genutzt: Die graphische Zeilenanordnung in der *inscriptio* umspielt z. B. ebenso eine horizontale Mittelachse, wie vertikal das „Insert" rhythmisch in den Bildaufbau integriert wird. Die einzelnen Folgen der ganzen Serie haben ebenso die Struktur von Gedicht-Strophen, mit dem gewichtigen Refrain „Und raucht..." am Ende, wie die Texte je für sich, ganz unserem Liede vergleichbar, immer verschiedene Situationen variieren („Sie wollte immer Matrose werden. Sie kann nicht schwimmen. Sie liebäugelt mit dem Kapitän. Und raucht..."; „Sie renoviert Altbauten. Sie repariert ihr Auto selbst. Sie wünscht sich einen Mann, der kochen kann. Und raucht..."). Jede dieser Satzfolgen könnte leicht eine metrisch-rhythmische Gliederung erhalten, scheint geradezu danach zu verlangen:

> Er ist der Älteste vom Alphofbauern.
>   Wenn er schafft und sich plagt und dann ausruht,
> Dann raucht er Ernte 23,
>   Und alles ist wieder gut.
>
> Er bringt den Skihasen das Wedeln bei,
>   Was er viel, viel lieber tut,
> Und raucht Ernte 23,
>   Und alles läuft richtig gut.
>
> Er kümmert sich um sie auch après-Ski,
>   Das liegt ihm so im Blut,
> Dann rauchen sie Ernte 23,
>   Und fühlen sich echt gut.

Ob Regen, ob Schnee, ob Sonne
Er ist immer wohlgemut,
Und raucht Ernte 23,
Und alles wird wieder gut.

Die wohl wichtigste ästhetische Möglichkeit nun, die hier und in vielen Werbebotschaften genutzt wird, ist sehr klar die der Generierung eines Ideolekts,[15] der autonomen Codierung,[16] der Hypersignifikation,[17] eine abstrakte und daher auch allgemeine ästhetische Zeichenfunktion, die gerade an der Lyrik besonders anschaulich wird. Im Gedicht, insbesondere im kurzen, wird dessen jeweilige Sprache ihr eigenes Gesetz: festgelegt, getrennt von anderer Sprache, als sie selbst interessant, wiederholbar, zum immer neuen Lesen, Vortragen, idealtypisch zum Memorieren bestimmt und so fort. Und in der Werbung ist dies so zentral, dass man die Analogie zur Ästhetik, zum Gedicht und zur Kunst fast nicht mehr sieht. Bereits die schiere Masse des identisch „Gesprochenen", dass dieselbe Botschaft immer wieder z. B. in Zeitschriften und zeitgleich auf Plakaten, oft ja auch in anderen Medien, einem entgegentritt, erzeugt einen ideolektischen, eigen-referentiellen, codierenden Effekt. In unserem Beispiel nun scheint dies auch immanent das dominierende Verfahren zu sein: Der Vorder- und Hintergrund aller dieser Botschaften ist ja singular präsentiert, der Raum, in dem diese Menschen auftreten, und die Art und Weise, in der sie ihm und „sich selbst" zugeordnet sind, indem sie „sich" z. B. partiell verdecken, ebenso die ganze Deixis des Bildes sind völlig kohärent. So erzeugt die Fotomontage den unabweisbaren Eindruck, es gäbe diese Menschen viermal. Sie sind vollständig ihr eigener Typ, in ihnen wird auf ganz formale und zugleich direkt anschauliche, nicht widerlegbare Weise ein Gesetz repräsentiert. Sie sind Individuen und zugleich etwas Allgemeines.

In verblüffender Analogie wiederholt sich hier, was man in der Tradition der Lied-Poetik das „lyrische Ich" nennen kann. Auch in ihm spricht die Subjektivität des Einzelnen zu uns, und zugleich soll es ungebrochener, unreflektierter Ausdruck eines allgemeinen menschlichen Subjekts sein: „der eigentliche lyrische Dichter lebt in sich, fasst die Verhältnisse nach seiner poetischen Individualität und gibt [...] nur die eigene selbstständige Lebendigkeit seiner Empfindungen und Betrachtungen kund". Aber zugleich ist dieses lyrische Ich „für sich eine subjektiv abgeschlossene Welt", es spricht „das Subjekt als Subjekt", „die echte Lyrik hat, wie jede wahre Poesie, den wahren Gehalt der menschlichen Brust auszusprechen" (G. W. F. Hegel, Vorlesungen über Ästhetik, 1822 und 1828).[18] So wie Chamisso als Einzelner zu-

---

[15] *Umberto Eco*, Semiotik. Entwurf einer Theorie der Zeichen, dt. v. *Günter Memmert*, München 1987, S. 360.
[16] *Roman Jakobson*, Poetik. Ausgewählte Aufsätze 1921–1971, hrsg. v. *Elmar Holenstein* u. *Tarcisius Schelbert*, Frankfurt 1979, S. 92.
[17] *Max Bense*, Zeichen und Design. Semiotische Ästhetik, Baden-Baden 1971, S. 47.
[18] *Georg Wilhelm Friedrich Hegel*, Ästhetik. Mit einer Einführung v. *Georg Lukács*, hrsg. v. *Friedrich Bassenge*, 2 Bde., Frankfurt o. J., Bd. 2, S. 476, 478 u. 480.

gleich für alle zu reden beansprucht, so sollte auch das Lied einerseits „Dichtung der Einsamkeit" sein, „welche nur von einzelnen Gleichgestimmten erhört wird" (noch einmal Staiger), „die Seele des Dichters" wurde in ihm hörbar, aber ineins damit galt: „Seele überhaupt ist es, was im Gedicht lebt" (M. Kommerell, *Gedanken über Gedichte*, 1943).[19]

Damit ist natürlich noch nicht viel gesagt; hier kann auf die differenzierte und komplexe Geschichte des „lyrischen Ich" nur verwiesen werden:[20] Es konnte auch kreative Freiheit, ja Anarchie meinen (wie in manchen Formen der Romantik) oder eine ganz abstrakte und insofern eigentlich schon polyseme „innere Subjektivität" ansprechen, für die „sich selbst das ganz leere [...] Singen [...] rein um des Singens willen als echte lyrische Befriedigung des Gemüts" erweist (Hegel;[21] Beispiele finden sich etwa bei Clemens Brentano); dieses Ich konnte sich auch in explizite (so etwa Heine) oder implizite (so Eichendorff) ästhetische Distanz setzen zur verdinglichten, entfremdeten, prosaischen Umwelt, es konnte moralische Freiheit postulieren, für die unendlich bildungsfähige „Persönlichkeit" einstehen, von bewusster oder träumerischer Utopie singen und so fort. Und alle diese individuell-allgemeinen Selbstbehauptungen des „lyrischen Ich" konnten ganz in der Lied-Tradition stehen. Schon immer aber konnte die begriffliche Offenheit des Lied-Ichs auch etwas beliebig Affirmatives erhalten, konnte und kann sie die unreflektierte Identifikation fördern mit allem, was sich dieser Form lyrischer Kommunikation zu bedienen vermag. Genau diese Möglichkeit scheint das Chamisso-Lied archetypisch auszusprechen. Dieses „oft" und „immer wieder" sich präsentierende Ich beansprucht für alle zu stehen und wenn „nur frisch nur frisch gesungen [...] alles recht und gut" wird, dann sind auch die Situationen und Ziele dieser liedhaften Überredung universal besetzbar. Es ist ja ganz und gar nicht so (spätestens die Nazis haben es doch wohl widerlegt), dass „böse Menschen keine Lieder" haben. Dieses, und wohlgemerkt nur dieses, lyrische Ich fügt sich jedem Über-Ich: im Kontext der bürgerlichen Familie, in der singenden Schulklasse, im Kameradschaftsgesang, beim „Weitermarschieren" und so fort. Das Lied kann, so gesehen, auch eine Art Werbung *avant la lettre* sein, die nur darauf wartet, genutzt zu werden. Und die Werbung könnte umgekehrt sich Traditionen wie diese nicht so erfolgreich aneignen, wenn ihre Funktionen dort nicht bereits angelegt wären.

Allerdings, das darf nicht übersehen werden und wurde ähnlich schon bei der Emblem-Analogie sichtbar, wenn solche lyrisch-liedhaften Strukturen in der Form der Werbebotschaft auftauchen, müssen sie zuletzt eindeutig werden. Wo die Lyrik pragmatisch offen ist,[22] so allerdings beliebig affirmativ genutzt werden

---

[19] *Max Kommerell*, Gedanken über Gedichte, 3. Aufl. Frankfurt a. M. 1956, S. 15.
[20] Vgl. z. B. *Hiltrud Gnüg*, Entstehung und Krise lyrischer Subjektivität. Vom klassischen lyrischen Ich zur modernen Erfahrungswirklichkeit, Stuttgart 1983.
[21] *Hegel*, Ästhetik, S. 479.
[22] Vgl. die strukturellen Definitonen „absoluter struktureller Einfachheit" bei *Dieter Lamping*, Das lyrische Gedicht. Definitionen zu Theorie und Geschichte der Gattung, Göttingen 1989.

kann,[23] da verfährt die Werbung zuletzt pragmatisch autoritär. Ihre ganze formale, rhythmische, codierende Intensität wird zuerst in einem mental-konventionellen, dann ideologischen und schließlich ökonomischen Sinne zum Appell:[24] „Sei gesund, erfolgreich, glücklich! Sei ein akzeptabler Typ! Nur solche Typen kann man heute brauchen! Wenn du nicht dazu gehörst, rauche auf alle Fälle schon mal Ernte 23"!

Zur Zeichensprache der Werbung

Lyrik also sei ihrem Wesen nach pragmatisch, will sagen: in ihrem vom Rezipienten (dem Zeichenbenutzer) herzustellenden Bedeutungspotential offen, Werbung dagegen zuletzt (selten direkt) immer vom Zweck der Verkaufsförderung diktiert, also pragmatisch autoritär konzipiert? Was heißt das anschaulich und differenzierbar? Ich untersuche das Verhältnis von Lyrik und Werbung, den Transfer poetischer Tradition zu Reklamezwecken im Folgenden in Bezug auf die Frage, wie beide Zeichen-Kommunikationsformen in ihrer nach wie vor verblüffend verwandten Bildlichkeit mit Negationen, Widersprüchen, Gegensätzen und Brüchen umgehen. Und ich wende mich einem Produkt zu, dem ich zugebenermaßen (das Rauchen habe ich bereits mit 12 Jahren aufgegeben), subjektiv nicht ganz so unbefangen gegenüberstehe.

Die fröhlichen und vitalen Reemtsma-Raucher waren immer gut drauf und wollten jeden und jede in ihren Kreis aufnehmen. So klar positiv und direkt argumentiert Werbung längst nicht immer. Anders gesagt, man kann bei der Analyse von Werbebotschaften[25] unterscheiden zwischen einer kodierten Tiefenstruktur, vergleichbar den logischen Zuordnungen in einem Satz, und einer Oberflächenstruktur, welche Teile sukzessiv verkettet, vergleichbar der gesprochenen oder geschriebenen Rede. Während die Tiefenstruktur immer drei Einheiten enthält, das Produkt, positive Merkmale und die Aufforderung zu kaufen, können diese Teile in der Oberflächenstruktur in anderer Reihenfolge präsentiert werden, sie können ersetzt werden, sie können aber auch ganz fehlen. So sind die positiven Merkmale meist primär präsentiert und führen fast ein Eigenleben. Das Produkt dagegen kann durchaus fehlen, so dass nur die positiven Merkmale präsentiert werden. Dies ist z. B. immer dann der Fall, wo das Produkt fest mit Merkmalen verbunden ist: Die Marlboro-Cowboys, von ihrer Musik begleitet, brauchen z. B. nicht unbedingt eine Zigarette zu rauchen. Beispiele für solche Werbung wären etwa die nächsten beiden Botschaften:

---

[23] Das widerspräche Theodor W. Adornos Lyriktheorie, wonach (freilich sehr verkürzt gesagt) die ästhetische Autonomie als solche sich bereits der Indienstnahme durch partikuläre Interessen widersetzte. *Theodor W. Adorno*, Noten zur Literatur, Bibl. Suhrkamp, Bd. 1, S. 48–68.

[24] Vgl. dazu oben die Ausführungen zu Werbung und Kurzgeschichte, „Perfect Perfect", S. 177 ff.

[25] *Winfried Nöth*, Semiotik. Eine Einführung mit Beispielen für Reklameanalysen. Tübingen 1975; vgl. ders., Handbuch der Semiotik, 2. Aufl. Stuttgart 2000, S. 508 ff.

Und schließlich fehlt die Aufforderung zum Kauf sehr häufig, heutzutage ist das nahezu die Regel. Werbung scheint nur noch unterhalten zu wollen. So z. B. in dieser inzwischen klassischen Johnnie-Walker-Anzeige und generell eben auch in der bisher untersuchten Reemtsma-Campagne.

Wie kommt nun diese unerlässliche Aufforderung zum Kauf gleichwohl zustande, und wie und warum wirkt sie indirekt noch viel stärker als direkt? Die Grundannahme im Modell ist, dass positive Merkmale, die am Produkt nicht erkennbar oder nicht vorhanden sind – an sich haben Zigaretten ja nichts Positives zum Thema Fitness zu sagen –, durch Pseudomerkmale ersetzt werden. Und um diese auf das Produkt zu übertragen, bedient sich die Werbung klar und gezielt rhetorisch-semiotischer Verfahren. Sehr häufig wird z. B. der Leser bzw. der Betrachter von der Similarität auf Kontiguität bzw. von ikonischen auf indexikalische Zeichen geführt.[26]

Hier sind nicht nur die das Produkt begleitenden und von der Frau benutzten Gläser dieselben, auch die Farbe des Likörs ist dieselbe wie die auf dem Kleid der Frau, auf ihren Fingernägeln, auf den Lippen und, wenn man genau hinsieht, vielleicht sogar in ihren Augen. Der Likör erhält so eine weiblich-verführerische Qualität. (Auf Hut und Schleier gehe ich später ein.) Denn nach tief verwurzelten Regeln des Zeichengebrauchs zieht man aus dieser bloßen Ähnlichkeit den Kontiguitäts-Schluss, dass diese Frau mit diesem Getränk viel mehr zu tun hat als nur die Tatsache, dass sie es trinkt. Noch klarer gilt dies für die nächste Botschaft:

---

[26] Vgl. zu diesen Begriffen jede Einführung in die Semiotik, z. B. *Umberto Eco*, Zeichen. Eine Einführung in einen Begriff und seine Geschichte, Frankfurt 1973, S. 60 ff.; *Elisabeth Walter*, Allgemeine Zeichenlehre, 2. Aufl. Stuttgart 1979, S. 62 ff.; *Nöth*, Handbuch der Semiotik, S. 185 ff.; *Daniel Chandler*, Semiotics. The Basics, London u. a. 2002, S. 39 ff., sowie „Welchen der Steine du hebst", S. 20 ff.

Die Farbe des Weinbrands erfüllt das ganze Zimmer, sie ist als Atmosphäre in jedem Detail präsent. Die beiden Männer sind nicht Vater und Sohn: Sie verhalten sich auf eine deutlich formelle Weise entspannt (man beachte z. B. die Kleidung: weißes Hemd, Krawatte usw.), aber sie sind auch nicht einfach Freunde. Der ältere Mann ist hier zu Hause: Er nimmt die Bildmitte ein und besetzt gewissermaßen den Raum; der jüngere dagegen ist offensichtlich ein gern gesehener Gast, er trinkt, was der andere angeboten hat, sein ‚prüfender' Gesichtsausdruck entspricht dem ‚wartenden' seines Gegenübers. Sieht man noch genauer zu, dann bemerkt man: Der jüngere Mann steht am Bildrand, er ist überhaupt nur teilweise im Bild, er kommt gewissermaßen gerade. Es ist nicht mehr schwer zu sehen – wer die entsprechende Fernsehwerbung kennt, weiß es ohnehin –, dass es sich hier um einen aufstrebenden, erfolgreichen Angestellten handelt und um seinen ihm sehr gewogenen Chef. Der ‚feine Unterschied' ist der des beruflichen Erfolgs. Und da es viel mehr Angestellte gibt als Chefs, müssen sie eben sehr auf den richtigen Branntwein (oder ‚Jahrgangssekt') achten, nicht?

Eine Eigentümlichkeit des Verhältnisses von rhetorischer Oberfläche und ökonomischer Tiefenstruktur bedeutet es nun, dass in der Werbung eine „Zweistimmigkeit" der Werbebotschaft, die Trennung (Kontradetermination), auf alle Fälle die Heterogenität von Produkt und Kontext durchaus auch auf der rhetorischen Oberfläche akzentuiert wird. Es wird, wie gesagt, eine heterogene Einheit, der Werbeträger eingeführt; und dessen positive Merkmale werden auf das Produkt übertragen. Ist diese Übertragung, das ist eine hilfreiche Zwischenfrage, umkehrbar? Bis zu einem gewissen Punkt ist sie das immer. Zwischen Bild und Produkt soll eine wechselseitige Extrapolation von zwei diskreten Merkmalmengen stattfinden, die als deren Vereinigung interpretiert werden soll: Werbeträger ('heterogene Einheit') und Produkt sollen identifiziert werden. Nun gibt es aber auf diesen Werbebotschaften, z. B. auf den drei zuletzt gesehenen jenen eigentümlich umgrenzten, neutralen Raum, in dem das Produkt als solches abgebildet ist. Das Produkt gehört nicht ganz zur Welt des Bildes, es hat nur Teil an ihr bzw., anders gesehen, es steht uns gewissermaßen näher: uns, dem Betrachter, für den es sozusagen den Schlüssel zu der in der Reklamebotschaft abgebildeten Welt vorstellt. Das reale Produkt öffnet den Weg zur Realisierung des fiktiven Bildes – auch dann noch, wenn sich das fiktive (Sehnsuchts-)Bild negierend entzieht.

Das entspricht nun auf recht konsequente Weise der Struktur einer Prosa-Metapher, sofern man das Analysemodell der Gruppe µ (Dubois u. a.) nach den Theorien von Michail Bachtin interpretiert.[27] In der „rhétorique générale" der Gruppe µ wird eine Metapher als „Synekdochenkoppelung" analysiert. Sofern in einer Synekdoche ein Element eines Kontextes für das Ganze steht ('pars pro toto'), wird in einer Metapher die Schnittmenge von Merkmalen als Vereinigung beider Mengen interpretiert, *totum pro toto*, und die eine semantische Einheit kann die andere vertreten.

Man sieht sofort die Gemeinsamkeit:

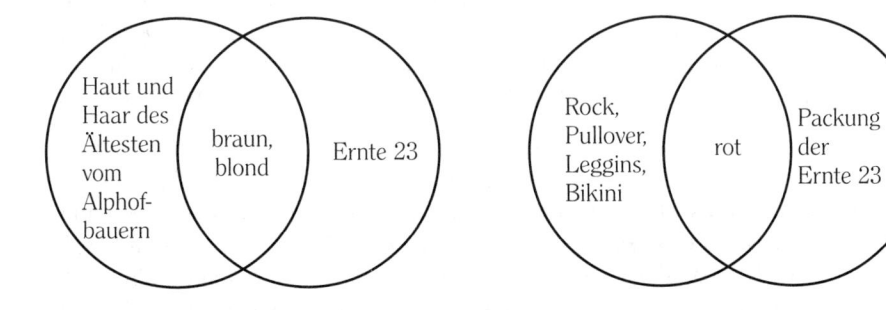

---

[27] *Jacques Dubois* u. a., Allgemeine Rhetorik, München 1974, S. 176 ff.; *Michail Bachtin*, Die Ästhetik des Wortes, hrsg. v. *Rainer Grübel*, München 1979, S. 216 ff. (die Theorie in der Zweisprachigkeit der Prosa).

Wichtig dabei ist nach Dubois, dass jeweils eine Generalisierung (z. B. „Schiff" als „Fortbewegungsmittel") und eine Partikularisierung („Fortbewegungsmittel" als „Kamel") gekoppelt werden. Genau in diesem Sinne stünde dann etwa „blond" für „attraktiv, freundlich", und Teil dieser „Freundlichkeit" wäre die Zigarette; „rot" bedeutete hier „erotisch reizvoll" und hüllt dann sichtbar genauso wie die hübschen Mädchen der Werbung auch die Zigaretten ein und so fort. Im Hinblick auf die Werbung nun – allerdings ist die für Zigaretten nicht mehr ganz typisch und man muss zu „härteren" Drogen übergehen – passt dazu sehr gut die These von Michail Bachtin: In der künstlerischen Prosa bleiben die scheinbar verschmolzenen beiden Teile der Metapher doch verschiedenen ‚Stimmen' zugehörig. Die Werbung, so meine Folgerung, insbesondere die, die wir gleich untersuchen werden, ‚vereinigt' Merkmale, um zu trennen, sie verführt, aber negiert auch, sie unterhält sich mit dem Betrachter, aber aus einer unerreichbaren und zugleich qualitativ überlegenen Position. Die Similaritäts- und Kontiguitäts-Assoziationen zwischen Betrachter, Produkt und Bild schaffen eine Verbindung und betonen zugleich die Grenze. Der Leerraum, der das Produkt gegenüber dem weiteren Kontext abgrenzt, ist dafür exemplarisch. Und die ihn umgebende Semiotik bzw. Rhetorik unterstützt durchaus diese Grenze.

In der oben bereits vorgestellten Johnnie-Walker-Anzeige lässt sich z. B. der Vorgang der Merkmalsübertragung sehr gut zeigen: Die Farbe der beleuchteten Tür und des Fensters ist genau die des Whiskys. Aber der Betrachter steht sichtbar draußen. Es handelt sich um ein vornehmes, herrschaftliches Haus. Die Fenster – sie sind wie Türen, Treppen oder etwa strukturierte Mauern architektonische Zeichen – wirken wie vergittert, die Simse und Dachvorsprünge lassen an Befestigungen denken, Türen und Fenster sind geschlossen, ein solider Eisenzaun umgibt das Ganze. Dazuhin ist es Abend, das beherrschende Blau wirkt ausgesprochen kühl, doch um so wärmer leuchtet der bernsteinfarbene Innenraum durch Türen und Fenster: jener Innenraum, der Schutz und Geborgenheit verheißt, der dem Betrachter aber verschlossen bleiben soll. An seine Stelle tritt eben der Whisky.

Etwas Ähnliches gilt für die ebenfalls schon bekannte Amaretto-Werbung: Die Frau ist elegant zum Ausgehen gekleidet, sie hat z. B. einen Hut auf und trägt vor allem einen Schleier, der wie ein Gitter wirkt. Und genauso distanziert schaut sie gezielt am Betrachter vorbei. Sie soll deutlich als eine Fremde erfahren werden. Noch klarer arbeitet die folgende Werbebotschaft für Harvey's Sherry mit solchen Abgrenzungen:

Unübersehbar ist zunächst die farbliche Merkmalsübertragung zwischen Getränk, Kleid, Haut und Goldschmuck. Das Getränk ‚entkleidet' gewissermaßen und verheißt etwas Kostbares. Die Frau schaut dem Betrachter genau in die Augen, man kann ein leises Bedauern, aber auch ein Versprechen darin lesen. Sie ist im Begriff, sich wegzuwenden, vor allem aber wird sie von einem lässig-eleganten Männerarm gewissermaßen abgeschirmt und mit Besitz belegt. Die Rückseite seiner dem Betrachter zugewandten Hand hat etwas Verneinendes. Die zwei Finger scheinen auf das Getränk zu deuten, würde er sie nach oben halten, ergäbe sich geradezu eine obszöne Geste. Wie klar auch die Grenze zwischen Betrachter und Bild in der

HARVEYS BRISTOL SHERRY
Der Stil von Harveys.

Chantré-Anzeige ist, daran braucht man in einer Zeit des Konkurrenzdrucks und der Angst bzw. der Realität der Arbeitslosigkeit nur zu erinnern. Der vom Bild indirekt mitbezeichnete Dritte, der Betrachter, soll nicht dazugehören zu den beiden Erfolgreichen, die ihn auch nicht anschauen. Der aufstrebende junge Mann vertritt ihm gewissermaßen den Weg. So ist die Reklamebotschaft in der Tat, ganz wie eine Metapher, konter-determiniert.[28] Sie setzt eine Negation, eine codierte Differenz voraus, um sie zu überbrücken. Sie extrapoliert Merkmale vom Bild zum Betrachter gerade wegen und im Sinne ihrer Unvereinbarkeit. Anders und ganz klar gesagt: Die Reklamebotschaft wendet sich, indem sie sich mit dem Betrachter unterhält, nicht so sehr an seine Wünsche als vielmehr an deren Negativ, an seine Ängste, z. B. die Angst, nicht geliebt zu werden (Harvey's und Amaretto), die Angst, keinen Erfolg zu haben (Chantré), oder die Angst vor dem Ausgeschlossen- und Alleinsein (Johnnie Walker). Den scheinbaren Trost verspricht immer die Flasche.

Aber die Stellung der Reklamebotschaft gegenüber dem Betrachter ist noch stärker. Erneut erweist sich das Modell der ‚zweistimmigen Prosa-Metapher als fruchtbar. Nach Dubois werden in der Metapher immer eine generalisierende und eine partikularisierende Synekdoche miteinander verbunden. Wo nun wird in der Werbung verallgemeinert und nach welchem Gesetz?

---

[28] Zu diesem von Harald Weinrich eingeführten Begriff vgl. z. B. *Heinrich Franz Plett*, Systematische Rhetorik, München 2000, S. 178 ff., v. a. S. 183 ff.

In den beiden Canadian-Club-Anzeigen beispielsweise macht sich ein Freundeskreis junger, sympathischer Müßiggänger, jeweils zwei Mädchen und zwei junge Männer, über nicht sehr liebenswerte Einzelne lustig, die offensichtlich arbeiten müssen und beruflich aufsteigen wollen (weißes Hemd und Krawatte) – aber mit zweifelhaftem Erfolg, zumindest bis jetzt: Der eine bewohnt ein enges Zimmer, der andere benutzt öffentliche Verkehrsmittel, der eine hat einen alten Pullover an, die Jacke des anderen ist schon etwas abgetragen, der eine schaut hilflos verlegen durch seine Brille, der andere sieht am Morgen schon bleich und angespannt aus –, ganz im Gegensatz zu den Typen jeweils unten links, bei denen immer ein Paar einander, ein Paar den Betrachter anschaut. Diese Reklame spricht unmittelbar aus, was die drei anderen viel wirkungsvoller mittelbar suggerierten. Interessant ist, dass die Einzelgänger hier offensichtlich verurteilt werden auf Grund einer als selbstverständlich vorausgesetzten, insofern auch jeder möglichen Kritik entzogenen, allgemeinen Gesetzmäßigkeit; Aldous Huxley hat sie in seinem utopisch-satirischen Roman *Brave New World* (1932) klassisch ausgesprochen: „Everybody is happy nowadays", „Jeder ist glücklich heutzutage" – hat glücklich zu sein; wer es nicht ist oder nicht vorgibt, es zu sein, wird verfolgt. Wer Angst hat, sich unsicher oder unglücklich fühlt, für den ist in *Brave New World* jederzeit die Droge da oder, in der immer wiederholten, von klein auf wie ein Werbeslogan eingeprägten Wendung: „a gram is better than a damn" – „ein Gramm (der Droge) ist besser als sich schlecht zu fühlen". Noch die suggestive Verbindung zwischen diesen Aussagen wird den Persuasions-Ingenieuren („emotional engineering") beigebracht: „Moral education should never be rational."[29]

---

[29] Huxley, Brave New World, S. 32, 49, 53, 59, 67.

Und dies lässt sich noch durch eine weitere semiotische Beobachtung ergänzen: Das Produkt kommt in diesen Botschaften meist zweimal vor, einmal als *type, code, langue*, gesetzmäßig reproduzierbare Einheit. Als solche steht es zwischen Bild und Betrachter, der Leerraum wirkt deutlich abstrahierend. Aber zugleich ist das Produkt als *token, message, parole* bzw. einzelne Realisierung präsent,[30] als solche steht es im Bild. Auch das entspricht genau der Generalisierungsfunktion des Produkts als Schnittmenge von Merkmalen einer Prosa-Metapher. So verbündet sich das Produkt gleich zweimal mit allgemeinen Wahrheiten, die ein Urteil erlauben: „Everybody is happy nowadays", „jeder ist glücklich heutzutage" – hat glücklich zu sein –, wer es nicht ist, dem kommt die Flasche sichtbar entgegen.

Wie lässt sich dies verallgemeinern? Zwischen die ökonomische Tiefenbotschaft „das Produkt soll gekauft werden" auf der einen Seite und die doppelte rhetorische Oberfläche auf der anderen, welche positive Merkmale auf das Produkt überträgt, zwischen beide Textebenen schiebt sich eine ideologische Zwischenbotschaft,[31] ein allgemeiner, synthetischer Satz, der eben die Trennung und Vereinigung der Elemente der Prosa-Metapher interpretiert. Er formuliert gesellschaftliche Vorurteile als Gesetzmäßigkeiten, und diese Gesetze nicht als Hypothesen oder Forderungen, sondern als Sachverhalte. Im Grunde liegen unter der freundlichen und harmlosen Oberfläche solcher Reklamebotschaften sehr harte und aggressive Ideologeme verborgen: Wer unglücklich ist, ist ein Nichts, Außenseiter und Erfolglose sind minderwertig, wer arm ist, ist schlecht, Frauen kann man sich kaufen, und überhaupt ist jedes Problem mit Geld zu lösen: „Better spending than mending", wie es bei Huxley heißt.

Allegorien und Symbole

So sehr die Werbung sich die Zeichensprache der Poesie angeeignet hat, ihre letzte ökonomische Botschaft wird diese Poesie immer unterlaufen. Sie bleibt, und eben der Kontrast im Dialog der Medien macht es sichtbar, Pseudo-Trost, Pseudo-Natur, Pseudo-Freundschaft und -Liebe, Pseudo-Erfüllung und -Glück. Zunächst einmal kann man freilich, was schon die Vergleiche zum frühneuzeitlichen Emblem und zur Liedtradition sichtbar gemacht haben, wesentliche Stationen lyrischer Bildlichkeit durchaus in der Werbung aufgehoben sehen.

Die zuletzt behauptete autoritative Überlagerung von rhetorischer, ideologischer und kommunikativer Botschaft lässt sich beispielsweise und recht konsequent

---

[30] Vgl. zu diesen Grundbegriffen jeder Zeichentheorie z. B. *Nöth*, Semiotik, S. 131 ff. oder *Chandler*, Semiotics, S. 17 ff., 47 ff. u. 147 ff.
[31] Sehr anschaulich wurde die Ideologie von Umberto Eco als „sklerotische Botschaft", verfestigte Bewertungsrelation definiert, vgl. z. B. *Umberto Eco*, Semiotik. Entwurf einer Theorie der Zeichen, dt. v. *Günter Memmert*, München 1989, S. 385 ff. Zum Zusammenhang von Werberhetorik und Ideologie vgl. auch oben die Beobachtungen zu Werbung und Kurzgeschichte, „Perfect Perfect", S. 179 ff. Hier lässt sich auch der Zusammenhang von Tropik und Argumentationstheorie fruchtbar anwenden, vgl. „Ist die Nacht von der E-Klasse erhellt", S. 55 ff., 60 f., 63 ff.

mit Formen der Allegorie zusammen sehen. Denn die Allegorie war nicht nur eine „fortgesetzte Metapher" und auch nicht nur eine „systematische Anspielung" eines Diskurses auf einen anderen, einer Sinnbehauptung auf eine andere.[32] Sie ist eine autoritative Botschaft, in der der sekundär erschließbare Sinn als der primär gültige den ersteren negiert: als Wahrheit gegenüber dem Schein, als Transzendenz gegenüber der Empirie. In Andreas' Gryphius Sonett beispielsweise scheint es zunächst und vordergründig allein um eine lange Seereise zu gehen:

> *An die Welt.*
>
> Mein offt besturmbtes Schiff der grimmen winde spiell /
> Der frechen wellen baall/das schier die flutt getrennet /
> Das über klip auff klip'/undt schaum/undt sandt gerennet;
>   Kombt vor der zeit an port/den meine Seele will.
>   Offt wen uns schwartze nacht im mittag überfiell:
> Hatt der geschwinde plitz die Seegel schier verbrennet!
> Wie offt hab ich den Windt/undt Nord' undt Sudt verkennet!
>   Wie schadthafft ist der Mast/Stewr=ruder/Schwerdt und Kiell.
> Steig aus du müder Geist! steig aus! wir sindt am Lande!
> Was grawt dir für dem portt/itzt wirstu aller bande
>   Undt angst/undt herber pein/undt schwerer schmertzen los.
> Ade/verfluchte welt: du see voll rawer stürme:
> Glück zu mein vaterlandt/das stätte ruh' im schirme
>   Und schutz undt friden hält/du ewiglichtes schlos.
>
>   [1643][33]

Spätestens mit dem Beginn des Sextetts jedoch wird ein tieferer Sinn des Bildes sichtbar, den freilich eine lange Tradition schon bereit hält. Der Hafen („port") steht allegorisch für den Tod. Der Tod („pictura [...] nostrae mortis") führt ein in den *sensus allegoricus*. Die Seereise steht für die heilsgeschichtlich verstandene Lebensreise. So werden retrospektiv das erste Quartett als voll von äußeren Gefahren („Schaum": Täuschungen, „Klippen": jähe Schicksalsschläge) lesbar, das zweite als Inbegriff noch schlimmerer innerer Gefahren, also Sünden: „Blitz" wäre der Zorn, das „Segel" das fehlt, die Liebe, das „Steuerruder" die Vernunft, der „Kiel" die stoische Beständigkeit und so fort. Und folgerichtig steht dann das „Schloß" für die dem Gläubigen nach dem Tod sich öffnende ewige Seligkeit.

Diese lyrische Allegorie lebt aus dem Bruch mit, aus dem Gegensatz zur empirischen Erfahrung. Ihr Sinn ist sicher (deduktiv) vorgegeben: eine bewusste Argumentation „contra speciem", gegen den Augenschein. Und genau hier zeigt sich die

---

[32] Zu diesen Definitonen (die letztere von *Friedrich Daniel Schleiermacher*) vgl. z. B. *Gerhard Kurz*, Metapher, Allegorie, Symbol, Göttingen 1982, S. 27 ff.
[33] *Andreas Gryphius*, Gesamtausgabe der deutschsprachigen Werke, hrsg. v. *Marian Szyrocki* u. *Hugh Powell*, Bd. 1, Sonette, Tübingen 1963, S. 61.

(eigentlich erschütternde) Analogie zur Poesie der Werbung. Denn sofern für die quasi-lyrischen Werbebotschaften letztlich die ökonomische Verkaufs-Maxime bestimmend ist, müssen auch sie immer zutiefst allegorisch funktionieren: Das bunte Bild muss sich schließlich und endlich in kahles Geld verwandeln, sonst wird die entsprechende Kampagne abgesetzt. Das Geld bildet für die Werbung die wahrste Wahrheit, die alles transzendiert. Aber genau daran leidet dann auch gerade die Poesie der Werbung. Werbung ist die Kitsch-Form der Allegorie. Wo die kunstvollen Allegorien den Gegensatz von Schein und Wahrheit ästhetisch betonen, „difficilia quae pulchra", das Schwierige ist das Schöne im Sinne des 17. Jahrhunderts,[34] da suggeriert die Werbung, gerade wenn sie Ängste und Entbehrungen anspricht, den leichten schnellen Trost, das sofortige Glück („nur frisch nur frisch geraucht"), zumindest den bequem zugänglichen Ersatz dafür:

> Wach auf du müder Geist, dein Whisky steht bereit
> Komm kauf ihn dir sofort, und alle Einsamkeit
> Angst, Kälte, Zweifel, Not: Das alles bist du los.
>
> Ade du schnöde Welt, wo ich nur draußen stehe!
> Glück zu mein Johnnie Walker, der Wärme, Menschennähe
> Und Trost und Frieden schenkt, ich sage ewig: Prost!

Man kann sehen, wie die Parodie (immerhin: ein astreines Sextett der Ronsard-Form in Alexandrinern) gerade die Poesie der Werbung genau dadurch zerstört, dass sie sie sichtbar macht. Denn wo die künstlerische Allegorie den Bruch bewusst inszeniert (so wie an Höhepunkten des Barock-Dramas der Vorhang zur Hinterbühne hochgezogen wurde), da muss ihn die Kitsch-Allegorie verdecken – so wie Kitsch allgemein doch wohl die rein kommerzielle Produktion billiger, aber scheinbar tiefer Gefühle, edler Ideen, durchaus auch von Schmerz und Tragik, Konsum-Tragik eben, erfolgreich propagiert.

Werbung kann den Bruch, dass sie ökonomisch negiert, was sie bildlich suggeriert, auch da, wo sie sich an Ängste und Entbehrungen wendet – der Zusammenhang zwischen sozialer und psychischer „Kälte", Außenseiter-Status, Depression und Alkoholismus ist nicht zu übersehen –, durchaus „objektiv" interpretieren, als etwas Natürliches, etwas das eben zur Welt, wie sie ist, und zum Leben gehört. So nehmen auch die beiden folgenden Werbebilder den Gegensatz von kalter Außenwelt und warmer, alkoholisierter Innenwelt auf, aber spielerischer und durchaus natürlicher, lebendiger, organischer:

---

[34] *Helen Gardner*, The Metaphysical Poets, 3. Aufl. Harmondsworth 1972, S. 16.

Die trennenden, den Betrachter ins kalte Draußen verweisenden, den Trost des Alkohols als Inbegriff eines warmen, freundlichen Innenraumes verheißenden Zeichenfunktionen sind auch hier alle versammelt. Aber die Negation wird wie ein alltäglicher Gegensatz präsentiert, als etwas habituell Wiederkehrendes, beispielsweise als der Wechsel von einem erfrischenden Winterspaziergang zu wohliger Geborgenheit, allgemein gesagt als etwas, das wie Sommer und Winter, Tag und Nacht, Ausatmen und Einatmen zum Rhythmus des Lebens gehört.

Die Werbe-Poesie hat da offensichtlich viel gewonnen, wie sie symbolisch werden kann,[35] kultur-symbolisch als anerkanntes Identifikations-Zeichen, aber auch poetisch-symbolisch, durchaus etwa in der Tradition Goethes oder der Romantik. Das liegt, erinnern wir uns an die liedhaften Elemente (strophenartige Serien, Refrains usw.), sogar sehr nahe. Denn Gedichte der Lied-Tradition kreisen oft um bedeutsame, alltägliche und doch wichtige Situationen oder Dinge, die symbolisches Potential haben: eine Kahnfahrt, einen Platz tief im Wald, einen Wasserfall, einen Baum, eine Blume, den Augenblick erwachender Liebe oder eben um einen Ort und eine Zeit, wenn man singt. „Symbolisch" heißt dann zunächst polysem, vieldeutig, aber auch vieles bezeichnend. Similaritäts- und Kontiguitäts-Bezüge werden verdichtet, so dass das eine „Ding", oft auch der einzelne Augenblick, einerseits „gewisse Reihen" fordert, andererseits „Ähnliches und Fremdes" zu suggerieren ver-

---

[35] Ich verwende nicht den Symbol-Begriff der Logik oder den der Semiotik nach Peirce (vgl. *Nöth*, Semiotik, S. 178), sondern den der Germanistik (vgl. z. B. *Kurz*, Metapher, Allegorie, Symbol, S. 65 ff.), der so gut wie vollständig auf Goethe zurückgeht.

mag: So repräsentiert das einzelne Symbol „eine gewisse Einheit und Allheit", und zwar subjektiv wie objektiv, „von außen wie von innen" (Goethe an Schiller in beider *Briefwechsel* am 16. August 1797).[36] Das heißt, dass auch komplexe Interpretations- und Kommunikationsprozesse sich in einer symbolischen Semiose verdichten: erinnerte und aktuelle Gefühle, Imaginationen, Hypothesen (vor allem analogische), Erfahrungen, Schlüsse, ja ethische und metaphysische Postulate. So wird das „Individuelle" in einem virtuell unendlichen Zirkel der Erfahrung und des Denkens mit dem „Allgemeinen" und dem je „Besonderen" vermittelt, das Symbol wird verstehbar als, erneut und erneut verkürzt, mit Goethe gesprochen, eine „Idee", die „zur Erscheinung kommt und daher als Gesetz aller Erscheinungen uns entgegentritt" (*Maximen und Reflexionen*, 1809–1833).[37] Und sehr oft sind es Vereinigungen von Gegensätzen, Übergänge zwischen Polaritäten, die diese Bedeutungsvielfalt immer wieder erneuern. So haben die folgenden beiden Komplementärgedichte Goethes[38] gerade auch die Antithesen der Seefahrts-Allegorie aus dem eben vorgestellten Gryphius-Gedicht in sich dialektisch aufgehoben:

Meeresstille

Tiefe Stille herrscht im Wasser,
Ohne Regung ruht das Meer,
Und bekümmert sieht der Schiffer
Glatte Fläche rings umher.
Keine Luft von keiner Seite!
Todesstille fürchterlich!
In der ungeheuern Weite
Reget keine Welle sich.

Glückliche Fahrt

Die Nebel zerreißen,
Der Himmel ist helle,
Und Äolus löset
Das ängstliche Band.
Es säuseln die Winde,
Es rührt sich der Schiffer.
Geschwinde! Geschwinde!
Es teilt sich die Welle,
Es naht sich die Ferne;
Schon seh ich das Land!

---

[36] Der Briefwechsel zwischen Schiller und Goethe, hrsg. v. *Paul Stapf*, Berlin u. Darmstadt 1960, S. 336.
[37] *Johann Wolfgang von Goethe*, Werke, Hamburger Ausgabe in 14 Bänden, hrsg. v. *Erich Trunz* u. a., Bd. 12, Hamburg 1953, S. 470 f.
[38] *Ders.*, Werke, Bd. 1, Hamburg 1948, S. 242.

Die nahezu alltägliche bildhafte Situation wird sofort durchsichtig für viele und verschiedene Wechsel von Lähmung, ja Tod und neuem Leben: körperliche, psychische, gesellschaftliche, nicht zuletzt solche dichterischer Stagnation und neuer Kreativität. Ein Rhythmus der Natur und zugleich des Menschen soll sichtbar werden: Flaute und Wind, Ebbe und Flut, Ausatmen und Einatmen.

Ist das von dem Gegensatz-Zusammenhang von Kälte und Wärme, drinnen und draußen, Depression und neuem Trost, Außenseiterdasein und Geborgenheit so prinzipiell verschieden, den die Whisky- und Rum-Botschaften formulieren? Wird nicht auch hier so rhythmisch alltäglich zum belebenden Trinken aufgefordert, wie auf Flaute Wind folgt oder man von einem Winterspaziergang nach Hause kommt?

> Tiefer Schnee auf allen Wegen
> Jeder Winkel eisig kalt
> Müde und schon halb erfroren
> Gehst du durch den Winterwald.
>
> Doch dann siehst du schon die Hütte
> Und dein Schritt wird wieder flott.
> Oh wie wohlig diese Wärme:
> „Gute Freunde, guter Pott!"

So wie der Werbespruch sich ganz von selbst „lyrisch" erweitern lässt (die Lebendigkeit seines Rhythmus ist dem Daktylus bei Goethe durchaus verwandt), so braucht es kaum die Parodie, um ein symbolisch verdichtetes Rum-Gedicht herzustellen. Ganz anders als bei der Allegorie, die nur als kitschiger Selbstbetrug in die Werbung übergehen kann, ist die Analogie von dichterischem Symbol und Werbesymbol eine authentische. Sie gleicht dem Verhältnis von Idealismus und Rhetorik. Das Symbol, wie Goethe es definiert, ist bedeutungsoffen, so auch offen für vielerlei Gebrauch und Missbrauch. Seine empirische Universalität, die Totalität seines Bedeutungsanspruchs und die Freiheit in dessen Genese machen gerade das „poetische Symbol" weiterhin verfügbar. Nicht zuletzt die Faschisten haben dieses „idealistisch-romantische Erbe" rhetorisch genutzt, genauso wie sie ihre Lieder hatten. Auch das Produkt in einer Werbebotschaft soll ja offenkundig letztlich als das „Zur-Erscheinung-Kommen" einer Weltanschauung aufgefasst werden. Die ganzen semiotischen und rhetorischen Prozesse laufen darauf hinaus, in der Tat z. B. in einer Zigarettenmarke Jugend und Natur, äußeren Erfolg und inneres Glück, Vernunft der Selbstbehauptung und ausgelebte Sinnlichkeit, Einzelne und Gemeinschaft, Kreativität und Kommunikation und so fort zu verdichten, „nicht als Traum [...], sondern als lebendige Offenbarung" (Goethe, *Maximen und Reflexionen*).[39] Und folgt man dieser Analogie, dann ist es nur konsequent, dass in einer formal ganz gleich gestalteten Botschaft derselben Werbeserie, allerdings im Rahmen eines Preisausschreibens, die Zigarette durch einen Blumenstrauß ersetzt werden konnte.

---

[39] *Goethe, Werke*, Bd. 12, S. 471.

Autonome Sprache

Die Status-Symbolik von Waren, wie sie nicht zuletzt von der Werbe-Poesie kreiert wurde, Weltanschauungs-Symbolik von Kleidung oder Genussmitteln, Gewohnheiten, unsere Gefühle im symbolwertigen Konsum („Erlebnis-Kauf") zu äußern, „Labels", die es unternehmen, Identität zu definieren: Der Erfolg der Werbung, gerade Symbole zu stiften, ist unübersehbar. Die Welt wurde von ihr „poetisiert", und immer konsequenter musste die neue Lyrik sich von dieser Poesie absetzen. Auch wenn der ursächliche Zusammenhang eines solchen mit der „modernen" Lyrik (sie setzt etwa um die Mitte des 19. Jahrhunderts ein und hat viele Vorläufer) evidenten Gegensatzes sicher viel komplexer zu sehen wäre und man mehr Faktoren einbeziehen müsste, exemplarisch beschreiben lässt sich der moderne Kontrast von Poesie der Werbung und neuer Lyrik auf ganz anschauliche Weise. Dabei sollen nun nicht Gedichte untersucht werden, die sich mit Werbung etc. ‚auseinandersetzen', sie sagen oft erstaunlich wenig, sondern solche, die sich diesen suggestiv-autoritativen Kommunikationsformen und insbesondere der zuletzt untersuchten zur Käuflichkeit geronnenen Symbolik präzise verweigern. Und die Präzision dieser Verweigerung kann gerade spezifisch literarhistorischen Interessen dienen: Denn die derart erfasste bedeutungs-desintegrative, auf alle Fälle anti-autoritäre, gegen sichere Voraus- und Darüber-Interpretationen gerichtete Tendenz der neueren Lyrik erlaubt es, verschiedene, ja gegensätzliche Traditionen in ihr zu erkunden, literarästhetisch und literarhistorisch zugleich, wobei das letztere als Folge des ersteren sichtbar wird.

Manche Gedichte aus dem Jahr 1948 bzw., die um dieses Datum herum entstanden sind, scheinen heute nicht nur die versäumte „Stunde Null" der Deutschen Literatur zu markieren und die lyrische Moderne sozusagen zurückzuholen in die deutsche Öffentlichkeit, freilich auf eine damals wenig bemerkte Weise, man kann sie aus heutiger Perspektive auch durchaus als Anti-Werbe-Botschaften lesen, so etwa das inzwischen klassische „Kahlschlag"-Gedicht von Günter Eich:[40]

> *Inventur*
>
> Dies ist meine Mütze,
> dies ist mein Mantel,
> hier mein Rasierzeug
> im Beutel aus Leinen.
>
> Konservenbüchse:
> Mein Teller, mein Becher,
> ich hab in das Weißblech
> den Namen geritzt.

---

[40] *Günter Eich*, Gesammelte Werke, 4 Bde., hrsg. v. *Ilse Aichinger* u. a., Frankfurt 1977, Bd. 1, S. 35.

Geritzt hier mit diesem
kostbaren Nagel,
den vor begehrlichen
Augen ich berge.

Im Brotbeutel sind
ein Paar wollene Socken
und einiges, was ich
niemand verrate,

so dient es als Kissen
nachts meinem Kopf.
Die Pappe hier liegt
zwischen mir und der Erde.

Die Bleistiftmine
lieb ich am meisten:
Tags schreibt sie mir Verse,
die nachts ich erdacht.

Dies ist mein Notizbuch,
dies ist meine Zeltbahn,
dies ist mein Handtuch,
dies ist mein Zwirn.

Dieses Gedicht aus dem Kriegsgefangenenlager, das 1948 erschienen ist, gilt heute zurecht als programmatisch. Fast vergessen dagegen sind jene später (1952) unter dem Titel *Traumkraut* erschienenen Gedichte, die Yvan Goll nahezu zeitgleich um 1948/49 geschrieben hat: todkrank aus dem Exil nicht nur in die elsässische Heimat heimkehrend, sondern auch nach Jahren französischer und englischer Lyrik zurückkehrend zur deutschen Sprache. Nur die Anfangszeilen der beiden letzten Gedichte[41] seien zitiert:

Der Salzsee

Der Mond leckt wie ein Wintertier das Salz deiner Hände,
Doch schäumt dein Haar violett wie ein Fliederbusch,
In dem das erfahrene Käuzchen ruft.

Da steht für uns erbaut die gesuchte Traumstadt [...]

---

[41] Yvan Goll, Gedichte. Eine Auswahl, hrsg. v. René Strasser, Meilen 1968, S. 337 f.

Der Staubbaum

Ein Staubbaum wächst
Ein Staubwald überall wo wir gegangen
Und diese Staubhand weh! rühr sie nicht an!

Rings um uns steigen Türme des Vergessens [...]

In Eichs Gedicht gibt es zunächst und wohlgemerkt nur auf einer ersten Untersuchungsebene zu den Werbebotschaften verblüffend parallele Konfigurationen. Das Gedicht, aber eben auch der Werbetext, abstrahieren Gegenstände (ich erinnere an den weißen Rahmen), damit Menschen sich von ihnen her definieren (klassisch und wie gesehen: „und raucht Ernte 23"). Gerade im Personalpronomen des Gedichts nun funktioniert eine vergleichbare, doppelte Deixis: „Mein" weist auf die bezeichnete Sache und zugleich auf den, der sie bezeichnet. Analog sagen die Werbebotschaften: „Dies ist mein Likör (nur über ihn führt der Weg zu mir)", „dies ist unser Cognac (nur mit ihm gehörst du dazu)", „dies ist dein Sherry (mehr bekommst du nicht)", „dies ist die Zigarette, die dich zu jenen gehören lässt, die gut drauf sind", usw. Aber die Werbung zieht eine Grenze durch den Text, die in der Tiefe auch die Grenze von realer Entbehrung und bildhafter Wunscherfüllung ist; sie präsentiert das „Ding" als Produkt: erwerbbares ‚token' eines sich reproduzierenden ‚type'; und sie sucht die ganze Konfiguration ideologisch zu sanktionieren. Eichs Gedicht dagegen will sich gerade daraus befreien. Die genaue Bezeichnung der „Mütze" suspendiert z. B. Kategorisierungen. Sie macht es völlig unmöglich zu sagen: „Dies ist meine Kopfbedeckung, dies ist meine Uniform" oder ähnlich. Der Warencharakter der Dinge ist zusammen mit jeder auch nur irgendwie möglichen Symbolik völlig getilgt, allein ihr Gebrauchswert („kostbarer Nagel") zählt. Das Ich, das sich so definiert, erkennt keine ungeprüften Gesetze mehr an: „Ich habe [...] den Namen geritzt" – es gibt nur einen, ich bin gewillt, radikal von vorn anzufangen. Genauso erhalten einerseits die Dinge Kontext bzw. „Aura", sie sind griffig und widerständig und hängen zusammen, und andererseits entsteht so Geschichte: Synkopen z. B. schaffen zeitlich-rhythmische Strukturen („Konsérvenbüchse", „Gerítzt hier mit diésem/kóstbaren Nágel"), Erinnerungen, Gewusstes und Verborgenes, Pläne usw. lagern sich an, die Dinge wie das Ich werden immer welthaltiger. In der Werbung dagegen schwindet im Grunde immer das Bild zugunsten des Produkts und dieses selbst zugunsten seiner Käuflichkeit. Am stärksten schwindet hier strukturell die Sprache. Sie wird ersetzt durch Bilder, wird überführt in Formeln und Slogans, soll sich den Waren unterordnen und zuletzt immer zu Geld werden. Eichs Gedicht dagegen reflektiert geradezu die Entstehung von Dichtung, es erreicht darin seinen Höhepunkt: „Die Bleistiftmine/ lieb ich am meisten: Tags schreibt sie mir Verse,/die nachts ich erdacht". „Inventur" hat ja noch immer mit der klassischen „inventio" zu tun; das Gedicht ist als Rede poetisch-rhetorisch durchgeformt (Anaphern, Epanalepse: „geritzt. Geritzt", Klimax, Amplificatio). Und vor allem ist in der genauen Konfiguration als Kern bereits Eichs spätere Forderung nach einer „kreativen Topik" enthalten, nach „trigonometrischen

Punkten", dem existentiellen „Ort", freilich immer radikaler zugleich der Suche nach einem „Versteck in der Dreiteilung des Winkels".[42] Und auf alle Fälle korrespondiert die Reflexion auf Dichtung hier mit dem prinzipiell autonomen Anspruch der Sprache auf praktischen Wirklichkeitsbezug:

> Ich schreibe Gedichte, um mich in der Wirklichkeit zu orientieren. Ich betrachte sie als trigonometrische Punkte oder als Bojen, die in einer unbekannten Fläche den Kurs markieren. Erst durch das Schreiben erlangen für mich die Dinge Wirklichkeit. Sie ist nicht meine Voraussetzung, sondern mein Ziel. Ich muss sie erst herstellen.[43]

In der Werbung dagegen soll zumindest tendenziell alle angesprochene oder suggerierte Realität affirmativ vereinnahmt und auf den Kaufwunsch gelenkt werden: „Kaufe, um zu sein!"

Wenn nach Susan Langer und Michael Hamburger „Kunst [...] von der präzisen Abstraktion zum vitalen Bedeutungsumfang" vorwärts schreitet – wie das zugehen kann, haben wir eben an dem Gedicht von Eich demonstriert – Naturwissenschaft dagegen „von der allgemeinen Kennzeichnung zur präzisen Abstraktion"[44] und wenn, so könnte man hinzufügen, in der Werbung das „Abstraktum" des Geldes und das lebendig-suggestive „Image" der Ware auf dem Wege des wiederholten „Ankommens", also des Verkaufserfolgs, sich wechselseitig und meist noch ideologisch fundiert stabilisieren, dann kann sowohl die Abstraktion von Dingen, wie bei Eich, als auch die Abstraktion von sprachlichen Funktionen bzw. deren „Entautomatisierung"[45] gerade auf ihre kritische Wahrheitsfunktion hin befragt werden. Auf eigentümlich stringente Weise erschließt sich so zugleich mit einer neuen Antithese zur Werbesprache oft unvermutet auch authentische Historizität.

Yvan Golls Gedichte scheinen auf den ersten Blick ganz privat von der Liebe und vom nahenden Tode zu reden. Andererseits ließe sich die Sinnlichkeit und Farbigkeit dieser Gedichte und ihre reiche Metaphorik durchaus zu den bunten Suggestionen der Werbesprache in Beziehung setzen. „Haar", das „schäumt wie ein Fliederbusch", könnte leicht werbewirksam eingesetzt werden. Genau die Struktur dieser Metaphorik aber zeigt nun sowohl Analogien als auch die tiefe Differenz zwischen beidem. Der erste Satz von *Der Salzsee* ist eine auserzählte Metapher in *praesentia*, und zunächst einmal eine rätselhaft kreative:

---

[42] *Eich*, Gesammelte Werke, Bd. 1, S. 109 (der Schluss des Gedichts Gärtnerei) u. S. 131 (Formeln).
[43] *Ders.*, Gesammelte Werke, Bd. 4, S. 441 (Der Schriftsteller vor der Realität).
[44] *Michael Hamburger*, Die Dialektik der modernen Lyrik. Von Baudelaire bis zur konkreten Poesie, dt. v. *Hermann Fischer*, München 1972, S. 40 f. u. 63 ff.
[45] *Eugenio Coseriu*, Thesen zum Thema ‚Sprache und Dichtung', in: *Wolf-Dieter Stempel* (Hg.), Beiträge zur Textlinguistik, München 1971, S. 184–188, hier S. 184. Vgl. zu einer semiotischen Fassung dieser linguistischen Thesen auch „Welchen der Steine du hebst", S. 25 ff.

Zur Poesie der Werbung   235

```
      _____        _____
     /           \      /           \
    /             \    /   „Ein      \
   /               \  /    Winter-    \
  |   „Der Mond"   ||?|   tier leckt  |
   \               /  \    das Salz   /
    \             /    \   deiner    /
     _____/      \   Hände"  /
                         _____/
```

Werbebotschaften dagegen hatten wir als vorweg gedeutete Prosa-Metaphern in *absentia* analysiert:

```
       _____        _____
      /           \      /  „lebendig \
     /  [Wunsch    \    /   braune Haut,\
    /   nach Ge-    \  /    warmrote    \
   |    borgenheit  ||Produkt| Lippen, braune|
   |    und sexueller|als ‚type': | Augen oder |
   |    Erfüllung   |„warmrot": | warmes Interi-|
   |    bzw. Angst  |„lebendig | eur etc." –  |
    \   vor deren   / braun"  \  Produkt    /
     \  Entbehrung]/           \ als ‚token'/
      _____/             _____/
```

Und die vorgegebene Replik – denn die Prosa-Metapher funktioniert dialogisch – entspricht der realisierenden Abstraktion des Trägers der Schnittmenge von Merkmalen. Anders gesagt:[46] Die ideologische *praemissa maior*, „everybody is happy nowadays", erzeugt zusammen mit der suggestiven *praemissa minor* der Werbebotschaft, „these people are happy, you are not", die *conclusio*, „better a gram (or a cigarette or a bottle) than a damn". Die Interpretation der Werbe-Metapher ist fixiert und ideologisch kodiert. Die kühne Metapher der modernen Lyrik ist dieser Fixierung gerade entgegengesetzt. Sie ist die kreative Negation jeder Objektivität. Sofern sie die Dinge ihrem Kontext entreißt und kühn verbindet, könnte man genauso treffend von einer kühnen Metonymie sprechen. Es ist die freie und volle und neue Funktionalität der Sprache, die ganz wörtlich hervortritt:

> L'image est une création pure de l'esprit. Elle ne peut naître d'une comparaison mais du rapprochement de deux réalités plus ou moins éloignées. Plus les rapports des deux réalités rapprochées seront lointains et justes, plus

---

[46] Zum hier zugrunde gelegten Argumentationsschema (eine „quasi-logische" Deduktion, ein Schluss von Regel und Fall auf ein Resultat) vgl. „Ist die Nacht von der E-Klasse erhellt", S. 86 ff., z. B. entsprechend I. 8 oder auch II. B. 4.

l'image sera forte – plus ella aura de puissance émotive et de réalité poétique [...].[47]

Die schönsten Bilder sind jene, die weit voneinander entfernte Elemente der Wirklichkeit am direktesten und schnellsten verbinden.[48]

Anders gesagt: Diese kühne Metapher führt ins Unbekannte („l'inconnu")[49] und zu immer neuen, bei jeder neuen Lektüre neu herzustellenden Interpretationen. Mit verblüffender Stringenz nun ent- und widerspricht dieses Neue und Unbekannte der kühnen Metapher den quasi-logischen Phantasie- und Aufmerksamkeitsmanipulationen der Werbung. Als eine semantische Einheit, die es noch nicht gibt und die nur evoziert werden kann, greift es das realste und zugänglichste Moment einer Werbebotschaft an, das, worauf alle ihre Suggestionen gerichtet sind, das Produkt. Es sprengt den objektivierenden Sog, mit dem das Produkt in der Werbe-Poesie die ganze Zeichensprache dieser persuasiven Botschaft an sich gezogen hatte.

Yvan Golls Metaphern gehören nicht zu den kühnsten, aber diese hier hat das Neue und Unbekannte geradezu zum Thema; alle metaphorischen Evokationen, die man nach dem oben eingeführten Modell ganz formal und methodisch erkunden kann, kommen darin überein: „Mond" und „Salz" evozieren im Kontext von „Salzsee" z. B. sehr genau die Vorstellung von Ebbe und Flut, „Mond" und „Winter" entsprechend den Rhythmus der Monate und Jahreszeiten. Wenn man weiterliest: „Salzmond" und „Wintermond" [...] „lecken wie ein Tier", oder: Das „Salztier", „Mondtier" und „Wintertier" [...] „leckt deine Hände", dann entwirft dies sehr anschaulich den Eindruck, dass das Kalte, Ferne und Unbelebte nah und vertraut wird. Jeder kann und soll dieses Spiel fortsetzen. Sein weiterer Verlauf ist jedoch alles andere als beliebig: Es entsteht z. B. eine recht genau evozierte Vorstellung zyklischer Zeit (Mondzyklus, Ebbe und Flut, Jahreszeiten); auch deren mythisches Moment klingt an (nach der germanischen Mythologie beispielsweise wird der Mond von einem Wolf, einem zotteligen Wintertier verfolgt, auch Hund und Bär gelten in manchen Mythologien als ‚Mondtiere').[50] Für Yvan Goll verbindet sich ferner das Motiv der Liebe mit dieser zyklischen Zeit: „unser Blut kreist wie der Mond", heißt es im Gedicht *Die Nacht ist unsere rauhe Schale*.[51] Dagegen lässt das „Salz der Hände" an Schweiß, vielleicht auch an Tränen denken; es ist sicher Resultat praktisch-‚händiger' und leidvoller Er-

---

[47] André Breton, Manifestes du Surréalisme, Paris o. J., S. 31 (Das Bild ist eine rein geistige Kreation. Es kann nicht aus einem Vergleich hervorgehen [wörtl. geboren werden], sondern aus der Annäherung zweier mehr oder weniger entfernter Realitäten. Je ferner die Bezüge der zwei einander genäherten Realitäten liegen und je genauer dies sichtbar wird, um so stärker wird das Bild sein – um so mehr Gefühlsstärke und dichterische Realität wird es haben; dt. vom Verf.)
[48] Yvan Goll, Manifest des Surrealismus, in: *Ders.*, Gedichte 1924–1950, ausgew. v. *Horst Bienek*, Hamburg 1967, S. 8.
[49] Arthur Rimbaud: „Le poète [...] arrive à l'inconnu" (Der Dichter kommt im Unbekannten an), Œuvres complètes, hrsg. v. *Antoine Adam*, Paris 1974, S. 251 (die sogenannten Lettres du voyant/Seherbriefe, 1871).
[50] Manfred Lurker, Wörterbuch der Symbolik, 4. Aufl. Stuttgart 1988, S. 475 ff.
[51] *Goll*, Gedichte, S. 326.

fahrungen. Paul Celan gebraucht ein ähnliches Bild: „Wir waren Hände, wir schöpften die Finsternis leer".[52] Es geht um Leid, das jetzt gleichsam Natur geworden ist: „Dies ist mein Schmerzenskreis/mein Sein wird wieder Element", beginnt eines von Golls Hiob-Gedichten.[53] Und das Leid schwindet nur im Horizont des Kalten, von „Winter", „Salz" und „Mond", also Fruchtlos-Bitteren, Weißen und Leblosen.

Der dazu sehr sinnliche Kontrast des duftenden, schäumenden und intensiv farbigen Haares nimmt in diesem Kontext seinerseits zeitliche Bedeutung an; genauso wie der Ruf des Käuzchens, des Todesvogels, Zeichen zum Aufbruch ist und mit der zweiten Strophe eine traumhaft-märchenhafte Reise beginnt. Der Kreislauf der Natur, der auch Leben und Tod umschließt, ist zugleich im Aufeinandertreffen von sinnlich intensivem Lebenwollen und Todesgewissheit eine ganz einmalige, schmerzvolle Erfahrung. Doch ineins damit, und das zeigt nicht zuletzt auch das ästhetische Faktum des Gedichts, öffnen sich diese zyklischen und linearen Zeiterfahrungen radikal für die Erwartung des Neuen. Der affirmativen Rückführung auf reale Vorgaben, wie sie die Prosa-Metapher der Werbebotschaft strukturiert, ist sowohl die Struktur als auch das Thema dieser Metaphorik diametral entgegengesetzt.

Hat dieses Neue nur persönliche Bedeutung? Schon die symbolistische Tradition, die sich hier fortsetzt – „O Mort [...] nous voulons [...] plonger au fond du gouffre [...] au fond de l'Inconnu pour trouver du *nouveau*" (Baudelaire).[54] „Sei allem Abschied voran, als wäre er hinter dir, wie der Winter, der eben geht [...] Sei – und wisse zugleich des Nicht-Seins Bedingung, den unendlichen Grund deiner innigen Schwingung, dass du sie völlig vollziehst dieses einzige Mal" (Rilke)[55] – schon diese Poetik hat paradoxer-, aber auf den zweiten Blick konsequenterweise immer einen Zug zur *amplificatio* und so letztlich zur historischen Bedeutsamkeit.[56] Und das gilt hier ganz präzise. Verschlüsselt ist später z. B. im anzitierten Gedicht *Der Salzsee* von Yvan Goll von „gelben Sternen„ die Rede, die „Nägeln zu zahllosen Särgen" gleichen, der „Staubbaum" im folgenden Gedicht erinnert auch an den „tree of ashes [...] over the battle-woods",[57] und das erwartete Neue verdichtet sich als utopische „Traumstadt". Das ist durchaus konsequent gegenüber der ersten Strophe. Yvan Goll verstand sich als lebenslang Exilierter, als ewiger Jude, Johann Ohneland, Hiob, Ahasver: „Wir hatten kein Haus wie die andern" beginnt ein den beiden eben zitierten benachbartes

---

[52] *Paul Celan*, Gesammelte Werke in fünf Bänden, hrsg. v. *Beda Allemann*, Frankfurt 1983, Bd. 1, S. 164.
[53] *Goll*, Gedichte, S. 326.
[54] *Charles Baudelaire*, Œuvres complètes, hrsg. v. *Claude Pichois*, Paris 1975, Bd. 1, S. 134 (O Tod, wir wollen bis zum Boden des Abgrunds tauchen, auf den Grund des Unbekannten, um Neues zu finden; das Schlussgedicht „Le voyage/Die Seereise" der „Fleurs du mal/Blumen des Bösen" führt konsequent die oben bei Gryphius und Goethe angesprochene Motivtradition fort).
[55] *Rainer Maria Rilke*, Werke in drei Bänden, hrsg. v. *Beda Allemann*, Frankfurt 1966, Bd. 1, S. 515.
[56] Vgl. *Paul Hoffmann*, Symbolismus, München 1987, S. 14, 48 ff., 52, 55 u. passim.
[57] „A big tree grew over the battle-woods/A tree of smoke and darkness/Rising rising/Filling the sky with leaden branches and leaves of fear/And when the zerowind blew/Ash fell upon the earth" (unveröffentlichtes Gedicht von Yvan Goll, mir mitgeteilt von Jan W. Phillips).

Gedicht *Die Aschenhütte*.[58] So erhält die Vorstellung von Wiederkehr und Aufbruch in der ersten Strophe auch die Bedeutung von Heimkehr – ins Elsaß, in die deutsche Sprache – und Neuanfang. Genauso wird für den Dichter sein persönliches, existenziell erfasstes Schicksal, Krankheit und Tod als „Anbruch innerster Verwandlung"[59] historisch repräsentativ: Es gibt keine Rückkehr ohne radikalen Neubeginn, keine Heimat, es sei denn als „Traumstadt", keine Stunde Null ohne humane (nach der alten Formel: sinnlich-vernünftige) Utopie.[60]

Das war eine etwas weit ausgreifende Interpretation, die wir daher jetzt auch abbrechen, und sie scheint sich vom Thema zu entfernen. Aber es kam mir darauf an, so methodisch-kohärent wie möglich zu zeigen, wie die genaue Antithese lyrischer Sprache zur Werbesprache sowohl zu einer ästhetischen als eben auch einer historischen Lektüre führt. Während die Stunde Null in der Lyrik kaum bemerkt wurde, gehört der Paradigma-Wechsel in den 60er Jahren zu den wichtigsten Ereignissen der deutschen Nachkriegsliteratur. Die Lyrik war davon wohl am sichtbarsten betroffen. Aber z. B. die gemeinsame Antithese zur ideologisch in Dienst genommenen bunten Rhetorik des Alltags, dem „Bimbam der Worte" (so Ingeborg Bachmann),[61] der Sprache des Journalismus, der Politiker und eben auch der Werbung könnte vielleicht Kontinuitäten zwischen zwei ganz verschiedenen Phasen neuerer Lyrik aufzeigen. Für die hermetische Poesie war es geradezu Programm, solche Sprache hinter sich zu lassen, sie radikal zu erneuern oder zu zerstören, „Weggebeizt das bunte Gerede",[62] bis hin zum bewussten Schweigen:

> Wortaufschüttung, vulkanisch,
> meerüberrauscht.
>
> Oben der flutende Mob
> der Gegengeschöpfe: er
> flaggte – Abbild und Nachbild
> kreuzen eitel zeithin.
>
> Bis du den Wortmond hinaus-
> schleuderst [...]

So beginnt ein poetologisches Gedicht Paul Celans aus dem Zyklus *Atemkristall* (1965) in der Sammlung *Atemwende* (1967).[63] Seine genaue Vieldeutigkeit reicht

---

[58] *Goll*, Gedichte, S. 336.
[59] *Goll*, Manifest des Surrealismus, S. 46.
[60] „Du gehst im Glitzerschnee der Verheißung/Mir sind gelegt die Schienen der dunklen Vernunft", *Goll*, Gedichte, Der Salzsee, S. 337.
[61] *Ingeborg Bachmann*, Wahrlich, in: Werke, hrsg. v. *Christine Koschel* u. a., 4 Bde., München u. Zürich 1978, Bd. 1, S. 166.
[62] *Celan*, Gesammelte Werke in fünf Bänden, Bd. 2, S. 31.
[63] Ebd., S. 29.

weit über unser Thema hinaus. Gleichwohl spricht der „flutende Mob der Gegengeschöpfe" mittelbar auch so etwas wie Werbeästhetik an: ihre Massenbasis, ihre Auslieferung an Trends, Strömungen und fremde Interessen, auch das den Golems („Gegengeschöpfen") der jüdischen Mythologie vergleichbare Gefährliche ihrer Suggestionen, die versprechen, ohne erfüllen zu wollen; „Abbild und Nachbild" sind immer „zeithin", ideologisch-affirmativ orientiert. Und andererseits wird die oben beobachtete, dem allem entgegengesetzte, sowohl autonom-gesetzmäßige als auch potentiell revolutionäre *novitas* der Lyrik (der ‚Wortmond, als „vulkanische" Zeiterneuerung) hier geradezu zum Programm erhoben.

Celan denunziert eine Sprache wie die der Werbung aus der Sicht einer der Frage nach Sinntotalität verpflichteten Spracherneuerung. Seine Versuche, immer wieder „anders" zu sprechen, um „Wirklichkeit zu entwerfen", geschehen, wenn auch in prinzipieller Ungewissheit, letztlich doch immer „im Namen eines ganz anderen".[64] So widerspricht hermetische Lyrik immer suggestiv-ideologischer Affirmation, die es z. B. nicht erträgt, der Frage nach der Transzendenz ausgesetzt zu werden. Auf neue Weise gilt dieser Widerspruch auch für die nächste Generation der deutschen Nachkriegslyrik. Ihr Realismus ist keinesfalls einer der Zustimmung. Sie nutzt das vielfach vorgeformte und belastete Material des Alltags, Dinge, Anschauungen und Sprache, sie reproduziert es als Indiz und Spiegel ihrer Wünsche und Erfahrungen oder Ängste, oder sie sucht perspektivische Modelle zu konstruieren, die nur etwas mehr an humaner Praxis andeuten, oder sie arbeitet Hohlformen für möglichen Sinn oder sucht dessen Fehlen aggressiv sichtbar zu machen. Die folgenden Gedichte von Jürgen Becker z. B. enthalten Momentaufnahmen alltäglicher, subjektiver wie objektiver Realität.

Das Fenster am Ende des Korridors

Der Himmel, die Landschaft, der Fluß:
das Bild am Ende des Korridors.
Links und rechts die Appartements;
die Feuerlösch-Anlage. Das Summen des Aufzugs.

Die Zeit nach Büroschluß. Abweisende Gesichter,
kein Wort und keine Zärtlichkeit.
Jemand wird den Anfang machen
und an seiner Tür vorbeigehen
und weitergehen durch das Bild
hinaus in den Raum zum Fliegen.
[1977]

---

[64] Ebd., Bd. 3, S. 196 u. 186.

Architektur

Rundum verglast. Auf einer Fensterbank
der Korb mit Äpfeln; hinter den Rastern
fließt auseinander die Stadt.
Es riecht im Büro nach diesen Äpfeln, und wir überleben
den Nachmittag. Die Fenster sind
nicht zu öffnen, sonst fliegen wir hinab in die Gärten;
was ist, vielleicht ist schon Herbst.

[1981][65]

Bemerkenswert ist in unserem Zusammenhang, dass beide Gedichte die Voraussetzung der Werbesuggestion und -persuasion, die scharf markierte Grenze von Bild und realem Kontext als für diese Realität selbst konstitutiv setzen. Sie zeigen gewissermaßen das Umfeld für Werbung an und die Stellen, an denen sich in ihm deren Bilder ansiedeln. Das Alleinsein beispielsweise, das Unterdrücken von Wünschen und Gefühlen, und dass Arbeit und Freizeit demselben monotonen Gesetz folgen, gehören sicher zu den Voraussetzungen, gegen die die Werbung ihre suggestiven Versprechungen setzt. „Der Himmel, die Landschaft, der Fluß": Das könnte in den Räumen eines Bürohochhauses z. B. auch ein Plakat für „Marlboro" oder „Schwabenbräu" sein. Der bloße Geruch der Äpfel wird in dem Gedicht *Architektur* sehr kunstvoll wie die Merkmal-Extrapolation einer Metapher behandelt. In dem vollklimatisierten Büro sind die Jahreszeiten gleichgültig – ein in diesem Kontext ‚konterdeterminiertes' Merkmal soll und kann auf das Ganze übertragen werden: „was ist, vielleicht ist schon Herbst". Das heißt, der Apfelgeruch wird wie ein Tagtraum behandelt. Er könnte auch durch ein Werbebild ersetzt werden. „Wir überleben" durch Illusion.

Bezeichnenderweise präsentieren in beiden Gedichten die Fenster bloße Bilder, gerahmt und perspektivisch zurechtgerückt; und was sie enthalten, ist in der „rundum verglast(en) Architektur" unzugänglich. Wirken sie beide Male nicht wie Spiegel, die dem Betrachter unbewusste Wünsche zeigen? Auch das ließe sich mit dem Realitätsbezug von Werbebildern vergleichen. Ausgesprochen tagtraumhaft ist dann auch die imaginierte Antwort; nur darum macht es keinen Unterschied, dass sie das eine Mal als Futur, das andere Mal als Irrealis ausgesprochen wird. Dieser Traum vom Fliegen formuliert geradezu die Erfüllung aller unterdrückten und unerfüllbaren Wünsche. In ihm erneuert sich vielleicht zugleich metapoetisch so etwas wie die alte symbolistische Freiheit der Imagination (der Albatros, der Schwan, das Schiff in den Wolken), die ihrerseits zumindest Spurenelemente von Utopie enthalten hatte. Und diese Erneuerung der Poesie aus der Antithese zu ihrem Verbrauch heraus scheint unverzichtbar zu sein:

---

[65] *Jürgen Becker*, Gedichte 1965–1980, Frankfurt 1981, S. 147 u. 354.

[...]
treten Bilder hervor aus dem Dunkel
blitzt Widerspruch auf
bleibt erkennbar das Diktat der Träume
das Entstehen der Wünsche
wird die Unruhe weiter beweisbar
[...]

heißt es in Jürgen Beckers programmatischem Gedicht *Vom Wandern der Gedanken übers Papier*.[66] Denn das Gedicht empfiehlt, die Wünsche als solche ernst zu nehmen, nicht das Produkt, das vorgibt, ihre Erfüllung zu ersetzen.

---

[66] Ebd., S. 349.

Literaturverzeichnis

Adorno, Theodor W.: Noten zur Literatur, 4 Bde., Frankfurt a. M. 1961–1974

Aichinger, Ilse: Meine Sprache und Ich, Frankfurt a. M. 1978

Albert, Claudia: Heinrich Mann (Tagung vom 10. bis 12. 11. 2000 an der Universität/ Gesamthochschule Kassel), in: Zeitschrift für Germanistik 11 (2001), S. 630–633

Alciatus, Andreas: Emblematum liber. Mit Holzschnitten von Jörg Breu, Nachdr. d. Ausg. Augsburg 1531, Hildesheim 1977

Ders.: Emblematum libellus, Nachdr. d. Originalausg. Paris 1542, Darmstadt 1980

Alpers, Anthony: The Life of Katherine Mansfield, London 1980

Andermatt, Michael: Es rauscht und rauscht immer, aber es ist kein richtiges Leben. Zur Topographie des Fremden in Fontanes „Effi Briest", in: *Hanna Delf von Wolzogen* u. *Helmut Nürnberger* (Hg.), Theodor Fontane. Am Ende des Jahrhunderts, Würzburg 2000, Bd. 3, S. 189–199

Artistoteles: Rhetorik, übers. u. hg. v. *Gernot Krapinger*, Stuttgart 1999

Aust, Hugo: Theodor Fontane. Ein Studienbuch, Tübingen u. Basel 1998

Bachmann, Ingeborg: Werke, hg. v. *Christine Koschel* u. a., 4 Bde., 4. überarb. Neuausg. München u. Zürich 1993

Bachtin, Michail: Die Ästhetik des Wortes, hg. v. *Rainer Grübel*, München 1979

Baldesweile, Eileen: Katherine Mansfield's Theory of Fiction, in: Studies in Short Fiction 7 (1970), S. 421–432

Barthes, Roland: Mythen des Alltags, Frankfurt a. M. 1970

Ders.: Das semiologische Abenteuer, dt. v. *Dieter Hornig*, Frankfurt a. M. 1988

Ders.: Die Sprache der Mode, dt. v. *Horst Brühmann*, Frankfurt a. M. 1985

Ders.: S/Z, Paris 1970

Ders.: S/Z, dt. v. *Jürgen Hoche*, Frankfurt a. M. 1976

Baudelaire, Charles: Œuvres complètes, hg. v. *Claude Pichois*, 2 Bde., Paris 1975

Bauer, Matthias: Romantheorie, Stuttgart u. Weimar 1997

Baus, Anita: Standortbestimmung als Prozeß. Eine Untersuchung zur Prosa von Marie Luise Kaschnitz, Bonn 1974

Bayerdörfer, Hans-Peter: Der Wissende und die Gewalt. Alfred Döblins Theorie des epischen Werkes und der Schluß von „Berlin Alexanderplatz", in: Deutsche Vierteljahrsschrift für Literaturwissenschaft und Geistesgeschichte 44 (1970), S. 318 bis 353

Beachcroft, Thomas Owen: Katherine Mansfield – Then and Now, in: Modern Fiction Studies 24 (1978), S. 343–354

Becker, Jürgen: Gedichte 1965–1980, Frankfurt a. M. 1981

Bense, Max: Semiotische Prozesse und Systeme in Wissenschaftstheorie und Design, Ästhetik und Mathematik, Baden-Baden 1975

Ders.: Zeichen und Design. Semiotische Ästhetik, Baden-Baden 1971

Berger, Arthur Asa: The Sign in the Window. A Semiotic Analysis of Advertising, in: HI-Fives. A Trip to Semiotics, hg. v. *Roberta Kevelson,* New York 1998, S. 13–27

Berkman, Silvya: Katherine Mansfield, 3. Aufl. New Haven 1959

Blumenthal, Peter: Semantische Dichte. Assoziativität in Poesie und Werbesprache, Tübingen 1983

Borchert, Wolfgang: Das Gesamtwerk, hg. v. *Bernhard Meyer-Marwitz,* Hamburg 1949

Brecht, Bertold: Werke. Große kommentierte Berliner und Frankfurter Ausgabe, hg. v. *Werner Hecht* u. a., bearb. v. *Jan Knopf* u. a., 30 Bde., Berlin u. Weimar, Frankfurt a. M. 1988–1998

Ders.: Gesammelte Werke in 8 Bänden, hg. v. Suhrkamp Verlag in Zusammenarbeit mit *Elisabeth Hauptmann,* Frankfurt a. M. 1967

Breton, André: Œuvres complètes, hg. v. *Marguerite Bonnet,* 3 Bde., o. O. 1988 bis 1999

Ders.: Manifestes du Surréalisme, hg. v. *Jean-Jacques Pauvert,* Paris 1973

Bronfen, Elisabeth: Heimweh. Illusionsspiele in Hollywood, Berlin 1999

Brunner, Maria E.: Man will die Hände des Puppenspielers nicht sehen – Wahrnehmung in „Effi Briest", in: Fontane-Blätter 71 (2001), S. 28–48

Burke, Kenneth: A Grammar of Motives, Berkeley 1969

Celan, Paul: Gesammelte Werke in fünf Bänden, hg. v. *Beda Allemann* u. a., Frankfurt a. M. 1983–1986

Chamisso, Adalbert von: Sämtliche Werke in zwei Bänden, hg. v. *Werner Feudel* u. *Christel Laufer,* München u. Wien 1982

Chandler, Daniel: Semiotics. The Basics, London 2002

Chopin, Kate: The Awakening (1899), New York 1992

Coseriu, Eugenio: Thesen zum Thema ‚Sprache und Dichtung', in: *Wolf-Dieter Stempel* (Hg.), Beiträge zur Textlinguistik, München 1971, S. 184–188

Culler, Jonathan: Dekonstruktion. Derrida und die poststrukturalistische Literaturtheorie, dt. v. *Manfred Momberger,* Reinbek 1988

Daimler-Benz: Die neuen E-Klasse Limousinen von Mercedes-Benz (Hauptprospekt), Stuttgart-Unterkirchheim 1995

Danesi, Marcel: Interpreting advertisements. A semiotic guide, New York 1985

Delaney, Paul: Short and Simple Annals of the Poor: Katherine Mansfield „The Doll's House", in: Mosaic 10 (1976/77), S. 7–17

Derrida, Jacques: Grammatologie, dt. v. *Hans-Jörg Rheinberger* u. *Hanns Zischler,* Frankfurt a. M. 1974

Ders.: Die Schrift und die Differenz, dt. v. *Rodolphe Gasché,* Frankfurt a. M. 1972

Dickens, Charles: David Copperfield, hg. v. *Nina Burgis,* Oxford 1981

Dirscherl, Luise u. *Gunther Nickel* (Hg.): Der blaue Engel. Die Drehbuchentwürfe, St. Ingbert 2000

Dos Passos, John: Manhattan Transfer, Sentry Edition 26, Boston 1953

Downes, Darrash: Effi Briest, in: *Christian Grawe* u. *Helmuth Nürnberger* (Hg.), Fontane Handbuch, Stuttgart 2000, S. 633–651

Dronske, Ulrich: Tödliche Präsens/zen. Über die Philosophie des Literarischen bei Alfred Döblin, Würzburg 1998

Dubois, Jacques, Francis Edeline, Jean-Marie Klinkenberg u. a.: Rhétorique générale, Paris 1970

Dies.: Allgemeine Rhetorik, übers. u. hg. v. *Armin Schütz,* München 1974

Dunn, Samuel Watson u. *Arnold M. Barban:* Advertising. Its Role in Modern Marketing, 6. Aufl. Chicago u. New York 1986

Durzak, Manfred: Die deutsche Kurzgeschichte der Gegenwart, Stuttgart 1980

Ders. (Hg.): Erzählte Zeit. 50 deutsche Kurzgeschichten der Gegenwart, Stuttgart 1980

Döblin, Alfred: Aufsätze zur Literatur, hg. v. *Walter Muschg,* Olten u. Freiburg 1963

Ders.: Berlin Alexanderplatz. Die Geschichte vom Franz Biberkopf, Nachwort v. *Walter Muschg,* München 1965 (dtv 295)

Ders.: Die Geschichte vom Franz Biberkopf. Hörspiel nach dem Roman „Berlin Alexanderplatz", hg. v. *Heinz Schwitzke,* Stuttgart 1976 (Reclam UB, Bd. 9810)

Ders.: Die Geschichte vom Franz Biberkopf. Hörspiel nach dem Roman „Berlin Alexanderplatz", hg. v. *Heinz Schwitzke,* Stuttgart 1984

Ders.: Unser Dasein, hg. v. *Walter Muschg,* Olten u. Freiburg 1964

Eco, Umberto: A Theory of Semiotics, Bloomington u. London 1976

Ders.: Einführung in die Semiotik, dt. v. *Jürgen Trabant,* München 1972

Ders.: Nachschrift zum „Namen der Rose", München 1986

Ders.: Der Name der Rose (1980), hg. u. übers. v. *Burkhart Kroeber,* München u. a. 1982

Ders.: Semiotik. Entwurf einer Theorie der Zeichen, dt. v. *Günter Memmert,* München 1987

Ders.: Zeichen. Eine Einführung in einen Begriff und seine Geschichte, dt. v. *Günter Memmert,* Frankfurt a. M. 1973

Eggs, Ekkehard: Argumentation, in: *Gert Ueding* (Hg.), Historisches Wörterbuch der Rhetorik, Bd. 1, Tübingen 1992, S. 914–991

Eich, Günter: Gesammelte Werke, hg. v. *Ilse Aichinger* u. a., 4 Bde., Frankfurt a. M. 1973

Eilert, Heide: Kinderszenen, Stuttgart 1987

Eliot, George: Middlemarch (1871), 6. Aufl. London 1982

Eluard, Paul: Je te l'ai dit pour les nuages, in: *Ders.,* Capitale de la douleur, Paris 1966, S. 150

Emde, Friedrich: Alfred Döblin. Sein Weg zum Christentum, Tübingen 1999

Endres, Elisabeth: Marie Luise Kaschnitz, in: *Heinz Puknus* (Hg.), Neue Literatur der Frauen. Deutschsprachige Autorinnen der Gegenwart, München 1980, S. 20 bis 24

Epple, Thomas: Heinrich Mann „Professor Unrat". Interpretation, München 1998

Ewbank, Inga-Stina: Hedda Gabler, Effi Briest and ‚The Ibsen-effect', in: *Patricia Howe* u. *Helen Chambers* (Hg.), Theodor Fontane and the European Context. Literature, Culture and Society in Prussia and Europe, Amsterdam u. Atlanta 2001, S. 137–151

F. Ungar Pub. Co. (Hg.): „The Blue Angel". The Novel by Heinrich Mann, the Film by Josef von Sternberg, New York 1979 (Ungar Film Library)

Fassbinder, Rainer Werner: Die Anarchie der Phantasie. Gespräche und Interviews, hg. v. *Michael Töteberg,* Frankfurt a. M. 1986

Ders. u. *Harry Baer* (Hg.): Der Film BERLIN-Alexanderplatz. Ein Arbeitsjournal, Frankfurt a. M. 1980

Fisch, Max H.: Peirce as Scientist, Mathematician, Historian, Logician and Philosopher, in: Studies in Logic by Members of the John Hopkins University (1883), hg. v. *Charles S. Peirce,* mit einer Einführung v. *Max H. Fisch* u. einem Nachwort v. *Achim Eschbach,* Amsterdam 1983

Flaubert, Gustave: Œuvres, hg. v. *Albert Thibaudet* u. *René Dumesnil,* 2 Bde., Paris 1951

Fontane, Theodor: Aufzeichnungen zur Literatur. Ungedrucktes und Unbekanntes, hg. v. *Hans-Heinrich Reuter,* Berlin u. Weimar 1969

Ders.: Dichter über ihre Dichtungen. Theodor Fontane, hg. v. *Richard Brinkmann* u. *Waltraud Wiethölter,* 2 Bde., München 1977

Ders.: Werke, Schriften und Briefe., hg. v. *Walter Keitel, Helmuth Nürnberger* u. *Otto Drude,* 22 Bde. in 4 Abt., München 1961–1997

Frick, Christel: Zeichenprozess und ästhetische Erfahrung, München 2002

Fried, Erich: Reich der Steine. Zyklische Gedichte, Frankfurt a. M. 1986

Ganzmann, Jochen: Vorbereitung der Moderne. Aspekte erzählerischer Gestaltung in den Kurzgeschichten von James Joyce und Katherine Mansfield, Marburg 1985

Gardner, Helen: The Metaphysical Poets, 3. Aufl. Harmondsworth 1972

Genette, Gérard: Die Erzählung, hg. v. *Jürgen Vogt,* dt. v. *Andreas Knop,* München 1994

Geppert, Hans Vilmar: Der realistische Weg. Formen pragmatischen Erzählens bei Balzac, Dickens, Hardy, Keller, Raabe und anderen Autoren des 19. Jahrhunderts, Tübingen 1994

Ders. u. *Hubert Zapf* (Hg.): Theorien der Literatur, Bd. I ff., Tübingen 2003 ff.

Gilbert, Stuart: James Joyce's Ulysses. A Study, 2. Aufl. New York 1952

Gnüg, Hiltrud: Entstehung und Krise lyrischer Subjektivität. Vom klassischen lyrischen Ich zur modernen Erfahrungswirklichkeit, Stuttgart 1983

Goethe, Johann Wolfgang von: Werke. Hamburger Ausgabe in 14 Bänden, hg. v. *Erich Trunz* u. a., Hamburg 1948–1960

Göttert, Karl-Heinz: Einführung in die Rhetorik. Grundbegriffe – Geschichte – Rezeption, 2. Aufl. München 1994

Goll, Yvan: Gedichte. Eine Auswahl, hg. v. *René Strasser,* Meilen 1968

Ders.: Manifest des Surrealismus, in: *Ders.,* Gedichte 1924–1950, ausgew. v. *Horst Bienek,* Hamburg 1967

Gottsched, Johann Christoph: Schriften zur Literatur, hg. v. *Horst Steinmetz,* Stuttgart 1972

Greimas, Algirdas Julien u. *Joseph Courtés* (Hg.): Sémiotique. Dictionnaire Raisonné de la Théorie du Langage, Paris 1979

Grisko, Michael: Der „blaue Engel" als „vamp fatale". Reflexivität, diskursive Macht und die mediale Karriere einer Ikone, in: *Helmut Scheuer* u. *Michael Grisko,* Liebe, Lust und Leid. Zur Gefühlskultur um 1900, Kassel 1999, S. 407–434

Groth, Peter u. *Manfred Voigts:* Die Entwicklung der Brechtschen Radiotheorie 1927–1932, in: *John Fuegi, Reinhold Grimm* u. *Jost Hermand* (Hg.), Brecht-Jahrbuch 1976, Frankfurt a. M. 1976, S. 9–43

Gryphius, Andreas: Gesamtausgabe der deutschsprachigen Werke, hg. v. *Marian Szyrocki* u. *Hugh Powell,* 9 Bde. in 3 Abt., Tübingen 1963–2006

Halter, Peter: Katherine Mansfield und die Kurzgeschichte. Zur Entwicklung und Struktur einer Erzählform, Bern 1972

Hamburger, Michael: Die Dialektik der modernen Lyrik. Von Baudelaire bis zur konkreten Poesie, dt. v. *Hermann Fischer,* München 1972

Hankin, Cherry A.: Katherine Mansfield and her Confessional Stories, London 1983

Hauptmann, Gerhart: Das dramatische Werk, hg. v. *Egon Mass* u. a., photomech. Nachdr., Frankfurt, 8 Bde., Berlin u. Wien 1977

Hardy, Thomas: Tess of the d'Urbervilles (1891), London 1971

Hardwick, Charles S. (Hg.): Semiotics and Significs. The correspondence between Charles S. Peirce and Victoria Lady Welby, Bloomington u. London 1977

Hasubek, Peter: Der „Indianer auf dem Kriegspfad". Studien zum Werk Heinrich Manns 1888–1918, Frankfurt u. a. 1997

Hecht, Werner: Brecht-Chronik 1898–1956, Frankfurt 1997

Hegel, Georg Wilhelm Friedrich: Ästhetik. Mit einer Einführung v. *Georg Lukács,* hg. v. *Friedrich Bassenge,* 2 Bde., Frankfurt o. J.

Heine, Heinrich: Sämtliche Schriften in zwölf Bänden, hg. v. *Klaus Briegleb,* München 1976

Herder, Johann Gottfried: Werke in fünf Bänden, hg. v. den nationalen Gedenkstätten der klassischen deutschen Literatur in Weimar, Berlin u. Weimar 1964

Hilzinger, Sonja: Christa Wolf, Stuttgart 1986

Hölderlin, Friedrich: Hälfte des Lebens, in: *Ders.,* Werke und Briefe, hg. v. *Friedrich Beißner* u. *Jochen Schmidt,* 3 Bde., Frankfurt 1969

Holz, Arno: Der erste Schultag (1889), in: *Gerhard Schulz* (Hg.), Prosa des Naturalismus, Stuttgart 1973, S. 65–98

Hoffmann, Gisela: Katherine Mansfield: „The Doll's House", in: *Karlheinz Göller* u. *Gerhard Hoffmann* (Hg.), Die englische Kurzgeschichte, Düsseldorf 1973, S. 214 bis 224

Hoffmann, Paul: Symbolismus, München 1987

Hofmannswaldau, Christian Hofmann von: Vergänglichkeit der Schönheit, in: *Ulrich Maché* u. *Volker Meid* (Hg.), Gedichte des Barock, Stuttgart 1980, S. 274

Holbrook, Morris B.: The Study of Signs in Consumer Esthetics: An Egocentric Review, in: *Jean Umiker-Sebeok* (Hg.), Marketing and Semiotics. New Directions in the Study of Signs for Sale, Berlin, New York u. Amsterdam 1987, S. 73–121

Homer, Die Odyssee, dt. v. *Wolfgang Schadewaldt*, Reinbek 1958

Homer, Odyssea, hg. v. *Peter von der Mühll*, Stuttgart u. Leipzig 1993

Howe, Patricia: ‚A visibly-appointed stopping-place.' Narrative Endings at the End of the Century, in: *Patricia Howe* u. *Helen Chambers* (Hg.), Theodore Fontane and the European Context. Literature, Culture and Society in Prussia and Europe, Amsterdam u. Atlanta 2001, S. 137–151

Hostnig, Heinz: 70 Jahre Hörspiel. Sendung I: 1924–1934. BR 4. 9. 1994, Sendemanuskript

Huxley, Aldous: Brave New World, Hamondsworth 1955

Ibsen, Henrik: Dramen. In den vom Dichter autorisierten Übersetzungen nach der Ausgabe der „Sämtlichen Werke in deutscher Sprache" 1898–1904, Neuausgabe, 2 Bde., Darmstadt 1982

Iser, Wolfgang: Der Akt des Lesens. Theorie ästhetischer Wirkung, 4. Aufl. München 1994

Ders.: Das Fiktive und das Imaginäre. Perspektiven literarischer Anthropologie, Frankfurt 1991

Ders.: Von der Gegenwärtigkeit des Ästhetischen, in: *Hans Vilmar Geppert* u. *Hubert Zapf* (Hg.), Theorien der Literatur. Grundlagen und Perspektiven, Tübingen u. Basel 2003, Bd. I., S. 9–28

Jacobi, Helmut: Werbepsychologie, Wiesbaden 1963

Jacobs, Jürgen: Wie die Wirklichkeit selber. Zu Brechts „Lesebuch für Städtebewohner", in: *John Fuegi, Reinhold Grimm* u. *Jost Hermand* (Hg.), Brecht-Jahrbuch 1974, Frankfurt/M. 1975, S. 77–92

Jakobson, Roman: Linguistic and Poetics, in: *Thomas A. Sebeok* (Hg.), Style in Language, Cambridge/Mass. 1960, S. 350–377

Ders.: Poetik. Ausgewählte Aufsätze 1921–1971, hg. v. *Elmar Holenstein* u. *Tarcisius Schelbert*, Frankfurt 1979

James, Henry: The Portrait of a Lady (1881), London u. a. 1962

Jones, Peter (Hg.): Imagist Poetry, Harmondsworth 1972

Joyce, James: A Portrait of the Artist as a Young Man, Harmondsworth 1964

Ders.: Stephen Hero, hg. v. *Theodore Spencer, John J. Slocum* u. *Herbert Cahoon*, London 1956

Ders.: Ulysses. Annotated Student's Edition, hg. v. *Declan Kiberd*, London 1960 u. 1992

Kaltenecker, Siegfried: Die Komödie der Dinge. „Professor Unrat" im „Blauen Engel". Anmerkungen zum Verhältnis von Literatur und Film, in: Wespennest 94 (1994), S. 57-65

Kant, Immanuel: Kritik der Urteilskraft (1790), hg. v. *Karl Vorländer,* Hamburg 1974

Kanzog, Klaus: „Mißbrauchter" Heinrich Mann? Bemerkungen zu Heinrich Manns „Professor Unrat" und Josef von Sternbergs „Der blaue Engel", in: *Helmut Koopmann* u. *Peter-Paul Schneider* (Hg.), Heinrich-Mann-Jahrbuch, Lübeck 1997, S. 113-138

Kaschnitz, Marie Luise: Gesammelte Werke, hg. v. *Christian Büttrich* u. *Norbert Miller,* 7 Bde., Frankfurt 1981-1989

Kienpointner, Manfred: Alltagslogik. Struktur und Funktion von Argumentationsmustern, Stuttgart 1992

Ders.: Argument, in: *Gert Ueding* (Hg.), Historisches Wörterbuch der Rhetorik, Bd. 1, Tübingen 1992, S. 889-904

Klein, Albert: Heinrich Mann „Professor Unrat oder das Ende eines Tyrannen", Paderborn 1992

Klingler, Bettina: Emma Bovary und ihre Schwestern. Die unverstandene Frau. Variationen eines literarischen Typs von Balzac bis Thomas Mann, Rheinbach-Merzbach 1986

Kloepfer, Rudolf: Sympraxis – Semiotics, Aesthetics and Consumer Participation, in: *Jean Umiker-Sebeok* (Hg.), Marketing and Semiotics. New Directions in the Study of Signs for Sale, Berlin, New York u. Amsterdam 1987, S. 123-150

Knopf, Jan: Brecht Handbuch, 2 Bde., Stuttgart 1980 u. 1984

Kobel, Erwin: Alfred Döblin, Erzählkunst im Umbruch, Berlin u. New York 1985

Kommerell, Max: Gedanken über Gedichte, 3. Aufl. Frankfurt a. M. 1956

Kopperschmidt, Josef: Methodik der Argumentationsanalyse, Stuttgart 1989

Ders. (Hg.): Rhetorik, 2 Bde., Darmstadt 1990

Ders.: Rhetorik. Einführung in die Theorie der persuasiven Kommunikation, Stuttgart 1973

Kurz, Gerhard: Metapher, Allegorie, Symbol, Göttingen 1982

Lacan, Jacques: Schriften, hg. v. *Norbert Haas* u. *Hans-Joachim Metzger,* 3 Bde., Olten 1973-1980

Langer, Michael: Ein ungeheures Kanalsystem! Brechts Radio-Theorie und -Praxis – gestern und heute. BR 26. 1. 1998, Sendemanuskript

Lamping, Dieter: Das lyrische Gedicht. Definitionen zu Theorie und Geschichte der Gattung, Göttingen 1989

Lauretis, Teresa de: Technologies of Gender. Essays on Theory, Film, and Fiction, Bloomington u. Indianapolis 1987

Lausberg, Marion u. *Hans Vilmar Geppert:* Homer „Odyssee" – James Joyce „Ulysses", in: *Hans Vilmar Geppert* (Hg.), Große Werke der Literatur, Tübingen u. Basel 2001, Bd. VII, S. 119–151

Lausberg, Heinrich: Elemente der literarischen Rhetorik. Eine Einführung für Studierende der klassischen, romanischen, englischen und deutschen Philologie, München 1949, 2. Aufl. 1963

Lee, Seung-Jin: Einmaliges Abspielen der Platte genügt nicht. Ein medienästhetisches Experiment in der Lyrik, in: *Jan Knopf* (Hg.), Interpretionen. Gedichte von Bertolt Brecht, Stuttgart 1995, S. 43–52

Lotmann, Jurij M.: Die Struktur des künstlerischen Textes, hg. v. *Rainer Grübel*, Frankfurt 1973

Ders.: Die Struktur literarischer Texte, dt. v. *Rolf-Dietrich Keil*, 3. Aufl. München 1989

Lucaites, John (Hg.): Contemporal Rhetorical Theory. A Reader, New York 1999

Lurker, Manfred: Wörterbuch der Symbolik, 4. Aufl. Stuttgart 1988

Mann, Heinrich: Ein Zeitalter wird besichtigt. Mit einem Nachwort von *Klaus Schröter* und einem Materialienanhang, zusammengestellt v. *Peter-Paul Schneider*, Frankfurt a. M. 1988 (Studienausgabe in Einzelbänden), S. 201 ff.

Ders.: Das Gute im Menschen. Novellen. 2 Bde., Düsseldorf 1982

Ders.: Professor Unrat. Mit einem Nachwort von *Rudolf Wolff* und einem Materialienanhang zusammengestellt von *Peter-Paul Schneider*, Frankfurt a. M. 1989 (Studienausgabe in Einzelbänden)

Mansfield, Katherine: The collected Letters of Katherine Mansfield, hg. v. *Vincent O'Sullivan* u. *Margaret Scott*, 5 Bde., Oxford 1984–2004

Dies.: The collected Short Stories, Harmondsworth, 1981

Dies.: The Letters and Journals of Katherine. A Selection, hg. v. *Christian Karlson Stead*, Harmondsworth 1977

Martin, Ariane: Erotische Politik. Heinrich Manns erzählerisches Frühwerk, Würzburg 1993

Martínez, Matías u. *Michael Scheffel:* Einführung in die Erzähltheorie, München 1999

Marx, Leonie: Die deutsche Kurzgeschichte, Stuttgart 1985

Meister, Ernst: Ausgewählte Gedichte 1932–1976, mit einem Nachwort v. *Beda Allemann*, Darmstadt 1977

Melcher, Andrea: Vom Schriftsteller zum Sprachsteller. Alfred Döblins Auseinandersetzung mit Film und Rundfunk (1909–1932), Frankfurt, Berlin u. a. 1996

Mennemaier, Franz Norbert: Bertolt Brechts Lyrik: Aspekte, Tendenzen, Düsseldorf 1982

Milne, Alan Alexander: Winnie-the-Pooh with Decorations by *Ernest Howard Shepard* (1926), 66. Aufl. London 1965

Mönnich, Annette (Hg.): Rhetorik zwischen Tradition und Innovation, München 1999

Mörike, Eduard: Besuch in Urach, in: *Ders.,* Werke in einem Band, hg. v. *Herbert Georg Göpfert,* München u. Wien 1977, S. 32–35

Ders.: Sämtliche Werke, hg. v. *Herbert Georg Göpfert,* 3., revidierte u. erw. Aufl. München 1964

Monaco, James: Film verstehen, Reinbek bei Hamburg 1980

Müller, Severin: Friedrich Nietzsche. Sprache und erfundene Wirklichkeit, in: *Hans Vilmar Geppert* u. *Hubert Zapf* (Hg.), Theorien der Literatur I. Grundlagen und Perspektiven, Tübingen u. Basel 2003, S. 89–104

Müller-Seidel, Walter: Theodor Fontane. Soziale Romankunst in Deutschland, Stuttgart 1975

Murray, John Midleton (Hg.): Journal of Katherine Mansfield, 9. Aufl. London 1963

Nietzsche, Friedrich: Über Wahrheit und Lüge im außermoralischen Sinn (1873), in: *Ders.,* Werke, hg. v. *Karl Schlechta,* München 1966, Bd. 3, S. 309–322

Nöth, Winfried: Dynamik semiotischer Systeme. Vom altenglischen Zauberspruch zum illustrierten Werbetext, Stuttgart 1977

Ders.: Handbuch der Semiotik, 2., vollst. neu bearb. u. erw. Aufl. Stuttgart u. Weimar 2000

Ders.: Semiotik. Eine Einführung mit Beispielen für Reklameanalysen. Tübingen 1975

Oehler, Klaus: Einführung in den semiotischen Pragmatismus, in: *Uwe Wirth* (Hg.), Die Welt als Zeichen und Hypothese. Perspektiven des semiotischen Pragmatismus von Charles S. Peirce, Frankfurt 2000, S. 13–30

Ders.: Idee und Grundriß der Peirceschen Semiotik, in: Zeitschrift für Semiotik 1 (1979), S. 9–22

Ders.: Sachen und Zeichen. Zur Philosophie des Pragmatismus, Frankfurt a. M. 1995

Ders.: Über Grenzen der Interpretation aus der Sicht des semiotischen Pragmatismus, in: *Josef Simon* (Hg.), Zeichen und Interpretation, Frankfurt 1994, S. 57–72

Ohl, Hubert: Melusine als Mythologem bei Theodor Fontane, in: Fontane-Blätter VI (1985), S. 426– 439

Ottmers, Clemens: Rhetorik, Stuttgart 1996

Pape, Helmut: Einleitungen zu: *Charles S. Peirce*, Semiotische Schriften, hg. u. übers. v. *Christian J. W. Kloesel* u. *Helmut Pape*, 3 Bde., Frankfurt 2000, Bd. 1, S. 7–83, Bd. 2, S. 7–79, Bd. 3, S. 7–72

Ders.: Zur Einführung. Logische und metaphysische Aspekte einer Philosophie der Kreativität. C. S. Peirce als Beispiel, in: *Helmut Pape* (Hg.), Kreativität und Logik. Charles S. Peirce und das philosophische Problem des Neuen, Frankfurt 1994, S. 9–59

Peirce, Charles S.: Collected Papers, Bd. 1–6, hg. v. *Charles Hartshorne* u. *Paul Weiss*, Bd. 7 f., hg. v. *Arthur W. Burks*, Cambridge/Mass. 1931–1960

Ders.: The Essential Peirce. Selected Philosophical Writings, hg. v. *Nathan Houser* u. *Christian Kloesel*, 2 Bde., Bloomington u. Indianapolis 1992 u. 1998

Ders.: Phänomen und Logik der Zeichen, hg. u. übers. v. *Helmut Pape*, Frankfurt 1983

Ders.: Schriften zum Pragmatismus und Pragmatizismus, hg. v. *Karl-Otto Apel*, dt. v. *Gert Wartenberg*, Frankfurt 1976

Ders.: Semiotische Schriften, hg. u. übers. v. *Christian J. W. Kloesel* u. *Helmut Pape*, 3 Bde., Frankfurt 2000

Perelman, Chaim u. Lucie Olbrechts-Tyteca: The New Rhetoric. A Treatise on Argumentation, engl. v. *John Wilkinson* u. *Purcell Weaver*, Notre Dame 1969

Péret, Benjamin: Dormir, dormir dans les pierres, in: *Jean-Louis Bédouin* (Hg.), La poésie surréaliste, Paris 1964, S. 191

Peuckert, Siegfried (Hg.): Emblem und Emblematikrezeption, Darmstadt 1978

Pfitzer, Manfred: Das Drama, München 1994

Plater, Edward M. V.: Sets, Props and the ‚Havanaise', in: German Life and Letters 52 (1999), S. 28–42

Plett, Heinrich Franz: Systematische Rhetorik. Konzepte und Analysen, München 2000

Posner, Roland (Hg.): Semiotik. Ein Handbuch zu den zeichentheoretischen Grundlagen von Natur und Kultur, 2 Bde., Berlin 1997

Preisendanz, Wolfgang: Die Pluralisierung des Mediums Lyrik beim frühen Brecht, in: Lyrik und Malerei der Avantgarde. München 1982, S. 333–357

Quintilianus, Marcus Fabius: Institutionis Oratoriae Libri XII/Ausbildung des Redners Zwölf Bücher, hg. u. übers. v. *Helmut Rahn*, Darmstadt 1988

Raabe, Paul: Alfred Kubin. Leben, Werk, Wirkung, Hamburg 1957

Ranke-Graves, Robert von: Griechische Mythologie. Quellen und Deutung, 2 Bde., Reinbek 1955

Ricœur, Paul: Zeit und Erzählung, dt. v. *Rainer Rochlitz,* 3 Bde., München 1988 bis 1991

Rilke, Rainer Maria: Werke in drei Bänden, hg. v. *Beda Allemann,* Frankfurt a. M. 1966

Rimbaud, Arthur: Œuvres complètes, hg. v. *Antoine Adam,* Paris 1974

Rischbieter, Henning: Zum „Lesebuch für Städtebewohner", in: *Wolfgang Fritz Haug* u. *Klaus Pierwoß* (Hg.), Aktualisierungen Brechts, Berlin 1980, S. 192–199

Ryan, Alvan S.: Katherine Mansfield, „The Doll's House", in: *John V. Hagopian* u. *Martin Dolch* (Hg.), Insight II. Analyses of Modern British Literature, 4. Aufl. Frankfurt a. M. 1975, S. 247–252

Sander, Gabriele (Hg.): Alfred Döblin: Berlin Alexanderplatz. Erläuterungen und Dokumente, Stuttgart 1998

Schachtschnabel, Gaby: Der Ambivalenzcharakter der Literaturverfilmung. Mit einer Beispielanalyse von Theodor Fontanes Roman Effi Briest und dessen Verfilmung von Rainer Werner Fassbinder, Frankfurt a. M. 1984

Schäffner, Gerhard: Hörfunk, in: *Werner Faulstich* (Hg.), Grundwissen Medien, München 1994, S. 235–254

Schiller, Friedrich u. *Johann Wolfgang von Goethe:* Der Briefwechsel zwischen Schiller und Goethe, hg. v. *Paul Stapf,* Berlin u. Darmstadt 1960

Schlegel, August Wilhelm: Kritische Schriften und Briefe, hg. v. *Edgar Lohner,* 7 Bde., Stuttgart 1962–1974

Scherf, Eva: Der blaue Engel oder die Errettung eines Romans vorm Vergessen, in: Deutschunterricht 48 (1995), S. 534–540

Schnell, Ralf: Das verlorene Ich. Zur impliziten Poetik der Marie Luise Kaschnitz, in: *Uwe Schweikert* (Hg.), Marie Luise Kaschnitz, Materialien, Frankfurt a. M. 1984, S. 173–192

Schnitzler, Arthur: Leutnant Gustl (1901), München 2004

Shakespeare, William: Julius Caesar, hg. v. *Marvin Spevack,* Cambridge 1988

Sheriff, John K.: The Fate of Meaning: Charles Peirce, Structuralism and Literature, Princeton 1989

Siebert, Ralf: Heinrich Mann „Im Schlaraffenland", „Professor Unrat", „Der Untertan". Studien zur Theorie des Satirischen und zur satirischen Kommunikation im 20. Jahrhundert, Siegen 1999

Spaich, Herbert: Rainer Werner Fassbinder. Leben und Werk, Weinheim 1992

Stachowiak, Herbert (Hg.): Pragmatik. Der Aufstieg pragmatischen Denkens im 19. und 20. Jahrhundert, Hamburg 1987

Staiger, Emil: Grundbegriffe der Poetik, 8. Aufl. Zürich u. Freiburg 1968

Stein, Peter: Heinrich Mann, Weimar 2002

Stephan, Alexander: Christa Wolf, 3. Aufl. München 1987

Stuttgarter Zeitung v. 1. 12. 1973

Sudendorf, Werner: Marlene Dietrich. Dokumente, Essays, Filme, 2 Bde., München 1977

Ders.: Üb immer Treu und Redlichkeit. Zum BLAUEN ENGEL von Josef von Sternberg, in: *Hans Wisskirchen* (Hg.), Mein Kopf und die Beine von Marlene Dietrich – Heinrich Manns „Professor Unrat" und „Der blaue Engel", Lübeck 1996, S. 94–129

Südwest-Presse v. 12. Februar 2003

Tanner, Anne: Wendepunkt: Christa Wolfs „Juninachmittag", in: *Manfred Jürgensen* (Hg.), Christa Wolf. Darstellung, Deutung, Diskussion, Bern u. München 1984, S. 51–76

Teubner, Christian u. *Annette Wolter:* Kochvergnügen wie noch nie, München 1998

Thomassen, Christa: Der lange Weg zu uns selbst: Christa Wolfs Roman „Nachdenken über Christa T." als Erfahrungs- und Handlungsmuster, Meisenheim 1977

The Times Crossword. The most famous Crossword in the World, Book 4, London 2002, S. 4–7

The Times, September 2003

The Times Supplement v. 23. 08. 2002

Toeplitz, Jerzy: Geschichte des Films 1895–1928, München 1975

Tolstoj, Lev N.: Anna Karenina (1873–1876), dt. v. *August Scholz*, München 1998

Tournier, Michel: Le vent Paraclet, Paris 1977

Ders.: Le roi des Aulnes, Nachwort v. *Philippe de Monès*, Paris 1975

Ders.: Der Erlkönig, dt. v. *Hellmut Waller*, Frankfurt a. M. 1984

Trabant, Jürgen: Elemente der Semiotik, Tübingen u. Basel 1996

Ueding, Gert (Hg.): Historisches Wörterbuch der Rhetorik, 7 Bde., Tübingen 1992 bis 2005

Ders. u. *Bernd Steinbrink:* Grundriß der Rhetorik. Geschichte, Technik, Methode, 2. Aufl. Stuttgart 1986

Uexküll, Thure von: Zeichen und Realität als anthroposemiotisches Problem, in: *Klaus Oehler* (Hg.), Zeichen und Realität. Akten des 3. Semiotischen Kolloquiums der Deutschen Gesellschaft für Semiotik e.V., Hamburg 1981, Tübingen 1984, S. 61 bis 72

Umiker-Sebeok, Jean (Hg.): Marketing and Semiotics. New Directions in the Study of Signs for Sale, Berlin, New York u. Amsterdam 1987

Vogue Italia, Sett. 2003, Nr. 637

Walther, Elisabeth: Allgemeine Zeichenlehre. Einführung in die Grundlagen der Semiotik, 2. Aufl. Stuttgart 1979

Weische, Alfons: Rhetorik. Redekunst, in: *Joachim Ritter* u. *Karlfried Gründer* (Hg.), Historisches Wörterbuch der Philosophie, Darmstadt 1992, Bd. 8, S. 1014–1025

Werner, Renate (Hg.): Heinrich Mann. Texte zu seiner Wirkungsgeschichte in Deutschland, Tübingen 1977

Wertheimer, Jürgen: Effis Zittern: Ein Affektsignal und seine Bedeutung, in: Zeitschrift für Literaturwissenschaft und Linguistik 26 (1996), S. 134–139

Wessels, Wolfram: Das Lehrstück von der Katastrophe. Von der „Sintflut" zum „Ozeanflug". Brecht als Pionier des Radios. Ein Essay mit Tondokumenten, SWF 8. 1. 1998

Ders.: Welle, Du Wunder, wir grüßen Dich. Die Anfänge des Hörspiels in der Weimarer Republik. BR 7. 1. 1991, Sendemanuskript

White, Hayden: Auch Klio dichtet oder die Fiktionen des Faktischen. Studien zur Tropologie des historischen Diskurses, dt. v. *Brigitte Brinkmann-Siepmann* u. *Thomas Siepmann*, Stuttgart 1986

Wöhrle, Dieter: Bertolt Brechts medienästhetische Versuche, Köln 1988

Wohmann, Gabriele: Gesammelte Erzählungen aus dreißig Jahren, 3 Bde., Darmstadt u. Neuwied 1986

Wolf, Christa: Gesammelte Erzählungen, 6. Aufl. Darmstadt u. Neuwied 1985

Wordsworth, William: Poems, hg. v. *John O. Hayden*, 2 Bde., Harmondsworth 1977

Zeman, Jay J.: Das kreative Objekt in Peirce' Semiotik, in: *Helmut Pape* (Hg.), Kreativität und Logik. Charles S. Peirce und das philosophische Problem des Neuen, Frankfurt a. M. 1994, S. 63–76

Zima, Peter V.: Die Dekonstruktion. Einführung und Kritik, Tübingen u. Basel 1994